档案资源建设与开发

潘玉民 著

上海大学出版社
·上海·

图书在版编目(CIP)数据

档案资源建设与开发 / 潘玉民著. —上海：上海大学出版社,2023.4
ISBN 978-7-5671-4684-6

Ⅰ.①档… Ⅱ.①潘… Ⅲ.①档案管理-资源建设-研究 Ⅳ.①G270.7

中国国家版本馆 CIP 数据核字(2023)第 030981 号

责任编辑　高晓晨
封面设计　倪天辰
技术编辑　金　鑫　钱宇坤

档案资源建设与开发

潘玉民　著

上海大学出版社出版发行
（上海市上大路99号　邮政编码200444）
（https://www.shupress.cn　发行热线 021-66135112）
出版人　戴骏豪

*

南京展望文化发展有限公司排版
句容市排印厂印刷　各地新华书店经销
开本 710mm×1000mm　1/16　印张 22.75　字数 396 千字
2023 年 4 月第 1 版　2023 年 4 月第 1 次印刷
ISBN 978-7-5671-4684-6/G·3491　定价 78.00 元

版权所有　侵权必究
如发现本书有印装质量问题请与印刷厂质量科联系
联系电话：0511-87871135

自　　序

这本《档案资源建设与开发》，选录的是我自1982年从事档案学教学与研究以来，三十余年间写就具有原创性或开拓意义的论文、演讲、研究报告等成果。包括档案学研究、档案法制、档案资源建设、档案编纂开发、档案教育等五个方面的内容，这些也是我始终感兴趣的学术领域。

档案学研究方面，从1993年起，我担任中国档案学会档案学基础理论学术委员会委员，并先后兼任辽宁省、上海市和沈阳市档案学会副理事长，其间不断关注档案学术生态的发展。这组论文主要是对档案学术研究状态进行的批评与反思。侧重讨论学术创新语境下的档案学理论创新和存在的问题，指出档案科学研究需用科学精神，实践是档案学创新的基石。同时，面对世纪之交，在充分肯定20世纪中国档案学研究取得成果的基础上，提出需要大力开展档案学跨世纪研究的若干课题，探讨21世纪档案学研究的走向。

档案法制研究方面，论文率先提出并论证建立和深化档案法学的必要性和可能性，界定档案法学研究体系的范围。讨论档案法规体系内容结构，探讨依法治档，讨论其主体、客体、内容，档案行政执法主体的依法执法，档案行政执法与档案普法的关系。提出加快推进民生档案法规的建设，档案中介机构的依法管理等问题。关于《中华人民共和国档案法》修改，探讨其遵循的基本原则，提出拓宽社会视野，要注重对体制外档案资源的监管等学术观点。这组论文，得益于我在校内给档案学专业学生开设"档案法学基础"课程，撰写出版《档案法学基础》《档案法制与档案行政》《档案法学习手册》等著作，以及校外多次为档案人员做"档案法制建设"专题报告，加之主持承担上海市档案局科研课题《依法治档研究》《档案法规集成研究》《档案法修改研究》等项目。

档案资源建设研究方面，主要源自我主持的两个科研项目：一是2012年度国家社科基金项目《口述历史档案资源建设及其开发利用策略研究》；二是国家档案局2009年科研项目《流失海外重要档案文献的追索研究》。其内容：国家档案资源的内涵及其构成，公共档案馆的文化责任，社会发展与档案馆社会化，流失海外重要档案文献的追索；口述材料是档案，口述历史档案是国家档案资源的重要构成，口述历史档案资源建设在城市记忆传承的地位和功能，口述历史档案资源建设的模式，加快建设口述历史档案资源的条件，评析档案界口述历史档案资源建设实践进展。

档案编纂开发研究方面，我从1982年起在校内为档案学专业学生系统讲授"档案文献编纂学"课程，主编出版《档案编纂学》教材，多次在国家档案局档案干部教育中心、辽宁、上海、山东、内蒙古、宁夏等地档案局，以及中国交通建设集团、鄂尔多斯神东煤炭集团等企业举办的档案人员培训班讲授该方面的专题课。这组论文就是在长期教学过程中的思考所得。其内容：一是档案编纂理论研究，包括档案文献编纂学名称、性质、研究对象、理论体系、历史、现状与发展趋势，档案编纂理论的社会价值、中国特色，如何创新等；二是档案编纂开发实践和档案文献方面的研究，包括档案信息资源开发应实施品牌战略，电子时代档案信息资源利用的新特点，档案内容失实原因等。

档案教育研究方面，1997年至2005年间，我担任教育部第一届、第二届高等学校档案学学科教学指导委员会委员。2006年起担任上海大学教育质量考评专家组专家，2008年起先后获上海市教学成果奖一等奖、二等奖，档案学教育教学质量是我侧重关注的又一领域。这里选收一篇文章，即《科学发展观与档案专业人才培养发展战略》，探讨我国档案专业教育改革发展方向和路径。

收录本书的自选文章，多数在期刊或图书或网络上发表过，有的则是首次出版。本书出版，得到上海大学图书情报档案系主任金波教授、王毅副教授、上海大学出版社江振新、高晓晨等的热心关照和支持，在此一并谢忱。

这本文集是我对多年从事档案学教学与研究工作做的一个梳理和总结，难免会存在这样或那样的问题，敬请方家品评。

作者
2022年11月26日

目　录

第一辑　档案学研究 …………………………………………… 1
　学术创新语境下的档案学理论创新 ……………………………… 3
　学术批评语境下档案学理论研究的反思 ………………………… 9
　实践是档案学创新的基石 ………………………………………… 16
　档案科学研究需用科学精神 ……………………………………… 22
　点击二十世纪中国档案学研究 …………………………………… 24
　需要大力开展档案学跨世纪研究 ………………………………… 29
　跨世纪档案学研究的若干课题 …………………………………… 33
　档案学研究走向 21 世纪的思考 ………………………………… 37
　论 21 世纪档案学研究的走向 …………………………………… 41

第二辑　档案法制研究 ………………………………………… 47
　建立档案法学的必要性与可能性 ………………………………… 49
　关于深化档案法学研究的思考 …………………………………… 54
　论档案法学的研究体系 …………………………………………… 60
　论档案法规体系 …………………………………………………… 66
　论档案行政执法主体的依法执法 ………………………………… 72
　论档案行政执法与档案普法的关系 ……………………………… 80
　加快推进民生档案法规的建设 …………………………………… 85
　档案中介机构的依法管理 ………………………………………… 90
　论《中华人民共和国档案法》修改的基本原则及相关问题 ……… 104
　《中华人民共和国档案法》要注重对体制外档案资源的监管 …… 113
　《中华人民共和国档案法》修改的社会视野 …………………… 115

第三辑　档案资源建设研究 … 119

- 论国家档案资源的内涵及其构成 … 121
- 论公共档案馆的文化责任 … 130
- 公共档案馆，你到哪里去——兼论社会发展与档案馆社会化 … 139
- 流失海外重要档案文献的追索研究 … 145
- 口述历史档案资源建设及其开发利用策略研究 … 151
- 论口述历史档案是档案的理由 … 157
- 口述历史档案资源建设的基本问题 … 164
- 口述历史档案资源建设与城市记忆传承 … 176
- 加快建设口述历史档案资源 … 186
- 口述历史档案资源建设探略 … 191
- 认识与行动：再论口述历史档案资源建设 … 198
- 档案界口述历史档案资源建设实践进展评析 … 205
- 口述历史档案资源建设的模式 … 215

第四辑　档案编纂开发研究 … 227

- 档案文献概念研究——兼论档案文献编纂学名称 … 229
- 论档案编纂学的性质 … 242
- 论档案编纂学的研究对象 … 247
- 论档案编纂学的理论体系 … 255
- 档案编纂学理论体系的历史考察 … 260
- 档案编纂学研究的现状与发展趋势 … 270
- 档案编纂理论的社会价值 … 275
- 档案编纂理论的中国特色 … 284
- 创新有中国特色的档案编纂学理论 … 292
- 应加强对档案编纂学基本理论的研究 … 299
- 档案信息资源开发应实施品牌战略 … 303
- 论电子时代档案信息资源利用的新特点 … 312
- 档案内容失实原因探析 … 324
- 存史乎，利用乎——档案馆核心职能论 … 333

第五辑　档案教育研究 … 345

- 科学发展观与档案专业人才培养发展战略 … 347

第一辑
档案学研究

学术创新语境下的档案学理论创新
学术批评语境下档案学理论研究的反思
实践是档案学创新的基石
档案科学研究需用科学精神
点击二十世纪中国档案学研究
需要大力开展档案学跨世纪研究
跨世纪档案学研究的若干课题
档案学研究走向 21 世纪的思考
论 21 世纪档案学研究的走向

学术创新语境下的档案学理论创新[①]

科学的本质在于创新。离开了创新,就无所谓科学研究。[②] 科学如此,档案学亦然,它的发展需要不断地进行理论创新。只有大力推进档案学理论创新,才能保持档案学向更深层次发展。作为信息时代档案学主旋律的档案学理论创新,不仅是档案学持续发展的需要,也是档案工作和档案事业持续发展的基石。

档案学发展的历史就是不断地与时俱进开拓创新的过程。众所周知,我国档案学从产生至今不断地发展,正是经过几代档案学者在理念、观点、内容、机制、方式、方法等方面不断创新的结果。20世纪30—40年代,由于西方新思想的传入与扩散,新史料的发现与研究,机关档案工作的革新与实践,档案教育的兴起与举办,古代档案学思想遗产的吸收与继承,档案学完成了从无到有的创新。20世纪50—60年代,随着新中国档案事业的建立与运行,苏联档案学理论的引入与借鉴,档案教育的设计与开展,档案学完成了由近代向现代意义转型的创新。20世纪80—90年代末,在社会政治环境和学术环境的不断改善,国家档案事业的恢复发展,科学技术的日新月异,历代档案学研究的深厚基础,档案教育的普遍开办,欧美等西方档案学理论的交汇的条件下,档案学经历着空前的超越和创新,从恢复到发展而走向繁荣。进入21世纪以后,档案学又迈入了一个新的发展时期。从时代背景来看,科学技术飞速的发展,信息技术在社会各领域的广泛普遍应用,社会信息化大潮浩浩荡荡,无时无刻不在冲击着社会的各个方面。从国家信息政策层面上来看,国家实施加强信息资源开发利用的新政,信息资源是生产力要素,对于提高综合国力具有重要功能的观念日益深入人心。从档案事业方面来看,我国档案事业与经济建设同步发展地位已逐步确立,档案文

[①] 本文为2004年7月28日在上海市档案馆外滩新馆为东方讲坛作的"档案学理论批评与创新"学术报告,原载于《图书情报知识》2007年第4期,获中国档案学会2008年第六次档案学优秀成果学术论文一等奖。

[②] 何孟.社会科学研究创新简论[M].北京:社会科学文献出版社,2004:37.

献遗产、档案社会记忆等新档案观的视野,为档案工作带来了勃勃生机与活力。从档案学积淀上来看,档案学经过20世纪的发展积累了坚实的学术基础。从档案学研究对象上来看,由原来单一的纸质载体演变到电子文件。从档案学研究队伍上来看,20世纪80年代后档案专业高等教育毕业的人员成为中坚力量,知识结构发生明显的变化。从档案学术交流条件来看,档案学国内外交流日益频繁,利于各种理念碰撞与交锋,进而整合与统一。基于以上因素,我们看到,在进入21世纪后,我国档案学已经进入了新的转型时期。70余年档案学发展的历程充分证明,正是档案学理论的不断创新,档案学才会从萌芽走向发展,从幼小走向壮大,从低级走向高级,从稚嫩走向成熟,不断地产生飞跃,而今站立于社会科学之林。

  档案学理论创新是信息时代提出的重大课题。今天,我们正处在一个数字化的时代,信息技术飞速进步已渗透在人们社会生活的各个角落,随着现代科学技术迅猛发展,新知识、新技术正以前所未有的速度增长,和谐共存促进了中国和世界各国的交流,促进了社会科学各学科间的交融,促进了学科之间理论的交叉。这为档案学带来了广阔的发展空间,同时也带来了空前巨大的挑战。面对机遇和挑战,档案学只有坚持创新精神,才能跟上科学技术发展的新步伐,保持学科整体前沿的品位和水准,实现档案学新创造和新突破,为经济建设和社会进步提供信息智力支持。

  档案学理论创新是加强档案学科建设的必由之路。学科建设是提升档案学整体质量的关键,是档案学能否持续发展的生命线。学科建设内涵丰富,包括研究领域、研究方向、研究基础、研究条件、研究规模、研究机制、研究模式、研究力量等。仅就拓展档案学研究领域而言,它的研究领域广泛,从基础理论到具体方法,从历史到现实,从国内到国外,从档案馆(室)到档案事业管理,涉及档案工作各个方面。档案学要形成一个开放性的学科,必须在社会信息化大环境下紧紧把握文件运动规律,从文件与档案管理的自然联系入手,实现文件档案一体化管理。只有这样,才能进一步丰富和深化档案学研究领域,适应当代电子政务建设的需求。如果没有创新思维,加强档案学科建设也就无从谈起。

  档案学理论创新是档案工作实践的不断呼唤。日益丰富发展的档案工作实践为档案学理论创新提供了不尽的源泉,是推动档案学理论不断前进的最强大动力。档案学理论要反映和指导档案工作实践,必须立足现实,紧密与档案工作现实相结合,及时总结和概括古今中外的档案工作实践活动规律,以满足档案工作新实践对档案学理论的新需求。随着信息化的加速,和谐社会的到来,档案信息化建设、档案网站、电子文件归档管理、档案开放、档案价值鉴定、档案法制、档案资源开发、新经济领域档案管理、档案中介机构、档案与休闲社会、文书立卷改革、企业转制档案管理、文书档案一体化、图情档一体化、档案资源整合、现行文件集中提供利用、口述档案资源建设、非物质文化遗产档案建设、档案馆社会化服务功能拓展等新实践层出不穷,它为档案学理论创新注入了新鲜血液,不断地推动着档案学理论跨越式的发展。

档案学理论创新是一个广义的概念,它包括理论创新、体制创新和科技创新。其内容表现为多层面,其形式也是多层次的。从内容上说,档案学理论创新或是阐前人所未发,提前人所未有的理论观点,开辟一个新的研究领域,获得填补空白的研究成果;或对已有的理论观点进行反思,用新的论据使其继续完善和延伸;或对错误的理论观点予以批判澄清,正本清源,恢复其本意;或对同一理论观点根据新实践,从新的角度,用新的方法,提出新思路。从形式上讲,档案学理论创新可以是全新性的创新,也可以是部分内容的创新;可以是在宏观上对档案学科领域建设的创新,也可以是在微观上对某一具体领域理论观点的创新;可以是构建档案学理论新的框架体系,也可以是补充修正旧的理论观点。总之,档案学理论创新内容和形式多种多样,不拘一格。只要符合档案工作实践,符合科学要求,有利于档案学发展的真知灼见,都属于档案学理论创新范畴之列。

档案学理论创新是档案学不断走向繁荣的标志,其最终目的是为了更好地发展和建设具有中国特色的社会主义档案事业。马克思主义的基本理论是进行档案学理论创新的理论基础。要以马克思主义理论为指导思想,遵循科学发展观的精神,坚持实事求是的原则,坚持理论联系实际的优良学风,解放思想,转变观念,摆脱旧思维模式的束缚,敢于创新,善于创新,勇于超越,善于突破。不断增强观察新事物的敏锐力,紧密关注信息化和构建和谐社会背景下档案工作出现的新形势、新特点和新问题,探索档案事业发展的新机制、新途径和新模式,为发展建设档案事业提供切实的新思路、新方案和新措施。

档案学理论创新要尊重档案学科自身的规律和特点,正确处理继承与创新之间的关系。档案学理论创新是在继承以往档案学研究成果基础之上,不断吸取新的实践经验予以新的创造,绝不能脱离档案学实际去主观地进行标新立异。任何一门科学的产生和发展都有其自身的规律,档案学也是如此。它的诸多理论,如全宗理论、文件生命周期理论、档案价值鉴定理论、档案开发利用理论、档案馆理论等,均经历了由粗放到完善的渐进过程。我们要按照科学发展的规律,用辩证观点、历史观点和发展观点,去客观地评价档案学发展各个时期的各种理论观点的学术作用,不能采取形而上学、教条主义的作法,脱离档案工作实践,脱离历史条件,去简单地肯定和否定档案学已有的理论观点。这一方面,科学反思的理论范式具有积极意义。黑格尔说:"反思以思想本身为内容,力求思想自觉其为思想。"①以科学反思为抓手,既能客观地分析档案学理论研究的现象,反思档案学研究的得失,评价档案学研究所取得的成果;又能增强档案学理论的自觉,继承档案学理论的合理成分,分析档案学理论的发展趋势,深刻认清档案学演变的规律,科学预测档案学未来的发展方向。

档案学理论创新要吸取相关科学的成就,跨学科研究是档案学理论创新的重要路径。当下,科学间交叉渗透是国内外科学发展的主要趋势。档案学要进行理论创新,就必须打通与相邻学科的界限,吸取其他学科的理论成就,不断充实完善自己的理论体系。图书馆学、情报学、管理学、历史学、文献学、文秘学、传播学等学科,与档案学联系密切,档案学需要借鉴吸取其理论成就来培育新的生长点。特别要加强与档案学同在一级学科的图书馆学、情报学的联系合作,实现无缝对接,促进学科的进步发展。学科间的引进交流融合,既要避免生搬硬套,脱离实际,囫囵吞枣,不消化地移植,搞新名词爆炸的错误倾向;也要防止否认档案学取得的成绩,夸大档案学问题的错误做法;还要恰当摆正档案学的位置,不能自我封闭,更不能否定档案学的独立性,把档案学搞得面目全非。兼收并蓄,融会贯通,档案学科为体,其他学科为用,是学习借鉴其他学科时应遵循的基本准则。实际上,我们既要反对将档案学与相关学科彼此隔离、完全孤立的做法,也要反对将档案学不断泛化的倾向,这是需要在档案学理论创新实践中认真对待和解决的问题。

档案学理论创新要有原创性成果。没有原创性成果,就不能构成档案学理论创新。原创性成果表现为精品力作,它不是对档案工作实践现象的简单罗列、拷贝和描述,而是对档案工作实践高度抽象后形成的理论自觉。对档案事业主流的研究,始终是档案学原创的主要推动力。据不完全统计,我国档案学在20世纪出版500余种著作,发表6万余篇学术论文。② 特别是90年代以后,著作方面成果较多,改变了80年代全国档案学专业本科、专科、在职档案干部培训"共念一本经"的局面。在此基础上,更需要注重质量,加强实证研究,减少重复研究,防止学术泡沫,讲究学术长效,力争多出精品。从档案学理论建构来看,从

---

① 黑格尔.小逻辑[M].北京:商务印书馆,1981:39.
② 潘玉民.点击20世纪中国档案学研究[J].浙江档案,2001(6).

我国档案工作实际出发,建设具有中国特色的档案学理论体系任重道远。排除档案学研究日益浮躁的心态及功利化的色彩,沉下来进行充分的学术准备与学术积累,吸取西方档案学的有益营养,探索符合我国档案工作实际的档案学理论规律,为国际档案学做出贡献。由此,"传承和发展具有中国特色的档案学理论,并使之走向世界,在世界档案学中占有应得的地位,这是当代档案学者伟大而又光荣的历史使命。"①

档案学理论创新要注重档案学派的建设,大力扶植和形成不同的档案学派。所谓档案学派,是指在档案学研究中由于观点、学说不同而形成的派别。有学者将判断学派的标准归结为五个:一是必须有一两个大师级学术带头人;二是有最少不低于三个人的基本团队;三是具有共同的学术信念;四是按照同一种理论和方法进行相关性的系统研究;五是有一批高水平的研究成果。"档案学形成不同学派,既是档案学繁荣的标志,也是档案学成熟的具体体现。"②在以往的档案学研究过程中,虽然对有些问题进行过学术讨论,也形成了学术争论的局面。但仅限于此,还没有产生具有广泛影响力的学说。通常对于一个学术问题,争论时候很热闹,争论过去就基本结束,没有学者沉下来进行深入研究。到目前为止,档案学并没有真正意义的学派。我们并不是说档案学一定要形成学派才算成熟,但学派的形成的确是档案学繁荣成熟的标志。

档案学理论创新要加强档案学术批评,建立起完善的学术规范。所谓档案学理论批评,不是某个人随意的,或某一权威主宰的理论范式,而是指对档案学研究现象的解读,通过对档案学理论的解释、分析和评价,使档案学理论得到证实和发展。正如美国学者雷内·韦勒克所指出的那样:"批评的目的是理智的认识。"③开展档案学术批评,既是档案学理论创新的需要,是档案学深入发展的需要,也是档案学成熟的标志。实际上,档案学理论批评即是档案学理论研究的一种形态,高质量的学术批评本身就是一种理论创新的形式和成果,是档案学理论创新不可分割的构成部分。它既能把档案学理论创新成果的价值和作用,放到档案学术发展进程中予以科学阐述,又能对档案学热点和难点问题进行客观评价,还能对档案学研究中不良现象予以揭露和批判,对于档案学梳理总结历史与现实经验,引导档案学研究无疑具有重要意义。开展档案学术评论,既要有创造性的思维,也要有独立思考的态度;既要健全学术评价的机制,也要提倡讲真话

---

① 潘玉民.阅读、思考与写作——档案学教学与科研的体会[J].新上海档案,2006(6).
② 本刊编辑部.学者视野中的中国档案学[J].档案管理,2005(6).
③ 雷内·韦勒克.批评的概念[M].张今言,译.杭州:中国美术学院出版社,1999:4.

的精神。如果说在档案学研究初期不能苛求其研究水平和成果质量的话,那么在档案学理论创新中则应树立学术精品意识,讲究成果的学术贡献力,以推动档案学理论创新质量的不断提升。

档案学理论创新要营造民主宽松的学术生态环境,形成生动活泼的学术氛围。自由探讨益于开阔思路,相互争鸣利于问题思考。应当坚持"百花齐放、百家争鸣"的方针,允许、鼓励发表各种不同的档案学理论观点,大力提倡开展档案学术批评和反批评,坚持与人为善,以学为主,以理服人,求同存异,学术面前人人平等的理念。不唯上,不唯书,只唯实。判断档案学术争论中观点的正确与否,唯一标准是依靠档案工作实践的检验,而不是以参与人的职位高低、年龄大小、资历深浅作为评判的标准。凡是参与者都是平等的,积极鼓励发表敢为天下先的创造性学术见解,畅所欲言,各抒己见,在不同档案学理念观点的互相碰撞切磋中,取长补短,互相促进,共同提高。

在学术创新的语境下,不断推进档案学理论创新,是新时代赋予我们的光荣使命,是档案界全体同仁长期共同奋斗才能实现的宏大目标。不论是从事档案学理论研究的专家学者,还是从事档案行政的管理者、档案馆(室)档案的管理者,都是参与档案学理论创新的主力军。一定要克服那种只有专家学者才有资格能力来进行档案学理论创新的误识,它是阻碍档案学理论创新的大敌。要放下包袱,积极投身于档案学理论创新的热潮中来,用我们饱满的热情、用我们聪明的才智、用我们辛勤的汗水,为档案学理论创新增添光辉。

学术批评语境下档案学理论研究的反思①

随着我国学术传统的恢复与完善,"学术批评"自然就成为时下经常使用的高频词汇。在当代档案学研究中,学术批评也是一种十分重要的武器。档案学理论批评是一个比较宽泛的题目,它涉及诸多方面的问题。本文就目前我国档案学研究现象,从学术批评的视野予以反思。

一、对档案学理论批评涵义的界定

所谓批评,其意是指反思、分析、评论和争鸣。档案学理论批评主要是指对档案学理论研究现象的解读,它既对档案学理论本身进行批评,同时也对这种批评进行判断,并不是专指揭露性或监督性意义的理论范式。档案学理论批评的目的在于,引导人们科学地分析档案学理论研究的现象,客观地反思档案学研究的得失,公允地评价档案学研究所取得的成果,从而将档案学研究不断地推向深入。

档案学理论批评是以解读档案学理论为基点,对档案学理论研究展开一系列的评价活动。所谓档案学理论,是在档案实践中产生的并经过档案实践检验和证明的理性认识。档案学理论是对档案实践的科学抽象,档案学理论批评则是对档案学理论研究的反思。黑格尔说:"反思以思想本身为内容,力求思想自觉其为思想。"②通过档案学理论批评,充分体现和反映档案学理论价值与形态等要素间的辩证关系,综合分析某一档案学理论的现象,深入探索档案实践和档案学理论的规律。

档案学理论批评建立在档案学理论研究之上,其实质在于对档案学理论研

---

① 本文原载于《档案管理》2008 年第 6 期。作为档案学理论批评与创新研究成果的内容之一,获上海市档案科技研究成果奖三等奖。
② 黑格尔.小逻辑[M].北京:商务印书馆,1981:39.

究获得一个理性的认识。一种档案学理论初始阶段引起的反响,属于原生态的批评形态。对于理性的档案学理论批评,就是要将这种自在的行为变成科学自觉的行为。档案学理论批评的功能主要是探索和提升对档案学理论解读的原则、方法和路径,对于档案学理论的认识直接影响着档案学理论批评的对象、范围和标准。在档案学理论批评还未成为自觉理论形态之前,不可能将档案学理论批评作为档案学理论研究活动中理论层面上的反思。此时对档案学理论的批评表现为零散和随意,某种程度上个人或权威对档案学理论的理解主宰着档案学理论批评。当然,这种非理性的档案学理论批评范式,不能分析从档案实践到档案学理论演进过程的客观规律,也不能使档案学理论得到支持、证实和发展。

应该说,档案学理论批评不仅仅是对批评过程的理解上,它也是档案学理论研究的一种形态,有其专门的概念、原理和结构。既然档案学理论批评是对档案学理论研究的全面分析、考察和评判,最终为档案学理论研究服务。那么它所研究的内容,都是针对档案学理论成果本身或档案学理论研究行为,是将档案学理论研究中的得失综合把握,从宏观上予以揭示。正如美国学者雷内·韦勒克所指出的那样:"批评的目的是理智的认识。""批评是概念的知识,或者说它以得到这类知识为目的。"[①]

虽然档案学理论批评和档案学理论创新是不同的概念,它们各自有着其内在的涵义,但它们也存在着密切的关系,两者之间相互依赖、相互促进。档案学理论批评以档案学理论研究为基础,任何档案学理论批评均不能离开档案学理论研究这个载体而独立存在。档案学理论批评的目的是推进档案学理论的创新。一种档案学理论的确立和完善,是对档案实践的科学抽象,但也不能离开档案学理论批评的引导和监督,档案学理论批评不仅有助于档案学理论的深化和成熟,而且还有助于档案学理论的转化和传播。

理性的档案学理论批评要求有自主研究的理论、技术与风格,它在档案学研究中独领风骚,地位重要。但无论如何,档案学理论批评并不创造同档案学理论研究一样的档案学理论,它所形成的理论是以推动建立档案学理论为基点。从档案实践中获得的档案学理论不可能一蹴而就,要有一个发育、成长与完善的过程。在这个过程中,档案学理论批评通过具体的档案学理论研究来发展档案学理论,同时也发展着档案学理论批评的理论。实际上,档案学理论批评一方面对档案学理论研究的解释与评价,使档案学理论得到支撑与证实;另一方面档案学

---

① 雷内·韦勒克.批评的概念[M].张今言,译.杭州:中国美术学院出版社,1999:4.

理论批评本身也会变得更加充实与理性。

当然,档案学理论批评的功能还在于推动档案学研究秩序的建立与运行,为档案学实现可持续发展奠定基础。通过系统全面地对我国档案学理论研究进行评价、反思和创新,可以深化档案学理论研究,推进信息化背景下档案学理论与实践的研究,发展具有中国特色的档案学理论。另外,通过对我国档案学理论研究的全面学术梳理,可以科学总结成绩和经验,分析不足,理清未来发展思路,为档案学实现可持续发展指明航向。

二、对档案学理论研究的反思

我国档案学研究自20世纪30年代开始建立,经过70余年的发展,取得了比较大的成绩。就研究成果而言,据不完全统计,在20世纪我国出版有500余种档案学专业著作,发表6万余篇学术论文。[①] 进入21世纪以来,我国档案学又有了新的发展,仅在"十五"期间,我国出版档案学专著30余部,出版档案学系列教材2套和单科教材多种,《档案学通讯》和《档案学研究》发表论文796篇。[②] 学术研究领域新颖,主题多样。在档案信息建设、电子文件管理、档案馆社会化、档案价值鉴定、档案信息资源开发等方面提出了颇具前沿价值的档案学理论。

尽管我国档案学研究取得了比较大的成绩,但也存在着一些问题。对于我国目前档案学研究的问题,上海大学宗培岭教授认为,缺乏整体性、缺乏问题意识、缺乏党派、缺乏原创性。[③] 我比较赞成宗培岭教授以上的意见,在我看来,我国档案学理论研究主要问题表现为以下两个方面:

问题一,在档案学研究整体上,开放不够,封闭有余,社会认可度不高;没有形成学派,没有抽象出具有中国特色的档案学理论。

在档案学界,几乎不会有人对档案学研究所取得的成绩视而不见。但社会上及其他学科,对档案学就未见得认识都全面而透彻。"档案学是小学科",这似乎已成为档案学界的口头禅。它既是档案学界内人士比较谦虚的说法,恐怕也有发展不强的因素。当下社会上有一个十分奇怪的现象,在实际中我们每个人、每个单位每天或者是在产生形成档案,或者在使用档案,可对档案学就是没认识,造成这种现象原因是多方面的。从档案学研究的历史来看,恐怕与档案学研究还不够社会化不无关系。迄今为止,档案学研究基本上局限于档案界内部,比

---

① 潘玉民.点击20世纪中国档案学研究[J].浙江档案,2001(6).
② 冯惠玲,周毅,黄霄羽.档案学科"十五"回顾与"十一五"展望[J].档案学通讯,2005(4).
③ 宗培岭.档案学理论与理论研究批评[J].档案学通讯,2006(2).

如档案学的研究成果,多是发表在档案界内的报章杂志上,不能绝对说其他报刊没有,但相对其他学科来说要少。档案学研究的视角,未能介入社会主流,参与社会主流,社会影响力自然就弱。

现今流行有一种解释上述现象的理由,认为档案学研究时间短,所以社会影响力不大,社会上认可度不高。这个理由能成立吗？我们与其他新建的学科相比较,答案就会不言自明。许多新建的学科,像行政管理学科、公共关系学科、信息学科、MBA工商管理、MPA行政管理等,这些学科也是新建的学科,而且建的时间比档案学还晚,只是近几年随着经济与社会发展才建立的,可其社会知名度却很高。相比之下,档案学在社会上的知名度为什么不是很高,是需要认真进行反思的问题。

我国的档案学理论研究一个方面是开放不够,封闭有余;再一个就是对自身的理论总结的还不够。从档案学研究的历史中我们可以看到,档案学总是以宽大的胸怀去学习外国,20世纪30年代,近代的档案学受欧美档案学较大影响,尤其是作为档案学的主要内容之一的档案分类,受到美国杜威图书十进分类法的影响更为明显和深刻。50—60年代较多地学习借鉴苏联的档案学理论。80年代以后档案学研究是学习欧美,特别是在档案学基础理论方面,比如全宗理论、文件生命周期理论,我们大多耳熟能详。可究竟什么是具有中国特色的档案学理论,又不能说清楚。具有中国特色的档案学理论,我国是没有产生,还是没有总结抽象,这是值得深思的问题,也是档案学发展必须回答的问题。

档案学发展至今,档案学界不满意,社会上对档案学认识也存在某些问题。事实上,中国特色不突出已经成了我国档案学发展的瓶颈,无论是承认也好,不承认也罢,事实莫不如此。造成当今中国档案学理论特色不突出的原因是多方面的,它与改革开放以来中国档案学的发展轨迹、世界档案学发展的总体环境及当下中国档案学价值观的新旧交替密切相关。

改革开放之初的中国档案学,学习借鉴外国档案学理论的同时而忽视了自身理论的总结与建设,新生代档案学人极度强调国外档案学理论对我国档案学理论的作用又走向了极端,一时间西方的档案学理论成了一边倒的主流观点,唯外国档案学理论是从,言必称文件生命周期理论,否则档案学就没有理论而言了。这种档案学理论西化的倾向,是以轻视我国档案学历史传统,忽略我国档案实践为代价的。然而,由于中国档案学理论体系尚在建设之中,中国档案学者也正面对档案工作新实践,寻找档案学理论的反思,于是档案学理论西化的潮流并没有得到及时矫正和引导。至此,中国档案学重视西方档案学理论,而不重视中国特色档案学理论构建的大环境已经形成。但由于我国档案工作实践不断推新,现有的档案学理论基本能够适应档案实践的发展,也就是档案学理论与实际的相对脱离,使得档案学理论弱化的现象被完全掩盖了。档案学理论站在实践的肩膀上,用对实践的图解完成了档案学理论的任务,档案学研究发挥了理论的解释功能。可以说,是档案实践的光环遮蔽了档案学理论弱化的缺陷,而当档案实践对理论提出迫切需求时,也就是发挥档案学理论的指导功能时,档案学理论弱化的缺陷便暴露无遗。档案社会记忆、档案馆社会化、现行文件公开利用、散失国外档案资源收集、社会档案资源整合、非物质文化遗产保护与开发等就是明证。

目前,信息技术的迅猛发展,无论是深度,还是广度,都远远超过了以往任何一次技术革新。电子文件的普遍应用,带来档案管理全新的理论范式。理论创新与建构,测试着档案学者们的想象力和观察力,也测试着社会对他们的认知程度。和过去不同的是,现在的档案学者已经不能利用他们原来的价值观来直接假定电子文件的管理,他们必须面对日益发展的档案工作实践,面对日益变化的档案载体,深入档案实践中去,找出规律,提出符合信息时代的档案学理论,阐释对档案管理新实践的理解。但是,有些档案学者却不愿面对现实,他们习惯于从现有的理论中去寻找理论,忙于用西方的档案学理论来套已经发展了的中国档案实践,企图为中国档案实践穿上一件不合体的西装。从头到脚,无不如此。

到目前为止,档案学并没有形成真正意义的学派。所谓档案学派,是指在档案学研究中由于观点、学说不同而形成的派别。有学者将判断学派的标准归结为五个:一是必须有一两个大师级学术带头人;二是有最少不低于三个人的基本团队;三是具有共同的学术信念;四是按照同一种理论和方法进行相关性的系统研究;五是有一批高水平的研究成果。形成与发展不同的档案学派,既是档案学繁荣的标志,也是档案学成熟的具体体现。档案学研究过程中,虽然对有些问题进行过讨论,比如档案定义与本质、文件与档案、档案与商品等问题的学术争论。但对于某一问题的讨论,没有形成特别具有影响力的观点,你说你的,我说我的。通常对于一个学术问题,争论时候很热闹,争论过去就基本结束,没有学者沉下来进行深入研究。我们并不是说档案学一定要形成学派才算成熟,但学派形成的确是可以看成是档案学繁荣成熟的标志之一。①

问题二,在研究成果和研究质量上,精品著作少,学术性不强,规范性不够,

---

① 潘玉民.论学术创新语境下档案学理论的创新[J].图书情报知识,2007(4).

重复研究。

首先,精品著作少。我国档案学在20世纪90年代以后,著作方面成果较多,改变了80年代全国档案学专业本科、专科、在职档案干部培训"共念一本经"的局面。但问题是档案学著作虽然数量不少,但精品不多。如果用档案学名著标准来选择的话,哪些著作是档案学名著,哪些著作是有代表性的著作,真是十分的难以判断。关键是可供选择的书太少,一般而言,所选的著作应该是能够代表档案学发展水平的,而我国现在的档案学著作基本上是教材"主天下",真正对档案事业建设,或对档案工作实践,或对档案学理论,进行专门深入研究的书不是很多。相比之下,其他学科,比如历史学、经济学、文学等可选的书就太多了,穷毕生精力也难以读完。是什么原因造成此种情况呢?其真正的原因,要从档案学研究机制、学术环境等方面进行深入探讨。

其次,学术性不强。从目前出版和发表的档案学论著来看,有非常大的比重不属于作者原创性成果,属于炒冷饭性质。许多著作和论文没有经过作者独立思考,没有付出艰辛的劳动,只是依赖别人的成果,再进行拼凑,有的甚至原样拷贝。成果是出了,但没有创造性,只是重复现有的东西,这种所谓的论著显然没有学术性。比如档案学教材,相互转抄的现象严重,当然,教材可以继承成熟的理论,但如果一本没有编者自己观点和体系的教材,只是复制现有的同类教材,这样的教材出版有什么意义呢?再如有的论文集,纯粹是为档案人员评职称而出版的,收所谓的论文几百篇,每篇1 500字左右。凡收入书中的论文都要交一定的版面费,多交者还可以当主编、副主编。这样的书还谈什么学术性,此类学术垃圾书不仅没有学术性,还会造成极坏的影响。本来社会上对档案学就不够了解,看了这样的书后,难免会产生档案学不过如此的印象。就是对档案界内部来说,也是有极大负面影响的。现在有的地方档案刊物也在向作者收取版面费,理由是增加经费收入,为了刊物的生存。档案学刊物由为读者办刊变成为交钱者办刊,发论文需要交费,只要钱交了,稿子质量差一些也可以刊用。诸如此类,都是档案学术性不强的问题。

再次,规范性不够。这里的规范性不够主要是指档案学术规范方面的问题。通常,档案学术规范由几个层次构成:第一,操作层面,有一些基本认同的研究方法,在撰写论文时,应对该论文主题的沿革脉络交代清楚,论文应有规范的注释和参考文献目录等;第二,学术层面,档案学应该有为学者所接受的理论,以便进行学术交流,不能有过分的随意性;第三,道德层面,研究者应具有自律精神,应当有科学工作者必须具备的学术道德和学术品德,要尊重别人的成果,引用别人的观点要注明出处,更不能抄袭、剽窃;第四,科研管理的层面,课题评审和成果的鉴定等方面需要规范,要符合严格的程序和规范的格式。① 学术规范作为学术行为准则,在学科的发展中具有重要的作用,它有利于规范档案学的发展。目前我国档案论著在形式和内容方面,都需要进一步规范。比如,档案学专业刊物有相当一部分论文,不注明参考文献。再如,关于对策性文章的误识,如果一文中没谈对策,似乎就脱离实际,就纯学术化了。其实,学术研究中的对策性研究并不是判断学术合理与否的唯一标准。论文的多样性目标定位,决定着不能用一个标尺来衡量不同类型的论文,更不能让所有的论文都朝着一个模式发展。学术研究的发展与繁荣,既要遵循学术研究的规律和治学的原则,又要注重其个性的发展和特色的打造,更要力戒发展的盲目心态和浮躁情绪。当然,并不是说学术研究完全不需要对策性研究,提出具有一定水准的研究性对策,本身并无不妥。如果不论是做何种研究,均是领导重视、法规保障、组织实施之类的空话和套话,这样的"档八股"不要也罢。还是宁要少些,但要好些。多研究些问题,少谈点对策。

最后,重复研究。除了以上问题外,档案学研究还存在重复研究的现象。这从每年的档案学期刊的论文检索中我们可以得到证明,雷同标题、内容的论文比比皆是。档案学的理性与档案学研究的理性彼此博弈。当下,对外国档案学理论,尤其是对西方档案学理论引进与研究是越来越多了。曾几何时,欧美档案学理论占据着我国档案学的话语权。高层次档案学论坛之上,当谈及文件周期理论时,气氛热烈,众人争相发言;而当论及档案法制实践时,则响应者寥寥,和者盖寡。我们不仅要问,这正常吗?一个本科毕业论文答辩会,答辩者十一二人,竟有四五个青年学子做文件生命周期的论文,这理智吗?表面数量可观的档案学论文,无疑是热闹的,不过,也多少有点游戏的成分,这或许是档案学转型期出现的一场"派对"。某些人的本意不在于研究,他们只想发表文章,完成晋升职称的要求,或是满足某种条件。为了档案学研究的健康,我们不禁要大声疾呼,为文而文者可以休矣。

---

① 邓正来.中国学术规范化讨论文选[M].北京:法律出版社,2004.

实践是档案学创新的基石[①]

我今天演讲的题目是实践是档案学创新的基石。之所以选择这样一个旧话重说的题目来进行演讲，主要是基于两个方面的原因：

第一，经常有同学向我询问论文写作的选题，即选择什么样的题目来写论文有价值，在我看来，论文写作也是一种创新活动，在这里算是对同学们的询问作一个统一的回答。

第二，2007年我在《图书情报知识》第4期上发表了《论学术创新语境下的档案学理论创新》，那是我们承担上海市档案科研项目档案学理论批评与创新的部分成果，在这篇论文中，我谈及了"档案学理论创新是档案工作实践的不断呼唤。日益丰富发展的档案工作实践为档案学理论创新提供了不尽的源泉，是推动档案学理论不断前进的最大动力。"但是，由于文字篇幅的限制，对这一观点没有展开论述，这里也是对我已发表论文的一种补充陈述。

对于"实践是档案学创新的基石"这一命题，我的基本观点是：档案学创新属于创造性的思维活动，但它绝不是简单地来自学者的头脑风暴，而是来自档案工作实践。其根本是对档案实践规律认识的归纳和抽象，档案学的创新根基于档案工作实践的创新。朝气蓬勃的档案工作实践，为档案学创新提供了不尽的源泉。

档案工作实践之与档案学创新的相互依存，如同皮毛的关系。皮之不存，毛将焉附？

这里，有三个层面需要我们关注：一是档案工作实践是档案学创新坚实基础和不尽源泉；二是档案学创新的形成与发展，绝离不开档案工作实践活动；三是只有从档案实践活动入手，才能走出一条具有中国特色档案学持续创新之路。

请同学们注意，在这里，我用了"基石"这个词来说明档案工作实践在档案学

---

① 本文为2009年上海档案学研究生论坛上的学术演讲。

创新中所起的作用。通常,在字典或辞书中,对"基石"的解释有二:做建筑物基础的石头;比喻基础或中坚力量。

我们在讨论档案学理论创新问题,这正如同建造一座漂亮房子,如果地基不牢,房子就会成为空中楼阁。如同最近上海塌楼事件,据官方公布,其原因是由于过大的水平力超过了桩基的抗侧能力,导致房屋倾倒。地基不稳高楼不存,这个道理我们大家都十分清楚。档案学创新的基石是什么?我的回答,其基石就是档案工作实践。有了这个基石,就能确保档案学未来的繁荣。

下面,我将从四个方面进行说明。

一、历史上重大档案学创新,无一不是以档案实践活动作为支撑

从理论演变的一般规律上说,档案学的形成与发展,是在充分批判地继承前人的理论成果的基础上对有史以来各种档案实践的综合抽象。

从古今中外历史上考察,历代的档案学家们从未脱离实践而去寻找纯粹的档案学理论。如果没有对档案工作实践的精华予以总结,就不可能形成有生命力的指导档案管理活动的理论。例如,来源原则、文件生命周期理论、文件连续体理论、档案价值鉴定理论等,莫不如此。

我们以来源原则为例来具体说明。大家知道,来源原则是在批判事由原则的过程中逐渐发展起来的。1789年法国档案馆成立之初,采用事由原则,后来在档案管理实践中,出现了一些问题。一是档案不断增多,档案分类过程中整体联系无法保持;二是档案的增多,使得档案归类难以为继;三是档案提供利用也不够便利。

为了解决上述档案管理与利用方面出现的问题,法国档案馆采用了尊重全宗原则。经过德国的登记室原则之后,荷兰、英国、美国、苏联、中国等都采用来源原则整理档案。当然,各国也根据本国档案工作实践对来源原则进行了灵活地运用。在电子文件时代,来源原则得到了重新发现,加拿大学者特里·库克提出"新来源观"。

上述从来源原则的演变发展过程中,我们不难看到,档案工作实践在档案学创新中的地位。

二、当下档案工作实践呼唤着档案学的理论创新

我们正处在信息化时代,人类记录信息载体正在发生着快速变化。档案工作新实践必然产生档案学新的理论。

我国的传统档案学理论侧重于档案管理,而不太关注利用,以往的档案学理论大多是关于档案管理的理论。究其原因,正如胡鸿杰教授所说,主要是档案利用率低,没有成为档案工作主流所致。在我看来,随着国家民主化的推进,政府信息公开查询利用,档案利用工作实践会极大地开展,这必然促进档案利用理论的创新。最近,我在指导我的研究生做毕业论文,题目是"档案利用社会化规律问题",之所以研究这样一个题目,主要是从历史纵向方面来观察档案利用的规律,从中揭示出随着社会的发展,档案利用也在不断地变化。

下面,我就当下档案工作的几个具体实践,来说明档案学创新问题:

第一,电子文件管理的实践,促使我们思考电子文件管理的理论。

社会信息化发展,直接的结果是产生了大量的电子文件。电子文件如何管理、如何保存,这成为全世界都普遍关注的话题。

国内外档案学界提出的"新来源观"理论、文件连续体理论、超前控制理论、全程管理理论、电子文件的国家战略等,均是适应电子文件实践而出现的新理论,也是档案学理论创新的发展。

第二,"两个体系"建设的实践,促使我们思考档案资源建设理论。

"两个体系"建设,即建立覆盖人民群众的档案资源体系,建立方便人民群众的档案利用体系。这个理论与实践的提出,本身就是一个创新,它是在国家实践科学发展观基础上,对我国档案工作实践出现的新趋势的新总结。

关于档案资源建设,以前我们比较侧重档案实体整合。而"两个体系"建设的实践,开拓了我们新的思路。特别是民生档案的建设,它涉及方方面面,不可能将所有涉及民生档案的资源实体全部整合在一起,这样势必打乱了原有的档案整理体系。现实的做法,有的档案部门不再单纯强调档案实体放在哪里,而是整合相关的民生档案信息,以方便民众的查阅利用。

第三,上海市普陀区宜川街道社区档案服务机制的创新实践,促使我们思考档案公共服务理论。

2009年6月11日,我参加了上海市档案局在普陀区宜川社区文化活动中心召开的上海市社区档案服务机制创新现场会。宜川街道社区档案服务机制的创新主要表现是,以社区档案管理服务指导站为主体,以社区单位为依托,以各居委会为延伸,以服务公约为纽带,围绕组织、协调、管理、服务和指导五大功能体系,搭建社区档案服务大平台,形成了社区档案资源共享,为民众提供"一口式"便捷查阅服务的新机制,收到了明显成效。

宜川街道社区档案服务机制的创新,为我们提出了档案公共服务在制度层面上如何创新的问题。从其实践来看,它有机制运作的载体,有较为健全的制度,有纵横交叉的工作网络,有复合型的人才队伍,有相对完善的档案信息资源库,有强有力的支撑体系;条块结合、上下联动、因地制宜、注重实效;服务体现以人为本,以"一口受理"的"窗口"服务为主,以告示、咨询、答疑为补充,通过后台有关部门之间的主动衔接和协同办理,宁可管理人员多打一个电话、多联系一次、多做一些工作,也要让老百姓少跑一趟路、少走一扇门、少跨一道坎,做到满意而归,不断提高群众满意度。

第四,上海市闵行区卫生局建立居民电子健康档案的实践,促使我们思考"档案"的概念与范围。

2007年,为了解掌握社区档案管理的现状,我曾经到这里进行调研。上海市闵行区卫生局开始探索建立居民电子健康档案为核心的卫生服务综合管理信息系统,是卫生部社区居民电子健康档案试点单位。他们认为,健康档案是记录一个人从出生到死亡整个过程,记录着这个人健康状况的发展变化情况,以及他所接受的各项卫生服务记录的总和。电子健康档案是利用现代信息技术,建立的居民健康档案,具有实时采集、快速存储、高效利用的优势。

主要做法:首先,以居民健康卡作为居民电子健康档案的唯一身份识别,并与居民身份证、社保卡绑定,以家庭为单位建立健康档案。其次,在卫生服务过程中,实时电子健康档案的动态更新。再次,根据社区卫生服务的业务特点,研发了高血压、糖尿病、儿童保健、妇女保健等社区疾病管理模块,形成居民健康管理、临床信息服务、业务管理为一体的社区卫生服务管理平台。最后,全区搭建了卫生服务信息网络和数据交换平台。

到2008年5月,建立居民健康档案58.8万份,建档率68.7%。

好处:一是为居民健康服务;二是为卫生管理服务;三是方便居民了解自己的健康情况。

上述电子健康档案实时动态更新的案例,促使我们思考的是,档案概念与范围是什么?在教科书上讲的档案概念,与实践的概念不尽相同。有人可能会认为这是档案的泛化,但我们如果从社会角度来认识,则会得出另外一种理解。我们通常所说的档案,是我们档案学界的一种学理定义,对于社会来说,就未见得完全适用。社会总是以它能接受的角度去看待档案,为档案的普及做出形象化的解读。我们通常说,社会档案意识不强,要大力提升社会档案意识。问题是,社会档案意思有了,我们又横加指责。

第五,沈阳、广东、河北、上海徐汇区等地建立家庭档案的实践,促使我们思考档案是"官藏",还是"民藏"。

据调查,沈阳市已建立家庭档案十万家。他们以行政手段,采取民众自愿的方式,开展家庭建档活动。通过建立家庭档案,民众说:家庭档案,管理省心,看时开心,鼓舞人心。不仅开展家庭建档,还开发家庭档案资源,编辑了《老结婚证书》《老毕业证书》,为和谐家庭建设提供服务。

通过家庭建档,他们认为,社会档案资源应兼顾组织和个人,不管是来自政权的档案,还是藏于百姓民间的档案,都是国家档案资源,是宝贵财富。要藏档于民,立档于民。

档案是"官藏",还是"民藏",两者可以互为补充。其关系应该是"官藏"为主,"民藏"为辅。

三、档案学创新在实践中不断完善与发展

档案学创新来自实践,但绝不是实践的简单描述与再现,而是对实践的深入思考、抽象与归纳。

当然,档案学创新也需要通过实践的检验,在档案工作实践中得到持续的发展与完善,开拓新领域。一方面,社会发展使得档案工作实践不断发展变化,档案学理论也会随着档案工作实践不断发展。另一方面,档案学创新也不是脱离历史,而是在继承发展原来理论的基础来完成。新的档案工作实践产生新的档案学理论,新的档案学理论指导新的档案工作实践,周而复始。毛泽东在《实践论》中说,通过实践而发现真理,又通过实践而证实真理和发展真理。说的就是这个道理。

档案工作实践没有止境,档案学创新也未有穷期。我们要突破前人,后人也必然突破我们,这是社会前进的必然规律。

以档案价值鉴定为例,从历史发展来看,档案鉴定理论有年龄鉴定论、行政官员决定论、职能鉴定论、文件双重价值论、利用决定论、宏观鉴定论。这反映了档案鉴定从片面到全面,从微观到宏观,从具体到抽象的完善过程。这个过程最终是要受档案鉴定实践检验,使得档案鉴定理论不断完善。

四、读书与调研是认识档案实践的有效路径

创新基础在实践。但对于研究生来说,学术经历决定着没有可能亲身参加档案工作,也不太可能参加各种各样的档案工作。那么,档案学创新如何进行呢?在我看来,可行的方法,就是读书与调研相结合。读书是认识档案工作的最

初阶段。从实践的维度上说,读书应该属于把别人的实践变为自己间接实践的过程,调研则是直接接触实践。

毛泽东曾提出:读书是学习,使用也是学习,而且是更重要的学习。我国学术的优良传统是读万卷书,行万里路。阅读是苦事,也是乐事。阅读文本时,通过思考会发现问题。没有广泛阅读和深入思考,创新也就无从说起。

在我准备这篇演讲的时候,我收到了中国人民大学徐拥军博士的大作,《企业档案知识管理模式——基于双向视角的研究》,这部著作是他在博士论文基础上修改而成的。作者实地调研了29家性质、规模不尽相同的公司,通过实际调研作者获得了丰富的第一手资料、实际案例和感性认识。在书中,他深入了分析中国民族企业档案管理、知识管理面临的困境及原因,寻找到两者的相近相通和相差相异,提出档案知识管理的实现方式。书中阐述的企业档案知识管理的理论创新,是建立在作者深入调研基础上完成的。如果没有深入调研,作者不可能完成这样一部具有创新性质的专门著作。

最后,以下面一段话结束我今天的演讲:我国历史上战国时期的思想家荀子说:"不闻不若闻之,闻之不若见之,见之不若知之,知之不若行之。"[1]荀子非常重视实践的作用,他认为:对待学问道理,未有听说不如听说过,听说过不如见到,见到了不如明晓事理,明晓事理不如亲自实践。

研究生同学们,你们是我国档案学的未来。档案工作实践之树是常青的,如欲在档案学天地里留下重重的一笔,请关注档案工作实践吧,因为它是档案学创新的基石。

---

[1] 荀子·儒效[M].太原:山西古籍出版社,2003.

档案科学研究需用科学精神[①]

档案科学研究需要科学精神,用科学精神进行档案科学研究,这是档案科学研究的根本要求。

研究档案学要有志向。凡致力于档案学研究的人,首先要树雄心,立大志,要有为档案学大厦增添砖瓦的信心和勇气。档案学是门年轻的科学,它又是门实践性很强的科学。年轻意味着发展,在发展过程中不免带有某些稚嫩,过重的实践给人们带来技术方法的错觉,这些绝不能说档案无学。正是由于档案学年轻,它的研究领域众多,驰骋空间广阔,英雄大有用武之地。只要你选择了档案学,确立了目标,就应该坚定地沿着既定的方向走下去,随着学术理想的达标,是为对档案学研究之贡献。

研究档案学要有恒心。实现目标和方向的道路虽不能说是布满荆棘,但也绝不是一帆风顺。档案学研究需要聪明、才智和勇气,更需要恒心、决心和毅力,坚持不懈,以勤补拙,以恒持久。从事档案学研究,不可能一蹴而就。那种希望读几本书、写几篇文章即能扬名学界的想法,既不现实,也不能长远。经常研究,常抓不懈,天道酬勤。急功近利,急于求成,避重就轻,不愿付出长期艰苦努力,是为档案学研究之大忌。

研究档案学要有专心。档案学是研究档案、档案工作和档案事业的科学,它从纷繁复杂的档案现象入手探寻其规律,形成诸多分支学科。如此众多领域,一个人穷毕生精力也难做到门门精通。档案学研究需要博采众长,更需要专心。从事档案学研究,需要一心向学,专心不二,不为社会热门学科所动。集中精力于档案学某一领域,日积月累,不断搜集资料,不断实践调研,才能不断发现问题,逐渐形成自己的研究领域和治学方法。精力不集中,蜻蜓点水,浅尝辄止,只

[①] 本文是应邀为《档案学通讯》2001年第4期写的卷首语,收入2018年山东画报出版社的《轻舟万重山:纪念〈档案学通讯〉杂志创刊40周年》一书。

能形成一种万金油式的学风,于档案学有害无益。前辈档案学者如吴宝康、和宝荣、曹喜琛、王传宇、周雪恒、韩玉梅等,均学有专长,术有专攻,业有专果,是为年轻学者效仿之榜样。

研究档案学要有细心。科学研究中任何的发明创造均来源于细心的观察研究。忍得住寂寞,耐得住清苦,抵得住诱惑。做研究要有耐心,从微观处认真思考,小题大做,融会贯通,举一反三,由此及彼。有道是积土成山,积水成渊。档案学研究需要勤读书,勤思考,勤调查。读书、思考、调查,都是为了研究和解决问题。由此,一定要有目的,集中精力,用心去做,必能在档案学某一个领域贡献出学术精品,是为档案学研究之方法。

研究档案学要有虚心。虚心向学,不耻下问,良好的学风是研究档案学的基础。做人做学问,两者缺一不可。档案学研究不能没有继承,没有继承就没有发展;也不能没有创新,没有创新就没有超越。发展也好,超越也罢,均离不开继承。继承前人或同时代人的研究成果,是档案学发展的基础前提,离开这个基础前提,发展超越无从谈起。现代学术研究日益走向交叉综合,新知识、新技术层出不穷。不断学习新知识,不断接受新事物,虚怀若谷,从善如流,平等对话,是为档案学界大家之风范。

信息时代,电子网络、数字技术向我们展示了21世纪档案学研究多彩的世界,让我们用科学精神,张开双臂去热烈地拥抱它吧!

点击二十世纪中国档案学研究[①]

我国档案学研究从 20 世纪 30 年代开始,至今已发展了 70 余年。纵观 20 世纪档案学研究的发展历程,大体上可划分三个阶段,也可以说是三次高潮。

第一次高潮出现在 30 年代初至 40 年代末。标志性成果:一是建立了档案学;二是建立了机关档案工作和近代意义的档案馆;三是出版了《档案管理与整理》《中国档案管理新论》等 13 部代表著作。

第二次高潮出现在新中国成立后 50 年代初至 60 年代中叶。标志性成果是:一是初步建立了以马克思主义为指导的社会主义档案学;二是为社会主义档案工作和档案事业建设提供了理论指导;三是开设档案学科所需的课程。

第三次高潮出现在 70 年代末至今。经历了恢复、发展和繁荣时期。标志性成果主要有以下几个方面。

一、形成了全国档案科研组织网络

专门研究机构主要有:

国家档案局和一些省档案局设立的档案科学技术研究所,省级如辽宁、黑龙江、四川、江苏等。

国家档案局档案干部培训中心档案学理论研究室。

25 所高校档案专业和档案学研究所,12 个档案学硕士点,2 个档案学博士点。

中国档案学会和各省、市、县区档案学会。

中国老教授协会档案与文秘研究所。

[①] 本文原载于《浙江档案》2001 年第 6 期,中国人大报刊复印资料《档案学》2001 年第 5 期全文转载。

二、建设了一支强劲的队伍

这支队伍拥有专职和兼职研究人员。档案局馆主要是研究馆员和副研究馆员,高校有教授、副教授等专业教师400余人。全国有22万专兼职档案人员,有人统计专兼职研究人员有5 000人左右。这些研究人员的成分如下:

从事职业:专职档案研究人员、档案局馆工作人员、高校档案专业教学人员。

年龄:老、中、青三结合。

知识构成:档案学、情报学、图书馆学、历史学、哲学、理工等。

档案学研究人员成分多样,为档案科学研究增加了活力和激素,不同知识基础的科研人员,从各自不同的学科知识和思维角度去审视研究档案学,是档案学研究飞跃的重要因素。

三、改善了档案学研究成果出版和发表条件

据不完全统计,20世纪出版的档案学著作有500余种,主要出版社有:中国档案出版社、各专业出版社、各省级出版社、各大学出版社。

发表档案学论文6万余篇,主要报刊有:《中国档案报》,1994年创办,世界第一张全国性专业报。40多种档案刊物:学术研究性,如《档案学研究》《档案学通讯》等;业务指导与学术研究并重性,如《中国档案》及各省所办的刊物;史料公布性,如《历史档案》《民国档案》等;档案学文献资料性,如《档案学》等。

另外,全国25所高校创办档案学专业的学报,以及各省社科刊物每年也发表档案学方面的论文。

四、增加了对档案科研项目的经费投入

多途径进行档案科研立项,获得科研项目经费。

国家档案局每年拨出专款用于资助科研立项。

国家社会科学基金项目,每年均有档案学课题。

各省社科、科委均进行档案科研立项。

教育部和各省教育厅开展科研立项。

各省档案局和各高校所进行的科研立项。

五、开展了档案学术成果评奖活动

国家和各省均建立档案学术成果评奖制度。全国有300多项档案科技成果

获国家级、省部级档案科技进步奖,400多项学术成果获中国档案学会档案学优秀成果奖。教育部和各省教育厅优秀学术成果奖、各省档案局馆档案科技进步奖、各省社科联优秀学术成果奖。

六、档案学术研究活动普遍开展,形成规模

中国档案学会举办了5次全国大型综合性学术讨论会,论文800余篇。
中国档案学会各专业委员会不定期举办专题档案学术讨论会。
教育部和国家档案局联合举办了5期高校暑假档案学研讨班。
各地方和中央专业系统档案学会召开档案学术研讨会。
国家档案局档案干部教育中心主办的档案学术研讨会。
第13届世界档案大会等国际档案学术研讨会。
海峡两岸联合召开的档案学术研讨会。
档案馆召开的档案与历史研究国际学术研讨会。
中国老教授协会档案与文秘研究所召开的学术年会。
教育部档案学教学指导委员会召开的年会。
以上档案学术研讨会涉及档案学理论与实践各个方面,大部分出版了档案学术论文集。

七、档案学由历史学下属二级学科发展成独立的一级学科

我们对档案学认识的研究有一个过程。在相当长的一段时间内将档案学作为历史学一门辅助科目来建设,在学科目录中,档案学一直是历史学科中的二级学科,即历史文献学中含档案学。1996年全国学科目录调整,档案学从历史学科中完全独立出来,成为管理科学类,与图书馆、情报同为一级学科。

目前,虽然档案学科体系、结构不断发展变化,但它由多门分支学科构成。这些具体学科有:档案学概论、比较档案学、档案事业管理学、档案行政学、档案法学、档案管理学、档案统计学、档案鉴定学、档案分类学、档案目录学、档案检索学、档案史料学、档案编研学、科技档案管理学、专门档案管理学、电子文件与电子档案管理、档案计算机管理、档案保护技术、中国档案史、外国档案管理、档案复制技术等。

档案学主干课有:档案学概论、档案管理学、科技档案管理、文书学、档案文献编纂学、档案保护技术学、档案文献复制技术、电子档案管理学等。

档案学已成为具有较完整的多层次的分支学科组成的学科群体,说明档案

学研究在深度和广度方面空间广阔。

八、研究领域不断拓展,成果显著

目前,档案学研究范围广泛,从档案学基础理论到档案管理的原则和方法,从机关档案工作、档案馆工作到科技档案工作,从档案事业管理、档案法制建设到中外档案史,从档案保护技术到档案管理现代化,从传统纸质档案管理到电子文件管理等,涉及各个领域。研究内容之广,程度之深,都是前所未有的。特别是我国的档案保护技术、档案库房建筑及温湿度控制水平、电子计算机技术、缩微和照相技术及光盘技术在档案工作中的应用程度等,都处于国际先进水平,尤其是在褪变或扩散档案字迹的预防和恢复、受损磁介质档案的修复等方面的研究取得突破性成果,达到国际领先水平。

20世纪科研成果,可作如下分类:

（一）学术专著

《档案学理论与历史初探》《文件运动规律研究:从新角度审视档案学基础理论》《档案学论衡》《档案哲学》《中国档案分类起源与演变》《宋代档案管理研究》《档案心理学》《档案目录学》《档案经济学》《科技档案效益概论》等。

（二）论文集

博士论文:《档案文化论》《档案价值论》等。

硕士论文集:《当代中国档案学论》。

个人论文集:《曾三档案工作文集》《裴桐档案工作文集》《论新时期档案学与档案事业》《论档案工作若干问题》《档案学若干问题研究》等。

研讨会论文集:中国档案学会及各专门学术研讨会编辑出版的论文集,《档案理论新探索》《全国新千年档案学理论研讨会论文集》等。

论文集:《档案文论》《兰台论坛》《兰台之光》等。

（三）教材

到目前为止,档案学各门学科均出版了多种版本的教材,层次为本科、专科、培训教材。

高校使用的教材。60年代出版有《档案管理学》《档案保管技术学》,70年代末期以后档案学各学科均出版了教材。值得注意的是各高校新编教材,特别是面向21世纪的教材。如高教出版社出版的《中国档案文献编纂史略》《企业档案管理》《档案检索》《档案保护技术》；中国人民大学出版社出版的《档案文献编纂学教程》《现代企业文件与档案工作实用教程》《档案计算机管理教程》《档案保护技术学教程》《电子文件管理教程》等。

培训教材。国家档案局编有各层次岗位培训系列教材和继续教育教材，如《中国档案事业概述》《档案馆概论》《档案室概论》《档案管理现代化》《电子文件归档与电子档案管理概论》等。各省编有具有地方特色的培训教材，比如辽宁、湖北、北京、浙江、江苏等地组织人力编写的培训教材。

各专门领域教材。《档案法学》《专门档案管理》《人事档案管理》《会计档案管理实务》《高校档案管理》《城建档案管理》等。

（四）工具书

辞典。《档案学辞典》《简明档案学词典》《档案管理小百科》《汉英、英汉档案学词典》等。

手册。《六十国档案工作概况》《档案信息资源开发手册》《档案工作实用手册》《最新档案工作实务》《档案保护技术实用手册》《档案缩微摄影技术实用手册》《档案工作全书》等。

年鉴、大事记。《中国档案年鉴》《世界档案大事记》等。

法规资料汇编、百科全书。《档案工作文件汇编》《中华人民共和国档案法规汇编》《中国大百科全书·档案学分册》等。

索引、目录。《档案学论著目录》《图书馆学、情报学、档案学论著目录》等。

方志、指南、名录。《档案馆指南丛书》《档案志丛书》《中国档案馆名录》等。

标准。《档案著录规则》《中国档案分类法》《档案主题词表》等。

（五）译著

著作。《苏联档案工作理论与实践》《现代档案——原则与技术》《现代档案与文件管理必读》等。

文集。《国际档案大会报告集》《文件与档案管理规划报告选编》《日本档案工作译文集》等。

以上著作繁荣了档案科学园地，有的是综合性，有的是开创性，有的是理论性，有的是实用性，这些大量成果是20世纪档案学发展的重要标志。

需要大力开展档案学跨世纪研究[①]

一、开展档案学跨世纪研究的意义

第一,档案学跨世纪研究是时代赋予我们的光荣使命。我们正面临着一个伟大转折的历史时期,改革开放、建立和发展社会主义市场经济体制,是一场全面而深刻的变革。它为我们国家注入了前所未有的生机与活力,同样也给档案事业的发展带来了难得的机遇和严峻的挑战。处于世纪之交,既是我国档案事业大发展的时代,也是档案学研究在发展时期,这是历史向我们提出的新课题,也是时代赋予档案学研究者光荣的历史使命。机遇与责任历史性地落在我们身上,我们理应珍惜这一重大的、难得的历史良机,勇敢地、义无反顾地承担起档案跨世纪研究这一光荣的使命。

第二,档案学跨世纪研究是发展繁荣档案学的需要。我国档案学自 30 年代初期产生建立以来,已经走过了 60 余年的发展道路,取得了显著成就。我们建立起全国和地方各级档案学术团体,成长着一支研究队伍,出版了一批研究论著,创办 50 余个学术阵地。从档案学基础理论,到其研究机制和基本建设,以及研究方法和研究领域都要日益完善,不断拓展。这些都说明档案学从无到有,并且由单纯技术性文书档案管理学科,发展成具有专业理论特点的多门分支学科相结合的独立科学。档案学所取得的成就为 21 世纪持续发展奠定了基础。如何总结档案学研究几代人奋斗而积累的宝贵经验,不断开创档案学研究新局面;如何进一步研究和认识档案学半个多世纪所走过的路程和未来发展战略,在新世纪走向辉煌;如何面向世界,面向 21 世纪,确立适合中国实际的档案事业发展的道路模式,这些都是新的历史转折时期对档案学提出的新要求。处于世纪之交大发展、大变革时代的档案学,理应开展对跨世纪课题的研究讨论,总结过去

[①] 本文原载于《北京档案》1995 年第 5 期,获中国档案学会基础理论学术委员会和《北京档案》杂志社 1995 年度优秀论文奖。

的经验教训,理清未来发展的思路,为档案学在21世纪持续稳定发展奠定基础。

第三,档案学跨世纪研究是全面推进社会主义档案事业建设的实际需要。新中国档案事业从初创到全面建设,进而全面发展到不断提高,特别是经过近十几年改革开放的积极探索和伟大实践,建立起了与国民经济和社会发展紧密结合并为其服务的社会主义档案事业体系。档案机构不断健全,档案馆网络逐渐形成,档案法制充实完善,档案管理现代化程度日益提高,档案业务基础逐步夯实,档案教育迅速扩大,档案干部队伍建设大力加强,档案科研、宣传不断开拓,档案外事工作日趋活跃,档案信息资源开发深化创新,使得档案工作在社会主义现代化建设中日益发挥着重要作用。20世纪档案事业的建设取得了辉煌成就,21世纪的档案事业需要继续奋进全面发展,再创辉煌。这一战略性任务向档案学研究提出了新课题,要求档案学理论给予回答。通过这一课题的研究,总结新中国建立以后档案事业发展所获得的经验,探寻解决在社会主义市场经济新形势下,发展档案事业面临新问题的途径与方法,以求得档案事业健康稳步前进。

第四,开展档案学跨世纪研究能够提高档案学社会地位,为档案学研究创造良好的社会环境。档案学研究是档案事业的重要组成部分,它的生存、发展和繁荣都与国家经济建设和社会发展紧密结合,离开了社会基础,档案学研究便失去了发展的外部条件。新中国建立以后国家对档案学始终予以高度重视,把档案学研究列入国家社会科学发展规划,为档案学研究开展提供必要的保障和依据。但是,由于种种原因,目前在档案界内部和社会上对档案学还存在着一些不正确的认识,档案学研究需要进一步理顺关系,创造顺畅的外部环境。比如,档案学科归属就是个大问题,在学位授权点方面,档案学归属历史学科下的历史文献学;而在科研方面,档案学则归属图书、情报学科。另外,"档案无学"和"档案学无用"的错误认识,仍然有一定市场。这些无疑都不利于档案学研究的发展,必须大力扭转。为此,开展档案学跨世纪研究,将20世纪档案学研究所获辉煌成就,及21世纪档案学发展的广阔前景摆在人们面前。用事实说话,提高全社会对档案学的认识,从而得到社会各方面的支持,为档案学发展创造良好的外部环境。

二、开展档案学跨世纪研究的内容

(一) 对20世纪档案学的全面回顾总结

这方面研究在时间范围上,包括建国前旧档案学和建国后新档案学。具体又有：评价 20 世纪档案学所取得的成就；总结 20 世纪档案学研究的经验和存在的问题。

评价我国 20 世纪档案学研究的基本成就，是关系到档案学建设发展的重大问题。关于这方面的研究，诸多专家学者先后做过阶段性和综述性学术总结，在进行档案学跨世纪研究时需要进一步系统梳理。从学术团体、研究队伍、论文著作、学术观点、学术阵地，到档案学社会影响和社会地位，档案学科的建立完善，档案专业教育的发展，都需认真全面总结评价。进而从档案界和社会环境两个方面去探讨档案学成就所取得的原因，为档案学再上新台阶打下基础。

客观总结 20 世纪档案学发展的经验和问题，要从档案学研究成果、研究手段、研究方法、研究组织、研究领域、研究内容、研究机制、研究态势等方面入手，通过对上述内容的认真研究，揭示档案学发展的特点和规律，分析档案学存在的主要问题的表现形式及产生原因，将对推动档案学研究起促进作用。

（二）对 21 世纪档案学发展的预测展望

展望 21 世纪档案学发展趋势，不是虚无，而是一种实在，是根据档案学现实去进行的研究探索。比如我们确定档案学研究在世纪之交呈现的特点是：档案学研究整体化趋势明显增强；档案学理论整体完善与分支学科研究的深入与细化；档案学从经验总结向理论抽象转变；档案学理论研究和应用研究并举；档案学研究方法系统科学化；档案学研究机制由个体向群体研究转变；档案学国际间互相交流、互相影响、互相渗透。那么，预测 21 世纪档案学发展前景就以上面这些研究作为基础。虽然预测 21 世纪档案学发展前景是极其困难的课题，但是只要我们紧紧把握档案学自身发展规律这个主题，就一定能够描绘出 21 世纪档案学未来发展的蓝图。

21 世纪档案学的发展趋势其内容丰富具体，既包括预测档案学学科整体发展趋势，也包括档案学各分支学科如档案学基本理论、档案管理学、档案编纂学、档案保护技术等发展的趋势。展望 21 世纪档案学发展趋势的目的是掌握档案学发展规律，以便为下个世纪档案学发展确立方向目标，并制定实现该目标的规划决策，以及发展的战略重点。

三、开展档案学跨世纪研究应遵循的原则与方法

开展档案学跨世纪研究要坚持用辩证的观点、历史观点和发展观点去研究档案学的产生和发展。坚持理论与实践相结合，一切从实际出发的原则，紧密结合档案、档案工作和档案事业的实际,做好这篇大文章。虽然我们进行的这项研究是个全新课题,但绝不是从"零"开始,而是对以往学术研究中专家学者对档案学术研究系统和深入的总结反思,要吸收这些研究成果,在已有的研究基础之上,从实际出发把握评价档案学的标准和方向。

开展档案学跨世纪研究要营造良好的学术环境,形成活跃的学术氛围。档案学跨世纪研究是项复杂的创造性劳动,良好的学术环境和活跃的学术氛围对于深入开展档案学跨世纪研究至关重要。因此,要积极努力营造良好的学术环境,形成活跃的学术氛围。这需要创造两个方面条件:一是使用现代科研技术设备和科研方法手段,努力改善研究条件;二是彻底贯彻"百花齐放、百家争鸣"的方针,提倡不同学术观点交流争鸣,形成民主宽松的学术氛围。

开展档案学跨世纪研究要尊重档案学自身规律和特点。任何一门科学的产生发展完善都有着自身规律。档案学是门应用性科学,它也遵循科学发展的一般规律,经历了由不完善到完善的渐进过程。今天我们在开展档案学跨世纪研究活动中,应该按照科学精神,客观地对待档案学发展不同阶段上的各种学术观点,历史地评价我国档案学者对档案学发展作出的探索和贡献,公允地估价档案学的历史地位和作用,正确地分析档案学目前的研究态势。只有从历史联系中去思考研究档案学,才能深刻揭示档案学发展演变规律,科学地预测档案学未来的走向。

开展档案学跨世纪研究是档案学研究一次新的思想解放活动。如果说档案学研究经历了 30 年代、50 年代、80 年代三次高潮的话,那么跨世纪档案学研究必将给档案学研究带来第四次高潮。因此,只有把档案学跨世纪研究放在解决档案学如何在研究手段、研究方式、研究内容等方面,向更深的层次、更广的领域和更高的目标前进,才能实现档案学新的突破。档案学界应该提高对跨世纪档案学研究的认识,积极参与该课题的研究。有关方面也需有计划地组织引导,召开学术研讨会,在档案专业刊物上展开大讨论,出版学术著作,多渠道、多途径、多方式地促进档案学跨世纪研究的深入开展。

跨世纪档案学研究的若干课题[①]

20世纪30年代产生的作为独立学科的档案学,在20世纪取得了重要成就。世纪之交档案学研究的任务仍很繁重,许多课题还应进一步探索。

一、关于档案理论的研究

档案是档案学研究的客观对象,是档案工作的基础。对档案理论的研究始终是档案学关注的重要内容。

档案的起源形成。档案起源于何时?目前主要看法有四种:档案产生形成于阶级社会;档案产生形成于原始社会;档案产生形成于原始社会向阶级社会过渡时期;档案产生与形成是两个不同含义,档案起源于原始社会,形成于阶级社会。对档案起源形成深入研究,对于档案理论建设具有重要意义。

档案定义。档案定义一直作为档案学研究重点,也是难点。对档案定义多有论述,有人统计档案定义有百余种,但逐渐趋向一致,其中用文件、历史记录、信息、文献作为档案定义属概念是影响较大的观点。完全可以预测,在21世纪档案定义必将继续作为档案学研究的热点。

档案价值的本质和商品性。档案价值理论是认识档案属性的基础,主要观点有三种:档案具有使用价值和交换价值,档案价值的本质是交换价值;档案的价值是指档案对人们和社会的意义与作用;档案价值是客观存在的,它是由档案本身各种因素决定,不取决于人们是否利用。

同档案价值联系的是档案商品性质问题,档案是否为商品,主要有四种观点:档案是商品;档案不是商品;科技档案是商品;档案复制件是商品。在社会主义市场经济条件下,需要从现实角度研究,从理论上作出科学的说明。

[①] 本文原载于《辽宁档案》1999年第1期,中国人民大学报刊复印资料《档案学》1999年第3期全文转载。

档案分类及全宗理论。档案全宗理论内容丰富,它包括国家法律确认并由国家统一管理的全部档案,即国家档案全宗;档案馆馆藏的组织和管理,即馆藏档案全宗。对于国家档案全宗需研究:国家全部档案种类划分,国家档案实质和结构。馆藏档案全宗需要着重研究全宗的定义、全宗的实质和全宗内档案的分类,以利于档案科学管理。

二、关于档案工作的研究

档案工作有广义和狭义之分,前者指国家档案事业,后者指档案业务工作。这里仅谈后者。

档案工作现代化。档案工作现代化包括管理思想、组织、方法、手段和人才等诸方面内容,在档案管理中运用现代科学技术手段和科学方法对档案实施自动化、规范化、制度化、程序化的管理是其核心。档案工作现代化是随着科学技术迅猛发展而提出的新研究领域,在 21 世纪有着广阔的发展前景。

文件、档案管理一体化。20 世纪 30 年代我国曾在机关普遍采用过"文书档案连锁法",将文书与档案管理联系起来。80 年代国外文件生命周期理论传入我国,根据文件产生、运动到销毁或永久保存的运动过程,把文件、档案管理看作统一的系统工程,进行一体化管理,符合文件与档案管理的发展趋势。文件、档案管理一体化尚在探索阶段,有许多工作要做,结合我国客观实际探索对文件制作、现实使用、暂时保存和永久保存各个阶段的管理活动过程规律及科学方法,提高文件、档案管理的效率和质量。

电子档案管理。计算机广泛应用,计算机网络技术的普及,办公自动化程度日益提高,电子文件越来越多地形成于社会各个领域,电子文件归档后形成电子档案。由于它通过计算机系统来完成其档案功能,同纸质档案不同,又称为虚拟档案。电子档案有什么特点,有哪些种类,遵循怎样的管理原则和方法等问题,已引起国内外档案界广泛注意。需要投入更多的力量,加强对该课题的调查研究。

企业档案管理。建立现代企业制度,实行国有企业转换经营机制,使得企业档案管理面临许多问题。比如现代企业制度建立后档案采取哪种管理模式,使企业文献信息实现一体化管理就是亟需研究的课题。再有企业兼并、出售、拍卖、租赁、股份经营以及企业破产,企业产权变动后如何对档案实行管理,档案行政管理部门如何在新形势下对企业档案工作进行有效监督、指导和协调,在企业整体评估中如何做好企业档案的评估工作,防止企业档案发生混乱和流失。无论是从理论建设的需要考虑,还是从指导实践的需要考虑,都应该予以重视,为做好企业档案工作提供具有普遍意义的理论原则和实践方法。

农业档案管理。我国农村地域辽阔,各地档案工作发展还不平衡,由于受观念和经济等因素的制约,农业档案工作在总体上还较为薄弱,需要大力加强。农业档案管理是国家档案管理的重要方面,搞好农业档案工作,为农业经济服务,是目前国家档案工作亟待解决的课题。乡村档案、乡镇企业档案和农业科技档案是农业档案管理研究的重点。

档案信息资源开发与利用。近年来档案信息资源开发利用作为档案学研究的重点,已经获得了有价值的研究成果。下一步需要深化档案信息资源开发利用现实问题研究,按照市场经济规律,探讨档案信息资源开发利用的组织、方式、层次和规律,研究档案编研成果,如档案汇编、报刊和音像制品怎样更多地进入市场,发挥其应有的作用。

三、关于档案事业管理的研究

档案事业管理指对档案事业各方面进行计划、组织协调、监督和指导的活动。

档案事业发展战略。档案事业发展战略指导着档案事业的规划和计划的制定,它对档案事业建设起宏观调控作用。研究全国或某一地区档案事业的现状及其发展趋势,包括发展目标、方针政策、管理体制、管理模式,制定科学合理的发展战略,建立起与国民经济和社会发展紧密结合,以机关、团体、企业、事业单位档案工作为基础,以各级各类档案馆为重点,以档案教育、档案宣传、档案科研等为保证和条件的,门类齐全、结构合理、管理科学、服务有效的档案事业体系。

我国档案馆网络建设。档案馆是国家档案事业建设的主体。档案馆的设置和布局,涉及档案资源的合理配置、丰富馆藏结构等重大问题。研究建立具有中国特色的档案馆网络,使档案流向合理,馆际之间便于协作,有效地开发利用档案,这是从理论到实践面临的课题。从档案馆建设来看,需要研究各级各类档案馆的组织、馆藏、档案分类编目、保护技术和建筑,开拓档案馆功能,把档案馆办成目录中心、缩微中心、修复中心和爱国主义教育基地,更好地为社会服务。

档案事业法制建设。深入实施《中华人民共和国档案法》,进一步加强档案法制建设,依法管理档案事业,是档案学研究的又一重要课题。建立完善档案法规体系,准确行使档案行政管理部门的行政处罚权,强化档案执法监督检查,提高档案人员依法管理档案的水平,保证档案事业在法治轨道上顺利发展。

档案事业与国民经济和社会发展的关系。档案工作是为社会各项事业服务的一项工作。它的发展要受到社会政治、经济、文化等方面的制约,要使档案工作与其他各项事业协调发展,必须把档案事业建设和发展列入国民经济和社会发展计划。为此,需要研究档案事业与国民经济和社会发展的关系。

档案教育与人才培养。档案专业人才培养必须与档案事业相适应。档案事业的发展需要建立多层次、多模式的档案专业正规教育和继续教育及在职培训等档案专业教育体系。确立各种不同层次档案专业教育的格局,培养不同层次的档案人才,形成合理的专业人才结构,以满足档案事业高水平持续发展的需要。档案教育方面的课题包括:档案教育和培训的类型、层次、模式、培养目标、课题设置、教材建设、师资队伍,及改革教学手段方法等。

档案事业发展史。研究课题范围就我国来说有:中国档案事业通史;中国档案事业断代史;中国档案事业地方史;中国档案事业专门史。就世界来讲有:世界档案事业通史;国别史;中外档案事业史研究。

四、关于档案学理论的研究

档案学理论是档案学基础理论中重要组成部分。这一课题研究进展程度是衡量档案科学是否成熟的标志,反映着档案学研究水平。

档案学产生发展的历史进程。具体研究课题包括:档案学产生的条件和标志;档案学思想发展的过程规律;档案学理论原则的历史演变;对各个历史时期的档案学家、档案学代表著作、档案学争鸣等进行评价。

档案学的理论。具体有档案学的研究对象和内容;档案的体系结构;档案学的学科性质;档案学与其他学科的关系;档案学的学科地位;档案学的研究方法;档案学学科发展趋势等。档案学理论研究,我国档案学界已全面开展,取得了很有价值的成果,但有些问题还未达到一致。比如关于档案学科性质,一种意见认为档案学是一门社会科学;另一种意见认为档案学是一门包括社会科学、自然科学及边缘科学的综合性科学。

以上是档案学研究未来发展的部分课题,随着档案事业的发展,新的研究课题也将不断提出,要求档案学给予科学解释和回答,只有从档案工作实践中选择研究课题,才能使档案学研究保持旺盛的生命力。

档案学研究走向 21 世纪的思考[①]

一、档案学研究的发展趋势

具有 60 余年发展历程的档案学,在世纪之交正面临着战略性转变,从宏观整体考察,档案学研究呈现出以下几方面的趋势。

档案学研究整体化趋势明显增强。我国现代档案学理论在其历史发展中,也遵循着理论发展的普遍规律,经过了由分析到综合,由个别到一般的理论渐进演变过程,目前呈现出强烈的整体化趋势。具体表现为:一是着重从历史现实角度研究档案、档案工作和档案学自身的基本理论及其规律的理论档案学研究,与阐明应用理论和应用技术具有很强实践性和技术性的应用档案学研究的协调统一;二是档案学具体各分支学科微观研究与整体宏观综合研究的统一;三是档案工作和档案事业现实问题与历史理论研究的统一。档案学研究整体化趋势使档案学朝着更加科学完备的方向发展。

档案学理论整体的完善导致其学科研究深入与细化。理论档案学方面,在继续充实提高原有学科的基础上,开拓新学科和新研究领域。比如档案学史、档案术语学、档案比较学、档案教育,以及中国档案事业各种断代史和外国的国别史等,都将进一步引起档案学研究者的注意。从应用档案学来看,一是将档案事业管理分解为档案事业管理、档案法制建设、档案馆工作、机关企业事业单位档案工作等学科深入研究;二是将从档案管理学分离出档案整理、档案鉴定、档案检索、档案统计、档案编研利用、档案现代化管理等学科深入研究;三是对各种专门档案管理的研究方兴未艾,既有综合性整体研究,也有就某一类如人事档案、会计档案等专门档案的研究,虽然上述研究还缺乏更高的科学性和理论抽象,但它适应档案工作实践需要迅速成长,有的已获得初步成果,显示出旺盛的生

[①] 本文原载于《档案学研究》1996 年增刊,为 1995 年 12 月 20 日中国档案学会在海口市召开的首届青年学术讨论会上的学术演讲。

命力。

　　档案学研究在重视基础理论的同时向应用研究方面转化。档案学基础理论是应用理论存在和发展的基础,而应用理论发展又有利于基础理论的更新。我国档案学基础理论同国外相比较为先进,但应用研究则比较落后。档案工作改革和现代化建设发展,提出大量迫切需要解决的实际问题,必将引起档案学研究的注意与投入,21世纪档案学应用研究具有广阔前景。

　　档案学研究从传统方式档案管理向全面信息管理方向转变。现代科学的相互影响渗透,文件与档案一体化和档案、图书、情报一体化趋势日益加强,怎样从国家文献信息事业出发,实现两个一体化,达到信息资源共享,是档案学研究面临的重大课题。

　　档案学研究继承与创新并存。建立社会主义市场经济体制的深刻变革,档案工作也相应发生了重要变化,在多种经济结构、多种所有制成分的新形势下,必须继承档案学理论并不断创新,才能适应新情况,解决新问题。在计划经济向社会主义市场经济过渡时期,哪些理论得以继承发展深化,哪些需要突破创新超越,都在探索与研究之中。

　　现代科学新技术、新方法迅速渗透,使档案学研究方法发生重大变革。科学技术迅速发展,计算机、光盘存贮在档案管理中普及应用,档案信息资源管理系统存贮、加工、传递、利用方式方法都发生变化,档案学研究从传统手工管理技术和方法向现代化管理技术和方法转化。与此同时,档案工作如何形成规范和标准,也是亟待研究解决的课题。

　　档案学研究由个体分散研究向群体集中研究转变。个体研究与群体研究是档案学发展的主要研究形态,近年来集体研究呈现发展态势。有计划、有组织的围绕重大课题组织研究力量,进行攻关,成果质量好、水平高。《中国档案分类法》《中国大百科全书·档案学分卷》《当代中国的档案事业》《档案学词典》等图书的出版、发行,就是这种转化的显著标志。

　　档案学国际间交流、影响和渗透日益强化。随着世界各国现代档案学的建设和发展,各国在档案学理论与技术方面除本国特色外,还存在共同的规律,经过比较从中探索出通用的档案理论、原则、技术与方法,用以推进国际档案事业,实现人类档案信息资源共享,是摆在国际档案学面前的重要任务。1996年在我国召开的第13届国际档案大会,将有力地促进国际档案学广泛交流与合作,进一步扩大我国档案学与外国档案学相互学习借鉴的途径。

二、档案学研究走向 21 世纪的若干举措

档案学发展的趋势向我们昭示:面向 21 世纪,必须牢固树立档案学持续发展观。为此,需采取如下举措。

坚持马克思主义、毛泽东思想,树立正确的指导思想。档案学研究只有坚持以马克思主义、毛泽东思想为指导,坚持实事求是的思想路线,坚持理论联系实际的原则,才能贯彻"百花齐放、百家争鸣"的方针,发扬学术民主,创造档案学研究的良好条件。当前,要以邓小平建设有中国特色社会主义理论为指导,紧紧围绕在社会主义市场经济体制下,档案工作和档案事业发展的重大战略决策进行超前研究,探索新形势下档案工作和档案事业发展的新机制、新模式和新途径,为建立与之相应的档案工作体制提供切合实际,且有理论深度的思路和方案。

加强档案学整体研究,提高档案学整体水平。首先从总体上考察档案学自身发展规律和模式,确定档案学理论模式,找出并掌握其规律,将有益于档案学理论的建设。其次,从总体上考察档案学发展道路,探寻几代档案学者在不断摸索创造档案学理论过程中,不断调整、修正的历史轨迹,对 21 世纪档案学理论提供借鉴。再次从总体上把握档案学的发展,继续加强理论档案学和应用档案学两方面研究,尤其优先发展应用研究,把档案学与档案工作实践紧密结合起来,面向实践,针对实践中的问题及时从理论上阐述解释。把各学科交叉融合放在整体中考察,在深化各分支学科研究基础上,拓展新的研究领域,提高档案科学整体质量。

加强国家对档案学研究的宏观管理力度。档案学发展历史证明,国家对档案学重视程度是学科发展的关键条件。新中国建立以后国家制定颁布了多种档案法规,把档案学列入国家科学发展规划,从根本上保证了档案学健康发展。在未来档案学发展中仍然需要国家对档案学重视和扶持。一是将档案学列入社会科学发展规划;二是为档案事业提供更多的物力、财力投入;三是建立健全档案法规体系,加强完善执法监督,提高依法治档的水平。从档案学界来说,应统筹规划,合理布局,组织协调,切实制订档案学跨世纪发展规划。加强对档案学研究的组织引导,协调档案科研所、档案学会、高校档案专业三种科研力量的关系,充分发挥群体优势,对档案学研究的重大课题集中攻关。组织开展档案学术交流,及时沟通学术研究信息。建立档案学基金,彻底扭转学术成果出版难的局面。

加强跨世纪人才的造就培养,建设一支适应 21 世纪档案学研究队伍。目前,我国档案学研究力量已有一定规模,80 年代以后成长的大量中青年骨干,为档案学研究增加了新的力量。这批中青年是跨世纪的人才,是档案学未来发展的希望。有计划地为他们创造条件,让他们尽快担当起跨世纪学术带头人的重任。

论 21 世纪档案学研究的走向[①]

站在世纪之交的历史转折点上,面对即将过去的令人难忘的 20 世纪,面对将要来临的充满希望的 21 世纪,面对档案学历史、现状和未来,我们每一名档案学研究者都在深深地思考,思考着在过去的岁月里档案学研究所走过的历程,思考着电子网络时代档案学的发展走向。

一、从经验总结向理论研究转变

从档案管理经验到档案管理理论,再上升为档案学理论,这种认识的发展,是 20 世纪人们对档案、档案工作、档案事业和档案学这一客观事物一般的认识规律。我国 20 世纪的档案学研究从总结档案管理业务经验入手,逐步地概括为档案学理论。纵观 30 年代至 50、60 年代的档案学论著,或是对档案工作直接经验材料的罗列和堆砌,或是对档案管理过程的有序化、条理化和规范化的描述阐发,理论抽象不足。经过半个多世纪的积累,80 年代以后的档案学研究,人们思维模式和认识方式发生了根本变化,不仅对档案管理现象予以重视,更着重对其本质规律的探讨,档案管理理论和档案学理论论著丰硕。譬如对全宗理论的研究,文件运动规律的探讨,档案价值理论的认识,文件与档案管理一体化和档案与图书、情报、资料一体化理论的提出等,都涉及现代档案学理论基础,构成了其理论基石的框架。完全可以看出,21 世纪档案学研究在遵循、总结和升华实践的基础上,必将进行更高的理论思维、构建和探索,发挥其特定的学术价值和社会价值。

二、从分支学科研究向整体研究转变

我国古代对档案学的认识仅限于某些先哲贤达对档案和档案管理的论述方

[①] 本文原载于《辽宁大学学报》2000 年第 6 期,中国人民大学复印报刊资料《档案学》2001 年第 2 期全文转载。

面,从先秦孔子到汉代司马迁,宋代郑樵至清代章学诚,概莫如此。即使 30 年代档案学,也仅是对档案定义、性质、种类、作用及有关档案管理的原则和方法进行讨论,兼及档案行政和档案人才等内容。总体上考察,近代档案学侧重于档案理论和档案管理经验的总结探索。现代档案学出现的 50 年代至 60 年代,一方面是对档案管理业务工作的研究,另一方面是对档案学基本理论进行研究,诸如档案学对象和任务、档案起源、档案定义、档案学历史遗产的批判和继承等。虽然初步构建现代档案学学科体系,但还是侧重对档案管理学、技术档案管理学、档案文献编纂学、中国档案史、世界档案史、档案保护技术学、影片照片录音档案管理等分支学科的研究。80 年代以后,上述研究现状发生了历史性的变化,档案学研究在加强传统学科研究的同时,也对新的分支学科如档案事业管理、档案法规学、电子档案管理等进行研究。在此基础上,对档案学科综合整体研究呈发展态势。人们对档案学科体系投入更多的关注,提出了基础档案学和应用档案学、理论档案学、管理档案学和技术档案学的学术观点,档案学研究对象和范围由档案和档案管理扩展到档案、档案管理和档案事业,同时加强了对档案学内容、结构、分类、地位等方面的研究,在档案学研究整体原则精神指导下探讨档案学发展运动的轨迹,研究档案学各分支学科相互关系,使之协调发展。

三、从学科宏观研究向学科细化研究转变

经过对档案学各分支学科的研究积累,档案学研究上升到对档案学科整体性研究发展态势,但档案学整体研究并不是人们抽象的思维概念,它有着丰富的研究内容,随着档案学科研究的不断深化,其内涵也在不断发展,一成不变的档案学科体系是不存在的。人们对档案学研究从整体到细化的具体表现是:理论档案学方面,在继续充实提高原有学科的基础上,开拓新学科的新研究领域。档案学史、档案术语学、比较档案学、档案教育管理,以及中国档案事业发展中的各种断代史、外国现代档案管理和典型的国别史等,都将引起档案学研究的注意。特别是对档案内容研究和档案学交叉学科结合点中所生成的新学科,如档案文献学、档案史料学、档案哲学、档案文化学、档案经济学等,更加值得档案研究的关注。应用档案学方面,一是将档案事业管理分解为档案事业管理、档案法制、档案馆工作、机关企事业单位档案工作等学科;二是将档案管理学分离出档案整理、档案鉴定、档案检索、档案统计、档案利用、档案编研、档案现代化管理等学科;三是对各种专门档案管理的研究方兴未艾,既有对专门档案综合性整体的研究,也有就某一类档案如人事档案、会计档案、教学档案等进行个体的研究。上

述研究有的虽然是显露端倪,而且研究成果尚缺乏科学性和规范的理论概括,但是它们适应档案工作实践需要,符合档案学研究发展规律,仍显示出蓬勃旺盛的生命力。

四、从档案管理手工操作的理论与实践研究向计算机网络管理的理论与实践研究转变

20世纪档案学研究,总体内容上是对档案管理手工操作理论与实践的研究,对于计算机管理档案和档案工作的研究发端于80年代。长期以来,我国档案馆(室)的档案管理一直处于手工操作状态,档案收集、整理、分类、编目、鉴定、保管、检索、利用、编研、统计等业务工作均是在人工组织下来完成。一部档案管理学,只能是对传统的档案管理理论原则、方式方法的阐述。随着电子计算机的飞速发展,信息技术、数字技术、网络技术、多媒体技术普遍应用于各个领域,档案和档案工作自动化和智能化管理水平日益提高,社会对档案的利用需求方式也在不断变化,档案学研究的重点必将逐渐转移到对档案和档案工作管理计算机化、档案提供利用的网络化方面,把现代技术与传统经验有机结合起来,广泛普及应用现代计算机网络技术,改造传统的档案管理方法,使之更适应现代化社会,同时要对办公自动化状态下产生的大量电子文件如何科学管理进行研究,使档案学研究紧紧跟上时代的步伐,完善充实档案学理论内容。在1996年第13届国际档案大会上,美国、法国、荷兰档案学者在学术报告中提出信息技术对档案和档案工作的影响,就电子档案如何管理进行了讨论,表明国外档案学研究内容的变化。我国档案界近年来极为重视档案管理现代化和办公自动化状态下的电子档案管理问题,国家档案局纳入科研规划投入专门力量予以研究,教育部档案学科教学指导委员会将电子档案列入档案学本科教学计划,已获得该领域的初步研究成果。随着计算机网络技术的深入发展,档案计算机网络管理理论与实践研究空间广阔。

五、从档案实体管理研究向档案信息资源开发研究转变

档案学是一门实践性极强的科学,它的产生发展完全依赖于档案管理的实践,档案学理论来源于档案管理实践,它是在概括和总结档案管理实践的基础上建立发展起来的,丰富的档案实践是档案学存在发展的基础和源泉。由此可见,研究档案管理和开发始终是档案学的中心课题。20世纪30年代档案学产生的基础是机关档案工作的普遍建立发展,50—60年代档案学的研究重点表现为传

统的档案实体管理理论与实践,80年代以后随着大力开发档案信息资源思想的提出,开发档案信息资源,为社会主义物质文明和精神文明建设服务,成为档案工作的主旋律。重管理、轻开发的思想被扬弃,让档案服务于社会,服务于经济建设,服务于人们生活的思想日益深入人心。以开发档案信息资源的程度作为衡量档案工作质量的标准,为档案工作方式和内容带来了巨大的变化。档案工作以开发利用为中心,拓展了档案业务,改变了传统的你查我调档案利用工作模式,开辟了新的研究领域。社会对档案的需求迫切需要档案利用服务要转变观念,改进方法,拓展范围,提高效率,要求开发深层次的档案资源,引导社会实践的开展。人类在进入21世纪这个信息化的时代以后,档案学研究正经历由档案实体管理向以开发档案信息的转变,在这一转变中,档案信息开发的方式、途径、模式、机制,档案信息用户的特征、类型、层次、需求等理论和实践问题将成为档案学研究新的内容,档案信息开发的领域必将得到更深的开拓。

六、从档案学内在联系研究向外在联系研究转变

档案学内在联系揭示档案学的本质,档案学外在联系表现为档案学的功能特征。经过70余年发展的档案学,特别是80年代中期以后的档案学研究,档案学内在联系的研究得到大量投入并引起较充分的争鸣。比如关于档案定义问题、档案商品属性问题、档案分类问题、档案全宗问题、档案价值鉴定问题、档案事业主体问题、文件生命周期问题等,都展开了不同观点的学术争鸣和研讨。再比如关于档案学概念、研究对象、研究内容,档案学科的性质、体系、结构,档案学与相关学科的相互关系,档案学的研究方法等都进行了深入研究,作出符合科学的抽象与概括,揭示档案学历史与现实的本质规律。在信息时代,任何科学都不是孤立存在的,档案学的外在联系表现对某一特征、某一侧面、某一层次的考察,由研究内部联系转为外部联系,表明档案学研究的开放性和成熟性。它的研究课题众多,例如关于档案与社会、档案与文化、档案与信息、档案与情报、档案与资源、档案与生产力等。随着世界各国现代档案学的建设和发展,档案学国际间交流、影响和渗透日益强化。各国档案学理论和管理技术除具本国特色外,还存在共同的规律,经过比较探索出通用的档案学理论、原则、档案管理技术与方法,推进国际档案事业,实现人类档案信息资源共享,是摆在档案学研究面前的重要任务。档案学研究的生命力和创造力,除了要充分注意档案学主体自身联系外,还要注意兼容其他主体乃至人类创造的一切成果。档案学需要不断吸收其他学科的优秀理论加以整合更新。因此,21世纪档案学研究将趋向于在进行自身理

论研究的同时,更要跳出本身的圈子,从更广阔的角度来不断接受新信息,使自身认识水平得到升华。

七、从档案行政管理研究向档案法制研究转变

长期以来,档案学研究侧重于对档案行政管理的研究,这主要是由于我国档案事业管理从中央到地方形成了一个纵横交错的管理网络系统。档案管理标准、档案工作组织、档案方针政策制定实施、档案管理、保护、开发利用等都依赖于档案行政机构来组织落实,因此,如何利用行政手段来指导规范档案工作在一个时期内成为档案学研究的中心之一。1987年《中华人民共和国档案法》颁布实施,以此为中心档案法规体系日趋完善。档案法律、档案行政法规、档案行政规章相互配套健全,档案事业步入法制轨道。以档案法制手段规范全国的档案事业建设,给档案学研究提出了全新的领域。它既涉及档案法制自身建设的诸多问题,也涉及如何运用档案法制加强档案事业建设,还涉及档案的立法、档案执法和档案普法问题。因此,21世纪的档案学研究将集中回答上述课题。

八、从继承向创新转变

21世纪档案学研究继承与创新并存,从继承向创新转变。对于年轻的档案学来说,继承借鉴国内外档案学优秀研究成果是完全必要的。50—60年代我们吸收近代档案学精华,借鉴苏联档案学理论与实践,建立起具有社会主义性质的档案学。80年代末对世界各国特别是对欧美档案学的借鉴吸收,推动了当代档案学理论研究走向繁荣。21世纪的档案学研究创新尤为重要,如果仅用批判的精神对以往的档案学成果进行继承而无创造性,那么我们就不能面向未来的发展,档案学也不能适应时代对学科发展的需要。因此,21世纪的档案学研究应用现代社会的模式和方法,深入地观察和总结传统理论的主要内涵及其所体现的精神,揭示档案学理论嬗变的内在规律,汲取具有超时空性质的价值内涵,为档案实践提供启迪。通过创新,沟通档案学传统与现代的联系,完成其价值的转化。同时通过创新反映时代的主旋律,在继承弘扬档案学传统理论的基础上经过创新有所超越,超越是为了使档案学传统理论成为人类的共同财富,所以档案学研究中的创新将成为21世纪档案学研究发展的重要走向。

九、从定性研究向定性和定量相结合的研究转变

档案学研究方法,档案学界在研究实践中进行了积累和探讨。档案学研究

运用定性的方法是从总体上考察其研究对象,目的在于探求事物内在联系和本质规律,以及事物各要素之间的地位、层次、功能和相互关系。譬如档案学研究运用哲学方法对档案学进行理论抽象,揭示其本质联系和基本特征。档案学运用定量的数学方法对档案实践中的数量关系、内在结构、质量状态进行定量描述和分析,把对档案实践的认识和考察建立在精确的科学基础之上。档案学研究中由定性研究向定性和定量相结合的研究转变,把定性方法与定量方法有机结合起来,使之更加协调统一,将减少档案学研究中的经验成分,使档案学研究更加完善精确。

十、从个体研究向群体研究转变

个体研究与群体研究是档案学研究机制中的主要研究形式,它们对于学科发展建设都是不可缺少的,近年来集体研究呈现发展态势,有计划、有组织的围绕重大研究课题组织力量进行攻关,成果质量好、水平高、影响大。《中国档案分类法》《档案主题词表》《中国大百科全书·档案学分卷》《当代中国的档案事业》《档案学词典》等大型研究成果的问世,就是这种转化的显著标志。

第二辑
档案法制研究

建立档案法学的必要性与可能性
关于深化档案法学研究的思考
论档案法学的研究体系
论档案法规体系
论档案行政执法主体的依法执法
论档案行政执法与档案普法的关系
加快推进民生档案法规的建设
档案中介机构的依法管理
论《中华人民共和国档案法》修改的基本原则及相关问题
《中华人民共和国档案法》要注重对体制外档案资源的监管
《中华人民共和国档案法》修改的社会视野

建立档案法学的必要性与可能性[①]

档案学科学体系中应当建立一门以档案法规为研究对象的新分支科目——档案法学。为什么要建立档案法学，建立档案法学的客观条件是否成熟？怎样建立档案法学？本文拟对这些问题从宏观上做一概要讨论。

一、建立档案法学的必要性

首先，档案立法的客观现实提出了建立档案法学的需要。马克思主义唯物论的基本原理告诉我们，任何一门科学的产生及发展都是建立在人类实践基础之上的，实践是科学产生与发展的土壤和条件。《中华人民共和国档案法》施行已有三年。如何正确理解制定档案法的目的意义，我国档案法有什么性质和特点，怎样解决在档案法实践过程中出现的新情况新问题，这些都需要从立法的理论高度予以系统地阐述。档案学科学体系中现有的各门分支学科都不能解决档案立法和法制的问题。比如档案学概论是从整体上研究档案学的基本理论问题，中国档案事业史和外国档案事业史是从纵向角度研究中国及世界各国档案和档案工作的产生和发展规律，档案管理学和科技档案管理学是研究档案管理的理论、原则和方法，档案保护技术学和档案缩微复制技术学是研究档案制成材料损坏规律和保护档案的技术方法，档案文献编纂学是研究编纂公布档案的理论、原则和方法。这些科目都没回答档案法的理论与实践问题。为了适应档案立法法制的客观需要，必须建立一门以档案法规为研究对象的档案法学。

其次，建立健全我国档案法规体系迫切需要档案法学理论的指导。档案法规是个广义的概念，它除了包括国家最高权力机关制定的档案法律之外，还包括国家及档案行政管理机关对档案和档案工作所做出的决议、规定、条例等所有的

[①] 本文原载于《辽宁大学学报》1991年第1期，中国人民大学报刊复印资料《档案学》1991年第1期全文转载。

行政法规。档案法律与行政法规相辅相成，统一于一个有机整体之中，就构成了档案法规体系。档案工作是国家出现后的产物，随着国家对档案利用的开展，必然要对档案和档案工作进行必要的干预和调节，使其更好地为统治阶级服务，这样就产生了档案的立法活动。中外档案立法的历史证明，档案法规是国家和档案行政管理机关对档案和档案工作进行调节的主要手段。我国漫长的封建社会，虽然没有制定一部独立完整的档案法典，但在封建法典中还是做出了关于档案及档案工作的法律规定的。比如从秦律到唐律以至明清律中的职制律、吏律和盗贼律都有对档案和档案工作的法律规定，对这些必须予以认真研究总结。同时，外国具有近代意义的档案法令先我国而出现，从以《法兰西共和国档案法》为代表的资产阶级档案法规，和以《苏联国家档案全宗条例》为代表的社会主义性质的档案法规中，我们都可以学习借鉴其中有用的东西。比如制定档案法规确保档案机构的独立地位、集中统一管理保护档案财富、档案向社会开放等基本思想，都是值得研究借鉴的。再有，也是最主要的是要对党和国家历年来制定的档案法规进行研究总结。我们新中国建立前后颁布了一系列档案法规，其中包含着党和国家对档案、档案工作和档案事业管理原则及方法等一整套思想和经验，它们都亟需从理论上给予系统的总结。只有从理论上去概括总结论述，使感性认识上升到理性认识，才能使这些分散的档案法规条理系统，成为一个有联系的统一的有机整体，人们从中可以观察档案法规之间的密切联系，掌握我国档案法规体系的全部内容，认识其性质和特点，从而找出党和国家调节档案实践活动的普遍的规律，总结我国档案立法实践活动中的经验和教训，以便于今天对档案实行法治。大力开发档案信息资源，使其在社会主义现代化建设中发挥更大的作用。

如果没有档案法学的理论指导，档案法规体系不可能科学准确。因为档案法规原则上应该适应档案自身的规律，但由于立法者认识或利益等局限，档案法规不科学的现象是不可避免的，而档案法学从理论上去研究档案法规，可以弥补人们认识方面的缺陷，使档案法规趋于科学准确和系统完善。

再次，建立档案法学能丰富完善日益发展着的档案科学。我国的档案科学从50年代至现在，经过30多年众多学者的努力，其学科体系已经确立。随着日益深入的档案工作实践，档案学科学体系也在不断地发展和完善，一些以前没有的新分支学科充实档案学科学体系是其必然趋势。这不仅在我国，而且在世界各国的档案学也都如此。如苏联档案学从70年代以后又增设了档案术语学、档案经济学、档案统计学、档案法等新的分支科目。新的分支科目的出现，使档案学充满活力。从科学发展角度来考察,建立档案法学必将使档案科学更加充实和完善,苏联档案学已建立档案法分支科目足以证明这一点。

最后,建立档案法学的实际意义是十分重大的,我们从新中国建立以后档案工作历史的反思中可以得到启示。多年来由于我国档案科学中没有建立档案法学这个分支科目,档案立法和法制的理论研究几乎是空白,不可能从法制理论上去阐述论证国家对档案活动调节干预过程应采取何种措施。实践中只是靠行政手段去调节干预档案工作,以致出现了1958年"大编大造"档案那种违反档案形成规律的错误做法,甚至出现了"文革"中档案法规被破坏、档案工作瘫痪、档案事业濒临崩溃的局面。这固然与政治因素相关,但理论上不完善没有做到依法治档也不能不是一个重要的因素。今天为了不让那动乱的历史重演,加强档案法学理论的研究,普遍增强全社会的档案意识更具有重要意义。另外,从我国第一部档案法制定的过程也足以说明建立档案法学,对档案立法进行理论研究的必要性。我国档案法从1979年开始酝酿准备到1987年批准通过,用了近8年的时间,先后40余次易稿,这正说明我国在档案立法理论研究方面的薄弱,如能在理论上对档案立法开展系统研究,那么档案立法就不致于那样困难了。

二、建立档案法学的可能性

第一,党和国家十分重视档案立法。档案立法是党和国家的优良传统,早在革命战争时期,1931年瞿秋白同志就主持拟定了我党第一部档案法规《文件处置办法》,经周恩来同志亲自修改批准试行。新中国建立以后党和国家先后颁布了一系列档案法规,1987年全国最高权力机关通过了我国第一部档案法。档案法的颁布实施,本身就表明党和国家对档案工作的高度重视。档案法颁布后,全国各地党政领导同志非常关注和重视,采取各种方法进行档案法的学习宣传和贯彻落实,很快掀起了一个学习宣传贯彻档案法的高潮。党和国家对档案立法的高度重视是建立档案法学的首要条件。

第二,档案界已经认识到建立档案法学的必要性,近年来我国档案学者曾多次提出档案法学应建设成档案学中分支科目的设想,并且对档案法规进行了初步研究。著作有范仁贵、林清澄的《档案法学概论》,李统祜主编的《档案法学》。另外,档案专业刊物上也发表了一些关于档案法规研究的文章。这些说明我国具有档案法学的研究力量,只要将其研究成果综合深化便能很快成为档案法学系统理论。

第三,有大量的古今中外的档案法规作为研究材料。仅就中国档案法规而论,其内容就是极为丰富的。古代的《秦律》《唐六典》《唐律疏仪》《唐会要》《通典》《宋刑统》《庆元条法事类》《大明律》《明会要》《大清律》《清会典》等书籍中,保存有丰富的封建社会时期关于档案和档案工作的律令。

我们党和国家也制定颁布了大量丰富的档案法规。20世纪50年代至60年代中叶,党和国家对档案和档案工作各方面都建立了制度,这时期的档案法规对我国开创档案工作新局面奠定了基础。1976年至现在,党和国家进一步加强完善了档案法规,它对于我国档案事业的恢复整顿和提高发展都起了非常重要的作用。国家和档案行政管理部门调节档案实践活动而产生形成的一系列条例、办法和规定等法规性文件,构成了我国档案法规体系的主要内容,它们为研究我国档案立法法制实践活动提供了丰富的材料。

第四,已初步整理出版了部分档案法规汇编。据不完全统计,目前我国已内部或公开出版了十余种关于中外档案法规的汇编物。举其要者有,中国档案学会对外联络部和《档案学通讯》编辑部编的《外国档案法规选编》(档案出版社1983年出版),选译日本、苏联、法国等22个国家的现行档案法规。国家档案局办公室编,档案出版社出版的《档案工作文件汇集》,三集共收录1955年至1987年期间中共中央、国务院、中共中央办公厅、国务院办公厅、国家档案局以及有关部门发布的档案工作指导性文件和规章制度。这些档案法规性文件汇集的出版,为开展档案法学的理论研究提供了较为系统的材料。

以上充分表明我国目前建立档案法学的客观条件已经成熟,只要我们继续努力就会使建立档案法学由必要和可能很快转变为现实。

三、几点建议

综上所述,可以看出目前建立档案法学不仅是十分迫切和非常必要的,而且又是可能的。所以我们必须适应我国档案立法法制实践的急需,尽快早日建立起符合中国国情的档案法学这个学科科目,开展对档案立法理论和法制实践的研究,保证我国档案事业健康正常地向前发展。为此,特提出以下几点想法和建议。

国家教委和国家档案局应组织力量对档案法学课程设置进行调查论证,将其列入高校档案专业教学计划,使其成为档案科学教育内容的一个重要组成部分,以加强档案人才的法制基础教育。课程设置可以采取过渡的方法,即先将档案法学列为选修课,经过教学实践待条件成熟后再转入必修基础课程。此外,还应有计划地培养档案法学课程的师资力量,组织编写该课程的讲义和教材。

建议国家档案局将档案法学列入档案干部培训基础科目之一,对申请档案业务职称的人员,在测验科目中增设档案法这一科目。另外,国家档案局应要求各省、市、地区举办在职干部轮训班时将档案法列入必修课程,增强在职人员档案法制观念。

建议国家档案局或中国档案学会将档案法学课题列入学术研究规划,作为重点项目,拨出专款,罗致人才组成专门力量,开展对档案法学的研究,争取在一定时间内写出有一定质量的档案法学专著。

抓资料建设,将中外历代档案法规进行系统整理,争取在短时期内编辑出版一整套档案法规学的系列参考资料。

建议国家档案局或中国档案学会在适宜的时期召开档案法规研讨会,就档案立法、实施等理论与实践问题进行研讨,要解放思想,提倡不同学术观点自由讨论,以利档案法学研究的深入开展。

关于深化档案法学研究的思考[①]

档案法学,也称档案法规学,它是以档案法规为研究对象的档案科学中新兴的分支学科。20世纪50—60年代的档案学研究,没有涉及档案法规的课题。这一课题是80年代以后随着我国档案法制建设的逐步加强完善而出现,并提到档案学研究的议事日程的。特别是《中华人民共和国档案法》《档案法实施办法》及其档案法规、规章的相继制定、颁布实施,为档案法学研究开辟了广阔的领域,提供了客观条件和理论基础。

一、档案法学研究的现状

综观近年来对档案法学的研究,已取得了令人瞩目的成绩。主要表现在:

档案法学在档案学体系的地位已经确立。尽管目前档案学界对档案学的学科体系结构所包括范围的认识还未取得一致,但任何一位档案学者在构筑档案学体系时,都把档案法学列入档案学体系范围之中。与此同时,在高校档案专业教育和在职档案人员岗位培训中,都不同程度地开设了档案法学课程。这表明在档案学体系中增设档案法学这一科学科目,已为档案界所普遍接受。

一支研究力量正在逐步成长。除中央和地方档案法制工作机构专职执法人员外,热心致力于档案法学研究和探索的研究人员已为数不少。他们有的是专门从事档案研究的科研人员,有的是高校档案专业教师,也有的是基层单位档案工作者。这些人员,是档案法学研究的中坚力量。

取得了一批研究成果。据不完全统计,到目前为止公开出版了5部关于档案法学的研究著作。即1989年7月中国经济出版社出版的范仁贵、林清澄著的《档案法学概论》;1990年3月江苏人民出版社出版的李统祐主编的《档案法学》;1991年12月沈阳出版社出版的潘玉民等编的《档案法学习手册》;1992年

[①] 本文原载于《档案学研究》1993年第4期。

1月档案出版社出版的档案法实施办法条文释义编写组编写的《中华人民共和国档案法实施办法条文释义》；1992年8月内蒙古大学出版社出版的毕玉琦编著的《档案法规学纲要》。内部印行的教材、讲稿有多种，如1991年9月河南省档案局印行的胡绍华主编的《档案执法监督概论》；1992年5月山西太原市档案局印行的赵乃康编写的《档案行政执法与监督检查概要》等。此外，档案专业刊物上发表了数量可观的关于档案法规基本知识讲座和研究论文。

档案法规资料建设取得一定进展。近年来除档案法规的著作、论文外，有关档案法规资料建设也取得了一定进展，公开出版了5部档案法规资料汇编。1983年12月档案出版社出版的中国档案学会对外联络部、《档案学通讯》编辑部编的《外国档案法规选编》；1987年7月档案出版社出版的中国第二历史档案馆编的《民国时期文书工作和档案工作资料选编》；1985年—1992年档案出版社出版的国家档案局办公室编的《档案工作文件汇集》（共4集）；1991年档案出版社出版的中央档案馆编的《中共文书档案工作文件选编》（1923～1949）；1992年10月法律出版社出版的国家档案局编的《中华人民共和国档案法规汇编》。这些档案法规资料的出版，为开展档案法学研究提供了较为系统的材料。

档案法学的研究内容已全面展开。档案法学研究内容广泛，它涉及档案法规和档案法制实践的理论、原则、内容、特点等各个方面。从近年对档案法学研究状况来看，既有关于档案法规的性质和功能、档案法规条款内容的研究，也有关于档案法规体系结构、档案法规贯彻实施和普及档案法规知识教育的研究，还有关于中外档案法规的历史和现状、档案法学自身学科建设的研究。《中华人民共和国档案法》颁布之初，学界的研究重点主要是为配合其宣传对档案法律条款内容进行阐述解释，随后逐步扩展到档案法规体系结构、档案法规贯彻实施，以及中外档案法史和档案法学学科建设等领域，并获得有价值的理论成果。档案法学研究由浅入深的循序渐进过程，表明档案法学研究同其他科学研究一样，已开始由个别向整体，由特殊向一般的方向发展。

总体来看，在短短的几年中，档案法学研究取得了突破性进展，学科建设从无到有，学科理论不断充实完善，这些既是档案学研究日趋走向成熟的体现，也是依法治档的显著标志。

几年来档案法学研究的成绩应当充分予以肯定，但是还应看到问题的另一方面，档案法学毕竟是档案学体系中新建的科目，在这么短的时间内不可能尽善尽美，还存在一些问题。

从档案法学研究整体看，与档案学中建立较早的档案管理学、档案保护技术学等科目相比,在研究深度和广度方面都存在一定的差距。如档案法规基础理论研究还很薄弱,对档案法制建设还不能适应依法治档的需要,对档案法学学科建设的研究远没有达到应有的科学程度。

从发表的研究成果来看,多限于对档案法涉及的现象进行介绍和描述,理论概括不够,没有达到透过现象去把握规律的程度。对档案法学涉及的诸多领域,研究的也不是很平衡。有些问题,如档案法规条款、档案法规性质、档案法规作用、档案法规特点、档案法规原则、档案法规体系等,研究的比较深入,成果较多。而有些问题,如档案法制实施、档案法规历史发展规律、中外档案法规比较等,研究的则不够深入,有待于进一步深化。

从研究方法上来看,没有根据档案法制实践而形成特有的研究规范。对于其他学科的理论,主要是法学理论,还处在引进这一层次上,没有完成对引进的理论进行消化吸收工作。一门科学在产生之初,借鉴引进其他学科已有的理论和方法是必要的,尤其是像档案法学这样档案学和法学相互交叉的科目,自然离不开对法学研究的理论和方法的借鉴,但是,如果仅仅停留在对法学名词概念的一般介绍这一层次上,显然不能适应日益发展着的档案法制实践需要。因此,必须在借鉴的基础上进行消化,使之与档案法制实践融为一体,形成档案法学系统的理论和方法体系。

二、深化档案法学研究的意义

根据档案法学研究现状,在社会主义市场经济体制建立和发展的新形势下,不断深化档案法学的研究,其理论和实践意义都是十分重大的。

首先,深化档案法学的研究是进一步深入学习宣传《中华人民共和国档案法》的需要。《中华人民共和国档案法》是我国第一部档案法律,它既是社会主义法制建设的组成部分,也是建设我国档案事业的法律依据,所以必须深入学习,广泛宣传,认真实施。实施《中华人民共和国档案法》的前提是广泛宣传《中华人民共和国档案法》,而宣传《中华人民共和国档案法》必须建立在准确理解的基础之上,以其昏昏,使人昭昭是不行的。只有从理论上确实将《中华人民共和国档案法》学懂弄通,才能有效地向社会进行广泛宣传。深化档案法学的研究可以不断加深对《中华人民共和国档案法》的认识,避免在理解上出现偏差,防止在执法中出现错误。

其次,深化档案法学的研究是促进档案法规建设,完善档案法规体系的需要。档案法规体系是以《中华人民共和国档案法》为核心,由档案行政法规、规章构成的相互联系、相互协调的统一体。建立由不同法律效力层次构成的、科学合理且配套的档案法规体系,是依法治档的基础。档案工作需要制定哪些法规,国家档案局在《档案法规体系方案》中明确规定,档案法规体系由档案法律、档案行政法规、国务院部门档案规章、地方档案法规、地方档案规章所组成。我们对这些不同层次不同效力的档案法规各自的概念、涵义及其相互之间的关系等问题需要进行深入研究,不经过深入认真研究,就不能建立起科学统一的档案法规体系。档案法学所阐述的基本理论和基本知识概念,就十分有利于完善档案法规体系的建设。

最后,深化档案法学的研究是开展档案执法监督检查工作的需要。实施《中华人民共和国档案法》是依法治档的中心环节,保证《中华人民共和国档案法》切实得到实施,必须大力强化执法监督检查工作。档案部门履行执法职责,一方面要依法制定并采取必要的切实可行的措施,从组织上和制度上强化监督职能;另一方面要充分发挥档案执法监督的作用,认真查处违反《中华人民共和国档案法》的行为,维护法律的尊严和权威。依法行使执法监督职责涉及许多问题,比如什么是行政执法,它有哪些特点,档案行政管理机关执法权限和内容,怎样按照《档案执法监督检查工作暂行规定》,认真开展档案执法监督检查工作,等等,都需要结合我国档案事业管理和档案法制建设的实际开展深入研究。不仅如此,深化档案法学研究对于建立健全档案法制工作机构,培养一支法制工作人员队伍同样具有重要意义。

三、深化档案法学研究的举措

如上所述,深化档案法学研究的意义既然如此重大,那么目前在档案法学学科已经确立的情况下,如何深化档案法学的研究呢?我认为应从以下几方面着手。

首先,大力加强档案法学的基础理论研究。

档案法学基础理论内容广泛,目前亟需研究的关于档案法学基本理论问题很多。主要有:

关于档案法学自身的理论研究。包括档案法学的学科性质,档案法学的研究对象、内容和任务,档案法学在档案学体系中的地位,以及该学科与其他学科的关系,特别是与法学中行政法学之间的关系。研究它有助于提高对档案法学的认识,以便改进研究方法和手段,提高整体研究水平。

关于档案法规基本理论研究。包括档案法规的概念、范围、特点、作用,档案法规条款内容、原则,以及档案法规体系结构和相互关系。研究它有助于提高对档案法规的认识,以便强化档案法制建设,提高档案执法力度。

关于档案立法历史与现状的研究。包括中外档案立法产生发展的历史及其发展规律,评价不同历史时期档案立法活动及其成果。研究它有助于提高对档案立法本质和作用的认识,以便把握档案立法规律,为今天档案立法提供借鉴。

关于档案法规的比较研究。包括对中外各国档案法规进行比较研究,既可对不同社会制度的档案法规进行比较,也可对同一社会制度的档案法规进行比较;既可以纵向将一国各个历史时期产生的不同档案法规进行比较,也可以横向地将同一时期不同国家档案法规进行比较。通过比较研究,探讨各国档案法规的共性和特性,以便更好地为我国档案立法服务。

关于档案立法前景的研究。包括对档案法规未来发展的预测和展望。研究它可以预见未来档案立法发展,对现阶段档案法规的制定实施提出建议和希望。

总而言之,加强档案法学基础理论研究是深化档案法学研究的重要方面,它是关系到档案法学体系能否完善并向前发展的重大问题。

其次,大力加强档案法制实践的研究。

研究档案法学的根本目的是实事求是地总结档案法规建设的经验和教训,找出科学规律以指导我国档案法规建设的再实践,促进档案事业法制建设的完善和发展。因此,档案法学的研究必须紧密结合档案法制实践来进行,它要对档案法制实践过程中的诸多现象进行归纳提炼,使其上升为抽象的理论,进而形成一个系统完整的理论体系,这个体系既源于实践又指导实践。档案法学产生的基础是档案法制实践,而档案法学理论的发展,又对档案法制实践起指导促进作用。档案法学理论与档案法制实践的相互作用、彼此联系的辩证关系,表明深化档案法学研究加强档案法制实践研究的重要性和必要性。

对于档案法制实践的研究,目前尤其应着重对中外档案立法实践、档案法规体系建设、档案行政监督执法的研究。由于档案行政执法是档案法制实践的难点,所以应着重对其加强研究,要从档案行政执法的概念、特点、种类、意义、条件,到档案行政执法的程序、档案部门的法律职责,以及对违法行为应追究的法律责任等,都要全面予以研究,为档案法制实践提供理论基础。

再次,大力加强档案法学资料的积累和整理。

资料是学术研究的前提,没有必要的资料,档案法学的研究难以深入。虽然前段时间编辑出版了一些档案法规的资料汇编,但远不能满足档案法学研究对资料的需求,需要下大决心,花大力量进行资料的积累和整理。

档案法学涉及的资料很多,现在还需编纂的大致有五个方面的资料。一是对已出版的《外国档案法规选编》进行修订,补充近年世界各国新的档案法规,扩充收录档案法规的国家;二是对我国古代档案法规进行汇编,提供注释和译文,以便于阅读研究;三是对近代档案法规进行汇编,它既包括旧政权的档案法规,也包括革命政权制订的档案法规;四是对档案执法案例进行选编,为研究档案法制实践提供材料;五是将散见于档案专业刊物及其他报刊之中有关档案法规论文汇编成册,以便查阅参考。

档案法学资料是学科基本建设工程,实际上这些资料本身即是极有价值的学术研究成果,完成资料工作需要一定的投入,只有列入科研计划之中,统筹安排,分工协作,才能在短时期内编辑出版一整套档案法学的系列参考资料,为档案法学研究深入开展创造条件。

最后,大力加强档案法学研究的组织管理。

这包括两个方面:第一方面是对档案法学研究活动实行有效地组织管理,开展多层次的档案法学研讨活动,加强学术研究的交流与协作,扩大研究者视野。同时,要对档案法学研究发展的趋势进行科学预测,在此基础上制定档案法学研究的总体规划,指明近期要达到的目标。对于重大课题,应发挥科研群体优势,实行集体攻关,提高档案法学研究的整体效益。此外,还应加强对档案法学研究成果的评价工作,及时总结得失,以利研究工作更好地进行。

第二方面是对档案法学研究人才的组织培养,加强档案法学研究队伍的建设。档案法学研究力量的现状基本上是各自为政,缺乏必要的学术联系和组织,这不利于档案法学研究的深入。为此,建议有关方面采取一定形式把现有的研究力量组织起来,不定期地采取研讨交流的形式,加强彼此之间的联系,是目前组织研究力量行之有效的方法。

总之,档案法学研究已经走过了她的幼年发展历程,在档案学中占有了属于自己的位置,对于推动法制建设起到了重要作用。在档案法制建设日臻完善的今天,只要我们不断总结经验,采取切实可行的措施,档案法学的研究就一定会迈上新的台阶。

论档案法学的研究体系[①]

档案法学是档案学中一个独立的分支科目,在档案学界已达成共识。教育部档案学教学指导目录中已列入档案法学这一科目,全国各高校档案学专业都根据自己的实际,不同程度地开设了档案法学的课程。作为档案学体系中新建设的档案法学,随着其研究的日益深入,许多学科的基本理论问题也提到了研究的议事日程,需要予以回答。档案法学体系问题就是其中之一,从目前出版的档案法学著作和教材以及发表的研究论文来看,对档案法学的体系认识还不尽一致。我认为档案法学体系主要是由档案法学理论、档案法原理、档案立法、档案法规体系、档案法律规范、档案行政执法、档案普法、档案法史、外国档案法、中外档案法比较等十个部分内容构成。下面对此进行阐明。

一、档案法学理论

档案法学是以档案法律规范和档案法制为研究对象的科学。它通过对档案法律原理、档案法律规则、档案法律实践的研究探索,建构档案法学理论知识体系。作为档案学的一门分支学科,同时也是法学的一门分支学科,档案法学的主要研究任务是运用科学的研究方法建立档案学的科学理论体系,为我国档案法制建设提供理论指导。应当说,档案法学的理论研究对于档案法制具有广泛而又重要的意义。它既可以解决档案法律实践中出现的问题,使档案法律更加科学规范和准确;又可以普及档案法律知识,推进全民档案法律意识和档案法律素质的提高,为档案法制建设创造良好的外部环境。

我们这里所说的档案法学理论,取其狭义仅指档案法学自身的理论而言。它是对档案法学的现象及其本质规律系统化的抽象认识,是档案法学学科建设

---

① 本文原载于《上海档案》2003年第2期,中国人民大学报刊复印资料《档案学》2003年第4期全文转载。

的基础。它主要从宏观和整体上来探讨档案法学,并将研究成果科学化、理论化和规范化,以此来指导档案法规的建设和促进档案法制实践。其研究内容包括:档案法学的性质、档案法学的地位、档案法学的研究对象、档案法学的研究内容、档案法学的研究方法、档案法学与其他学科之间的关系等。如档案法学与档案学各学科之间的关系,档案法学与法学之间、特别是与行政法学之间的关系,档案法学的历史、现状和发展趋势。研究档案法学理论的目的,在于揭示档案法学内在的发展规律,阐明档案法学科在档案法制建设中的地位和价值,使本学科的基础理论得到强有力的理论支持。

二、档案法原理

档案法是国家依照立法程序,制定颁布的关于档案事务管理方面的法律、行政法规、地方性法规、行政规章等规范性文件的总称。档案法制建设是国家档案制度的基础,它作为我国档案事业管理的重要手段,是发展档案事业的根本保证。档案法原理涉及的课题有:档案法的概念、属性,档案法的调整对象、地位,档案法律关系的概念、特征、类型,档案法律关系的主体、客体、内容等构成要素,档案法律关系的产生、变更、消灭,档案法的目的、原则、作用、价值、形式,档案法在法律体系中的地位,档案法治与其他档案事业管理手段的关系等。如档案法与档案政策的关系,档案法与档案标准的关系,档案法与档案规章制度的关系等。

档案法原理是研究档案法的基础,研究它有助于其他档案法基本理论问题的解决。比如档案法的广义和狭义两种含义,就是极易混淆的概念。广义的理解,档案法是调整公民、法人和其他组织在档案管理、保护、利用过程中发生的社会关系的总和。狭义的理解,档案法是国家为管理档案事务而制定的调整档案关系的基本法律,即《中华人民共和国档案法》。通常,我们在一般意义上讲档案法使用的是其广义,而在具体说档案法的某一规定时则用其狭义。

三、档案立法

档案立法是国家机关依照法定职权和程序,制定、修改和废止档案规范性法律文件的活动。档案立法所产生的档案法律、档案行政法规、地方性档案法规、档案规章,集中体现了国家管理档案事务的意志,是国家档案事业建设规律的总结。档案立法如何,在一定程度上标志着国家立法的整体水平。广义上,档案立法研究是对档案立法过程中的档案法律现象和技术进行研究,从而揭示档案立法活动的规律,完善档案立法机制,以提高档案立法水平。狭义上,档案立法研究是对国家最高权力机关制定、修改、废止档案法律这种特定规范性文件的活动进行研究。档案立法是国家机关依照职权进行的专有活动，它是档案法制的第一个环节，承担着创制档案法律规范的任务，为依法治档提供前提性条件。因此，研究档案立法有着极其重要的意义。

档案立法的研究内容主要有：档案立法的概念，包括广义的档案立法和狭义的档案立法的含义；档案立法的指导思想，包括档案立法指导性原则，如以经济建设为中心的原则、坚持四项基本原则、坚持改革开放总方针的原则，档案立法的法定性原则，如坚持国家法制统一性原则、坚持民主性原则、坚持科学性原则，档案立法的方法性原则，如原则性与灵活性相结合的原则、稳定性与变动性相结合的原则；档案法的立法原则，包括集中管理档案的原则、保护档案的原则、为社会主义现代化建设服务的原则；档案立法的体制、机制，中央档案立法和地方档案立法各自的含义、主体、内容；档案立法目的、条件、环境；档案立法技术、程序；档案立法的评价；档案立法的预测与展望；档案法规的修改、补充、清理、废止；档案法规的编纂；档案法规的撰制等。

四、档案法规体系

档案法规体系是以档案法律为核心的现行档案法律规范性文件的有机统一整体。建立科学的档案法规体系是加强我国档案法制建设的重要任务之一。档案法规体系的研究内容主要有：档案法规体系的概念、结构、层次；档案法规体系构成的基本原理；档案法律、档案行政法规、地方性档案法规、档案规章的性质、特征、类型，以及它们之间的相互关系和法律地位。在档案法规体系研究中，有些问题获得了一致的意见，有些还需要进一步规范。比如，档案法规之间的法律效力关系问题，就是必须明确的。我国《立法法》第70条、第80条规定：法律的效力高于行政法规、地方性法规、规章。行政法规的效力高于地方性法规、规章。地方性法规的效力高于本级和下级地方政府规章。省、自治区的人民政府制定的规章的效力高于本行政区域内的较大的市的人民政府制定的规章。只有把上述问题研究清楚，才能使我国档案法规体系在健康良性的轨道上运行。

五、档案法律规范

档案法律规范，是指由档案法律规范性文件所规定的，规范档案社会关系主体行为的具体规则。档案法规能否对档案社会关系进行有效的调整，取决于档案法规中档案法律规范规定得是否科学。档案法律规范的表现形式是档案法律条文和档案法律规范性文件,其内容是档案法律规定的权利和义务。档案法律确定档案关系主体的权利和义务,是对档案社会关系进行调整的基本手段,在具体的档案法律规范性文件中,权利和义务寓于一定的档案法律规范之中,成为档案法律规范的具体内容。一种法律规范,总是要表现法定的权利和义务。在对档案事务方面的权利和义务上,档案法律规范规定人们的行为模式和法律后果。档案行为模式是为主体规定的具体行为的方式,档案法通过调整档案关系主体的行为,实现对档案关系调整的目的。档案法律后果是档案法律规范中主体行使权利和义务的状态,及其引起的具有法律意义的后果。档案法律责任就是属于档案法律后果的一种,没有档案行为模式的设定,就没有档案法律责任。

就档案法律规范讲,其研究内容有:档案法目的、意义;档案工作体制、原则及社会地位;档案法所管档案的范围、档案机构的性质、设置、布局、类型、职责;档案法确立的国家对档案管理的基本制度,包括国家所有档案实行分级集中管理制度,对保存在图书、文博部门的档案管理制度,科学分级管理档案制度,保密档案管理制度,档案价值鉴定制度,非国有档案的管理制度,国有企业单位档案转让制度,档案出境管理制度;档案利用的概念、原则、程序,移交档案单位利用档案的权限;档案开放的时限、范围和特点;档案公布的概念、形式、权限,以及对寄存档案利用的限制,与知识产权法律的衔接,档案复制件的法律效力;档案法律责任的概念、意义,档案违法行为的类型、范围,档案法律责任的种类、特征。阐明档案法律规范,使档案立法设定权利和义务符合实际,也使其便于人们的理解遵守,利于档案法律规范的施行。

六、档案行政执法

档案行政执法是档案法制的关键环节,是保证档案法发挥作用的必要手段,也是档案法建设的重中之重。如果仅有档案立法而没有档案行政执法,那只能做到有法可依,还不能做到有法必依、执法必严、违法必究。档案法规定的各项规范如果都不能落实,档案行政管理部门档案行政执法权限不能得到很好的发挥,依法治档就成了一句空话。

档案行政执法研究的内容有:档案行政执法的概念,档案行政执法合法和合理原则,档案行政执法的形式,档案行政执法的意义,档案行政执法的主体的概念、条件、种类、职责,档案行政执法人员的概念、条件、作用、职权;档案行政处罚的概念、原则,档案行政处罚的种类、设定,档案行政处罚的主体,档案行政处罚的管辖、适用,档案行政处罚的程序、决定、执行,档案违法案例分析;档案行政复议的概念、范围、程序,档案行政复议的要件及管辖,档案行政复议的参加人员,档案行政复议的机关及管辖;档案行政诉讼的概念、特征,档案行政诉讼与档案行政复议的区别,档案行政诉讼的受案范围,档案行政诉讼的程序;档案行政执法监督的概念、方式、内容,对抽象档案行政行为的监督,对具体档案行政行为的监督,对档案行政执法人员的监督,档案行政执法监督体系,包括档案行政执法的内部监督和外部监督。

七、档案普法

档案普法是指在全社会范围内开展档案法制宣传教育,广泛普及档案法律常识的活动。通过档案普法,增强全社会的档案法制观念,提高全社会档案法律意识和档案法律素质,使人人都知法、遵法、守法,从而达到依法治档的要求,保证依法治档目标的实现。档案普法的研究内容有:档案普法的概念、条件、功能;档案普法的方式、方法;档案普法的范围、环境;档案普法在档案法制建设中的地位;档案普法与档案行政执法的关系;公民、法人和其他组织守法的义务。

档案普法是我国档案事业全面实行依法治理的一项极其重要的战略任务,也是档案法制建设的重要组成部分。目前,全国正在施行第四个五年普法规划。档案普法是国家"四五"普法规划的重要组成部分,认真完成档案普法任务可以为贯彻执行档案法打下坚实的基础。因此,档案普法理应列入档案法学的研究体系。

八、中国档案法史

中国档案法史的研究,已包括在中国档案事业中的研究之中。应该说,它比较成熟,研究成果也比较多。把它作为档案法学研究体系的内容,也没有异议。我们之所以把档案法史列入档案法学的研究体系,目的是弄清档案法产生、发展、演变的规律,总结历史上档案法建设的经验,为今天档案法制提供借鉴。档案法是随着档案工作发展而发展的,它要受国家的政治、经济、法律、文化、科学技术和档案工作等诸多因素的影响。档案法学需要通过档案法的历史现象,来研究档案法产生发展的一般规律。

我国档案法历史悠久,从古至今都有档案法规。虽然在古代和近代没有形成独立的档案法规体系,但在历代的法律中都有档案方面的条款,它是一个丰富的资料宝库,从中可以发掘出许多可以供我们今天借鉴的东西。因此,档案法史的研究内容也比较丰富。宏观上,有档案法史的分期,各时代档案法的性质、特点、规定;微观上,有某一时代的档案法的内容、作用。纵向方面,有中国档案法通史;断代方面,有中国古代档案法史、中国近代档案法史、中国现代档案法史、中国当代档案法史。对于档案法史的研究,当前是资料描述性的多,总结规律的少。这固然是由于档案法学研究开展时间短,研究开展的还不够深入所致,需要在以后的研究中引起我们的足够重视。

九、外国档案法

外国档案法的建设,特别是近现代国外的档案法建设发展迅速,形成自己的特色。为了加强我国档案法建设,需要大力研究外国档案法建设情况,以丰富我国档案法建设。在档案学中,外国档案管理学科对此研究也比较成熟,目前在已经出版的关于外国档案管理的著作中,都论及外国档案法的内容。虽然有关外国档案法的内容,目前在外国档案管理课程中讲述,但我认为为保持档案法学完整的体系,其研究领域应包括这一部分。

外国档案法研究的内容有:外国档案法的产生与发展;外国档案法的类型与体系;外国档案立法的原则,如保护档案财富的原则、档案集中管理原则、档案机关独立性原则、档案利用原则、档案开放原则;外国档案法的基本内容,如保护档案的规范、档案移交的规范、档案机关设置的规范、档案开放利用规范、档案人员的规范等;外国档案法的发展趋势;外国档案法的理论研究。

十、中外档案法比较

对中外档案法进行比较,有助于拓宽思维视野,加深对中外档案法的认识。通过比较,了解各国档案法之间的种种异同,总结出档案法发展共同的规律,发现我国档案法的优点和不足,寻找解决我国档案法制建设存在问题的最佳途径,这正是档案法进行比较的要义所在。

就研究而言,中外档案法比较大致有:各国档案法立法背景、立法原则、立法内容、法律规范、功能、社会环境、实施等。比较研究是将各国档案法律规范和法制实践进行比较,找出其共性和个性,为我国档案法制建设提供借鉴。

综上所述,构成了完整意义上的档案法学的研究体系。目前情况来看,有的开展了研究,并且研究得比较深入;有的则刚开始研究,比较分散;有的还未能研究,需要加大研究的投入。总之,通过上述研究,其目的就是实事求是地总结档案法制建设和档案法制实践的经验,找出科学规律,指导我国档案法制建设和档案法制实践的发展。这既是档案法学的研究任务所在,同时也是本文的写作目的所在。

论档案法规体系[①]

档案法规体系是以《中华人民共和国档案法》为核心的现行档案法规的有机统一整体。档案法规是个广义的概念，它除了包括国家最高权力机关制定的档案法律以外，还包括国家及档案行政管理机关对档案和档案工作所做出的决议、规定、条例等档案行政法规和行政规章。档案法律与档案行政法规、规章相辅相成，统一于一个有机的整体之中，就构成了档案法规体系。

一、档案法规体系的结构

我国档案法规体系是由档案法律、档案行政法规、档案规章、地方档案法规等构成。

（一）档案法律

档案法律是由我国最高权力机关全国人民代表大会及其常务委员会制定并审议通过的，由国家强制来保证实施的关于档案和档案工作的专门立法或法律规定。

档案法律包括两部分：一是专门的档案立法；二是其他法律中关于档案和档案工作的法律条款。

专门的档案立法有《中华人民共和国档案法》，它是国家专门用以调整档案事务方面的法律，是我国档案法规体系中的核心，在该体系中具有最高法律效力。《中华人民共和国档案法》规定了档案工作原则、档案机构、档案的管理、档案的开放利用及法律责任等内容，其他档案行政法规，必须以此为依据，不得与

[①] 本文原载于《北京档案》1999年第11期。后经修改为2006年结题的上海市档案局科研项目《依法治档研究》研究报告中内容之一，该成果2007年获上海市档案科技研究成果奖二等奖。以《档案法制建设》为题，在辽宁、内蒙古、上海等地，以及中国档案学会和企业，为档案人员做多场专题报告，收入武汉大学出版社2017年出版的《档案工作实务系列电子培训课程》一书。

之相抵触。

我国刑法、民法等基本法律及其他专门法律中涉及档案的内容或条款,都属于档案法律。宪法是国家的根本大法,第22条规定:"国家发展为人民服务、为社会主义服务的文学艺术事业、新闻广播事业、出版发行事业、图书馆博物馆文化馆和其他文化事业,开展群众性的文化活动。国家保护名胜古迹、珍贵文物和其他重要历史文化遗产。"档案事业是国家的文化事业,档案是重要的历史文化遗产,必须受到保护。因此,建立和发展档案事业,维护档案的完整与安全,是受宪法保护的社会事业。宪法的规定,是制定档案法律、法规和规章的根本依据。其他的法律,如《刑法》《民法》《文物保护法》《统计法》《会计法》《保密法》《著作权法》等,有关档案和档案工作的规定,都具有档案法律效力,是档案法规体系中的最高层次。

(二)档案行政法规

档案行政法规由国务院制定发布,或经国务院批准由国家档案局制定发布。宪法规定,国务院"根据宪法和法律,规定行政措施,制定行政法规,发布决定和命令。"1987年国务院办公厅发布的《行政法规制定程序暂行条例》中对行政法规规定为,"是国务院为领导和管理国家各项行政工作,根据宪法和法律,并且按照本条例的规定制定的政治、经济、教育、科技、文化、外事等各类法规的总称。"上述规定表明档案行政法规具有如下特征:第一,只有国务院具有档案行政法规的制定权,经国务院批准由国家档案局发布的具有法律效力的规范性文件也属于档案行政法规;第二,档案行政法规的制定应当以宪法和法律作为根据,其效力低于档案法律高于档案行政规章;第三,档案行政法规与档案行政规章、行政公文是不同的概念。

档案行政法规主要分为三类:

国务院发布的档案行政法规,主要有1956年《关于加强国家档案工作的决定》,规定了档案工作的基本原则和制度,是《中华人民共和国档案法》颁布之前最重要的档案行政法规。

国务院批准发布的档案行政法规。这类法规由国家档案局或国务院职能部门拟定发布,发布前经国务院批准。分两种情况:一是国家档案局根据档案法律授权而制定,报国务院批准后发布。《档案法实施办法》《全国档案馆设置原则和布局方案》都是经国务院批准,国家档案局发布的。二是国家档案局会同国务院所属职能部门根据职权制定,经国务院批准后发布。《科学技术档案工作条例》是由国家经委、国家建委、国家科委和国家档案局联合发布。

国务院办公厅发布的档案行政法规。国务院办公厅是国务院的综合性办公机构，它在一定程度上代表国务院进行活动，根据我国行政立法实践，国务院办公厅发布的关于外部行政管理的规范性文件，都为行政法规。这类档案行政法规有《机关档案工作条例》《国家行政机关公文处理办法》等。

（三）档案规章

档案规章是指由国家档案局，或国家档案局联合有关部委，或有规章制定权的地方人民政府，发布的各类档案规范性文件的总称。

档案规章，包括国务院部门档案规章和地方政府档案规章。在我国档案法规体系中，档案规章数量最多。据统计，目前国务院部门现行有效的档案规章120余件，是档案法规体系的主体。

国务院部门档案行政规章的特征在于：一是制定发布档案规章的机关为国务院职能部门，其他社会组织和团体无权制定；二是制定发布档案规章必须以档案法律和法规为依据，不能与其相抵触；三是档案规章的效力低于档案法律和档案行政法规。

国务院部门档案规章分为两类：

第一，国家档案局制定发布的档案规章。国家档案局是制定发布档案规章的主要部门，制定发布有大量档案规章。如《档案馆工作通则》《各级国家档案馆开放档案办法》《中央、国家机关档案工作达标、升级办法》《档案执法监督检查工作暂行规定》等。

第二，国家档案局与国务院其他专业主管机关或者部门联合制定发布的档案规章。这类档案规章已经发布的包括：书稿、地名、艺术、诉讼、会计、审计、新闻宣传、科研、城建、测绘、基建、公证、环境保护、土地管理、国企、乡镇企业、企业职工、外资企业、企业法人登记、医药卫生、防空、交通、南极考察、海岛资源等领域。

地方档案规章，是指由省、自治区、直辖市以及省会城市和经国务院批准的较大的市的人民政府，根据档案法律和档案行政法规，按照规定程序所制定的普遍适用于本地区档案事业管理的规定、办法、实施细则、规则等规范性文件的总称。

地方档案规章的特征：第一，地方档案规章的制定发布权限为地方人民政府，它与地方档案法规不同，地方档案法规制定权属地方人大及其常务委员会；

第二,地方档案规章低于档案法律和档案行政法规,;第三,地方档案规章调整范围限于本地区行政区域内,它数量多,内容具体,对贯彻实施档案法律和档案行政法规有积极作用。

地方档案规章分类如下:

地方政府发布的档案规章,如浙江省人民政府发布的《浙江省档案馆管理规定》、沈阳市人民政府发布的《沈阳市人物档案管理制度》等。

地方政府办公厅发布的档案规章。如广东省政府办公厅发布的《广东省档案馆收集档案范围实施细则》。

地方政府批准或转发的档案规章。如沈阳市政府办公厅转发市档案局制定的《沈阳市文书立卷规则》。

地方档案局制定的有关档案事务的规范性文件,经过人民政府批准或转发,即可成为地方档案规章。没有经过人民政府批准或转发,由档案局发布的只是规范性文件,不能称地方档案规章,其效力等级不同。

（四）地方档案法规

地方档案法规,是指由省级人民代表大会及其常务委员会,以及省、自治区所在地的市和国务院批准的较大的市的人民代表大会及其常务委员会制定的规范性文件的总称。

地方档案法规的基本特征表现为:第一,地方档案法规具有地方性,它的制定是根据地方具体情况和实际需要,其效力范围限于本行政区域内,对外没有法律效力;第二,地方档案法规制定权限属于地方人大及其常务委员会,并不是所有地方人大都有地方档案法规制定权限,只有省、直辖市、自治区及其所在地的市和国务院批准的较大的市的人大及其常务委员会才能制定地方档案法规;第三,地方档案法规采用的名称和形式表现为条例、决定、规定、规则、办法和细则;第四,地方档案法规的制定要以档案法律和档案行政法规为依据,在与档案法律和档案行政法规不相抵触的前提下,自主地解决地方档案和档案工作的问题。

我国地方档案法规建设自《中华人民共和国档案法》颁布以来有了较大发展,改变了档案法规体系中没有地方档案法规的局面。目前全国各地积极进行地方档案立法,陆续制定出一批符合地方档案工作特点的档案法规,如《辽宁省档案条例》《上海市档案条例》《北京市实施〈档案法〉办法》《广东省档案管理规定》等。这些地方档案法规细化了《中华人民共和国档案法》的规定,补充了具有地方特点的档案管理形式和任务,为该行政区内管理档案事业提供了法律依据。

值得注意的是,我国实行党政档案和党政档案工作统一管理制度,所以中共中央单独或与国务院联合制发或批准发布了一些重要的档案工作方面的文件,如1959年中共中央发布的《关于统一管理党、政档案工作的通知》,1983年中共中央办公厅、国务院办公厅发布的《机关档案工作条例》等,都是我国档案法规的重要组成部分。

二、档案法律、档案行政法规、档案规章之间的关系

档案法律、档案行政法规和档案规章共同构成了我国档案法规体系,它们之间既有内在联系又相互区别,互为补充,协调一致。

档案法律是国家意志在档案工作领域内的集中体现,是全国人大及其常务委员会依据立法程序制定的行为规范,在档案法规体系中占主导地位,具有最高法律效力。档案行政法规在档案法律基础上制定,档案规章和地方档案行政法规不得与档案法律和行政法规相抵触,国务院其他专业主管机关和地方人民政府发布的档案规章均不得与国家档案局发布的档案规章相抵触。

从我国档案法制建设实践方面看,档案行政法规和档案规章是档案法律的法源。这里所说的法源,不是指它的根源,而是指它来源于哪些法规和由哪些法规组成的,也就是指档案法的各种具体表现形式。之所以称为法源,是因为档案法的规范来自这些具体的法规形式。

在我国档案法规体系中,《中华人民共和国档案法》是中心,是档案事业的总法。虽然它规定了管理国家档案事业的基本原则和要求,但是保证《中华人民共和国档案法》得以正确的贯彻实施,必须对《中华人民共和国档案法》规定的原则加以具体化,使其更明确、有层次、能操作。因此,从中央到地方的各级国家机关,在自己职权范围内依法制定发布的各类档案行政法规和档案规章,这些法规和规章在不同范围内和不同程度上具有法律效力补充完善档案法律

虽然档案法规之间有着密切的联系,但不同层次的档案法规又有区别。具体表现在:

第一,制定机关不同。档案法律是全国人民代表大会及其常务委员会制定,修改、解释权属于全国人民代表大会常务委员会。档案行政法规由国务院制定发布或经国务院批准国家档案局制定发布,地方档案法规由省级人大及其常务委员会制定,档案行章由国务院专业主管机关和地方省、自治区、直辖市及个别授权的大城市的人民政府制定发布。

第二,规定和调整的内容不同。《中华人民共和国档案法》是档案事业基本

法律,它调整对象是整个国家档案事业,它所规定的内容是全社会普遍遵守的准则,是强化档案事业管理的法律依据。档案行政法规和档案规章,立法目的在于保证档案法律实施,其对象一般是档案事业或某一方面,为落实档案法原则和精神而制定,内容细化,具有针对性。

第三,法律地位和法律效力不同。《中华人民共和国档案法》根据宪法精神而制定,其内容完全符合宪法规定,档案法律效力低于宪法,高于档案行政法规和档案规章。档案行政法规效力低于档案法律,高于档案规章和地方档案法规。我国是单一制国家,地方必须接受中央的统一领导,地方行政立法不得与中央行政立法相抵触,这是我国法制统一原则的要求。

第四,法律的强制力不同。各类档案法规虽具有不同程度的约束力,但法律的强制力较弱。档案法律比档案行政法规和档案行政规章,具有更强的法律强制力,它以国家强制力来保证实施。要有效地管理、保护和利用档案,必须贯彻实施档案法。

论档案行政执法主体的依法执法[①]

档案行政执法在我国档案法制建设中具有决定性意义，它是贯彻落实档案法律规范的重中之重。目前，为了使已经制定颁布的档案法律规范得以完全彻底地实施，全国各地的档案局普遍建立了档案行政执法机构，加大了档案行政执法的力度。但是，在档案行政执法实践中如何保证依法执法，既对档案违法行为采取合理的惩罚措施予以制裁，维护档案法的严肃性和权威性，又符合档案法律的规定，使档案行政执法不违法，充分发挥档案法律规范对保护档案历史遗产与保证档案有效利用发挥强有力的保障作用，提高全社会的档案法律素质，这是一个从档案法理论到法制实践都值得研究的课题。究竟怎样才能使档案行政执法合法化呢？我认为需要正确解决如下问题。

一、档案行政执法主体必须合法

所谓档案行政执法主体，是指依法有权进行档案行政执法的组织。根据我国档案法律的规定，档案行政执法主体既包括县级以上人民政府的档案行政管理部门，也包括经档案法规授权或委托的档案行政管理部门或者档案管理部门。也就是说，我国档案行政执法主体是法定的。档案行政执法主体法定性原则的基本含义应该包括如下内容。

第一，档案行政执法只能由县级以上国家档案行政管理部门实施，其他任何国家机关都无权实施档案行政执法行为。根据我国《行政处罚法》规定，实施行政处罚的主体必须是行政机关。行政机关是指为实现行政目的而依法设置、承担行政事务并能独立进行管理的基本组织。国家从中央到地方设置行政机关实施行政管理。档案部门在行政管理机关中属于科学文化管理部门。行政法学的

[①] 本文原载于《北京档案》2002年第12期，中国人民大学报刊复印资料《档案学》2003年第2期全文转载，获2003年辽宁省档案优秀科技成果一等奖。

原理告诉我们,国家行政处罚权必须要由国家行政机关来行使,而国家的权力机关、检察机关、审判机关都不能超越权限实施行政处罚。从这一原则出发,档案行政执法只能由档案行政管理部门实施,其他国家行政机关不能实施档案行政执法活动。

第二,档案行政执法必须由具有档案行政处罚权的档案行政管理部门实施,前面讨论的问题是档案行政执法权只能由档案部门行使,但还必须指出的是,并不是所有的档案部门都可以进行档案行政执法活动,只有被赋予档案行政处罚权的档案行政管理部门才有权力进行档案行政执法,才能进行档案行政处罚,没有档案行政处罚权的档案部门不能够实施档案行政处罚。职权法定,越权无效。

根据我国档案机构的设置情况,档案机构大体上分为档案行政管理机构和档案管理机构两部分。前者我们通常称为档案局,后者称为档案馆。从档案机构的职能方面看,档案馆一般不具有档案行政执法的职能,档案法也没有赋予它进行档案行政处罚的权力。档案局则具有档案行政执法的职能,档案法授予它档案行政处罚权,履行对有关法律、法规和国家有关方针政策的实施情况进行监督检查的职责,依法查处档案违法行为。

第三,档案行政执法主体,除了依法享有档案行政处罚权的档案行政管理部门外,还包括被授权和被委托的档案局和档案馆。所谓授权,是指特定的国家机关以档案法规的形式将档案行政执法权授予非档案行政机关行使。所谓委托,是指享有行政执法权的行政机关,将它所拥有的行政执法权委托给档案管理部门行使。一般而言,经过授权或委托的档案部门就获得了档案行政执法主体的资格,可以实施档案行政执法行为。但它们之间还是有区别的,其主要表现在于:经授权的档案行政管理部门能在法定的范围内以自己的名义独立地行使档案行政执法权力,独立地承担因行使档案行政执法权力而引起的法律后果。而委托执法,档案管理部门则要在委托范围内,以委托的行政机关的名义实施档案行政执法行为。档案行政执法实践中之所以出现授权和委托执法的情况,是因为档案机构改革而产生的实际问题。

众所周知,随着我国机构改革的进行,档案机构普遍采取档案局与档案馆合并的体制,一个机构,两块牌子,履行档案事业行政管理和档案保管利用的两种职能。档案局的性质也随之发生变化,有的仍是行政机关,有的则变成事业单位。事业单位性质的档案局依法没有档案行政执法权,而要获得档案行政执法主体资格,必须走授权执法的路子。另外,在县一级档案机构的改革中,有的地方撤并了档案局,保留档案馆,这样在县级档案行政执法中则必须实行授权执法。应该说,经过授权或委托的档案部门就获得了档案行政执法主体资格,可以实施档案行政执法行为。

第四,未经授权或委托的档案管理部门、内部档案机构和专业主管机关的档案机构都不具有档案行政执法主体资格,不能实施档案行政执法行为,也不能进行档案行政处罚。在档案工作实际中,有些档案馆或档案室为了加强档案管理,在关于档案利用的规章制度中规定了各种保护档案的条款,其中有的规定如利用者损坏档案则要予以相应的罚款。这是典型的超越权力的档案行政处罚。对违反档案法律规范损坏档案的行为进行罚款,是档案行政处罚的一种重要方式,也是档案行政执法主体的一种权力。根据《中华人民共和国档案法》的规定,只有档案行政执法主体才能行使此项权力,非档案行政执法主体不享有此项权力。档案利用者在利用档案过程中发生某种档案违法行为,对此种违法行为实施行政处罚的只能是档案行政执法主体,或档案局,或经委托的档案馆,而不应该是没有档案行政执法主体资格的档案馆或档案室。

二、档案行政执法依据必须合法

档案行政执法必须要有法定的依据,没有法定的依据,不得进行档案行政执法,这是档案行政执法主体合法的重要原则之一。

第一,档案法律、法规和规章是档案行政执法唯一的法律依据。我国档案法规体系是以档案法为核心的现行档案法规的有机统一整体。它由五部分构成:一是档案法律;二是档案行政法规;三是地方性档案法规;四是国务院部门档案规章;五是地方政府档案规章。

上述档案法律、档案行政法规、地方性档案法规和档案规章之间的等级效力,我国《立法法》作了明确的规定。第79条规定:法律的效力高于行政法规、地方性法规、规章。行政法规的效力高于地方性法规、规章。第80条规定:地方性法规的效力高于本级和下级地方政府规章。省、自治区的人民政府制定的规章的效力高于本行政区域内的较大的市的人民政府制定的规章。第82条规定:部门规章之间、部门规章与地方政府规章之间具有同等效力,在各自的权限范围内施行。《立法法》关于法的效力等级的规定同样适用于档案法规体系,档案行政执法实践中,要正确处理档案法律、档案行政法规、地方性档案法规、档案规章之间的效力关系,维护档案法规体系内部的和谐,准确把握档案行政执法的法律依据。

第二,作为档案行政执法的法律依据必须是正在发生法律效力的档案法律、法规和规章,已经明确修改的或废止的档案法律、法规和规章的条款不能再作为档案行政执法的法律依据。"新法优于旧法"是我国法理的一项基本原则。《立法法》第 83 条规定:同一机关制定的法律、行政法规、地方性法规、规章,新的规定与旧的规定不一致的,适用新的规定。档案法律、法规、规章的修改、补充和废止是档案法制建设的重要内容之一。为了适应档案事业的发展,需要根据新形式对档案法律规范进行变更,使之更加完善。比如我国《中华人民共和国档案法》1987 年颁布,1996 年根据社会主义市场经济体制对档案事业发展的需要,适时作了修改。与此同时,为保持法规一致,《档案法实施办法》于 1999 年进行了修改。所谓档案法规的废止,是制定档案法规的国家机关根据职权的程序,对现行档案法规实施变动,使其失去效力的活动。通常档案法规废止是在档案法规清理的基础上完成的。为了避免档案法规之间相互矛盾的现象,使其统一和谐,需要定期对档案法规进行清理。审查档案法规是否适应档案事业发展的需要,对于不适应的予以废止,消除档案法规之间互相抵触和矛盾,使档案法规体系更加科学完善。经过修改、废止的档案法律、法规和规章,已失去了其法律效力,因此不能再作为档案行政执法的法律依据。

第三,档案工作标准、规范不能作为档案行政执法的依据。为了使档案工作实现标准化、规范化、科学化,国家档案局多年来一直着重档案工作标准、规范的建设,陆续制定了较为系统的档案工作标准、规范,如《中国档案分类法》《档案主题词表》《档案著录规则》等。这些档案业务标准和技术规范促进了我国档案工作向科学化方面发展,它们可以作为档案工作业务指导的规范,但不能作为档案行政执法的法律依据。主要原因有两个:

其一,档案法律、法规和规章与档案工作的标准、规范有本质的区别。所谓档案工作的标准、规范,是对档案工作普遍性事务和概念,以档案工作实践为基础所作的统一规定,作为档案工作中共同遵守的准则和依据。档案法律、法规和规章与档案工作的标准、规范之间虽然都是在档案事务管理方面应当遵守的行为准则,但是它们之间在性质、内容及适用对象、范围等方面有着根本的区别。档案法律规范所反映的是统治阶级的利益和意志,表现为明显的社会性,由国家强制力保障其实施;档案工作的标准、规范则是根据科学技术和实践经验的综合成果,在充分协商的基础上产生的,它着重强调技术性。违反档案法律规范要承担相应的法律责任,而违背档案工作的标准和规范则会造成效益上的损失。

其二,档案行政执法与档案业务指导有本质上的区别。档案业务指导是档案部门对职权范围内的档案管理业务进行督促指导的行为,它不表现为强制性,也无严格的程序要求。档案行政执法则是一种强制性的行政行为,它的实质是国家通过档案行政执法主体,将档案法所规定的档案事务方面的权利和义务,变成公民、法人或者其他组织在处理档案事务中共同遵守的行为规范。长期以来,由于档案工作标准、规范与档案法规之间存在着密切的联系,人们没有正确分清两者之间的区别,以致把档案行政执法和档案业务指导混为一谈,用档案业务指导的方式去进行档案行政执法。这里我们应当强调指出的是,档案行政执法是档案行政管理部门行使法定行政权力的极其重要的活动,其依据只能是档案法律规范,不包括档案工作的标准和规范。还特别值得指出的是,国家机关、团体、企业事业单位根据档案工作的法律、法规和方针政策,制定的本单位归档、保管、借阅、利用、鉴定、销毁、移交等有关档案工作具体的规章制度和技术规范,也不能作为档案行政执法的法律依据。

三、档案行政制裁的实施必须合法

档案行政制裁的实施,是指档案行政执法主体依法针对特定对象,所采取的具体的能直接产生法律效果的措施行为。对于档案违法行为,通常采取的制裁措施有四个方面:一是给予行政处分;二是进行行政处罚;三是责令赔偿损失;四是予以刑事制裁。什么样的档案违法行为给行政处分,什么样的档案违法行为进行行政处罚,什么样的档案违法行为责令赔偿损失,什么样的档案违法行为追究刑事责任,要根据档案违法行为的性质、危害程度和范围等具体情节依照档案法律规范来确定。

第一,档案行政执法查处的档案违法行为必须要有法律依据。查处档案违法行为是实施档案行政制裁的中心环节。所谓档案违法行为,是指公民、法人或者其他组织不履行档案法,实施了档案法所禁止的行为。凡是实施了某种档案违法行为的公民、法人和其他组织,就要承担相应的法律责任。哪些行为是符合档案法的行为,哪些行为是档案法禁止的行为,也即档案违法行为,由档案法明确规定。档案行政执法必须依法查处,否则就是违法执法。比如,我国《中华人民共和国档案法》第24条、第25条,及《中华人民共和国档案法实施办法》第27条以列举形式规定的档案违法行为。根据有关法律、法规和规章,还有一些行为也属于档案违法行为,如抢夺、窃取国家所有的或者列入国家监管范围的档案的行为。这些档案违法行为属于法定的档案违法行为,它们是档案行政执法进行查处的法律依据。除此之外,档案行政执法主体不得随意增加应受处罚的档案违法行为。

第二,档案行政执法中对档案违法行为追究法律责任必须要有法律依据。我国档案法律、法规明确规定了档案违法行为承担的法律责任,其种类包括行政处分、行政处罚、责令赔偿损失、追究刑事责任。哪些档案违法行为适用何种法律制裁,必须依据档案法律、法规的规定。

根据我国档案法律和法规,在档案行政执法实践中,有下列行为之一的,由县级以上档案行政管理部门责令限期改正,情节严重的,有关主管部门对直接负责的主管人员或者其他直接责任人员依法给予行政处分。将公务活动中形成的应当归档的文件、资料据为己有,拒绝交档案机构、档案人员归档的;拒不按照国家规定向国家档案馆移交档案的;违反国家规定擅自扩大或者缩小档案接收范围的;不按国家规定开放档案的;明知所保存的档案面临危险而不采取措施,造成档案丢失的;档案工作人员和对档案工作负有领导责任的人员玩忽职守,造成档案损失的;违反国有企业资产与产权变动档案处置法规,造成档案损失的或严重后果的,擅自处理档案的,拒不接受应由受让方管理的档案的;拒绝、妨碍档案行政执法人员依法执行公务的。

在档案行政执法实践中,有下列行为之一的,由县级以上档案行政管理部门给予警告。情节严重的,可以根据有关档案的价值和数量,对单位处以1万元以上的罚款,对个人处以500元以上5 000元以下的罚款。有违法所得的,没收违法所得,并根据《中华人民共和国档案法》第16条规定征购出卖或者赠送的档案。主要有:在利用档案中有损毁、丢失属于国家所有的档案的;擅自提供、抄录、公布、销毁属于国家所有档案的;涂改、伪造档案的;擅自出卖或者转让档案的;倒卖档案牟利或者将档案卖给、赠送给外国人的;私自携带、运输或者邮寄禁止出境的档案或者复制件出境的。上述予以行政处罚的档案违法行为,第6项由海关予以处罚,其他5项均由档案行政管理部门进行处罚。

在档案行政执法实践中,对于违反《中华人民共和国档案法》第24条第1项、第2项、第3项的规定,造成档案损失的,根据损失档案的价值,责令赔偿损失。对于违反《中华人民共和国档案法》,具有第24条、第25条所列档案违法行为,情节严重,构成犯罪的,应当追究刑事责任。

第三,正确认识各类档案法律责任的区别。我国《中华人民共和国档案法》设定的档案法律责任有行政责任、民事责任和刑事责任三种。档案法律责任种类不同,制裁的性质、程度、幅度等都有区别。比如档案行政处罚与行政处分,虽然一字之差,却有本质区别。行政处分属于内部行政行为,它是对国家机关、企业事业单位和其他组织的公职人员,犯有轻微的档案违法行为所给予的一种纪律处分。其种类有：警告、记过、记大过、降级、降职、撤职、开除留用察看、开除。档案行政处罚是属于外部行政行为，它是指享有档案行政处罚权的档案行政执法主体，根据档案法律规范，依照法定的程序，对公民、法人或者其他组织的档案违法行为实施的行政制裁。其种类为警告、罚款、没收违法所得三种。档案行政处罚实施的主体是享有档案行政处罚权的主体，它包括县级以上档案局或档案馆，而档案行政处分是由责任人所属单位或上级主管机关实施。再如，赔偿损失的档案法律责任与档案行政处罚性质也不同，赔偿损失属于民事责任，不是档案行政处罚。《中华人民共和国档案法》第24条、《中华人民共和国档案法实施办法》第29条，对此作了特别规定，凡违反规定造成档案损失的，由县级以上档案行政管理部门、有关主管部门根据档案的价值，责令赔偿损失。从以上的分析中可以看出，正确认识档案法律责任之间的区别，是档案行政执法对档案违法行为准确予以惩罚的根本保障。

第四，档案行政执法中行使自由裁量权要客观、适度并符合常理。自由裁量权是指档案行政执法主体在档案法律规范规定的原则和范围内，对档案违法行为进行处置时有选择余地的控制权力。档案行政执法中的自由裁量权主要表现在处罚程度，对档案违法事实性质的认定，选择处罚方式，对情节轻重认定等方面。从自由裁量权本身的属性看，存在权力被滥用或者不当使用的可能。比如有的个别档案行政执法人员或以权谋私，或限于认识程度和水平，在合法的前提下使用权力不当的现象等。为有效地控制自由裁量权，防止滥用职权或权力不适当的问题，档案行政执法必须在一定范围、程度内运用自由裁量权，不能任意裁量，不能追求档案法律要求的档案行政执法目的以外的目的，不能考虑档案法律以外的因素。总之，档案行政执法中自由裁量权的使用，既要客观，又要公平适当，合理合法。

四、档案行政执法的程序必须合法

档案行政执法的程序是否符合法定的程序，这是确认档案行政执法是否合法的必要尺度之一。档案行政执法的合法行政原则，根本要求就是档案行政执法不仅内容符合档案法律规范，实体要合法，而且程序要合法，要符合法定的程序。程序合法是保证档案行政执法合法的基础，是杜绝失职与滥用职权等违法行为的有效手段。档案行政执法必须按照档案法律、法规和规章规定的程序进行，违反法定程序的档案行政执法行为归于无效。

为了规范档案行政执法行为，保障和监督档案行政管理部门有效实施行政管理，保护公民、法人或者其他组织的合法权益，国家档案局根据《中华人民共和国行政处罚法》《中华人民共和国档案法》《中华人民共和国档案法实施办法》，于2000年制定发布了《档案行政处罚程序暂行规定》。它对档案行政处罚的原则、管辖、种类、程序等作了具体规定，是档案行政处罚的基本依据。

应该看到，档案法律责任不同，其采取的步骤和方式也各有差别。就档案行政处罚与行政处分的程序而言，档案行政处分程序首先进行调查核实档案违法行为的事实，然后认真听取拟被处分人的解释和申辩，分析其情节是否合理，最后针对档案违法行为的情节轻重、危害程度大小，作出恰当的处分决定。当事人不服处分，可以提出申诉。如果申诉合理，可以改变原来的处分，如果申诉不能成立，仍执行原来的处分。而档案行政处罚程序分为一般程序和听证程序两种，一般程序包括立案、调查取证、审查调查结果、制作和送达档案行政处罚决定书等程序。听证程序依照行政处罚法第42条规定，有如下程序：当事人要求听证的，应当在行政机关告知后三日内提出；行政机关应当在听证的七日前，通知当事人举行听证的时间、地点；除涉及国家秘密、商业秘密或者个人隐私外，公开举行听证；听证由行政机关指定的非本案调查人员主持，当事人认为主持人与本案有直接利害关系的，有权申请回避；当事人可以亲自参加听证，也可以委托一至二人代理；举行听证时，调查人员提出当事人违法的事实、证据和行政处罚建议，当事人进行申辩和质证；听证应当制作笔录，笔录应当交当事人审核无误后签字或者盖章。听证结束后，档案行政管理部门根据具体情况作出决定。

为了使档案行政执法的程序合法，档案行政管理部门应当建立健全档案行政执法程序的监督机制，档案行政管理部门的法制工作机构或承担法制工作的机构负责对本机关作出的行政处罚行为实施监督，上级档案行政管理部门对下级档案行政管理部门作出的行政处罚行为实施监督，公民、法人或者其他组织对档案行政管理部门作出的行政处罚有权申诉或者检举。档案行政管理部门发现执法中程序确有错误的，应当主动改正。档案行政执法没有法定的依据或者不遵守法定程序，档案行政执法没有法律效力。

论档案行政执法与档案普法的关系①

在我国档案法制建设中,档案行政执法和档案普法是两个极为重要的方面。本文根据档案行政执法和档案普法各自的性质、内容以及它们在档案法制中的地位,来分析档案行政执法与档案普法之间的密切关系,为此,要先对档案行政执法与档案普法的性质、内容和地位进行界定。

一、档案行政执法界定

档案行政执法是指档案行政管理部门依照法定的职责、权限和程序,适用档案法律、档案行政法规和规章,使档案法律、档案行政法规和规章在社会生活中得以实施的活动。它的实质是国家通过档案行政管理部门,将档案法规定的档案权利和义务,变成国家机关、社会组织、企业事业单位和广大公民在处理档案事务中共同遵守的行为规范。

根据《中华人民共和国档案法》的有关规定,档案行政执法的主体是县级以上人民政府档案行政管理部门。档案行政执法既要行政合法,又要行政合理。档案行政执法合法原则,要求档案行政执法权力的存在和运用,必须依据档案法律、法规的规定,符合档案法律、法规的精神,绝对不能与档案法律、法规相抵触,职权法定,越权无效。档案行政执法合理原则,要求档案行政管理部门在档案行政执法中行使自由裁量权要客观、适度和符合常理。

我国档案法制建设实践证明,档案行政执法是档案法制建设的核心和重点。它既能够把国家档案立法意图转变为全社会普遍遵守的法律规范,又是档案行政管理部门依法实施档案行政管理的保障。当前,转变职能是档案事业体制改革的重要内容,实行档案法制,以法律手段来管理档案事业又是档案工作改革的

---

① 本文原载于《档案学通讯》2003 年第 5 期。后经修改作为 2006 年结题的上海市档案局科研项目《依法治档研究》研究报告中内容之一,该成果 2007 年获上海市档案科技研究成果奖二等奖。

中心。档案行政执法作为档案行政管理的主要手段,最能反映档案行政管理中出现的问题。档案行政管理行为的内容、方式、运转程序以及管理组织等诸方面的情况,都可以在档案行政执法实践中得到体现。因此,档案行政管理部门如何依法实施对档案行政进行管理,档案行政执法是其根本保障。

二、档案普法界定

所谓档案普法,是指在全社会范围内开展档案法制宣传教育,广泛普及档案法律常识的活动。通过档案普法,增强全社会的档案法制观念,使人人都知法、遵法、守法,从而达到依法治档的要求。

档案普法是我国档案事业全面实行依法治理的一项极其重要的战略任务,也是档案法制建设的重要组成部分。加强档案法制建设,依法管理档案事业,是依法治国方略在档案领域的具体体现,也是健全和完善社会主义市场经济体制下档案事务管理机制的必由之路。当前,我国档案法制建设的基本任务是,"探索并建立适应社会主义市场经济的档案事业管理体制和发展机制,进一步完善档案管理制度和法规规章,不断完善档案行政执法机制,强化执法监督,通过广大档案行政执法人员的规范执法,在档案工作领域中形成有法可依,有法必依,执法必严,违法必究的局面。"①

三、两者之间的关系

对于档案行政执法与档案普法之间存在的相互依存的密切关系简析如下:

第一,档案行政执法可以促进社会档案法律意识的普遍提高,实现由提高全民档案法律意识向提高全民档案法律素质的转变。

档案意识是指人们对档案和档案工作的关注程度和水平。档案法律意识,则是随着档案法制建设的加强才出现的新概念,它是指人们在法律层面上对档案和档案工作的认识及关切度。应该看到,长期以来,由于各种原因,一些机关、团体、企业事业单位和其他组织及公民的档案法律意识还不够强,轻视档案和档案工作的现象还比较普遍,没有将做好档案工作上升到遵法和守法的层面认识,档案法律意识薄弱。

通过档案行政执法,可以使档案法律规范得到实际的普及,从而进一步提升公民、法人和其他组织对档案和档案工作重要性的认识,使他们能够正确行使保

---

① 郭树银.中华人民共和国档案法实施办法释解[M].北京:中国法制出版社,2000:13.

护、利用档案的权利和义务,并变成自觉的行动。同时,通过档案行政执法活动,对违反档案法律规范的行为依法予以制裁,告诉人们哪些行为合法,哪些行为违法,对于违反档案法的行为要承担什么样的法律责任。它既维护了档案法律的严肃性,又起到提高全社会档案法律素质的作用。

人们的档案法律素质,是通过参加档案法律实践,包括学法、守法、执法、用法等逐步形成的。毫无疑问,在档案法律素质形成过程中,档案行政执法起着极其重要的作用。档案行政执法的中心环节,是档案行政管理部门通过组织工作,把档案法律、行政法规和规章落实到各个地区、各个部门、各个单位以至每个公民,变成社会实际遵守的行为规则。通过档案行政执法,可以进一步促进广大公民学习档案法律的基本常识,特别是与档案事务有密切关系的档案法律知识,经过反复学习弥补档案法律知识方面的空白,增强广大公民的档案法律意识,提高人民群众依法处理档案事务的能力和履行档案法律义务的自觉性,进而达到全民档案法律素质整体的提高。

第二,档案行政执法可以推进档案普法活动向更深层面发展,实现档案事业由注重依靠行政手段管理向注重运用法律手段管理的转变。

档案行政执法是档案行政管理部门组织实施和适用档案法律规范的活动,其本质是将档案法律规范变为全社会处理档案事务共同遵守的行为准则。档案行政执法核心内容包括针对特定对象,采取行政强制措施,排除执法过程中的阻力和制止违反档案法的行为。

通常,档案行政执法实施档案行政措施有四种情况:一是对国家机关、社会组织、企业事业单位的工作人员的违反档案法行为给予行政处分;二是对单位和公民违反档案法行为给予行政处罚;三是根据档案价值责令赔偿损失;四是对情节严重的违反档案法行为予以刑事制裁。其作用一方面在于保证档案法的贯彻落实,使档案行政执法活动顺利进行;另一方面可以促进档案法律观念更加深入人心,明确合法与违法行为的界限,从而使处理档案事务符合档案法律规范的要求。

通过档案行政执法,也可以使各级档案行政管理部门依法行使职权,在档案行政管理行为的内容、方式、程序以及管理组织等诸方面都依法运用,构建起一个科学、有序和高效的档案行政管理体系,改变仅以行政手段管理国家档案事业的机制,使档案行政管理达到规范化、标准化和法制化,从而推进档案普法活动由公民、法人和其他组织的层面向档案事业管理改革这一更深层面上发展。

第三,档案行政执法可以检验和巩固档案普法活动取得的成效。

档案行政管理部门依据档案法律、行政法规和规章,对各自所管辖范围内的贯彻实施档案法律规范情况进行监督检查,采取的形式主要有:对档案法规和规章的备案审查,开展档案行政执法检查,实施档案行政处罚,提出档案行政奖励,建立档案行政执法报告制度,受理群众的举报和申诉等。通过档案行政执法,以档案法律为准绳,以事实为根据,本着严肃和慎重的方针,处理档案违法案件既事实清楚、证据充分、程序合法、处罚适当,又公正、公开、及时,使档案法律规范得到普及,提高人们从法律层面上对档案和档案工作的认识和关切度,正确行使保护、利用档案的权利和义务。

在档案行政执法中,坚持对档案违法行为本着惩罚与教育相结合的原则,既要依法对违法者实施档案行政制裁,纠正档案违法行为,又要加强对当事人的档案法制教育,使其认识档案违法行为的危害,提高遵法守法的自觉性,从而巩固档案普法所取得的成果,保证档案工作的顺利开展。

第四,档案普法可以促进档案行政执法的开展。

在研究档案行政执法对档案普法作用的同时,还不能忽视档案普法对档案行政执法的作用。它表现为以下两个方面:

首先,依法治档,实现档案事业法制化管理,宣传普及档案法律知识是其重要前提和基础。档案行政执法的顺利实施,离不开全社会具有较强的档案法律意识和较高的档案法律素质这一大环境,而档案普法对于增强人们档案法律意识和提升人们档案法律素质起着积极促进作用。通过档案普法,使公民、法人和其他组织充分认识档案法在管理国家档案事业中的重要意义和作用,切实理解档案法对国家管理档案范围、档案工作原则、档案机构、档案管理、档案保护、档案利用、档案开放以及档案资源开发等档案事业建设方面重大问题作出的规定,是全体公民、法人和其他组织都必须遵守的法律依据,它不受任何个人意志的干预和阻碍,不依法办事,就要受到法律制裁。

通过档案普法,还可以使公民、法人和其他组织认识到在档案事务方面享有的权利和义务。切实理解一切国家机关、武装力量、政党、社会团体、企业事业单位和公民都有保护档案的义务,同时也依法享有占有、使用和处置属于自己所有档案的权利;档案部门要建立科学制度、配备必要设施,采用先进技术对档案实行现代化管理;国有档案及对国家和社会具有保存价值的或者应当保密的非国有档案,严禁任意转让、处置,严禁倒卖、任意销毁,严禁私自携运出境,严禁卖给或赠送给外国组织和外国人。档案普法活动的广泛开展,增强全社会档案意识,提高全社会档案法律素质,能够有效地制止各种档案违法案件的发生,为档案行政执法奠定坚实的基础。

  其次,社会档案法律意识和档案法律素质对档案行政执法起决定性作用。档案行政执法的主体是各级档案行政管理部门,其执法权由档案工作人员具体行使,档案工作人员的档案法律意识和档案法律素质的高低直接影响着档案行政执法权力行使的正确程度。这要求档案行政执法机关和人员不仅要有高度的责任感,讲求职业道德,更重要的是在执法过程中要根据档案法律对档案违法行为作出正确的判断和处理。比如丢失档案行为,由于丢失档案的性质、情节以及后果不同,有的可以给予行政处分,有的需要进行行政处罚,还有的应当追究刑事责任。怎样判断和处理档案违法行为,才能符合执法必严、违法必究的精神,很大程度上取决于执法者档案法律意识和档案法律素质的状况。

  目前,我国虽然建设起了一支进行档案行政执法的队伍,但档案行政执法队伍的规模、水平、素质现状,还远不能完全适应档案法制的需要。有的档案执法人员执法不严,随意性大;也有的档案执法人员素质不高,业务能力低。所有这些,同建设高素质档案行政执法队伍的要求还有一定距离。为适应依法治档的需要,必须建立一支高素质的档案行政执法队伍,保证档案行政执法队伍坚强可靠,廉洁清正,精通法律,熟悉业务,敢于执法,善于执法。

  档案行政执法队伍素质,主要由国家和地方档案局组织培训提高,而通过档案普法,也对档案行政执法队伍素质提高大有益处。它使档案行政执法人员充分理解档案法的原则、精神、意义和作用,掌握档案法的内容、条款、类型和法律责任。可以在完善的层面上提高档案行政执法人员的档案法律意识和档案法律素质,提升处理档案违法案件的质量和水平,使档案行政执法环境得到根本改善,促进档案行政执法顺利开展,全方位地推进档案事业的依法治理。

加快推进民生档案法规的建设①

2007年12月,国家档案局印发的《关于加强民生档案工作的意见》中提出,用档案法规和制度来推进民生档案资源的建设和利用,以确保实现"两个转变"和建立"两个体系"。那么,什么是民生档案法规,我国目前民生档案法规建设是一个什么样的状态,如何争取早日建立起比较完备的民生档案法规?本文试从这些方面予以探讨。

一、民生档案法规的涵义

据我国新闻媒体公布,"民生"在近一年来高频词中位居榜首。何谓民生?《左传》有"民生在勤,勤则不匮"的说法。《汉语大词典》解释为"民众的生计、生活。"民生档案概念的提出,应该说是随着党和政府以改善民生为重点的社会建设而出现的一个新名词。它由民生与档案复合构成。民生问题涉及广泛,是"人民最关心、最直接、最现实的利益问题。"旨在解决"学有所教、劳有所得、病有所医、老有所养、住有所居"的社会问题。其中,就业是民生之本,教育是民生之基,医疗是民生之需,加强安全生产,保持社会稳定。② 涉及面如此广泛的民生问题,无论哪个方面都会产生形成档案,民生档案则是与民生问题最直接相关的档案材料。它既包括民生自身的档案材料,也应当包括党和国家及各级政府部门解决民生问题的档案材料。

何谓民生档案法规?它是有立法权的机关按照法定程序制定发布的涉及民生档案管理、利用和保护方面的行为规范。通常,学界在使用档案法规这一概念时既指广义也指狭义。广义而言,强调它是调整公民、法人和其他社会组织在档案事务方面关系的行为准则,其表现形式为档案法律、档案行政法规、地方档案

---

① 本文原载于《浙江档案》2008年第8期。
② 《人民日报》评论员.着力改善民生,加快推进社会建设[N].2007-8-28.

法规和档案行政规章。狭义来说,仅指档案行政法规和地方档案法规。本文是在广义层面上使用档案法规这一概念。

民生档案法规与其他档案法规相比,其本质与属性相同,但也具有其特征。首先,对象的确定性,民生档案法规是专门调整有关民生档案的形成、收集、整理、保护、利用等管理活动的行为规范。虽然民生档案包括的事务内容广泛,但民生档案法规调整对象是确定的,与民生档案事务无关的档案关系,由其他档案法规调整,不属于民生档案法规的调整范围。其次,范围的广泛性。由于民生档案问题涉及面极广,举凡就业、教育、医疗、社会稳定等无所不包,婚姻、房产、土地、知青、社保、低保救助等无所不有。因此,民生档案法规具有跨领域、跨部门调整的功能。最后,内容的发展性。民生问题的不断深化决定了民生档案法规也要不断地调适,随着信息技术的发展,民生档案管理和利用的技术手段也在变化,民生档案法规需要适应新形势,进行不断地修订和完善。

二、民生档案法规的现状

如前所述,民生档案法规不是单指某一部具体关于民生档案的档案法规或规章,它是一个包括法、规、章多层次的法规体系。目前,就民生档案法规立法情况来看,国家及档案行政管理部门先后制定有多件这方面的档案法规。

在档案法律层面,从我国现行有效的229件法律来看,有多部法律设专门条款对民生档案作了规定,其中17件社会法就有直接对民生档案的形成与管理问题的规定。[①] 2007年全国人大常委会通过的《物权法》,首次明确了对公有财产和私有财产"给予平等保护",档案所有权也是一种物权,同样受物权法调整。《就业促进法》对就业方面的档案材料也作了规定。以《劳动合同法》为例。该法对劳动合同档案的种类、订立、内容、解除、转移、保存等均作了十分具体的规定。如第十条:建立劳动关系,应当订立书面劳动合同。第十七条:劳动合同应当具备以下条款:(一)用人单位的名称、住所和法定代表人或者主要负责人;(二)劳动者的姓名、住址和居民身份证或者其他有效身份证件号码;(三)劳动合同期限;(四)工作内容和工作地点;(五)工作时间和休息休假;(六)劳动报酬;(七)社会保险;(八)劳动保护、劳动条件和职业危害防护;(九)法律、法规规定应当纳入劳动合同的其他事项。劳动合同除前款规定的必备条款外,用人单位与劳动者可以约定试用期、培训、保守秘密、补充保险和福利待遇等其他事

---

① 中华人民共和国国务院法制办公室.中国的法治建设[N].光明日报,2008-2-29(10).

项。第五十条：用人单位应当在解除或者终止劳动合同时出具解除或者终止劳动合同的证明，并在十五日内为劳动者办理档案和社会保险关系转移手续。用人单位对已经解除或者终止的劳动合同的文本，至少保存二年备查。上述规定为劳动合同档案的形成与管理提供了规范依据。

在档案行政法规层面，与民生档案最为直接的当属2007年4月5日公布，2008年5月1日起施行的《政府信息公开条例》。该条例遵循公正、公平、便民的原则，对政府信息公开的内容、范围、方式，政府信息公开的主体，公民权利、救济渠道，政府信息公开工作考核评议等予以规范，是做好政府信息公开工作，保障公民、法人和其他组织依法获取政府信息，促进依法行政，建设"阳光"政府的法规依据。其中与档案工作相关的第十六条规定：各级人民政府应当在国家档案馆、公共图书馆设置政府信息查阅场所，并配备相应的设施、设备，为公民、法人或者其他组织获取政府信息提供便利。行政机关可以根据需要设立公共查阅室、资料索取点、信息公告栏、电子信息屏等场所、设施，公开政府信息。行政机关应当及时向国家档案馆、公共图书馆提供主动公开的政府信息。用行政法规确定档案馆在政府信息公开中的服务主体地位，为民众集中查阅政府信息提供了有力的保障。

在地方档案法规层面，截至2007年底，我国除西藏自治区外，其他各地方均已制定实施了地方档案法规。近年来，多数省份根据经济建设和社会发展对档案事业的需求，对原地方档案法规进行了修订，其中上海、浙江、河北、辽宁、四川、重庆等地已作了二次修订。从已颁布实施的各地方档案法规来看，在民生档案管理方面均作了不同程度的规定。如《上海市档案条例》认可个人档案所有权，第二十一条规定：个人在非职务活动中形成的档案或者以继承、受赠等合法方式获得的档案归个人所有。关于政府信息查阅，第三十一条规定：市和区县综合档案馆是同级人民政府信息的集中查阅场所，应当提供其保管的政府机关主动公开的政府信息，方便公众查阅。再如《浙江省实施〈中华人民共和国档案法〉办法》对私营企业档案所有权给予保护，第十五条规定：其档案属企业所有，受国家法律保护。对公民利用机关、团体、企业事业单位和其他组织保存的属于国家所有的档案，第三十条规定：除涉及国家秘密、商业秘密和个人隐私等不宜向社会公开的外，应当提供利用。

在档案行政规章层面，其特点表现为立法以国家档案行政管理部门为主体，数量较多，是对某一民生领域档案的专门规范。主要有：一是国家档案局单独制定，如1991年发布的《各级国家档案馆开放档案办法》、2000年发布的《长江三峡工程建设移民档案管理办法》等；二是与国务院有关部门联合制定,如1992年与国家医药管理局发布的《医药档案管理暂行办法》、1991年与中共中央组织部发布的《干部档案工作条例》、1992年与劳动部发布的《企业职工档案管理规定》、2006年与民政部发布的《婚姻登记档案管理办法》等；三是国务院各部门制定,如卫生部2006年发布,2007年施行的《处方管理办法》。

除以上所述档案法规外,我国国家档案局与各地方档案局还发布实施了大量的关于民生档案管理的行政规范性文件。从总体上考察,目前涉及民生档案的法规还比较分散,缺乏一定的系统性。这需要在民生的视野下作进一步梳理,总结经验,找出问题,为制定完善的民生档案法规体系提供基础。

三、民生档案法规的完善

综观我国的民生档案法规建设,它不是一张白纸,而是具有一定的基础。关于民生档案法规的完善,我们认为目前主要有两个方面：一是对于没有制定的档案法规应尽快立法；二是对于已有的但不够完善的档案法规要修改完善。

档案法规立法方面。首先,按照构建和谐社会的要求,遵循民生档案工作的规律,加速进行民生档案领域的立法,注意提高立法质量,使民生档案有法可依。民生档案立法的直接目的是规范民生档案资源的建设与利用,根本目的是保护公民、法人和其他社会组织的合法权益,维护公共利益和社会利用秩序,保障档案管理部门有效实施民生档案的管理。这要求在立法时,既要重视民生档案自身的特性,还要看到社会发展对民生档案立法提出的客观要求。

其次,减少立法成本,增大立法效益。近年来档案立法的实践证明,会同相关专业主管部门共同研究,联合制定某一方面的档案规章,是我国档案行政立法的成功经验。民生档案管理涉及众多部门,制定民生档案管理的法规,需要政府各有关部门密切协作,共同推进。充分发挥有关专业主管部门的积极性,加强各部门之间的协调配合,采取有力措施,将各类民生档案管理纳入档案管理基础业务建设的范畴。据悉,国家档案局正加紧与有关部门共同调研起草关于涉及民生的社会保障档案工作、社区档案工作、环保档案工作、生产事故档案工作等规范性文件。

再次,加快政策向法规的转化,将条件成熟的政策上升为法规,提高立法层次。随着覆盖人民群众的档案资源体系和服务人民群众的档案利用体系的建立,我国档案工作正积极探索民生档案管理与利用的最佳方式与有效途径,其实践主要体现在政策文件之中。如国家档案局制发的《关于加强民生档案工作的意见》，民政部办公厅、国家档案局办公室制发的《关于加强最低生活保障档案管理的通知》，国家林业局、国家档案局制发的《关于加强集体林权制度改革档案工作的意见》等。地方上，如上海、浙江、江苏、安徽、广东、湖北、黑龙江、青岛、长春等省、市也先后制定了社保、社区、医疗等民生档案管理的规范性文件。这些政策文件在制度设计、管理体系、管理机制、管理方法等方面，已经规定了有关民生档案管理与利用的主要内容，经过实践后应尽快将其转化为法规，为民生档案法治化提供依据。

档案法规修订方面。一是在国家档案法律中要充分体现民生档案的理念。目前《中华人民共和国档案法》的修改工作已经启动，要在档案基本法中将民生档案的内容考虑进去，作出原则性的规定，确保民生档案的完善管理及民众在档案利用方面的知情权。二是各地方应紧密结合近年来民生档案工作的实际，广泛征求意见，及时修订已出台的地方档案法规和档案规范性文件，使之更好地为社会服务。如上海市档案局已对2002印发的《上海市国家综合档案馆档案利用和公布办法》进行修订，明确了民众有申请利用档案馆未开放档案的权利。规定公民利用记载本人有关知识青年上山下乡、支援内地建设、婚姻登记、计划生育（独生子女）、学历、学籍、职称、获奖荣誉等证明性未开放档案，凭本人身份证可以到档案馆办理申请查阅手续。这些新的修订为公民查阅关系切身利益但未开放的有关证明性档案提供了便利。

总之，在举国上下热切关注民生问题的背景下，建立完善的民生档案法规，确保民生档案资源得到良好的管理与利用，具有深刻的时代意义。当然，建立民生档案法规体系绝不是一蹴而就的事情，它需要经过一个时期的建设才能逐步达到。要加快建设民生档案法规体系，必须树立正确的立法理念，理性地选择制度安排，明确建设的重点及路线图，实施制定新的档案法规与修订已有的档案法规并重的策略，争取早日建立起比较完备的民生档案法规体系。

档案中介机构的依法管理[①]

档案中介机构是社会主义市场经济体制下出现的一种新生事物,它的出现对档案事业发展做出了一定成效。但在发展中也存在一些问题,诸如业务范围小,技术含量不高;服务面较窄,社会影响不大;档案中介服务体系不健全,机构管理水平有待提高等。依法管理档案中介机构,能更好地促进其在规范化、法制化轨道上运行,进而对进一步完善和发展市场经济背景下的档案中介服务活动具有十分重要的意义。为此,本文着重研究档案中介机构的立法管理,及档案中介机构依法规范化运作等问题。

一、档案中介机构的涵义和特征

(一) 档案中介机构的涵义

对档案中介机构概念认识有一个发展的过程,在20世纪90年代以前比较强调档案行政管理部门对档案中介机构的主导性。有代表性的观点认为"档案中介机构是由档案行政管理部门主管的,是档案行政管理部门与社会之间架起桥梁与纽带,以档案和档案工作为对象的,在经济上独立核算、自收自支、自负盈亏的独立法人组织,是一个社会性服务机构。"[②]

随着市场经济的完善,档案中介机构与档案行政管理部门的关系发生变化,档案行政管理部门对档案中介机构主导管理渐趋弱化,市场对档案中介服务的基础性作用日渐强化。2003年党的十六届三中全会《关于完善社会主义市场经

[①] 本文为2003年上海市档案局科研项目《依法治档》研究报告的内容之一,获2007年上海市档案科技研究成果二等奖。文中第三部分内容与观点以《关于档案中介服务的法制建设问题》为题,刊载于《兰台世界》2003年第12期;第四部分内容与观点以《论档案中介机构的规范化运作》为题,刊载于《浙江档案》2006年第2期。这两部分也作为2004年国家档案局项目《档案中介机构理论与实践研究》研究报告的部分内容,收入《档案中介机构理论与实践研究》一书,中国档案出版社2006年12月出版。

[②] 上海市档案局.档案中介机构研究[M].1999:217.

济体制若干问题的决定》中指出:"积极发展独立公正、规范运作的专业化市场中介服务机构","完善市场主体和中介法律制度,使各类市场主体真正具有完全的行为能力和责任能力。"[①]在这个大背景下,有人认为"档案中介机构,是指围绕档案事务,沟通、协调各组织、单位之间及政府和市场主体之间关系,为组织、单位和个人提供咨询、培训、经纪、法律、劳务等各种服务,并可以接受委托,履行相关监督、评估、仲裁等职能的依法独立经营的机构。"[②]

我们认为,档案中介机构是介于档案行政管理部门与社会之间提供档案业务服务的社会中介组织。[③] 这一定义包括以下几个方面的内容:

第一,档案中介机构的本质是社会中介组织。社会中介组织是指在政府、企事业单位和个人之间起桥梁和纽带作用,为经济、社会活动提供服务的各种组织、机构的总称。[④] 我国社会中介组织种类多样,有各类事务所、信息咨询机构、计量和质量检验认证机构,各类工商协会、行会,各类社团等。档案中介机构是其中一种。

第二,档案中介机构的定位是依法成立、独立运行的经营性组织。它的范围是在档案行政管理部门与社会之间来运行,是沟通档案行政管理部门与社会公民、法人和其他组织的桥梁和纽带。档案中介机构可以接受档案行政管理部门的委托从事某种档案事务的中介活动,也可以按市场需求进行档案事务的中介服务。

第三,档案中介机构的职能是提供档案业务服务。档案中介机构与其他专业性社会中介机构服务都有各自的服务范畴,档案中介服务包括档案整理、鉴定、评估、寄存,档案事务的咨询、档案培训等。

(二) 档案中介机构的特征

档案中介机构性质既不是档案行政机构,也不是企业。档案行政机构是法律赋予档案权力的主体,行使社会公共档案权力,为全社会提供档案事务服务,表现为权威性、强制性和普遍性。企业依法经营,照章纳税,其权力限于本企业内部,追求的是利润最大化。档案中介机构是在档案行政管理部门与社会之间而发生作用,与企业和档案行政机构不同,它的特征如下:

---

① 《中共中央关于完善社会主义市场经济体制若干问题的决定》辅导读本[M].北京:人民出版社,2003:9.
② 孙兆伟.档案法制与职业道德[M].上海:上海社会科学院出版社,2005:64.
③ 国家档案局项目.档案中介机构理论与实践研究课题成果[M].2005.
④ 张云德.社会中介组织的理论与运作[M].上海:上海人民出版社,2003:5.

首先是社会性。社会性指档案中介机构是根据社会发展的需要而产生,并通过为社会档案事务服务而生存,即来自社会,面向社会,服务社会。为公民、法人和其他社会组织提供档案业务服务,是档案中介机构赖以存在和发展的基础。现代社会中,在档案行政管理部门以外,需要有一个为社会组织、企事业单位、个人之间进行档案中介服务的机构,它不带有档案行政行为的色彩,或是由社会自发形成,或是从档案部门中分离出来,或是在档案行政管理部门指导协助下成立。但它成立后通过市场来满足自身发展的需要,为社会提供档案服务,是一种社会行为。

其次是独立性。档案中介机构是一个独立的社会组织,它依法成立,自主经营、自负盈亏,享有独立的民事权利并承担相应的民事义务。在权利方面,如有在经营许可范围内经营的权利;对自己的合法财产有占有、使用、收益和处置的权利;当合法财产受到非法侵犯时有权请求人民法院予以保护;中断中介服务合同时应有权依法获得报酬;当委托人擅自变更合同遭受经济损失或信誉受损害,有请求赔偿损失的权力。在义务方面,如不得超越经营范围从事非法经营;接受工商行政管理监督,依法纳税;对自己的债务承担清偿责任;信守服务合同。由于档案中介机构具有独立性的特征,档案中介活动也不依附于档案行政权力,而是按市场规律来运作。虽然目前在档案领域存在着一些由档案局孵化的提供档案业务服务的组织,它们在从事档案业务经营活动的同时又保持着与档案行政权力的联系,但最终还是要单飞的。

再次是服务性。服务性是档案中介机构基本功能。档案中介机构不是档案行政权力的代表,它主要是依靠为社会提供档案服务而生存发展。不同类型的档案中介机构,服务的重点也不同。在服务内容上,可以提供档案劳务、档案知识、档案技术等业务服务;在服务对象上,可以满足公民、法人和其他社会组织档案业务的需要;在服务方式上,主要是档案业务的有偿服务。这种服务既不同于政府部门提供的法规服务与政策服务,也不同于其他社会组织提供的专业服务。

最后是自律性。自律性特征主要表现在档案中介机构运行机制上,要求档案中介机构应依法运作。如在提供中介服务活动中要自觉接受工商行政管理部门的行政监督和档案行政管理部门的业务监督,要恪守信用,履行合同,自我约束,依法经营。市场是档案中介机构生存的空间,档案中介机构生存和发展不能离开市场,市场竞争法则同样适用于档案中介机构。档案中介机构是市场经济体制下的经营性服务组织,要在激烈的市场竞争中站稳脚跟,不断发展壮大,必须面向市场,按市场规律办事,依据法律、法规,诚实守信,用自律机制来约束档案中介活动的行为。

二、档案中介机构发展的现状

我国档案中介机构是随着社会主义市场经济体制的建立而逐步发展起来的新生事物。产生于20世纪90年代,主要应用于档案事务的社会服务方面,范围比较广泛。经过十余年的发展取得了一定成效,并显示出了良好的发展前景。

目前,从发展情况来看,档案中介服务在全国各地呈现出不平衡的发展态势。一般地说,市场经济较发达的东南沿海地区,档案中介服务开展的发展较快较为普遍,而其他地区,档案中介服务发展的相对慢一些。从所有制形式上看,多类型档案中介机构并存,有国有、民营、外资型档案中介机构。从档案中介服务的业务范围来看,主要从事档案代存、代管、代整理,档案业务咨询,档案技术服务,档案保护、修复,档案鉴定、评估,档案数字化处理,档案设备配置、安装等方面的中介服务。

档案中介机构成立之初,多是由档案行政管理部门推动而成,有的挂靠在档案局业务处,有的挂靠在档案馆,有的挂靠在档案学会。经过发展,档案中介机构民营化趋势加强。从全国情况来看,出现了"深圳模式"和"上海模式"。

深圳模式,表现为行政扶持、市场运作的模式。深圳市的档案中介机构基本上属于体制内档案中介机构,例如深圳的档案寄存中心隶属市档案局,内设档案馆;文档信息评估鉴定事务所有限公司、档案培训中心隶属于档案学会;深圳市档案整理服务工作队1998年成立时挂靠档案局业务监督指导处,2000年5月~2003年12月挂靠局办润万年科技公司,2004年1月起挂靠局办阿卡夫公司。由于档案中介机构生存环境艰难,市场环境不理想,深圳市档案局在行政许可范围内给予一定的扶持。在机构成立之初,主要是在机构设置、人员、经费、办公设施、业务程序、公关与招引客户等方面予以扶持。例如在争取机构设置、人员编制上由档案局领导出面与有关职能部门协商解决;为机构提供注册资金和办公场所;协助中介机构制定规章制度;为寄存档案提供部分库房等。一旦机构开始运作就要求它们采取市场化运作模式,采取多种途径主动联系客户。深圳模式反映了体制内档案中介机构发展初期的运作模式,按体制内档案中介机构的发展历程尚属于挂牌阶段,其发展趋势将是与档案行政管理部门逐步脱钩,培育的目标是"放飞"。

上海模式,表现为政策支持、市场竞争模式。上海的档案中介服务起步较早,早在1993年就成立了上海档案咨询服务中心,据调查目前官办、官民合办、民办等各类档案中介机构已有 20 余家,形成了多类型档案中介机构并存的局面。例如上海档案咨询服务中心是经正式注册具有独立法人资格的档案中介机构,但隶属档案学会,有一定的官办色彩;上海三哲档案咨询服务有限责任公司、上海育林档案管理咨询服务有限公司等,是典型的民营档案中介机构。与深圳模式不同的是,上海模式是档案中介机构发展到一定阶段时出现的,其主要特征是政策支持、市场竞争。在政策层面上,上海市档案局支持档案中介机构的发展,目前已形成了多类型档案中介机构竞争的态势,让其在市场竞争中求发展。该模式下关注的主要问题:一是体制内的档案中介机构逐步社会化;二是为处于弱势的民营档案中介机构培育公平竞争的环境,形成一个环境宽松、平等竞争的局面。

总的说来,近年来我国档案中介服务,无论是在机构的建设上,还是在从业人员的数量上,以及其功能的发挥上,都取得了长足的进步。但由于我国的档案中介服务还是处于一个从无到有的起始阶段,在规模、数量、范围、种类等方面都需要进一步规范发展。为了更好地发展档案中介服务,使其在档案事业建设中发挥充分的作用,我认为当务之急需要做三个方面的工作:一是要大力扶持档案中介机构,优化档案中介机构生存与发展的环境;二是要整合现有的档案中介服务方面的资源,重点培育一些大型综合性的档案中介机构,提高档案中介服务在市场竞争中的整体实力;三是要根据实际加强档案中介服务的法制建设,制定切实可行的档案法规和业务规章,规范档案中介服务的行为,保证档案中介服务依法顺畅运行。

三、档案中介机构的立法管理[①]

(一) 档案中介机构立法的现状

关于档案中介服务的法制建设,目前最主要的任务是立法问题。虽然现在我国还没有制定一部关于档案中介服务方面统一的档案行政法规或档案行政规章,但资料显示,地方的档案中介服务的立法已经开始进行,并且取得相关的成果。大体上分两种情况:

第一,在已经颁布的地方档案法规中设专门条款对档案中介机构和从业人员的管理作出规定。1995 年 6 月《上海市档案条例》首次规定了从事档案鉴定

---

① 此部分内容原载于《兰台世界》2003 年第 12 期,题为《关于档案中介服务的法制建设问题》。

和评估中介的人员进行资质认定制度,并规定凡未经资质认定从事档案鉴定、评估中介业务的,要承担相应的法律责任。2002年4月颁布的《深圳经济特区档案与文件收集利用条例》第九条规定:依法设立的档案中介机构可以从事以下业务:(一)档案业务咨询;(二)档案管理;(三)档案价值评估;(四)档案技术服务;(五)档案寄存保管;(六)营业执照规定的其他档案业务。档案中介机构从事以上业务,应当遵守法律、法规和档案行政管理部门的有关规定。第十条规定:档案工作人员和档案中介机构从业人员应当具备档案专业知识,持证上岗。之后,《河北省档案工作条例》《天津市档案管理条例》《海南省档案管理办法》也相继规定了对档案中介机构和从业人员实行资质认定制度。《内蒙古自治区档案条例》在实施对档案中介人员资格认定制度的基础上,还实施档案中介机构向档案行政管理部门备案制度。《黑龙江省档案管理条例》规定:档案中介机构和人员实行资质认定、备案和登记制度。《安徽省档案条例》则具体规定:从事档案中介的人员,应当经省档案行政管理部门考核,取得资格证书。

我国《行政许可法》颁布实施后,为了与档案行政许可相衔接,地方档案法规对于档案中介机构人员的资质认定也作了相应的修改,将对档案中介机构人员的资质认定修改为对档案中介机构人员专业素质的要求。如《上海市档案条例》在第15条具体修改为"从事档案鉴定、评估中介业务的人员,应当具备档案基础理论知识和档案价值鉴定、档案等级评估的专业知识。"通过对档案中介人员资质的科学规定,可以保障档案中介机构业务行为的质量,为档案中介机构良性发展提供规范依据。

第二,在社会中介机构的专门政府规章中对档案中介机构予以规定。如浙江省出台的《浙江省社会中介机构管理办法》这一专门的政府规章,对档案中介机构的性质、人员等作了明确规定。

应当说,上述地方档案法规和政府规章关于档案中介机构和人员的规定,为开展档案中介服务活动提供了基本的法规依据,对于保障档案中介服务的正常发展起了十分重要的作用。随着社会主义市场经济的发展,档案事业体制改革的深入,全国各地档案中介服务呈现出加速发展的态势,档案中介服务领域日益拓展,档案中介机构不断增加。档案中介服务实践向档案法制建设提出了更高的要求,现有的地方档案法规关于档案中介服务的原则规定,还不能够完全满足日益发展的档案中介服务实践的需要,它要求适时地制定全国范围内普遍适用的档案行政法规或档案规章,对档案中介机构的性质、地位、职责,档案中介服务的范围、程序,档案中介双方的权利、义务及从业人员等作出科学、统一、规范、全面的规定,充分发挥档案法规对档案中介服务的保证和促进作用。

(二)档案中介机构立法的内容

就档案中介服务法规的内容来说,应当包括以下几个方面:

第一,关于档案中介服务的指导思想和基本原则。档案行政管理部门应当把发展档案中介服务作为推进档案事业改革,促进档案事业体制创新的重要举措。为了加强档案行政管理的运行机制,提高其运行效率,要充分发挥档案中介机构的作用,积极采取引导和市场导向措施,鼓励支持档案中介服务的探索和实践,推动档案中介机构按照规范化、市场化、社会化方向发展,使之成为档案事业体制创新的有力支撑,成为档案工作服务于社会的重要力量。

《中共中央关于建立社会主义市场经济体制若干问题的决定》中指出:"中介组织要依法通过资格认定,依据市场规则,建立自律性运行机制,承担相应的法律责任和经济责任,并接受政府有关部门的管理和监督。"根据这一精神,档案中介服务的立法应从档案事业体制改革和档案事业发展的要求出发,坚持"公正合理,诚实信用"的基本原则。所谓公正合理,即档案中介服务应当符合其发展的客观内在规律,凡中介服务项目的程序和内容均应做到公开、公正、公平,增加档案中介服务的透明度。诚实信用是档案中介服务的生命线,要加快信用体系建设,档案中介服务的任何项目都应在诚实守信的基础上进行,合法经营,反对虚假欺诈,严惩违法失信行为。

第二,关于档案中介机构的性质。档案中介机构是面向社会、面向政府、面向企业服务的组织,它是一个独立的经济实体,是依法设立的运用档案专门知识和技能,按照一定的业务规则和程序,为委托人提供档案中介服务,并收取相应费用的组织。

为保证档案中介机构独立法人的资格,使其依照它自身的规律客观地开展工作,必须按照市场化机制运作,保持档案中介机构的独立性,独立地设置档案中介机构。凡挂靠在档案局(馆)下的档案中介机构,应当实行脱钩改制。目前,我国现有的档案中介机构多是依托档案局(馆)的设备和技术来为社会提供服务。有的档案行政管理部门把办档案中介机构看成是创收的一个渠道,认为档案中介机构是获取经济效益的机构,实行档案业务指导部门与档案中介机构一套班子两块牌子,将档案业务指导和档案中介服务混为一谈,这种认识和作法既不符合国家关于政企分开的要求,违反了档案中介服务市场化运作的规律,同时也严重影响了档案中介服务朝着法制化、规范化方向发展。

第三，关于档案中介机构的管理体制。档案中介服务不同于社会其他中介服务，有其自身的特点，它是一项专门的档案业务服务。因此，在管理体制上，按政企分开的要求，档案中介机构应独立的设置，坚持档案行政管理部门对档案中介机构的监督管理机制，充分发挥档案行政管理部门的依法指导、协调、管理和监督的职能。档案行政管理部门对档案中介机构的监管方式主要表现在：依法制定规章和规则，明确其行为规范，审查认定其执业资质。工商行政管理部门查验登记和注册，实施年检审核。

档案行政管理部门必须依法加强对档案中介机构管理和监督的力度，确定具体的职能部门履行监管职责，依法开展对档案中介机构评估工作，强化对档案中介机构行为监督、违规处罚。通过档案行政管理部门的监管，保证档案中介机构的依法经营，为档案中介服务健康有序的发展创造良好条件。

第四，关于档案中介服务的业务范围。根据国家关于政府机构改革的精神，档案行政管理部门需要切实转变职能，理顺关系，实现档案行政管理职能中的某些档案技术性业务指导职能让位于档案中介机构来承担。机关、团体、企业事业单位在档案管理业务中遇到的操作性技术问题，不再是找档案行政管理部门，而是找市场，由档案中介机构提供服务。

档案行政管理部门要转变管理理念，调整管理方式、管理方法和管理手段，实现管理方式、方法、手段的改革创新，为档案中介机构发展留出广阔的空间。对于档案中介机构能够承担的业务工作，比如，档案业务技术咨询、档案管理质量考评、档案价值鉴定、档案新技术应用、档案科研成果推广、档案数字化处理等，积极主动放权，委托档案中介机构组织实施，使档案中介机构在更大的范围内，更深的程度上就档案事务与社会发生广泛的联系。档案业务指导职能的分解，不仅不会减弱档案行政管理的职能，反而会有助于档案行政管理部门提高行政效率，保障依法行政、依法治档战略目标的顺畅实现。

第五，关于档案中介服务的程序。档案中介服务程序要规范化、标准化，增加透明度。档案中介机构开展业务，应与业务委托者签订业务委托合同，档案业务委托合同对双方都具有法律约束力，要明确具体。其内容包括：签约双方的名称；委托目的；委托业务内容；业务工作进程与完成时间；签约双方的权利与义务；费用与支付方式；违约责任；其他有关事项；双方签字、盖章、签约日期。

档案中介服务具体的工作程序，由于档案咨询、鉴定、代管、代存、评估及技术推广等具体业务的不同，其工作程序也不尽一致。一般说来，要根据双方签订的委托合同来开展工作。就档案咨询而言，其工作程序主要有：制定工作方案，成立业务工作组,确定工作人员;调查研究有关情况,采集情报信息资料;进行定性或定量分析、综合、加工整理;撰写咨询报告;征询反馈意见;建立完整的咨询档案,以备查检。

第六,关于对从业人员的要求。人才队伍建设是开展档案中介服务质量的基本保障。造就一支具有较高档案专业素质的档案中介服务队伍,对于提高档案中介服务运行绩效,扩大档案中介服务领域,有着举足轻重的意义。档案中介服务的从业人员应当具有较丰富的档案业务管理、技术等方面的知识和技能,熟悉档案法律法规、档案管理技术方法,具备较强的综合分析判断、解决档案业务技术问题的能力。档案中介服务的从业人员要提倡职业道德,讲究信用,遵纪守法。实践证明,坚持实行档案中介服务从业人员资质的考核和认定制度,是保证档案中介从业人员整体素质的有效途径。

第七,明确相关的法律责任。对档案中介服务活动中违反权利和义务的行为,要根据情节轻重,采取相应的惩罚措施。或给予行政处分,或实施行政处罚,或责令赔偿损失,严重者受法律制裁,从而保证档案中介服务的"公正合理,诚实信用"原则的实现。

档案中介服务方面的立法,是我国档案法规体系建设的重要组成部分,理应纳入档案法制建设的范围。但档案中介服务的立法又是属于档案事务中比较专门化的立法,它同社会联系密切,所以在进行档案中介服务的立法时还应注意以下两个方面的问题:一是要考虑到档案中介服务的特点,要注意便于操作,条文不能规定的过于原则;二是既要考虑到档案法律法规的规定,也要考虑到相关的法律法规的规定,还要参考国家已经出台的有关其他社会中介机构的法规,要与上述国家的法律法规的规定相一致,要注意衔接问题,不能相互矛盾。

总之,通过档案中介服务的立法,为我国档案中介服务形成一个体制合理,制度健全,诚信经营的良好发展环境。需要指出的是,档案中介服务目前在档案界还是个新生事物,在这方面国家立法还未出台之前,各地方档案部门应积极探索,总结经验,制定地方档案法规或规章,规范档案中介服务活动,为全国档案立法提供基础。

四、档案中介机构的规范化运作[①]

近年来,我国档案中介机构发展较很快。这些中介机构虽然在档案事业建

---

① 此部分内容原载于《浙江档案》2006年第2期,题为《论档案中介机构的规范化运作》。

设中发挥了重要作用,但在发展中也存在着诸多问题,亟待加强规范化管理。为充分发挥档案中介机构在档案管理方面的积极作用,推动我国档案事业的建设,需要加强对档案中介机构的规范管理,使其在规范化轨道上顺畅地运作。

（一）加强档案中介机构的法治管理

依法治档是档案事业建设的必由之路,一切档案机构都必须在法律基础上成立,一切档案行为都必须在法律范围内运行。档案中介机构作为市场经济下从事档案事务的服务性主体之一,必须依法成立,需要按照法律法规规范进行运作。目前,关于档案中介机构的法治管理存在着两个方面的问题:一是法律、法规不健全、不统一,除有的地方档案法规对档案中介机构作了原则性规定外,其他具体的法规不够健全,至今没有制定统一的法规或规章;二是由于没有明确的法律法规依据,对档案中介机构开展档案行政执法监督还不够有力。

首先,尽快制定出档案中介活动的专项法规或规章,进一步确认档案中介机构的法律地位。当前,需要结合档案中介机构的实际,从促进档案中介机构发展的角度出发,把需要用法律、法规解决的档案中介机构问题列为当前的档案立法重点之一。对发展档案事业所必需的档案中介机构,应在认真调查研究、科学论证的基础上,从档案事业发展的实际出发,制定一部统一的档案中介机构法规或规章。明确档案中介机构的性质、职能、任务、组织形式、经营方式业务范围、行为规范,明确档案中介机构作为法人的权利和义务,应承担的法律责任。通过专门的档案立法,健全档案中介机构资格认定的法律程序,统一收费标准。明确档案行政管理部门对档案中介机构实行指导、监管等具体职责,坚持档案中介机构行业管理的体制,由档案行政管理部门作为统一的专业管理机构,加强管理力度。打破垄断保护,强化档案中介机构内部管理机构和执业质量保障机制。档案中介人员的执业资格制度也要运用法律进行规范,使档案中介机构从设立、变更、注销到开展经营活动都有法可依,从而保证档案中介机构在相关法律、法规的规范下健康发展。

其次,加大档案行政执法检查和处罚力度。对档案中介机构每年要开展专项检查,将定期检查和经常检查结合起来。要建立举报制度,公开举报电话,指定专门的机构或者在相关机构中指定专门的人员负责受理社会各方面的举报案件。对查处的问题要严肃处理,情节严重的,要移交司法机关处理。通过加大责任,追究处罚力度,使档案中介机构切实认识到必须在法律的范围内依法进行档案中介服务活动,不依照法律法规执业,将会付出沉重的代价。对于没有法律、法规依据,或未经注册登记批准的,由一些行政及行业主管部门自行认定资格批准设立的档案中介机构,以及设置不合理、管理混乱的档案中介机构坚决予以撤销,扫除档案中介服务领域中的不规范行为。凡依法设立、定位准确、管理体系健全、运作规范的档案中介机构予以保留。对未经法定登记的档案中介机构,档案中介人员素质未能达到法定要求的,擅自从事档案中介业务活动的,依照档案法规严格进行查处。

通过不断完善和认真贯彻相关法律、法规,使档案中介机构的运作有章可循,有法可依。明确档案中介机构的政府主管部门,统一行业管理组织,建立健全内部管理和执业质量保障机制,更好地发挥档案中介机构在社会档案事务中的桥梁和纽带作用。可以预见,随着社会经济的深入发展,随着政府职能转变的逐步完成,档案中介机构将会在现有基础上,获得更大的发展。

(二) 加强档案中介机构的自律机制

从实际情况来看,当前档案中介机构存在着种种问题,比如,在机构管理、执业标准、人员管理不统一,操作不规范等。这种现象不利于维护正常的档案中介秩序,也使档案中介机构和执业人员无所适从,影响档案中介业务开展。此外,还存在部门不公平竞争的现象。近年来随着档案中介服务的兴起,档案中介机构的数量日益增多,有的一个地区原来只有一家,现在发展到几家、十几家。其结果导致部门垄断,竞争无序。造成有的档案中介机构与档案行政管理部门关系紧张,矛盾重重,超越了正常的法律和法规所规定的范围。档案中介机构存在问题是我国档案中介机构发展中的问题,究其原因是多方面的,既有管理不到位的因素,也有缺乏自律机制的原因。档案中介机构的管理问题可以通过对档案中介机构的立法予以解决,自律机制则需要通过加强档案中介机构自我管理、自我完善的方式建立。加强档案中介机构管理的自律机制必须多管齐下,针对当前档案中介机构存在的问题,采取得力措施加以规范。

政府、社会和行业监督与档案中介机构自我约束相结合,是提高档案中介从业质量的基本保障,档案行政管理部门要建立科学有效的档案中介质量评估和宏观监控的机制,逐步制定和完善档案中介机构的质量评估指标体系,适时开展档案中介机构工作的评估,加强对各种档案中介机构质量的监督和指导,引导和规范社会评估档案中介机构的质量活动。档案中介机构要根据档案中介活动的要求,不断深化管理制度的改革,优化业务过程中的控制,建立用户参与的档案中介质量评估和认证机制。

强化档案中介机构自我管理的内在约束机制，制定严格的从业程序标准、职业道德规范，建立内部监督检查体系，在社会上以信用为主体塑造档案中介机构形象。档案中介机构应从自身做起，增强服务意识，内抓管理，外塑形象，爱岗敬业，在市场经济的大潮中，靠信誉求生存，靠质量谋发展。档案行政管理部门与工商行政管理部门应以法律法规为准则，对档案中介机构加强规范的监督管理，使档案中介机构在竞争中增强独立核算、自负盈亏、依法纳税、自主经营的意识。

虽然我国档案中介机构在发展过程中有其独特之处，档案中介服务从行业性质方面看不同于其他行业，但这决不能成为档案中介机构挂靠在行政管理部门的理由。应当禁止档案行政管理部门对档案中介服务市场进行行政分割，杜绝档案中介服务领域中的行政腐败源头。档案中介服务应当遵循市场经济规律，这不仅关系档案中介机构的自身发展，而且也关系政府职能的转变和市场体系的建立。凡挂靠档案行政管理部门的中介机构在人员、财务、业务、名称等方面均应逐步彻底脱钩。档案中介机构的从业人员要由原挂靠单位的行政或事业编制人员，变为社会专业服务行业的从业者。切断档案行政管理部门与档案中介机构的经济利益联系，档案行政管理部门不再是档案中介机构的投资者，不再享有所有者权益，也不得以任何形式从中介机构收取经济利益。档案中介机构不再是档案行政管理部门的所属机构，不再承担任何行政职能。从而使档案中介机构真正成为自主经营、自担风险、自我约束、自我发展、平等竞争的服务机构。

必须规范档案中介机构收费标准。档案中介机构是属于从事经营性的服务机构，获取利润是其存在发展的条件。应当规定一个公平合理的收费标准，保证档案中介机构的合法收益。目前，档案中介服务收费没有统一的标准，基本上是各行其是，收费标准混乱。有的收费过高，而有的收费又过低，仅能维持基本开支。长此以往，势必影响档案中介服务的健康发展，不利于培育和发展档案中介市场。因此，规范中介服务收费标准，是实现档案中介机构规范运作的重要方面内容。规范档案中介服务收费的基本思路是：以档案业务标准为基础，以市场需求为导向，建立统一、开放、竞争、有序的档案中介服务价格的机制。既要按照市场规律的客观要求，由市场决定档案中介服务的价格，也要理顺档案中介服务市场，完善收费管理。可以试行档案中介服务的政府指导价，在此基础上，根据市场和服务对象浮动收费。对于接受档案中介服务而不履行合同，不支付中介费的行为，应受到法律法规的制裁。

（三）提高档案中介机构人员的素质

档案中介人员,是指从事档案中介业务活动的专门人员。完善档案中介服务,提高从业人员素质是其首要因素。培养和造就一批高素质的档案中介人才队伍,既是档案中介服务的基本保障,也是发展档案中介事业的需要。目前我国档案中介机构从业人员中,比较普遍地存在年龄偏大、档案业务知识老化的现象,要有针对性开展不同层次的档案业务培训,加快知识更新。可以采取多种形式的档案业务培训:第一,定期培训。凡档案中介人员必须按规定,每年接受一定时间的档案业务教育培训。第二,短期轮训。对现有档案中介从业人员进行短期轮训,学习档案新知识、新技术。第三,经验交流。通过现场会、研讨会等形式,交流档案中介服务的经验,从而提高档案中介人员素质。通过档案业务培训,使档案中介人员提高解决业务问题的综合能力,以减少业务失误,保证档案中介服务质量。

档案中介机构的监管部门,应尽快出台切实可行的政策,支持和鼓励档案中介机构中各类具备一定资格的专业人员在重大执业项目上进行联合,互相协调沟通,以提高档案中介机构的整体执业水平。

提高档案中介机构从业人员的整体质量,必须建立完整的科学严格的考核制度,加强从业人员的业务考核,提高从业人员的职业道德和业务水平,对从业人员资质进行审查,保证上岗人员的素质。为保证档案中介人员档案业务能力,遵照国家关于档案技术人员继续教育的规定,定期对档案中介人员进行考核。对于不具备档案中介人员资质的,或采取不正当手段取得档案中介资格证书,擅自从事档案中介业务活动者,要依照档案法律法规进行查处。

（四）加强对档案中介机构的监督管理

制定对档案中介机构的监督管理办法,明确档案中介活动监督管理机关。根据档案法规定,国家档案行政管理部门是档案事务管理机关,理应成为档案中介机构的监督管理机关,行使对档案中介机构所从事的档案中介业务监督检查权限。对档案中介机构的监督管理,既要针对档案中介机构的现实,进一步规范档案中介机构的资格,清理检查现有的档案中介机构是否符合条件,对于不符合条件的要取消。对于成立新的档案中介机构,工商行政管理部门要严格按照规定的资质标准和条件审批,根据地区拥有的档案中介业务范围,合理地确定档案中介机构的数量。新批档案中介机构必须符合执业条件,否则不予批准。依法规范档案中介机构的行为,规范档案行政管理部门对档案中介机构的监督、指导和管理,真正做到客观、真实、公正,对弄虚作假的,要追究责任,依法惩处。

建立和完善对档案中介机构的监管制度,实施长效管理机制。对档案中介政府依法确立监管职能,档案行政管理部门要根据依法行政的要求,公平、公正、公开履行政府监管职责,为中介机构服务。对档案中介机构的监管,要建立专项检查制度,将对社会中介机构的质量检查制度化、科学化。注重日常的监管,加强事中和事后监管,加大处罚的力度,扭转监管不力、服务不周的现象。加强质量控制,制定标准体系,制定行业标准、道德规范,倡导客观公正执业,防止短期行为,使档案中介机构的执业质量能有章可循,有标可参。

建立科学和规范档案中介机构信用档案。档案中介机构要加强自律机制,在履行职能中贯彻信用意识,建立形成档案数据库,实行现代化管理。档案中介机构的信用档案记录档案中介机构的法人代表资格认定的注册登记、年检、机构代码、业务范围设定等方面的基本情况,开展业务的资质能力和资质等级情况,特别是执业过程中的履约能力、职业道德、质量情况、信用等级评估,以及从业人员构成、信用状况的评价、服务反馈、所受奖惩记录。信用档案数据库必须齐全、完整、真实,实行更新和动态管理,并可对社会开放。工商行政管理部门依照信用档案,对档案中介机构及执业人员的从业资格进行年检,使其真正成为独立经营、自负盈亏的经济实体,更好地适应社会主义市场下档案事业发展的客观需要。

论《中华人民共和国档案法》修改的基本原则及相关问题[①]

我国《中华人民共和国档案法》1987年颁布,至今已20年,它在档案事业建设及档案管理中发挥了重要保障作用。随着社会、经济建设的发展,特别是科学技术的快速发展,《中华人民共和国档案法》1996年曾作过一次修改,事隔10年,再一次修改是必要的。关于修改《中华人民共和国档案法》的视角与内容,档案界及社会各界专家学者发表了许多有价值的意见,这里我根据个人的理解,就《中华人民共和国档案法》修改的基本原则及相关问题谈些看法。

《中华人民共和国档案法》修改的原则,是指《中华人民共和国档案法》修改活动中起指导作用的思想和准则,它体现国家档案立法的性质和特点,指引档案立法的方向。我国《立法法》规定立法要坚持国家法制统一性、民主性和科学性原则,《中华人民共和国档案法》修改是国家整体立法的构成,也必须坚持《立法法》规定的立法原则,才能保证档案法制与国家法制的统一。同时,《中华人民共和国档案法》又是针对社会档案事务的专门立法,还应坚持加强国家档案资源建设、保护国家档案资源和开发利用档案信息资源的原则。基于以上的原则,我认为《中华人民共和国档案法》修改应注重处理好以下几个方面的问题。

一、科学处理与其他法律之间的关系

我国《立法法》第四条规定:立法应当依照法定的权限和程序,从国家整体利益出发,维护社会主义法制的统一和尊严。档案立法要坚持国家法制统一的原则,其根本要求是不仅档案法律应当与其他法律保持一致,而且档案法律之间

[①] 本文为2007年8月31日在上海召开"档案法制建设研讨会"上的学术发言。分别刊载于《北京档案》2007年第9期,及《上海档案》2007年第10期。其中部分内容在《上海档案》2007年第8期发表,题为《档案法修订应充分体现档案信息资源开发的思想》。关于档案法的立法原则,我在《论档案立法原则》一文中已阐述,见《全国新千年档案学理论研讨会论文集》,中国档案出版社2000年出版。

也要保持一致。通常,我们将档案法律分为两个方面:一为专门的档案立法,即《中华人民共和国档案法》;二为其他法律中关于档案和档案工作的有关规范。坚持国家法制统一的原则,就档案法律而言,相互之间要达到配套、协调和补充,尽量避免冲突和不必要的重复。

近年来,随着我国法制建设的健全与完善,国家先后出台了大量的法律,这些法律涉及经济建设、社会生活的各个方面,其中有的法律与《中华人民共和国档案法》关系较近,有的法律规定了档案事务管理的具体条款,如《文物保护法》《保守国家秘密法》《会计法》《合同法》《商标法》《专利法》《统计法》《著作权法》《电子签名法》《物权法》等。

从已颁布的法律对档案事务规定来看,主要是针对某一领域档案事务的立法。如《刑法》关于抢夺、窃取国有档案的犯罪,擅自出卖、转让国有档案的犯罪,《文物保护法》关于文物档案的管理规范,《统计法》关于统计档案的管理制度,《会计法》关于会计凭证、会计账簿和会计报表等会计档案的管理规范,《合同法》关于合同档案的形成、形式、类型、构成等方面的规范。这主要是由于各自立法定位和角度不同而致,《中华人民共和国档案法》是对社会档案事务总的立法。

总体上,档案法律之间的规定是一致的,但有的法律关于档案事务的规定与《中华人民共和国档案法》的规定还存在着不同程度的出入。如《畜牧法》(2005年12月通过,2006年7月施行)第六十六条规定:"违反本法第四十一条规定,畜牧养殖场未建立养殖档案的,或者未按照规定保存养殖档案的,由县级以上人民政府畜牧兽医行政主管部门责令限期改正,可以处一万元以下罚款。"该法第四十一条规定:畜禽养殖场应当建立养殖档案,载明以下内容:畜禽品种、数量、来源、饲料、检疫、免疫等内容。再如《公证法》(2005年8月通过,2006年3月施行)第四十二条规定,对于"毁损、篡改公证文书或公证档案的",由省或市人民政府的司法行政部门进行处罚,给予警告,并处2万元以上10万元以下罚款。上述两例法律的规定显然与《中华人民共和国档案法》有出入。一是行政执法主体,《中华人民共和国档案法》规定是县级以上档案行政管理部门,这里的行政执法主体则是县级以上畜牧兽医部门和省或市人民政府的司法行政部门;二是处罚程度,《中华人民共和国档案法》未作明确规定,这里规定处罚一万元以下和两万元以上十万元以下的数额。关于前者,《中华人民共和国档案法》修改必须坚持档案行政管理部门对档案事务的统一管理制度,不能多头管理。关于后者,是需要《中华人民共和国档案法》修改时予以借鉴的。

二、要与信息公开法规有机协调

2007年4月5日公布,2008年5月1日施行的《中华人民共和国政府信息公开条例》,属国务院行政法规层次的立法。虽然《中华人民共和国档案法》与其法律位阶不同,但信息公开条例是新近颁布的,代表着国家政治民主化的发展趋势。因此,《中华人民共和国档案法》修改时要考虑与其相互协调。我认为,这方面有四个问题需要解决。

第一,信息公开与档案开放的概念与范围问题。所谓政府信息,《政府信息公开条例》第二条规定:是指行政机关在履行职责过程中制作或者获取的,以一定形式记录、保存的信息。从其范围上,大体上与文件、档案的范围相一致。关于档案开放,现在有一种意见,认为档案开放程度低是《中华人民共和国档案法》规定的不够。在我看来,并不是《中华人民共和国档案法》本身规定的问题,而是档案开放的速度没有跟上社会民主化的进程。《中华人民共和国档案法》将档案开放期限界定为30年,是符合国际惯例的,但问题是《中华人民共和国档案法》自1988年1月1日起开始施行,至今已20年时间,我们开放档案的比例却不是很高。据统计,目前我国档案馆开放的档案大体上占馆藏的1/3或1/4,个别开放较快的档案馆占馆藏的70%。① 这与社会民众对开放档案的期望值距离太大,需要加快档案开放的步伐。

第二,关于档案馆保存的未到开放年限档案的公开问题。我国政府信息公开遵循公正、公平、便民的原则,强调的是以公开为原则,不公开为例外。方式有主动公开和依申请公开,时间上要求即时公开。目前,《中华人民共和国档案法》实行30年定期开放档案制度。《档案法实施办法》中规定档案移交的期限是,中央、省级及设区的市档案馆接收档案时间是20年,县级档案馆是10年。当然,根据国家档案保管期限修改为永久和定期30年、10年,档案馆接收档案的时间也要相应变动。但问题是,法律规范设计时是否会给档案开放带来一些问题。如有些未满30年的档案,如果保存在原机关,也就是说,没有移交到档案馆,可能属于公开的文件,而移交到档案馆,可能就会受30年开放的法律规定所制约而不能公开。虽然《中华人民共和国档案法》在规定我国公民和组织持有合法证明,可以利用已经开放档案的基础上,也可以按照有关规定,利用档案馆未开放的档案。但没有规定依申请利用的具体程序,致使实践中难以操作。这需要加

---

① 于学蕴.面向公众——天津市档案馆档案开放利用工作述略[J].中国档案,2007(6).

强对依申请利用档案的研究,以解决这部分档案的社会利用问题。

第三,关于档案中个人信息公开如何限制的问题。《中华人民共和国档案法》规定了国家档案中涉及国家安全或者重大利益以及其他到期不宜开放的档案向社会开放的期限,可以多于30年。这是对国有档案中不宜开放信息的法律保护。也规定了向档案馆移交、捐赠、寄存档案的单位和个人,可对其档案中不宜向社会开放的部分提出限制利用的意见,档案馆应当维护他们的合法权益。但《中华人民共和国档案法》没有明确对国家档案中涉及的个人信息开放的限制,而《政府信息公开条例》则对此作了明确规定。该条例第十四条第四款规定:行政机关不得公开涉及国家秘密、商业秘密、个人隐私的政府信息。但是,经权利人同意或者行政机关认为不公开可能对公共利益造成重大影响的涉及商业秘密、个人隐私的政府信息,可以予以公开。在我国民商法中,也比较强调对文件中涉及的商业秘密、个人隐私的保密,如规定涉及企业、公司、票据、专利等,政府掌握的信息,未经本人同意不能向社会公布。从世界范围上来看,凡制定档案法的国家大都采用限制的方式明确档案公开与保密的界限,其主要是基于在实现档案开放价值取向的同时,又能维护国家安全、公共利益,保护个人隐私,平衡档案开放与个人权利之间的利益。我国是社会主义国家,更应注重国家利益和个人权益的维护。因此,在构建国家利益保护的同时还要考虑到个人隐私的保护。《中华人民共和国档案法》如在这方面作出修改,则可以有效地避免类似于房地产信息查阅纠纷案,或擅自公布个人信息案的出现和发生。

第四,关于明确档案馆作为政府信息公开集中查阅场所的问题。这一问题法规层面上的规定有三个方面:一是《政府信息公开条例》第十六条规定:各级人民政府应当在国家档案馆、公共图书馆设置政府信息查阅场所,并配备相应的设施、设备,为公民、法人或者其他组织获取政府信息提供便利。行政机关应当及时向国家档案馆、公共图书馆提供主动公开的政府信息。二是地方档案法规中对档案馆承担政府信息集中查阅职责的规定,如《上海市档案条例》第三十一条规定:市和区、县档案馆是同级人民政府公开信息的集中查阅场所,应当提供其保管的政府机关主动公开的信息,方便公众查阅。三是在信息公开的地方政府规章中关于档案馆承担政府信息公开集中查阅职责的规定。据统计,截止到2006年12月,我国内地31个省份中已有21个地区的28个地方政府制定了信息公开的政府规章,在已颁布的政府信息公开规章中,对档案馆设立现行文件查阅中心也有相关的规定。①

---

① 王丽莉.中日现行文件公开利用制度比较研究[J].上海大学2007年档案学硕士论文.

实践上，随着我国档案馆实施社会服务功能拓展战略，大力推行档案馆社会化或公共档案馆建设，努力把档案馆建成档案安全保管基地、爱国主义教育基地、已公开现行文件集中向社会提供利用的中心和档案信息服务中心。当下，现行文件提供利用是国家档案馆为社会服务的重要内容，仅"十五"期间，全国已有2 500个县级以上国家档案馆设置现行文件查阅中心，开展现行文件利用工作，占国家档案馆总数的80%以上。根据国家政府信息公开的要求，档案馆面临着由现行文件查阅中心向政府信息集中查阅场所的转型。因此，《中华人民共和国档案法》修改需要对档案馆作为政府信息查阅场所作出相应的规定。

三、充分体现档案信息资源开发的思想

档案信息资源作为生产要素、无形资产和社会财富，与能源、材料资源同等重要，在社会资源结构中具有不可替代的地位。实现档案信息资源深度开发和有效利用，是增强我国综合国力和国际竞争力的必然选择，可以充分发挥档案信息资源对节约资源、能源和提高效益的作用，发挥信息流对人员流、物质流和资金流的引导作用，促进经济增长方式的转变和资源节约型社会的构建。1996年的《中华人民共和国档案法》专用一章来规定档案的利用与开放，凡档案开放的主体、期限，档案利用范围、手续，档案公布权，移交、捐赠、寄存档案者的权利及档案馆的义务，档案馆为档案利用提供的条件，档案馆编研工作等均有规定。说明对档案信息资源开发的高度重视，也表明档案信息资源开发与社会和谐、民众利益的密切关联。

当下，国家将信息资源开发已作为一项国家战略。2004年12月中共中央办公厅和国务院办公厅发布《关于加强信息资源开发利用工作的若干意见》，即34号文件，对我国信息资源开发的重要性、紧迫性、指导思想、主要原则、总体任务等，作了全面规定。2005年6月国家档案局、国务院信息办在上海联合举办中国档案信息化发展战略论坛。国务院办公厅《2006—2020年国家信息化发展战略》，把加强信息资源开发利用作为我国信息化战略重点之一，决定优先实施网络媒体信息资源开发利用计划。为适应信息技术的发展，2006年10月国家档案局、国务院信息办下发了《关于开展档案信息资源开发利用试点工作的通知》，在全国档案系统范围内开展了试点工作。档案信息资源开发作为档案部门工作的重要构成，现已摆到十分突出的位置，其集成式开发、联合开发不断强化，社会化趋势不断增强。据统计，2003年—2006年间，仅档案编研成果，全国档案部门共出版6 018项，[1]获

---

① 李明华.整合档案资源，发挥整体优势，努力提高档案编研出版工作水平[J].国家档案局网站.

得了良好的经济效益和社会效益。

《中华人民共和国档案法》修改如何充分体现档案信息资源开发的思想？在我看来，总体上要准确进行定位。也就是说，从什么角度对档案信息资源开发予以界定，是从档案部门的角度，还是从国家的角度或从社会角度。定位角度不同，结果就会不一样。比较理想的状态应该达到开发与利用并举，开放与编研相兼。具体涉及如下问题：

首先，关于档案信息资源开发内涵的界定。到目前为止，凡论及档案信息资源开发，虽有分歧，但均从档案部门角度出发，认为档案信息资源开发是档案馆或档案室，运用科学手段，对档案信息资源进行选择、加工、整理，挖掘其中有价值的信息向社会传播。其实质是档案人员借助各种物质和技术手段对档案信息进行采集、加工和输出的过程。开发的主体是档案人员，开发的客体是档案信息资源。其实这只是问题的一个方面，问题的另一方面，从社会角度，档案信息资源开发的主体还应包括公民、法人和其他组织。从档案部门来说，是将档案信息选择与输出，而后以一定的形式提供给社会，使档案通过社会利用者来实现其价值。从社会角度来看，公民、法人和其他组织根据一定的需要，发掘档案价值将档案用于社会实践，从而解决实际问题。应该说，后者是对档案信息资源的一种更为有效的开发。这是一个问题的两个方面，它们之间并不是对立矛盾的。

其次，关于档案信息资源开发的内容。目前尚未能取得一致意见。从广义上考察，我认为档案信息资源开发应包括档案利用、档案编研、档案开放三个方面的内容。所谓档案利用，其义有三：一为将档案用于解决某些问题；二为档案提供利用服务；三为阅览、复制和摘录等档案利用行为。第一种通常是学理上的档案利用，第二种是档案业务工作的一个环节，第三种是《档案法实施办法》对档案利用的界定。所谓档案编研，是档案界的一个专业词汇，按当下的一般解释，一为汇编档案史料，二为利用档案编写参考资料，三为利用档案进行科学研究。其实除档案馆或档案室外，档案编研的主体也应当是广泛的，即凡社会一切主体对档案实施了以上三个方面的行为，均应是档案编研行为。所谓档案开放，是将原来处于封闭状态的档案公开，提供给社会。档案开放虽然是国家档案馆单方面的行为，但要受到法律、社会、档案等诸因素的制约。

再次，关于档案信息资源开发法律文本的规定。从《中华人民共和国档案法》规定的条款数量与内容来看，第三章为档案管理，第十条至十八条，共9条；第四章为档案利用与开放，第十九条至二十三条，共5条。两者比较可见档案管理比档案利用开放多4条，将近一倍。当然档案保护也应纳入国家战略，今年政府工作报告就把档案保护与自然遗产和文化遗产的保护提到同等高度。档案保护有载体和信息两个方面,档案信息资源开发是档案信息保护传承的一种重要方式。有鉴于此,我认为《中华人民共和国档案法》修改时还应加大档案信息资源开发规定的比重,特别要考虑到构建和谐社会,以及现代信息技术、经济建设发展宏观背景对档案信息资源开发的影响。比如,第23条就可以明确增加档案信息资源开发的内容。将现在的"各级各类档案馆应当配备研究人员,加强对档案的研究整理,有计划地组织出版档案材料,在不同范围内发行。"修改为"各级各类档案馆、机关、团体、企业事业单位和其他组织的档案机构,应当配备研究人员,加强对档案的研究整理,有计划地组织开发档案信息资源,在不同范围内传播。"

最后,关于对机关、团体、企事业单位档案开放利用的规定。《中华人民共和国档案法》规定承担档案开放职责的主体是国家档案馆,没有对机关、团体、企事业单位的档案开放问题予以规定,但规定根据需要可以利用机关、团体、企事业单位和其他组织保存的档案。《政府信息公开条例》规定"行政机关应当及时、准确地公开政府信息"。行政机关除主动公开政府信息外,公民、法人或者其他组织还可以根据需要申请获取相关政府信息。上述规定无疑就发生了法律法规之间的协调问题。根据我国档案法规,档案室保存的档案主要供内部使用,能否对外提供利用,其裁量权在档案保管单位。实际上也不尽然,1989年10月国家教委发布的《普通高等学校档案管理办法》,其中第七章档案利用与开放,规定高校档案馆应按照规定向全校和社会开放档案。在政府信息公开的背景下,档案室保存的档案如何对外提供利用,能否开放,需要《中华人民共和国档案法》修改时有个说法。

四、吸取地方档案立法成功的经验

我国地方档案立法的明显标志表现为现已普遍制定了地方性档案法规。目前除西藏之外,各地方均已颁布实施了地方档案法规,其中上海、河北、浙江、辽宁、四川、重庆等地已进行了第二次修订。这些地方档案法规的出台,为地方档案法制提供了依据,也为《中华人民共和国档案法》修改提供了有益的参考。地方档案立法特点在于紧密结合各地方档案工作发展的实际情况,从已颁布的地方档案法规来看多有创新,如关于档案中介机构的规定、档案监管的规定、现代企业档案管理的规定等。下面以关于档案中介机构的规定为例予以说明。①

---

① 潘玉民,陈晓.地方档案法规中档案中介服务规定的集成与分析[J].档案学研究,2007(6).

众所周知,我国档案中介机构是20世纪90年代以来,在浙江、上海、深圳等地陆续出现的新生事物,经过十余年来的发展,取得了一定的成效,显现出良好的发展前景。特别是随着档案事业体制改革的深入,全国各地档案中介服务呈加速发展的态势,档案中介服务领域日益拓展,档案中介机构不断增多。目前,虽然我国还没有制定一部关于档案中介服务方面统一的档案行政法规或档案行政规章,但各地方关于档案中介服务的立法已经先行,并取得了相应的成果。主要表现有两个方面:一是在已颁布地方档案法规的30个省份中,有21个省份(占70%)对档案中介服务从业人员的素质、资格,档案中介服务业务范围,与档案行政管理部门的关系等方面分别作了规定,并在《行政许可法》颁布实施后,为与档案行政许可相衔接,进行了及时地修订;二是制定了关于档案中介服务的地方政府档案行政规章,如2004年12月颁布的《浙江省档案中介服务管理办法(试行)》。上述关于档案中介服务的地方立法,为开展档案中介服务提供了地方法规依据。从全国档案中介服务的发展情况来看,需要在国家层面上进行档案立法予以保障。因此《中华人民共和国档案法》修改可以总结与吸收地方档案法规关于档案中介服务的立法经验,对档案中介服务做出统一的规定,为档案中介服务发展营造良好的法制环境,以促进档案中介服务在档案法制的轨道上健康发展。

五、坚持民主性立法原则

我国《立法法》第五条规定:立法应当体现人民的意志,发扬社会主义民主,保障人民通过多种途径参与立法活动。《中华人民共和国档案法》修改要坚持民主立法原则,其根本要求是充分表达人民群众的意志,切实维护人民群众的利益。现代档案立法是公开的档案立法,信息的质量和数量直接影响着档案立法的质量,为提高档案立法质量,需要广泛听取社会各方面的意见。

对于《中华人民共和国档案法》的修改,社会各界有不同的诉求。从档案部门来说希望能获得更多的支持与资源,以便加大法律对档案信息资源管理、保护与利用的保障力度。从社会来说则更多地关心档案开放与利用,其主要关注档案馆的档案是否开放,哪些档案能够开放,开放的档案是否利用方便,我们从近年来全国人大代表的提案中可以听到社会上的这种呼声。至于档案保密与否,一般来说,社会上考虑得甚少,这也是无可厚非的,此类问题原本不应该由社会来承担。但问题是《中华人民共和国档案法》修改如何才能符合最广大人民群众的利益。比如档案公布权,是限定在档案所有者,还是赋予利用者,需要深入研究。由于《中华人民共和国档案法》既不是一部档案馆保护法,也不是仅面向档案系统的业务法,而是面向整个社会的档案法律规范,所以它的权利与义务设置要从国家和社会的角度来统筹考虑。

再如,关于制定实施办法的主体问题。《中华人民共和国档案法》附则第二十六条是关于由何机关制定档案法实施办法的规定。本法实施办法,由国家档案行政管理部门制定,报国务院批准后施行。对于这条规定的文字表述,法学家周生旺教授认为,没有清楚地解决被授权的主体问题,是个模糊的主体。因为,中央和地方都有国家档案行政管理部门。其他如《药品管理法》规定国务院卫生行政部门制定该法的实施细则,《水污染防治法》规定国务院环境保护部门制定该法的实施细则等。① 这个意见需要认真研究,并加以改正。

上面就《中华人民共和国档案法》修改时需要注重处理的若干问题进行了初步讨论。当然,《中华人民共和国档案法》的修改还要具有前瞻性,要考虑到信息技术的发展趋势,计算机现代信息技术广泛应用于社会生活,电子政务、电子商务的出现,使得档案载体多样化、档案信息数字化,它们都对《中华人民共和国档案法》修改提出了新的要求。这方面已讨论的较为充分,此文不再论及。

---

① 周生旺.规范性文件起草[M].北京:中国民主法制出版社,1998:431.

《中华人民共和国档案法》要注重对体制外档案资源的监管[①]

关于《中华人民共和国档案法》的修改，从档案资源建设维度看，档案行政管理部门不仅对体制内的档案资源，而且还要注重对体制外的档案资源，进行加强监督和管理。

档案法首先要遵循保护社会档案资源的精神。社会档案资源范围的是什么？这是档案资源建设的基础和前提。在我看来，凡是对国家和社会有保存价值的档案均属于档案资源建设的范围。不论其形成主体，或机关单位，或平民百姓；也不论其价值大小高低，或历史价值，或现实价值，或潜在价值；更不论其存藏于何处，或藏于官，或藏于民，或藏于国内，或藏于海外。只要是对国家和社会有价值，就应纳入档案资源建设的范围。

基于上述认识，可以多维度地观察社会档案资源：在档案管理体制方面，既包括体制内的，也包括体制外的；在档案所有权方面，既包括国有的，也包括非国有的；在档案载体方面，既包括纸质档案资源、音像档案资源，也包括电子档案资源；在时空方面，既包括历史的，也包括现实的，还包括将来的；在存藏及分布方面，既包括档案机构的存藏，也包括社会其他机构的存藏，还包括民间的存藏、流失海外的和口述历史档案资源。

由于受传统思维影响，一个时期以来我们的档案资源建设主要侧重于体制内的档案资源，建立了较完善的档案收集、移交和管理制度，使其得到良好而安全的存藏和传承。而对于体制外的档案资源，则关注的不够。有一种意见认为，体制外档案资源不构成档案资源的主体，因而它并非档案部门的主业，抓体制外的档案资源，是本末倒置。不过，近年来情况有所改观，体制外档案资源建设日

---

① 本文为2009年3月15日国家档案局在重庆市召开修改《中华人民共和国档案法》座谈会上的发言，文字稿报送国家档案局。

益得到了从国家到地方各级档案部门的重视。

比如,对于流失海外的档案资源。1998年国家档案局曾召开收集散失在国外的历史档案座谈会,提出有组织、有计划、有目标地收集散失在国外的我国历史档案。威海、青岛、大连、天津、上海等档案馆均不同程度通过复制、购买、交换等多种渠道从海外收集了历史档案。

再如,对于民间存藏的档案资源。沈阳市档案局实施了"档案进家庭"服务活动,已建立15万余户家庭档案。开通了我国第一个家庭档案网站,作为家庭档案展示交流的平台。江西省档案局开展了散存社会重要档案资源的调查,北京市档案馆接受各界捐赠逾2.6万件,并举办了"个人捐赠档案资料展"。

还如,对于口述历史档案资源,各地方档案部门也不同程度地开展了行动。尽管如此,但还表现为一种不平衡状态,有的已经起步,有的还没有开展。总体上,口述历史档案资源的建设尚处在起步阶段,其制作、管理、开发利用等尚未进入常态化轨道。

当然,我们提出要关注体制外档案资源的建设,目的是提高国家档案部门掌握和控制档案资源的能力,并不是说将所有的档案资源全部都集中到国家档案馆来保存。档案保存的主体可以多元化,但不论谁拥有档案的所有权或保管权,都必须按照档案法律法规来管理和处置,绝不允许随心所欲地任意处置。

《中华人民共和国档案法》修改的社会视野[①]

当前,随着我国经济发展步入新常态,档案事业也进入了新的发展时期,表现在档案资源生成、档案管理主体、档案事务等方面出现了不同以往的新变化和新特点。在这个大背景下,《中华人民共和国档案法》修改需要有新的思路,要认识新变化,适应新变化,将社会上新的档案现象纳入立法范围,科学调整档案事务方面的权利和义务,为依法治档提供坚实的保障。

一、关注档案资源生成的社会化

新常态下,档案资源的生成与传统状态相比,在其形式、种类和规律上都不尽相同。诸多档案新资源形态,举其要者如下:

互联网+时代,带来了生产方式和生活方式的全新变革。中国互联网信息中心(CNNIC)发布的第35次《中国互联网络发展状况统计报告》显示,截至2014年12月,我国网民规模达6.49亿,互联网普及率为47.9%。网民人数之多,互联网普及之快,为经济模式带来了巨大的转变。新业态发展空间广阔,呈现出加速度升级态势。由此导致新的档案资源不断涌现,迅猛增长。数字档案资源已成为档案资源建设的新态势,目前它的生成和管理均分散在社会各个生成机构。比如百度、好搜等搜索引擎,淘宝、京东等电商平台,腾讯、微博等社交网络,每天生成数以万计的大数据资源。

作为保存社会记忆的口述历史档案,对于档案界来说也是一种新的资源形态。它不同于传统档案形态由文件转化生成,而是档案部门根据一定主题通过访谈当事人形成的声音、影像或文字记录。口述历史档案的采集形成,其主体和

[①] 本文为2015年4月9日,中国档案学会、浙江省档案学会在杭州举办"档案法治建设"研讨会上的学术发言。

资源都处于分散状态。社会各界尤其是历史界早于档案界认识到采集口述历史的必要性和紧迫性，纷纷采取行动。当下，做口述历史访谈的，有档案界，有历史界，有新闻界，还有其他各界；有机构，有团体，更有个人。口述历史档案资源生成主体的多元化，使得对口述历史档案资源的处理、保管和开发利用都呈现出不同形态。

社区共治是创新社会治理的重要路径。随着社区建设的发展，社区档案资源应运而生。社区档案权属自治，档案主体多元、来源多头。大体有：一是社区党组织，如街道党工委或社区党工委、居委会党支部；二是社区行政管理政权组织，如街道办事处；三是社区经济管理组织，如物业管理公司、社区企业组织；四是社区自治管理组织，如社区居委会、社区成员代表大会、社区协商议事委员会；五是社区中介组织，如社区业主委员会、社区志愿者组织。社区档案作为档案资源的新构成，需要档案界的高度关注、积极探索和有效组织。

二、关注档案管理主体的社会化

如上所述，新出现的数字档案资源、口述历史档案资源、社区档案资源等，都由其生成主体管理、保存和处置。

除此而外，社会力量参与档案管理也是一种新变化。近年来，社会上出现专门从事档案管理的机构，它们依照法律在工商部门登记注册，税务部门依法纳税，游离于现行档案管理体制之外。这类社会档案保管机构，档案界以往将其统称作档案中介机构。考察目前社会上从事档案事务的机构，实际上已经超出了传统意义档案中介机构的属性和范围，不再是单一地从事档案整理业务，而是适应信息技术的发展变化，承担着档案管理机构由于技术条件限制而暂时不能完成的责任。

比如，某些信息技术公司，专注于档案信息化、办公文档一体化、档案信息与数据服务。经营业务有：档案管理系统开发、档案系列软件产品、办公自动化软件、档案数字化加工、数据存储、档案信息化管理咨询等。

再如，某些专门仓储式文件档案中心，建立大型文件档案仓库，实行档案第三方寄存。这些从事档案仓储的企业，有中资的，有合资的，也有外资的。他们建立有专业技术团队，规范企业管理，来满足用户文档整理、鉴定保存、查阅利用等多种类多层次的不同需求。

三、关注档案事务的社会化

与档案资源和档案管理主体社会化一样，档案事务也呈现出社会化趋势。

我们从近年来名人的手稿、书札档案拍卖事件屡见报端中可见一斑。

比如,2012年拍卖梁启超档案,其结果是将原来整体保存的档案分散零拍到各处收藏。在社会上争论梁启超档案是否应当进行拍卖时,拍卖公司和法律专家以《拍卖法》作为法律依据,坚持拍卖梁氏档案合法合规,认为只要拍卖公司本身具有文物拍卖资格,并且拍品经过文物主管部门备案批准,程序上就是合法的。

再如,2013年钱钟书书信手稿流拍案。法院审理认为,拍卖公司和当事人的行为对相关书信著作权造成发表权、复制权、发行权、信息网络传播权及获得报酬的权利的侵害,对相关权利人造成隐私权的侵害。

档案拍卖同样引起了档案界的震动和反响,档案界有识之士接连不断地撰文发表看法和意见。一些分析者在评论近年来档案拍卖行为时,指出其应当遵守《中华人民共和国档案法》关于档案转让和出卖的规定,如果没有档案行政管理部门的批准,档案拍卖是属于违法行为。

事实果真如此吗?从上面档案拍卖的案例中,可见拍卖公司和法院依据的并非是《中华人民共和国档案法》,而是《拍卖法》和《著作权法》,这的确是值得《中华人民共和国档案法》修改时认真思考和深入探讨的问题。

第三辑
档案资源建设研究

论国家档案资源的内涵及其构成
论公共档案馆的文化责任
公共档案馆，你到哪里去——兼论社会发展与档案馆社会化
流失海外重要档案文献的追索研究
口述历史档案资源建设及其开发利用策略研究
论口述历史档案是档案的理由
口述历史档案资源建设的基本问题
口述历史档案资源建设与城市记忆传承
加快建设口述历史档案资源
口述历史档案资源建设探略
认识与行动：再论口述历史档案资源建设
档案界口述历史档案资源建设实践进展评析
口述历史档案资源建设的模式

论国家档案资源的内涵及其构成[①]

国家档案资源的内涵及其构成是档案资源建设体系、利用体系和安全体系的基础。它涉及两个方面的问题：一为国家档案资源是什么；二为国家档案资源的范围包括哪些。

一、国家档案资源含义的演变

国家档案资源应当是 21 世纪初期开始使用的概念。检索文献，国家档案局原局长毛福民在 2002 年第 2 期《中国档案》发表《以"三个代表"为指导，全面加强国家档案资源建设》一文，较早地使用国家档案资源这个概念并对其含义予以阐释。

在 20 世纪，没有正式使用国家档案资源的概念。在 50 年代，国家档案资源被称为"国家档案全宗"，也称"国家全部档案"。这一理论思想的形成大体上来源于两个方面：一是借鉴苏联档案工作经验；二是总结中国档案工作的经验。

"国家全部档案"最早见诸文件者，为 1955 年国家档案局《关于改"芬特"为"全宗"的通知》。该文件将翻译的俄文词汇意思为"一定机关、团体、企业、部队或个人等在其活动中形成的档案材料的总和"的"芬特"，改为"全宗"。并将"国家统一档案芬特"改为"国家全部档案"。[②]

何谓国家档案全宗，它是指归国家所有的、由国家统一管理的具有政治、经济、科学文化或历史意义的一切档案的总和。其实质是解决档案所有权和国家档案管理原则的问题。

这是整个 20 世纪我国档案学界对国家全部档案的普遍认可的理论观点。综观 80 年代后出版的档案学基础理论教材，如 1987 年辽宁大学出版社出版的

[①] 本文原载于《北京档案》2011 年第 1 期，此题目先后在上海大学、南昌大学等为档案学专业研究生、本科生做多场学术报告。
[②] 国家档案局办公室编.档案工作文件汇集，第一集[M].北京：档案出版社，1986：91.

赵越主编《档案学概论》、1988年中国人民大学出版社出版的吴宝康主编《档案学概论》、1994年武汉大学出版社出版的朱玉媛编著《档案学基础》，均有大体相同的阐释。

20世纪90年代出版的档案学权威工具书，对国家全部档案条目的解释也基本一致。如1993年出版的《中国大百科全书档案学分册》：归国家所有的，由国家统一管理的具有政治、经济、科学文化或历史意义的一切档案的总和。其实质是解决档案所有权和国家档案管理原则的问题。1994年出版的《档案学词典》：指归国家所有的由国家统一管理的档案的总称。

以上档案学研究成果显示，在20世纪，档案学界对国家档案全宗理论的认识没有本质的分歧，均认为该理论的核心是强调一切档案都归国家所有，确立集中统一管理的原则，由国家进行直接管理，其实现由国家设置的档案机构来完成。

市场经济的确立与发展，带来的是单一性公有制经济向多元化所有制经济的变革。伴随着多种所有制下的经济活动，档案所有权呈现出多元化形式。由此而产生的档案多元化管理现象，使原来倡导的全部档案归国家所有，由国家统一管理的理论已经与新形势不相适应，客观实践需要一种新的理论作为指导，于是国家档案资源理论应运而生。因此可以说，国家档案资源理论由国家档案全宗理论发展而来，是对传统的国家档案全宗理论的继承、扬弃和超越，这种理论的继承、扬弃和超越是档案学界以新的视野认识经济建设、社会发展而获得的结果。

二、国家档案资源的内涵及实质

国家档案资源作为一种新的理论，从其出现以来就受到档案学界内人士积极关注与探讨。毛福民认为："是指过去和现在的国家机构、社会组织和个人在社会活动中形成的对国家和社会有保存价值的档案的总和。"[1]傅华认为："指的是过去和现在的国家机构、社会组织及个人产生的具有国家和社会保存价值的档案。"即"就是需要由国家管理的全部档案资源"。[2] 刘大江认为："是指过去和现在的国家机构、社会组织和个人在社会活动中直接形成的，对国家和社会有保存、开发利用价值的各种文字、图表、声像等不同载体形式的历史记录。"[3]

---

[1] 毛福民.以"三个代表"为指导,全面加强国家档案资源建设[J].中国档案,2002(2).
[2] 傅华.国家档案资源建设研究[J].档案学通讯,2005(5).
[3] 刘大江,陈祯祥,黄淑平.对国家档案资源优化配置的思考[J].档案时空,2008(10).

以上第一种观点和第二种观点虽然文字表述略有差异，但实质一致。此种观点，为档案学界普遍接受。如戴志强2003年在《档案学通讯》第2期上发表的《国家档案资源整合的涵义及其运作机制探讨》，黄存勋2004年在《档案学通讯》第2期上发表的《论国家档案资源建设的理念与体制创新》，黄项飞2005年在《秘书》第11期上发表的《对国家档案资源建设的新思考》，均赞同此种观点。

第三种观点在定义国家档案资源时借鉴了《中华人民共和国档案法》对所管理档案的定义，虽略有变通，但与档案定义基本相仿。主要问题在于，没有对档案与档案资源两个概念加以区分，混淆了两者之间的关系。档案通常表现为个体，而国家档案资源则反映档案整体，指全部档案的集成，不是指某种或某类档案。

我比较同意前两种对国家档案资源界定的意见，但更愿意从法律维度来对国家档案资源进行界定。什么是国家档案资源？所谓国家档案资源，是指一切公民、法人和其他组织形成的，对国家和社会有保存价值的档案的集成。

有三点需要说明：

其一，关于国家档案资源形成的主体范围。我们用公民、法人和其他组织作为国家档案资源的形成主体，一方面符合我国法律的规范表述，与目前立法语言一致，体现严谨性的特点；另一方面也泛指在我国境内的一切国家机构、社会组织和个人，既包括国家的，也包括非国家的；既包括体制内的，也包括体制外的；既包括历史的，也包括现实的，还包括将来的。

其二，关于国家档案资源的价值基点。国家档案资源作为国家创新的基础性要素，其价值随着社会的发展而发展。凡是对国家和社会有保存价值的档案，不论其形成主体如何，不论其价值大小高低，不论其价值发挥的长短，不论其历史价值、现实价值或潜在价值，也不论其存藏于何处，或藏于官，或藏于民，或藏于国内，或藏于海外，均属于国家档案资源。当然，价值因时间和空间而变化，但作为国家档案资源的价值标准来说，其是一个衡量的标尺，只要是对国家和社会有价值，就应纳入国家档案资源范畴。

其三，关于用"集成"替代"总和"的问题。"总和"的语义为全部加起来的数量或内容，通常表示数量或内容加后的静态结果。"集成"的语义则是一些分散的事物或元素通过某种方式集中在一起，产生联系，从而构成一个有机整体的过程。考虑到国家档案资源是一个不断聚合过程和结果，使用"集成"更能体现国家档案资源持续积累的特点。

三、国家档案资源的构成

国家档案资源的构成是指其结构、范围而言。换句话说,即是国家档案资源包括哪些。关于国家档案资源的构成,从 20 世纪 50 年代以来,有过不同的认识。

1956 年《国务院关于加强国家档案工作的决定》从历史时期维度对国家档案资源范围作了划分,提出:"国家的全部档案,包括中华人民共和国成立以来各机关、部队、团体、企业和事业单位的档案,中华人民共和国成立以前的革命历史档案和旧政权档案,都是我国社会政治生活中形成的文书材料,都是我们国家的历史财富。"[①]

1987 年《中华人民共和国档案法》从价值的维度确立起法律管理的客体对象。规定"档案是指过去和现在的国家机构,社会组织以及个人从事政治、军事、经济、科学、技术、文化、宗教等活动直接形成的对国家和社会有保存价值的各种文字、声像等不同形式的历史记录。"国家档案资源包括国有的档案,也包括非国有的档案。后者即"集体和个人所有对国家和社会有价值的档案"。

2002 年毛福民在《以"三个代表"为指导,全面加强国家档案资源建设》一文中从档案资源建设的维度提出:以各级各类档案室为基础,各级国家档案馆为主体,其他档案所有者为补充,是国家档案资源建设的基本构成。

本文从档案资源存藏及分布的维度,认为国家档案资源应当包括各级各类档案机构收藏的档案资源、社会其他机构收藏的档案资源、民间存藏的档案资源、流失海外的档案资源、口述档案资源等五个部分。兹分述如下:

第一,各级各类档案机构收藏的档案资源。

根据档案法律法规,国家和各单位均应设置档案管理机构,保管本地区本部门形成的档案资源。各级各类档案机构收藏的档案资源,在国家档案资源中处于主体地位。

档案馆是专门收藏档案的机构。国家档案馆是档案资源安全保管基地、爱国主义教育基地、档案利用中心、政府信息查阅中心和电子文件中心。目前,我国从中央到地方都成立有综合性档案馆和专业档案馆。据国务院新闻办公室发表的《2009 年中国人权事业的进展》白皮书,我国共有档案馆 4 035 个。到 2008

[①] 国家档案局.中华人民共和国档案法规汇编 1949 年 10 月—1992 年 6 月[M].北京:法律出版社,1992:17.

年,各级国家档案馆共保存档案资料近 2.3 亿卷册,5 400 余万件,录音、录像档案 44 万盘,照片档案 1 500 余万张,底图 100 余万张。①

机关团体、社会组织、企业事业单位档案室或档案中心,是专门收藏本单位档案资源的内设部门。根据《机关档案条例》和《企业档案管理办法》,各级各类机关团体、社会组织、企业事业单位均应设立档案管理部门,管理本单位形成的档案资源。2009 年仅对 87 家中央企业的不完全统计,共有档案室 9 963 个,档案馆 201 个。保管的纸质档案 1 亿多卷,排架长度 438 万延长米,照片 1 235 万张,光盘 82 万张,还有大量的录音、录像和实物档案资料。这些档案不仅记录了社会主义工业的建设史、成长史、改革史、发展史,见证了我国经济社会发展的重要过程和重大历史事件,是宝贵的历史文化财富;而且记录了企业各个方面、各个环节的真实情况,是企业扩大生产和销售、加强经营和管理、维护权利和利益、保持发展和稳定的可靠凭证与有力依据,是企业资产和生产要素的重要组成部分。

第二,社会其他机构收藏的档案资源。

除各级各类档案管理机构外,社会其他机构如图书馆、博物馆、纪念馆等也不同程度地收藏有档案资源,这些档案都是国家档案资源的重要构成。

文物与档案内涵接近交叉,古代的历史档案,如甲骨档案、简牍档案、金石档案、缣帛档案等现主要收藏于博物馆。青铜器方面,北京故宫藏历代铜器 1.5 万余件,其中先秦青铜器约 1 万件,有铭文的 1 600 余件,是国内外收藏中国青铜器数量最多的博物馆;台北故宫博物院收藏有 5 615 件青铜器,先秦有铭文的约 500 件,其中毛公鼎、散氏盘等为十分有名的档案。明清档案文献近 40 万件,其中有清朝历代皇帝朱批奏折、军机处档案、清史馆档、实录、起居注等,以及世界罕见的满文老档 40 巨册。

再如,甲骨档案发掘 90 多年来,累计出土有字甲骨总数为 154 604 片,台北故宫博物院收藏有甲骨档案 2 万多片。国内甲骨档案分藏于 38 个城市的 98 个单位有 95 880 片,47 位收藏家藏有 1 731 片。

图书馆收藏有档案文献,如上海图书馆保存盛宣怀的档案 17.8 万件文献,1 亿多字。大连图书馆珍藏有 2 000 余件清代皇宫内阁大库档案。②

---

① 杨冬权.以丰富馆藏、提高安全保障能力和公共服务能力为重点,实现档案馆事业新跨越[J]. http://www.saac.gov.cn/.
② 翟艳芳.曹雪芹家道中落又有新证——大连图书馆馆藏曹雪芹之父曹頫骚扰驿站获罪结案的档案[J].中国档案,2007(5).

高校也收藏有档案文献，如清华大学收藏获赠2 388枚战国竹简，北京大学收藏获赠近800枚珍贵的秦代简牍。

第三，民间存藏的档案资源。

民间档案资源是指那些存藏于社会民间的各类档案文献。它包括官方档案，即官方形成而散失于民间的档案，如皇帝的圣旨、册封，臣僚的奏折，官府的文书等。有社会贤达名士的档案，如来往信函、日记、亲笔书稿等。也有百姓个人生活与社会交往中形成的档案，如房产交易、物品典押、财务借贷的合约，合伙经营的合同，交纳赋税的存根。还有家族形成的档案，如家谱、族谱。更有民间的各种收藏，如碑帖、匾额、钱币、印章、照片等。

民间档案记录着社会形态变迁，内容真实生动、多彩丰富，反映事物具象，关系百姓生活者多，是对国家档案资源的重要补充。根据其内容大体可分：一为经济方面的档案，记载反映当时社会民生状况、社会制度，如典当票据、契约、合同等；二为文化方面的档案，如手稿、字画、家谱、乐谱等，再如民间药方、民间传说、民间技艺等；三为历史事件方面的档案，如重大政治运动的材料、自然灾害的记录等；四为实物方面的档案，如古印章、奖章、奖状、奖杯、老照片、古地图及各个时期使用的各类证件等。

民间档案资源的虽然来源多元，但无外乎继承、受赠、转让、购买、交换等渠道。掌握民间档案收藏的状况，为民间档案提供必要的业务指导，实行合法的监管措施，广泛开展收集民间遗存档案文献的活动，都是更好地保存社会记忆，丰富国家档案资源总量的策略。目前各地档案部门不同程度地开展了这方面的工作，获得了一定的成效。

例如，北京市档案馆接受各界捐赠逾2.6万件，并举办了"个人捐赠档案资料展"。江西省档案局开展了散存社会重要档案资源的调查，南京市档案馆征集并展出全市100位名人档案。沈阳市档案局建设开通我国第一个家庭档案网站，作为百姓家庭档案展示、交流的平台。截至2010年8月，已建立15.16万户家庭档案。同时在市档案馆举办了常设的大型家庭档案珍藏展览，编辑出版了《老结婚证书》《老毕业证书》等书籍。以上活动，有力地推动了民间档案资源的传承与开发利用的深化。

第四，流失海外的档案资源。

近代以来，因战争劫掠或因盗掘、盗凿以及不正当贸易等诸多原因，使得我国大量的明清档案、敦煌文献、甲骨档案、简牍档案等历史档案流散在国外。除此而外，我国历代政府机构、社会组织、民间团体、工商企业及知名人士形成的档案,外国在华机构形成的有价值的档案,由于历史的原因,也有部分存藏于国外。

据联合国教科文组织2006年统计,中国流失文物多达164万件,被世界47家博物馆收藏,各国私人收藏的中国文物是这个数字的10倍,仅大英博物馆收藏中国流失文物就达2.3万件。大英博物馆中国展厅墙壁上有几十平方米色彩依然艳丽的敦煌壁画,至今仍能见到它被当年所谓的"西方探险家"切割的伤痕。

流失历史档案类型多样,内容丰富,价值珍贵。例如:敦煌文献约5万余件,国内收藏近1/4。流散在国外的敦煌文献主要集中在英、法、俄、日四国,其中大英博物馆藏1.3万件,印度、德国、瑞典、丹麦、美国等亦有收藏。甲骨档案国内外共藏甲骨15.5万余片,国内及港台地区共收藏甲骨12.8万余片。流失海外的,共计2.7万余片,占18%左右。西夏黑水城遗址发掘出大量珍贵的文献资料,90%收藏在俄罗斯。① 流失国外的清代档案数量也相当可观,据中国第一历史档案馆李宏为的《散失在境外清代档案文献调查报告》,英国、美国、俄罗斯、日本等国均有收藏。

对于流失海外的档案资源,近年来各级国家档案馆开始注意对这类档案资源的收集,威海、青岛、大连、天津、上海等档案馆均不同程度通过复制、购买、交换等多种渠道从海外收集了历史档案。青岛市档案馆分别从德国、日本、美国征集到青岛历史档案70万页、电影资料400多分钟、照片5 000多张。威海市档案馆从英国、法国、南非等国征集档案5万多页,原始电影资料200多分钟,照片5 000多张。

收集流失海外的历史档案,对于保持档案资源的完整、传承民族文化遗产、维护国家的主权和尊严都具有十分重要的意义。1998年3月29日国家档案局曾召开收集散失在国外的历史档案座谈会,提出把这项工作列入日程,有组织、有计划、有目标地收集散失在国外的我国历史档案。随着我国综合国力的不断增强,国际地位的日益提高,流失海外的历史档案终有一天要走上回家之路。

第五,口述档案资源。

口述档案资源是对个人进行有计划采访的结果,表现为录音、录像或对其的文字记录形式。它具有平民性、叙述性、多元性、规划性的特点。

口述档案资源作为国家档案资源的重要构成,在国家档案资源结构中具有不可替代的地位,将口述档案资源纳入国家档案资源意义重大。丰富的口述档案资源,是历史记忆的见证和重要载体。开展对口述档案资源建设,可以抢救社

---

① 庄电一.中俄西夏学联合研究所揭牌[N].光明日报,2010-10-20(5).

会记忆和文化遗产,达到与文字档案彼此之间的互补和有机融合,从而形成一种社会记忆的合力,纠正或克服当今人类由单一档案种类所造成的种种缺失。同时也有利于加快推进口述档案资源建设与社会记忆传承的适应性,为国家档案资源实现新的增长点提供良好的保障。

现代意义上的口述历史起源自20世纪40年代末的美国,60—70年代兴盛于加拿大和英国,80—90年代逐步流行于世界各地。目前,美国的口述史研究范围极为广泛,几乎涉及社会生活的各个领域。英国、法国、德国、加拿大、新加坡等国,都设有全国性的口述历史组织,出版了多种有关口述历史的图书。国际档案界对口述档案也给予了极大的关注,1980年第九届、1984年第十届、1988年第十一届国际档案大会上,都涉及了关于口述档案的学术报告。

我国目前社会各界正积极建设口述档案资源。如历史学界启动了多种口述史项目,口述史访谈开展的较快,成果也相对较多。文学界,如作家叶永烈运用口述资料出版了系列纪实文学作品。新闻媒体如中央电视台的"大家""讲述"等栏目,杂志、报纸也专门开辟口述栏目,社会影响广泛。

港台地区对口述史研究起步于20世纪50年代,台湾"中央研究院近代史研究所"至今共整理出版口述史访谈记录89种,并定期出版《口述历史》刊物。香港地区也十分重视口述史的研究及项目开展,如香港大学的"香港口述历史档案计划",香港中文大学的"口述历史:香港文学与文化"研究计划。澳门地区也开展了口述史项目,如澳门研究所开展的"澳门中日战争时期口述历史研究"项目。[1]

档案界对口述档案资源建设具有很强的专题性。主要表现:一是抗战口述档案;二是劳工口述档案;三是名人口述档案的建设;四是特色口述档案的建立。档案界对口述档案资源建设表现出不平衡状态,有些地区已经开展,有的地区则没有开展。总体上看,关于口述档案的建设尚处在起步阶段,其制作、管理、开发利用等尚未进入常态化机制。从发展趋势来看,口述档案作为档案资源的重要构成的理念在国内外已十分显现,我国社会各界已开展的口述档案资源也迫切需要从国家层面上予以整合,使口述档案资源得到良好地保护和开发利用,充分发挥其社会价值。

四、余论

最后,需要说明的是,以上各类档案资源,除国家档案馆的藏量有较准确的

---

[1] 潘玉民,吕芳.口述档案资源探略[J].图书情报研究,2010(1).

统计外,其他的档案资源还没有一个确切的统计。其中博物馆所藏档案资源,往往统计在文物的总量内,而民间的档案资源、口述档案资源和流失海外的档案资源,种类多样,丰富繁杂,数量究竟有多少,实在是需要调查摸清的问题。尽管我们现在对除档案机构外的档案资源的总量还没有一个精确的数字,但无论如何,这并不影响它们在国家档案资源结构中的地位。

论公共档案馆的文化责任[①]

随着我国档案馆建设由传统向现代、由封闭向开放的伟大历史转型,公共档案馆具有社会性、文化性、开放性、现代性已日渐成为档案界的共识。面对当下社会文化建设的大潮,公共档案馆建设如何实现跨越式发展,如何充分体现其社会性、文化性、开放性、现代性,如何在经济与社会建设中发挥其应有的文化功能?我以为,公共档案馆的文化责任这一命题应该提到议事日程,摆在重要位置,它是涉及在社会文化建设的热潮中公共档案馆扮演什么角色的大问题,必将成为公共档案馆研究关注的热点。

一、公共档案馆文化责任的涵义

何谓公共档案馆的文化责任?我的理解,它基本上等同于公共档案馆的文化担当,但又与其略有不同。文化责任是公共档案馆分内应做之事,必须履行。而文化担当则意为公共档案馆能够接受并应该负起的责任。公共档案馆的文化责任实际上也就是公共档案馆承担应当承担的文化建设任务,完成应当完成的文化使命。

公共档案馆的文化责任也不同于档案馆的职责。职责多从行政维度阐释档案馆的工作内容和范围,而公共档案馆的文化责任则是从社会视角观察档案馆的功能和要求,属于社会责任范畴。社会责任涉及内容广泛,包括政治责任、文化责任、道德责任、经济责任、法律责任等。

公共档案馆具有文化性,在这一点上档案界应当没有疑义。《中华人民共和国档案法》第八条明确规定:中央和县级以上地方各级各类档案馆,是集中管理档案的文化事业机构。《档案馆工作通则》第二条也规定:档案馆是党和国家的科学文化事业机构。公共档案馆的文化责任源于公共档案馆的文化性,与其所

[①] 本文原载于《档案学研究》2010年第1期,2009年获纪念上海市档案馆建馆50周年学术研讨会暨"3+1论坛"优秀论文三等奖。2014年作为《"五位一体"公共档案馆建设理念与模式研究——以区县档案馆为例》成果内容之一,获上海市档案科技研究成果奖三等奖。

具有的文化性质相匹配。换句话说,具有文化性质的公共档案馆理应承担其文化责任。

二、我国对公共档案馆文化责任理论研究的缺失

进入 21 世纪以来,公共档案馆建设已经成为档案馆理论研究的新热点。以公共档案馆建设为主题的全国性和地方性的学术研讨会多次召开。举其要者有:2003 年 3 月,上海市档案学会、上海大学档案学系联合主办"新时期档案馆功能"学术研讨会。4 月,上海市档案局馆主办"面向未来的城市档案馆"国际学术研讨会。12 月,上海市档案局馆主办"新时期公共档案馆建设"学术论坛。2004 年 6 月,广东省档案局馆主办"档案与文化"学术研讨会。10 月,上海市档案学会主办"档案馆公共服务理念与实践创新"学术研讨会。12 月,中国人民大学信息资源管理学院主办"公共档案馆利用服务社会化"学术研讨会。2006 年 2 月,国家档案局在广东省召开"全国档案馆拓展社会服务功能座谈会"。12 月,中国档案学会、天津市档案局和开发区管委会共同主办"滨海新区开发开放与公共档案馆建设"高层论坛。2009 年 12 月,上海"3+1"档案论坛又将档案馆建设发展的经验、方向和对策作为主题。如此高密度的以公共档案馆建设为主题召开学术研讨会,足以说明档案界对此议题的关注。

在学术文献方面,检索中国学术文献网络出版总库,以"公共档案馆"为检索词,经过去重,这一领域共发表 179 篇文献。

综观以上研究,既有对公共档案馆概念、内涵、性质、起源、背景、功能、机制等方面的诠释梳理,也有对公共档案馆建设的意义、现状、问题、策略、经验、路径、资源等方面的分析总结。虽然有的研究对公共档案馆文化性与文化建设作了较深入的探讨,但还未能从文化责任层面展开讨论。到目前为止,对公共档案馆文化责任的研究,在我国档案界仍处于缺位现象,这不利于公共档案馆建设在与社会文化建设互动中发挥其应有的文化功能。

三、国际档案界对公共档案馆文化责任的认同

在当代,公共档案馆的文化责任,为国际档案界所关注。普遍认为公共档案馆设置的理由之一是"文化方面的原因",[①]所以它"应该在教育和文化领域发挥

---

① T·R·谢伦伯格.现代档案——原则与技术[M].黄坤坊等,译,北京:档案出版社,1983:14.

作用"。① 从世界各国档案法规对档案馆应当承担文化责任所作明确规定中,我们可以清楚地看到这一理念。例如,《日本国家档案馆章程》第一条:国家档案馆接收并收集国家全部行政方面的档案、图书和古代文献资料,予以妥善保存和管理,以便有效地促进我国文化的繁荣发展。②《瑞典国家档案馆条例》第七条:国家档案馆不但要出版瑞典国家档案馆简报,而且还要公布对科学研究最有价值的文件。③《巴西国家档案馆条例》第一条:国家档案馆收集、保管文献遗产,是为了使公众了解巴西民族文献遗产所包括的科学文化的内容,为了活跃对民族发展的基础及前景的研究。④《法兰西共和国档案法》第一条:从公共利益出发保管文件,既是为了管理的需要和证明公、私自然人或法人权利的需要,又是为了研究历史文献。⑤

公共档案馆的文化责任,也是国际档案大会关注的重要议题。1980年第九届国际档案大会上英国迈克尔·罗珀提出,档案馆由于学术利用的增加和多样化而面临着挑战。1984年第十届国际档案大会瑞士奥斯卡·高耶的《对档案馆的挑战——日益繁重的任务及有限的资源》,2000年第十四届国际档案大会新加坡朱燕华的《档案馆在社会中的形象:以新加坡为例》、俄罗斯阿列克夫·基谢廖夫的《档案馆与公众交往的策略》,均论及"档案馆存在的本身,是记录国家历史的重要部分。"因此,"档案馆必须维持其学术和文化活动",⑥才能顺应时代的潮流。

四、公共档案馆文化责任内容举要

2009年10月,全国档案馆工作会议显示:21世纪的头10年,档案馆实现了从"三位一体"到"四位一体""五位一体"功能的跨越,并已经开始了建立"两个体系",向公共档案馆转型的历史性进程。公共档案馆对社会文化进行的服务、传播、教育、交流和建构,是与其自身所担负的社会文化传承责任为基础的。

---

① 彼得·瓦尔纳.现代档案与文件管理必读[M].孙钢等,译.北京:档案出版社,1992:20.
② 中国档案学会对外联络部,档案学通讯编辑部.外国档案法规选编[M].北京:档案出版社,1983:1.
③ 中国档案学会对外联络部,档案学通讯编辑部.外国档案法规选编[M].北京:档案出版社,1983:80.
④ 中国档案学会对外联络部,档案学通讯编辑部.外国档案法规选编[M].北京:档案出版社,1983:209.
⑤ 中国档案学会对外联络部,档案学通讯编辑部.外国档案法规选编[M].北京:档案出版社,1983:136.
⑥ 国家档案局外事处.第十届国际档案大会报告集[M].北京:档案出版社,1986:18.

第一,公共档案馆的文化传承责任。

公共档案馆是档案资源安全保管的基地。档案是历史的真实记忆,是不可再生的资源。最大限度地发挥档案的作用,造福于社会,同时保护好档案原件,使之完好地传之后世,是公共档案馆义不容辞的责任。为此,加强对档案资源的保护与传承,这不仅是发展档案馆事业的大计,也是社会文化建设的必然要求,更是继承前人文明成果、惠及子孙万代的千秋伟业。

档案资源是人类文明的重要构成。人类在漫长的生产、生活实践中创造的档案文化遗产,反映了人类文化的多样性和丰富性,是人类历史进程最直接的见证,也是珍贵的社会记忆。保护传承档案资源,对于传承人类文化遗产,构建和谐的人类文化生态,促进社会文化繁荣与发展,都具有十分重要意义。

任何文化都具有历史继承性,档案作为文化的原始资源也具有历史延续性,它在人类社会发展进程中持久不断地发挥着应有的价值,不断地获得可持续发展的生命力。如今,公共档案馆"五位一体"功能的建设,社会重大活动、重大工程、重要会议和突发灾难档案的及时建档,电子文件的异地异质保存,均是公共档案馆文化传承责任的具体体现。

第二,公共档案馆的文化服务责任。

公共档案馆的社会文化服务,主要表现在档案信息利用与社会服务方面。公共档案馆不仅是档案利用中心,提供馆藏档案满足社会各方面利用的需求;而且也是政府信息查阅中心,承担着集中政府公开信息供公民查阅的任务。

档案开放制度的确立是我国档案利用史上具有划时代意义的变革,为档案广泛的社会利用打开了方便之门。但时至今日,我国档案馆馆藏档案开放程度还不高,平均仅占馆藏总量的30%左右。为此,全国档案事业"十一五"发展规划提出:各级国家档案馆要进一步完善档案开放制度,简化利用手续,丰富利用形式,扩展服务范围,提高服务水平。各级国家档案馆应加快档案开放进度,探索形成未满30年档案提前开放的途径和方法;将已公开现行文件利用工作纳入同级政府政务公开体系,探索并逐步开展各类未到进馆期限而又有极强社会性、公共性的重要档案提前接收和开发利用工作。加强档案网站建设,充分利用互联网,开办档案信息查询利用窗口,提供档案网上公布和检索利用,主动提供公益性信息服务,最大限度地满足各方面利用档案信息的需求,实现档案信息的社会共享。2009年全国档案馆工作会议进一步要求,在建立覆盖人民群众的档案资源体系和方便人民群众的档案利用体系基础上,"加大馆藏形成满30年档案的鉴定和开放力度,尽快做到应开放的档案资料全部开放提供。"①

政府信息查阅中心是2008年5月《中华人民共和国政府信息公开条例》实施后,赋予档案馆的新职责。《条例》第十六条第一款规定:各级人民政府应当在国家档案馆、公共图书馆设置政府信息查阅场所,并配备相应的设施、设备,为公民、法人或者其他组织获取政府信息提供便利。第二款规定:行政机关应当及时向国家档案馆、公共图书馆提供主动公开的政府信息。目前,我国各级综合档案馆普遍设立现行文件查阅中心,开展已公开现行文件的提供服务。当下,面临的是现行文件查阅中心尽快向政府信息查阅中心转型的问题。如何根据《条例》要求,完成政府信息查阅场所的建设,完善政府部门向同级国家档案馆报送应公开政府信息的工作机制,建立健全政府信息公开利用服务制度,不断提升政府信息提供利用的整体水平。

第三,公共档案馆的文化传播责任。

公共档案馆作为档案文化源,应积极发挥档案资源的优势,以社会需求为导向,大力挖掘档案的文化价值,对档案内容进行系统整理和研究,实施深度开发与利用。举办有影响、高质量的档案展览,开发有价值、高品位的档案文化产品,向社会广泛传播,使其在社会经济、文化建设中发挥应有的作用。从传播路径看,基于现代科学技术,充分利用平面媒体和新媒介,报纸、期刊、书籍、广播、影视、网络并举,对可以开放而又存在广泛社会需求的档案信息予以深层次加工,推进档案信息资源社会化传播的常态化和持续化。

档案信息数据库为公共档案馆集成式传播档案文化提供了可能。中国第一历史档案馆于2005年底启动的重点档案文献数字化项目"清代档案文献数据库",利用该馆藏一千余万件珍贵清代档案文献和数十年的档案文献整理成果,依托最新信息技术和古籍数字化技术,有计划、分步骤地加以实施,最终将建成最具规模的清代档案文献专业数据库。数据库拥有强大的检索系统、完整的功能平台和灵活的纠错机制,可通过多条路径、采用多种方法进行快速海量检索,可轻松实现浏览、分类、编辑、下载、打印的全电子化作业,能满足使用者多用途检索和阅读档案文献的需求。2007年完成的第一期成果全文数字化《大清历朝实录》和《大清五部会典》,不仅为传承和保护民族文化遗产,开发和利用档案信息资源提供了新途径,也标志着我国清代档案史料的刊布进入了信息化的新阶段。

---

① 杜恒琪.全国档案馆工作会议勾画未来十年全国档案馆发展蓝图——着重丰富馆藏,提高档案馆安全保障能力和公共服务能力[N].中国档案报,2009-11-5(1).

档案信息的网络传播效率高、范围广、影响大,为公共档案馆的文化传播开辟了又一新的路径。为了纪念新中国成立 60 周年,中央档案馆推出的《共和国脚步——1949 年档案》系列网络视频,2009 年 1 月 1 日在国家档案局网站首发后,受到社会的极大关注,在网络上引起了转载和评论的热潮。中央人民政府网、人民网、新华网、央视国际、新浪网、搜狐网、凤凰网、腾讯网、中国网、中华网、中国新闻网等大型门户网站纷纷设立专题栏目,并多次在网站首页特别推荐。截至 9 月底,该视频点击量超过 1.6 亿人次。[1] 2008 年,中央档案馆曾将有关涉藏历史档案在国家档案局网站上连续公布,有力地证明了西藏自古以来就是中国不可分割的领土,被国内外 300 多家中英文网站转载,影响广泛。《共和国脚步——1949 年档案》系列视频的推出,为公共档案馆文化传播探索出又一条成功的新路。

第四,公共档案馆的文化教育责任。

公共档案馆是爱国主义教育基地,在传播档案文化的同时还负有文化教育的责任。深入推动公共档案馆爱国主义教育基地建设,是拓展档案馆的公共服务功能的重要路径。档案的文化教育功能是其他文献无法替代的,它集中展现了各个历史阶段重大历史事件始末和代表性人物的活动,真实客观地反映了当时的社会面貌和历史变迁。这些大量的档案文件和照片,以直观形象的形式向民众展示了历史的动荡岁月,使之可以了解中国革命的艰难历程,从而更加珍惜今天来之不易的安定和谐生活。有些档案信息可以满足人们的求知、益智、励志的愿望,将其开发传播,能够对民众进行持续和广泛的社会文化教育,从总体上提高社会文化水准。

公共档案馆是实施全民素质教育的最佳课堂。利用馆内资源,加强与相关部门合作,开展形式多样教育活动,可以使爱国主义教育基地发挥更大作用。如,2007 年以来,上海市档案局馆以"档案连着你我他""档案与您同行""档案,让生活更精彩——迎世博档案便民服务"为主题连续举办三届"档案馆日"活动。2009 年,北京市档案馆以"到档案馆来,送你开启历史的钥匙"为主题举办首届"档案馆日"活动。活动主题紧扣社会热点,内涵丰富,贴近民生。市档案馆和各区县档案馆同时展开,有效互动,引起媒体高度关注,使档案馆的公众知晓度日益提升,社会影响面不断扩大,深受广大市民的欢迎。档案馆日活动既是服务百姓、宣传档案,也是实行文化教育的特色品牌。该项活动参与面广,渗透力强,取

---

[1] 段立琳."1949 年档案"系列视频网络点击过亿次[N].中国档案报,2009 - 10 - 8(1).

得了很好的效果。

公共档案馆可以成为未成年人的学习基地、活动基地、社会实践基地,承担起未成年人思想道德建设工作的社会责任。2006年,上海市档案馆作为上海市科普教育基地在外滩新馆举办"2006档案夏令营",近300名中小学师生参加。通过开设成长档案的制作讲座,参观"城市记忆"主题展,举行"青春的感悟"主题交流会,用丰富的视听资料和多媒体技术,结合触摸屏、智力问答等现代化互动式的沟通渠道,吸引学生们步入"时空隧道",感受百年上海的沧桑巨变。在丰富有趣的主题活动中,学生们获得了对生活的感悟和启迪。

用档案文化产品推动人们的精神需求,丰富人们的精神生活,是公共档案馆进行文化教育的又一有效路径。制作电视文献纪录片,举办普及性展览,受众多,覆盖面广,是近年来档案馆文化教育多采用的形式。例如,中央档案馆拍摄的《红旗飘飘——中国共产党历史上的今天》《邓小平的故事》《伟大的长征》《毛泽东在1949》,中国第一历史档案馆拍摄的《清宫秘档》,上海市档案馆拍摄的《一号机密》《追忆——档案里的故事》,广东省档案馆拍摄的《叶剑英主政华南》《陶铸》等文献纪录片,在电视台播放后社会反响强烈。再如,2009年9月北京展览馆举办辉煌六十年——中华人民共和国成立60周年成就展,展览全面系统地展示了新中国成立60年的光辉历程,展示了社会主义经济建设、科技教育、文化卫生、社会保障、资源环境、国防建设和外交等各个领域取得的辉煌成就。中央档案馆作为参展单位之一,为中组部、中纪委、商务部、国土资源部、国台办提供了展览所需档案,包括党和国家重要历史文献、党和国家领导人珍贵手迹等。这些珍贵、独家的档案资料使展览更具权威性、更有感染力。

第五,公共档案馆的文化交流责任。

公共档案馆肩负着对外文化交流的责任,档案馆国际间的文化交流意义重大。开展文化交流,既可以增进我国档案馆界对世界档案馆发展情况的了解,汲取各国公共档案馆建设的先进理念和成功经验,完善和丰富我国公共档案馆建设,也可以向世界传播我国悠久灿烂的档案文化、自成特色的档案管理机构体系、档案馆工作的建设成就和研究成果,增强国际档案界对我国的认同,扩大国际影响,使我国由档案大国变成档案强国。

公共档案馆对外文化交流的渠道多样,信息交流、资料交流、举办学术会议、人员互访、项目合作、联合办展、联合编研等,都是对外交流的形式。2002年,北京市档案局馆与莫斯科市档案总局达成协议,开展合作编辑出版档案史料。经过双方共同努力,凝聚双方档案工作者心血的《北京与莫斯科的传统友谊——档案中的记忆》一书于 2006 年问世。该汇编采取影印形式,图片和文字材料相结合。全书共选编了两国高层互访、两个首都城市政府代表团互访、北京与莫斯科互赠动物、两国青年及少年儿童友好交往,以及两国在城市规划、城市建设、医疗卫生等方面开展援助、交流情况等共 21 组档案资料,汇集了两国人民在 20 世纪 50 年代友好交往的珍贵历史片断,是北京与莫斯科档案文化交流取得的新成果。

独自举办出国档案展览,或在国内与外国档案馆合作共同举办档案展览,也是公共档案馆对外交流的重要方式。例如,在中俄两国建交 60 周年之际,由国家档案局与俄罗斯联邦档案署联合主办,中国外交部档案馆协办的"中苏关系档案展[1949—1955]"在北京和莫斯科同步进行。展览以大量翔实的档案史料、珍贵的历史照片、难忘的视频资料,再现了 20 世纪 40 年代末至 50 年代中期中苏两国的友好合作关系和两国人民之间的深情厚谊。据统计,上海市档案馆 2001 年至 2009 年,举办出国档案展览 26 个。2009 年,上海市档案局馆主办、保加利亚国家档案馆协办《档案里的上海》图片展,展示上海市档案馆珍藏的经典照片和档案。此展览从上海概况、世界大港、经济重镇、便捷交通、多元文化、旅游名胜、五彩美食、市井百态、上海与世博会、上海与保加利亚等多个视角,展现上海的历史文化积淀和城市发展轨迹,促进了保加利亚人民对上海及上海档案文化的了解。

第六,公共档案馆的文化建构责任。

从文化视角,公共档案馆本身就是一种文化存在。因此,有人认为档案馆是"现代都市的公共文化景观"。[①] 社会文化是一个生态系统,公共档案馆活动归属于人类文化活动范畴。公共档案馆履行文化传承、文化服务、文化传播、文化教育、文化交流的责任,实际上就是一种对社会文化的建构。

随着 21 世纪以来我国档案馆在经济建设、社会发展中地位的变化,使得人们对传统的档案馆建设理念加以必要的检讨,由此而意识到档案馆对社会文化建构中不可或缺的地位。这种文化上的自觉为人们带来的视野是,公共档案馆不再仅仅局限于档案资源的集中存藏和保护传承,而是更注重对档案资源的开发利用,通过创造性的编研活动,将档案文化纳入社会传播轨道,对社会文化进行积极的建构,推动社会的进步与文明的发展。

档案资源是档案馆综合贡献力的基础。当下,公共档案馆对社会文化贡献

---

① 上海市档案局.新时期公共档案馆建设[M].北京:中央文献出版社,2004:32.

力是什么？主要表现为对社会文化的构建力和创造力。档案资源的开发与传播是通过丰富多彩的档案文化内容载体，表达对社会文化的一定导向，进而影响着社会文化建构。如社会文化规范，人们行为准则、道德价值观念，以至于生活方式、审美情操等，无所不在其中。当然，公共档案馆文化建构与社会文化发展的互动共振过程，也是公共档案馆不断自我调试的过程。随着公共档案馆文化责任的完善，公共档案馆也获得了可持续发展的文化动力。

五、公共档案馆文化责任的建设任重道远

虽然我国档案馆的历史最早可追溯到距今四千年前商代的甲骨窖穴，近代意义的档案馆也在20世纪初期开始出现，但是公共档案馆的提出却是21世纪以后的事情。梳理中西方档案馆功能的历史流变，档案馆服务从皇家朝廷向民间百姓演进是其发展的内在规律。从档案馆诞生之日起，它就是作为一个特殊的社会机构而存在，它集中了人类科学文化的智力资源，也集中了人类历史的原始记忆，是社会知识、精神文化的原料库。正因为如此，倍受权力阶层重视，档案藏于深宫，禁止向民间扩散，档案馆的文化价值在很大程度上被权力所遮蔽，行政色彩替代了文化功能。社会民主化进程的演进催生了公共档案馆的兴起，档案馆建设才真正走上了为民服务的快车道。

历史发展的基本轨迹证实，档案馆从封闭到开放的转换，从国家到社会的变迁，从政治到文化的超越，绝不是一蹴而就之事，其文化责任更是任重道远。毕竟，对于我国来说，公共档案馆的提出才仅仅10年的时间。但是，今后10年，公共档案馆发展值得期待。

2009年全国档案馆工作会议提出了今后10年全国档案馆工作的主要任务：以建成"两个体系"为目标，以丰富馆藏、提高档案馆安全保障能力和公共服务能力为重点，搞好馆舍建设、馆藏建设、信息化建设、公共服务建设、安全建设和干部队伍建设，努力把各级国家综合档案馆建设成为档案安全保管基地、爱国主义教育基地、档案利用中心、政府信息查阅中心、电子文件中心"五位一体"的公共档案馆，实现档案馆事业的跨越式发展。

公共档案馆,你到哪里去

——兼论社会发展与档案馆社会化[①]

公共档案馆,这个以往在外国档案学教科书上出现的概念,如今已是我国档案界使用频率较高的词汇之一。近年来,公共档案馆日益成为档案馆理论新的研究热点。据调查,2003年3月,上海市档案学会、上海大学档案学系召开"新时期档案馆功能"学术研讨会。同年4月,上海市档案局(馆)主办"面向未来的城市档案馆"国际学术研讨会。12月,上海市档案局(馆)举办"新时期公共档案馆建设"学术论坛。2004年6月,广东省档案局(馆)召开"档案与文化"学术研讨会。12月,中国人民大学信息资源管理学院召开"公共档案馆利用服务社会化"学术研讨会。在不到两年的时间内,以公共档案馆为主题召开5次学术研讨会,这足以说明档案馆界或档案学理论界对此课题的关注程度。

与学术研讨会相应的是,关于公共档案馆的著作和论文也相继出版和发表。上海市档案局编的《新时期公共档案馆建设》论文集,[②]是迄今为止我国第一部以公共档案馆为论题的文集,书中收录参加2003年上海档案论坛的档案学、法学、历史学、社会学专家学者的33篇发言与论文。档案学期刊上先后发表一系列论文,《浙江档案》2004年第1期发表宗培岭教授的《公共档案馆,你从哪里来》一文,论述公共档案馆社会进步的产物,公共档案馆的建设重在公共形象的确立,让公共档案馆形象常驻社会,读来令人思索回味。本文认为社会化是公共档案馆发展的根本路径,现略谈浅见,以就教于方家。

一、公共档案馆的内涵

大凡说到公共档案馆,人们就会自然想到1789年法国大革命后建立的国家

[①] 本文为2003年3月上海市档案学会、上海大学档案学系联合举办的"新时期档案馆功能"学术研讨会上的学术发言,原载于《浙江档案》2005年第6期,但发表时有所删节,现据原稿补出。

[②] 上海市档案局.新时期公共档案馆建设.北京:中央文献出版社,2004.

档案馆,1838年英国颁布的《公共档案法》而成立的公共档案馆。在我国,将国家档案馆以公共档案馆相称的,首推冯惠玲、张辑哲教授主编的21世纪档案学系列教材《档案学概论》,在这部教材的第五章档案机构中,编著者有远见地将国家综合档案馆和专业档案馆划归为公共档案馆一类。① 在地方档案法规中明确界定公共档案馆范围的是《深圳经济特区档案与文件收集利用条例》,该条例规定:本条例所称的公共档案馆包括市、区档案馆和专门档案馆。将公共档案馆作为一项事业来推进,上海市档案馆率先做出了示范作用,近年来上海市档案馆致力于公共档案馆建设,采取一系列重大举措,广泛吸引档案界、社会各界及民众的眼球。

我国根据档案馆所藏档案的范围,通常把国家档案馆划分为综合档案馆和专门档案馆,公共档案馆与我们传统的档案馆之间根本区别在于它是以档案馆性质来区分。公共档案馆,关键在于它的"公共"两字。为什么当今在档案馆前不称"国家",而称"公共"? 这不仅仅是语词的不同,还代表着不同的理念。一般地讲,综合档案馆是一个量的概念,而公共档案馆有质的内涵。

何谓"国家",何谓"公共"? 检索词书,国家一词,《词源》释为三意:一是阶级压迫的工具,指实施统治的组织;二是公家;三是帝王。《汉语大词典》释为五意:一是统治阶级实行阶级压迫和实施统治的组织;二是公家,朝廷;三是犹言官家;四是诸侯卿大夫所受封地上的城邑;五是京城,首都。《现代汉语词典》释为二意:一是阶级统治的工具;二是一个国家的整个区域。

公共一词,《词源》没有收录,说明它是一个现代词汇。《汉语大词典》释为三意:一是公有的,公用的;二是犹公众;三是犹共同。《现代汉语词典》释为:属于社会的;公有公用的。

从以上词书中的解释,可以看到国家档案馆中的"国家"主要取"公家"之意,实质是强调档案的所有权。"公共"的实质是档案社会共有,强调档案为公众服务。其实,我们现在所讲的公共档案馆就是指国家档案馆而言。李国庆说的好:"我国各级国家档案馆应该是不同层面的公共档案馆,只是还没有充分发挥出应有的社会功能,也没有在相关法规上予以确认。"②

提倡建设公共档案馆,并不是要在现有的档案馆以外重新再建一个公共档案馆,也不是说将现有的档案馆更名。实际上,称国家档案馆也好,称公共档案

---

① 冯惠玲,张辑哲.档案学概论[M].北京:中国人民大学出版社,2001:70.
② 公共档案馆社会功能的定位及其实现途径[J].新时期公共档案馆建设[M].北京:中央文献出版社,2004:79.

馆也罢，不论是何种称呼，更应是从为公众服务层面上深刻认识公共档案馆的意义，将为公众和社会的需要和利益服务放在档案馆一切工作的首位，成为档案馆建设的出发点和归宿。

档案馆是否以"国家"或"公共"相称，并不是最主要的。从图书馆和博物馆来说，北京图书馆更名为国家图书馆，原中国历史博物馆和革命历史博物馆也更名为国家博物馆。档案馆是否成为公共档案馆不在于其名称如何，而是应在服务理念上、服务机制上、社会化功能上有一个根本的转变，真正将国家档案馆办成公共档案馆，使档案馆充分实现其社会功能。以往我们档案馆虽然也提出以档案利用为中心，但还没有切实将为社会和公众服务提到议事日程。现在，建设公共档案馆最主要目标是在做好档案收集、保管和研究的基础上，最大限度地服务和满足民众的意愿和需求，为其提供档案文化产品。

为什么图书馆和博物馆前面没有加"公共"两字，社会认可度远远超过档案馆？提起图书馆或博物馆，民众自然会感到是公共场所，是大家均可去的地方。这既有历史的原因，也有现实的因素。历史上档案一直深藏不露，民众难以窥见，近代甲骨卜辞、居延汉简、敦煌经卷、大内档案四大史料发现震惊学界足以证明这一点。新中国建立以后档案馆作为党政机关保管档案的机构，建筑于政府机关大院，没有完全揭开其神秘的面纱。目前，上海市档案馆外滩新馆、广东省档案馆新馆相继开馆，这不仅是我国档案界的一件大事，也是全国档案事业发展的一件大事。之所以这样说，主要是因为还不仅仅是一个新馆建设的问题，其最主要是上海市、广东省档案馆在开馆之际，提出了一个全新的理念，即公共档案馆。

二、社会发展与档案馆功能的拓展

社会发展与档案馆的功能，这是一个极其富有现实意义的论题。关于档案馆的功能，档案学界虽然有过种种认识，曾形成过比较一致的看法。但是由于社会不断发展，不断进步，档案馆的功能也应该呈现出一种递进的状态，也就说档案馆的功能也应该不断地随着社会的发展变化而不断拓展。因此，研究档案馆的功能，不能仅从档案馆自身去考虑，就功能而论功能，要把档案馆的功能研究与社会发展联系起来，把档案馆的功能放到社会发展的大背景下来综合考虑，只有这样，对档案馆功能的研究才能与时俱进，才有现实意义。

另一方面，我们之所以把档案馆的功能与社会发展联系起来研究，还由于迄今为止社会的不同发展阶段、不同的发展水平，档案馆功能表现的确不同。我国古代的档案馆主要是为统治阶级政务查考服务,它的功能仅限于行政利用方面,虽然有编史修志利用,但都是在统治阶级允许的范围内进行的。近代档案馆较比古代有所进步,表现也不外乎政务查考和学术研究两个方面。就是新中国建立以后到改革开放前的一段时间里,我国档案馆功能扩展的也不多。总的说来,还没有超出政务查考服务的范围。现在社会发生了根本上的变化,国家实行改革开放,信息化社会的到来,科学技术飞速发展,人民生活水平有了大幅度的提升,在这样一个全新时代,档案馆功能拓展是必然的。在这样一个大背景下,再来研究档案馆功能,就会有一个全新的认识。

社会发展与档案馆功能的拓展,不仅为我国档案界所关注,也是国际档案界普遍关注的课题。2000年西班牙召开的第十四届国际大会有5篇关于档案馆功能方面的主报告。即:哥斯达黎加档案学教授的《档案在休闲社会中的作用》,荷兰档案馆长的《档案和市场营销》,塞内加尔档案学教授的《档案用户教育》,新加坡档案馆长的《档案馆在社会中的形象》,俄罗斯档案部主任的《档案馆与公众交往的策略》。以上说明随着社会发展,世界各国档案馆都遇到了档案馆功能的拓展问题,研究这个课题是国际档案界共同的事情,具有普遍性的意义。①

在当前经济全球化和信息时代,如何认识档案馆的功能?我认为基本点应该是从档案馆的性质出发,不能偏离这个研究基础。档案馆的性质,我国档案法规有明确规定,《中华人民共和国档案法》规定:档案馆性质是集中管理档案的文化事业机构,其任务是负责接收、收集、整理、保管和提供利用各分管范围的档案。《档案馆工作通则》规定:档案馆的性质是党和国家的科学文化事业机构,是永久保管档案的基地,是科学研究和各方面工作利用档案史料的中心。近年来,我国档案界根据社会的发展对于档案馆的要求,又提出爱国主义教育的基地、现行文件利用的中心。

从以上档案馆性质来考虑,我认为目前社会阶段档案馆的功能主要表现在保管、服务、教育、咨询、娱乐、研究这六个方面。这六个方面的功能是"六位一体",它们之间相互联系,各自不同。保管是基础,服务是中心,教育是重点,咨询是特色,娱乐是拓展,研究是保障。也就是说档案馆的功能是以保管档案为基础,以社会服务为中心,以社会教育为重点,以社会咨询为特色,以社会娱乐为拓展,以科学研究为保障。

---

① 第十四届国际档案大会文集[M].北京:中国档案出版,2002.

三、社会发展与档案馆社会化的实现

档案馆社会化的实现,让档案真正走向社会,走向民众,走向百姓,走向生活,的确有许多工作要做。加强档案馆与社会之间的沟通,架起它们中间的桥梁。一切以社会为基准,从以阶级斗争、以经济建设为主,转变到以人为本的理念上来,用科学发展观为指导,把社会发展与档案馆社会化紧密结合起来,将社会现实引入到档案馆中来,消除档案馆与社会之间的隔墙,填平档案馆与社会之间的隔沟,拉近档案馆与社会间的距离,让尘封的档案为当今现实服务,把档案从深宫大院中彻底解放出来。

档案馆社会化的实现也在于档案馆要增强自身力量,增强学术,浓重学风,培育知名学者。确立品牌意识,突出精品意识,努力展现具有地方特色的档案文化亮点。把档案馆办成社会文明的传播地,社会变革和进步的思想库。充分发挥档案文化资源丰厚的优势,努力建设形成强势品牌,塑造档案馆文化形象。举办档案展览,档案界人所共知,关键是广开思路,举办什么样的展览才能贴近民众,引起共鸣。由国家档案局、中央档案馆主办的中国档案文献遗产珍品展,采集百余件入选《中国文献档案遗产名录》的精品,展品融历史性、知识性和艺术鉴赏性为一体,内涵丰富,反映中华民族在不同历史时期的政治、经济、文化风情,北京、上海先后展出,社会反响强烈,极大地弘扬和提升了档案文化的品位与质量,满足人民渴望了解档案的精神需求,增强了档案馆文化品牌的社会感染力和影响力。

档案馆社会化的实现还在于档案馆要强化市场意识,通过市场运作实现档案馆社会综合效益最优化。档案馆不能泛产业化,但档案信息具有非常明显的商品属性。特别是在经济与文化一体化发展趋势下,档案信息资源已经成为经济发展的增长点。充分发挥市场机制的作用,通过社会与档案馆的双向互动,拓展服务领域,实现档案信息资源的充分利用,让更多的档案信息资源通过市场实现其价值,使社会消费者通过市场满足其对档案文化的需求,是建设公共档案馆不能回避的任务。

档案馆社会化的实现有赖于建立健全档案馆社会化运行机制。以信息化带动社会化,以网络化促进社会化,整合档案馆资源,形成全国档案资源共享、管理有序的档案社会化运行机制,应是档案馆社会化运作的基本战略。用信息化推动档案馆社会化朝着标准化和规范化方向发展,按照社会化的特点和规律,转换服务模式和理念,形成完整的档案馆社会化体系与机制,面向社会,面向现实,

面向未来,面向世界,充分发挥档案馆事业在国民经济和社会发展中应有的作用,使档案馆确实成为党和政府联系群众的纽带和桥梁,成为城市文明的重要基地和标志。

档案馆社会化需要建立健全协调机制,妥善处理社会各方面的利益关系,促进和谐社会的构建。建立健全档案馆社会化的引导机制,正确认识档案馆社会化现象,认识档案馆社会化的合理性,认识档案馆社会化发展的客观性和必然性。随着档案馆社会化程度的提高,人们对档案的需要逐渐呈现出多元化态势,需要建立完善的沟通反馈机制,综合运用政策、法律、经济、行政等多种手段,维护档案馆社会化的稳步开展。建立健全档案馆社会化的保障和约束机制,加强档案法制建设,用档案法规约束,创造一个公平、公正的档案利用环境。加强有关档案法规制度的配套建设,做到有法可依、有法必依、执法必严、违法必究,确保社会利用主体公平合法获得档案信息资源,促进社会发展和民主的实现。建立健全档案馆社会化服务有偿与无偿服务相结合的机制,实质上推进档案馆社会化进程,最大限度地实现社会发展与档案馆社会化的协调,促进和谐社会的发展。

档案馆社会化是档案事业发展的必然,是档案馆事业与社会协调发展的需要。信息化背景下深刻认识档案馆社会化,全面揭示档案馆社会化的发展规律,能够保证档案馆事业不断发展和完善,加快档案馆与信息社会的适应性,实现档案馆工作新的增长点。目前,我国档案馆社会化程度还较低,应当加快推进我国档案馆社会化进程,进一步确立充分实现档案馆社会化的理念、机制、途径和方式。随着社会信息化进程的加快,尤其是在经济发达城市,社会对档案的普遍需求日益增长,这既给档案馆事业提供了机遇,也提出了严峻的挑战。因此,为适应信息时代对档案信息资源的需要,进一步增强档案馆适应信息化的发展战略,使档案馆事业跟上时代的步伐,与社会信息化同步发展,需要大力加强档案馆社会化的建设,促进档案馆社会化持续的发展。

流失海外重要档案文献的追索研究[①]

《流失海外重要档案文献的追索研究》课题,历经二年半的调查与研究,已基本结题,现将该课题的立项背景与目的、主要研究成果和有待深化研究的问题报告如下:

一、课题立项背景与目的

(一)课题立项背景

鸦片战争至建国前这一百年间,由于外国侵略者的侵略战争、殖民掠夺,或借"文化考察"之名,对我国大量珍贵历史档案进行巧取豪夺,使我国许多重要档案文献流失海外。这些档案文献是我国档案信息资源的重要构成部分,其类型多样,内容丰富,价值珍贵。追索流失的重要档案文献,无论是对于保护国家档案资源的完整,还是维护国家主权,抑或传承社会记忆,都具有非常重要的意义。

为了追回流失海外的重要档案文献,我国历史界、文博界、法律界、档案界等分别进行了不同程度的工作与行动。

历史界和文博界。早在19世纪30年代,我国专家学者就开始关注流失海外的历史档案,他们亲赴海外进行搜集和研究,或抄录,或摹写,或摄影,为流失档案的追索作了许多基础性的研究工作,取得相应的研究成果。新中国成立后,特别是改革开放后,我国赴海外考察的专家学者日益增多,有关研究流失海外历史档案的著述及资料也日益增多。据调查,仅著作方面,属敦煌文献类有百余部、甲骨档案5部、明清档案4部。这些成果主要研究目录整理、分析流失原因、

[①] 本文为国家档案局 2009 年科研项目《流失海外重要档案文献的追索研究》的结题报告内容之一,获 2012 年度上海市档案科研成果二等奖、国家档案局优秀科技成果奖三等奖,收录中西书局 2014 年出版的《上海市档案科研获奖成果汇编》一书。

摸清去向、探讨追索渠道。

法律界。寻求法律渠道进行追索，依据国际公约是联合国教科文组织通过的《关于在发生武装冲突时保护文化财产的公约》(1954年)《关于禁止和防止非法进出口文化财产和非法转让其所有权的方法的公约》(1970年)《关于国家对国家财产、档案和债务的继承的维也纳公约》(1983年)《国际统一私法协会关于被盗或者非法出口文物的公约》(1995年)。我国已加入相关的国际公约，与多个国家签署了有关的双边协议，并且积极参与国际合作，成功地从多国追索回多批非法流失出境的中国文物。如2009年2月26日国家文物局就佳士得拍卖圆明园铜像表态，不承认对被劫掠文物的非法占有，并将继续依照相关国际公约和中国法律规定，通过一切必要途径追索历史上被盗和非法出口的文物。

档案界。新中国档案事业建立之初，档案部门就已经重视对流失海外的档案进行收集。1956年成功收回被沙俄掠走的我国黑龙江、吉林两省各衙署的档案。1998年国家档案局印发《关于印发收集散失在国外的历史档案座谈会文件的通知》，要求"把这项工作列上日程，有组织、有计划、有目标地收集散失在国外的我国历史档案。"近年来，威海、天津、上海、青岛、大连等档案馆均着手海外档案的收集。国家档案局编制的"八五"至"十二五"计划都将"有计划地收回散失在国外的中国档案"，作为档案工作的任务。

综上所述，随着我国综合国力与日俱增，对流失海外的历史档案进行追索研究已成不可扭转之势。国家给予了高度的重视，各界人士也做出了很大贡献，取得了相关的研究成果。但总体来看，有针对性地对追索问题进行深入研究还有较广阔的空间。

（二）课题研究目的

本项目以流失海外重要档案文献为对象，重点探讨其追索问题。具体研究目的如下：

首先，为实际追索操作进行理论铺垫。通过研究，厘清流失档案的含义、类型、特点、价值，界定流失档案与流失文物的关系；考察我国历史上流失档案的原因，及流失档案的分布现状；阐述对流失档案追索的意义、社会各界追索行动，追索的可行性和困难；探索流失档案追索的运作，包括明确追索原则、程序、形式、准备工作和后续工作等，为追索流失档案提供对策；分析研究与流失档案相关国际公约的依据及缺陷，探讨寻求法律途径解决国家之间档案归属问题的路径。

其次,推动对流失海外重要档案文献追索的行动。档案收集是国家档案资源建设的重要环节,尤其是对流失海外档案文献的收集,其难度相对较大。明确追索对象是追索的基础;资金是进行追索的经济支撑;培养相关专业人才,组成专业队伍是关键;组织策划的出台与执行是保障。通过该项目的研究,可以理清追索思路,节省追索的成本,提高追索质量。同时也为档案行政管理部门制定政策提供依据,为追索工作提供参考的文本。

再次,推动档案学研究的理论创新。目前各界关于流失海外重要档案文献追索研究,均表现为个案研究,主要是在期刊上发表的学术论文,比较分散,尚无系统的成果。因此,将分散在图书、期刊等载体中关于该问题的研究成果系统起来,使各界的智慧集成有机的整体,可填补档案学研究的空白,推进档案学研究的理论创新。

最后,培养后备人才。追索流失海外重要档案文献是一项长期的工作,需要持续地开展,造就一支专业团队是此项工作得以顺利开展的关键,为此需要有计划地予以培养人才。参与本课题研究的人员除2名高校教师外,其余4名均是在校研究生。通过课题研究,研究生可以得到实际的科研锻炼,系统掌握追索海外档案文献的理论与方法,可以为追索流失海外档案文献工作培养后备人才。

二、主要研究内容和创新

第一,系统地对流失海外档案文献理论与实践进行了总体梳理。一是界定了流失海外重要档案文献的内涵,认为流失海外的重要档案文献是指流散国外的所有历史档案,包括我国历代政府机构、社会组织、民间团体、工商企业和知名人士形成的档案资料,以及外国在华机构形成的有关我国历史的有价值的档案资料。二是较详尽地厘清了流失海外档案的原因、类型、去向和分布现状,认为流失原因包括:借侵略战争掠夺;"文化考察"名义下的偷盗、巧取;不正当贸易巧取豪夺;寄存;获赠等。我国流失海外档案文献的现今分布存藏的明显特点是:分散到多个国家;分藏于多个具体场所。并且根据迄今为止的研究成果,依照档案类型分别予以整理,并制成表格,以供直观的参考。三是阐述了追索流失海外重要档案文献的意义。具体表现在:弥补档案空白,完善档案资源建设;填充国家历史传承,呈现历史客观形象;维护国家主权,捍卫民族尊严;立足文化诞生地,繁荣世界文明;借鉴历史,促进社会现实管理。四是明晰了流失海外重要档案文献与流失文物的关系。认为档案与文物的区别表现为本质特征、功能价值、利用方式、利用效果、管理角度等方面,而两者在渊源、法律概念、作用和价值等多方面存在天然的联系。提出追索流失海外重要档案文献的工作可以借鉴追索流失文物的经验。

第二,提出并论证了追索流失海外重要档案文献相关的原则和途径。一是通过对国内、国外和国际档案界关于流失海外重要档案文献的追索行动和理论研究现状的具体分析,认为随着国家综合国力与日俱增,对流失海外的重要档案文献进行追索已成不可扭转之势。国家给予高度的重视,社会各界也做出了很大贡献,取得了丰硕的追索成果和理论研究成果。但总的来看,系统地对追索问题进行研究的深度还有待加强。不论是史学界、文博界,还是法学界、档案界,专门针对流失海外重要档案文献追索所进行的研究仍处于初级阶段,这更反映了追索工作的漫长与艰辛。二是认为在坚持追索原件的原则基点上,还要坚持主权追溯原则、来源原则、历史连续性原则。三是论证了流失海外重要档案文献追索的可行性和现实问题。我国经济社会的发展、国家政治话语权的提升和国家综合国力的全面增强,为追索工作提供了坚实保障。而保障机制缺失、国际公约影响力有限和档案原属国自身无奈等现实问题,也制约着流失海外重要档案文献的追索行动。

第三,提出并论证了追索流失海外重要档案文献所涉及的理论、技术和运作方法。关于追索形式,提出从不同维度予以区别的观点。按追索主体分,包括国家追索、民间团体追索、个人追索三种形式。按追索办法分,包括征集、讨还、回购、捐赠、法律追索、外交交涉等形式。按追索成果分,包括归还原件、交换原件、归还复制件、交换复制件等形式。

关于追索的必备工作,提出"五要"路径。即:要明确追索对象;要取得资金支持;要做足宣传推广;要培养专业人才;要组织策划出台与执行。

关于追索的实际运行,提出策略是:成立专业追索机构;摸清馆藏,知己知彼;明确追索原则,突出追索重点;想方设法争取专项资金;妥善保管,方便利用。

关于追索的后续工作,认为追索成功的后续工作,要认真总结追索过程的经验,合理安置追索回来的历史档案。同时,还要继续关注追索动态。对于追索未果的后续工作,既要弄清追索未能成功的根本原因,也要更加理性、全面地准备追索工作。

第四,提出并论证了流失海外重要档案文献追索法律的作用、缺陷和对策。探讨用法律途径解决国家之间档案归属问题的重要意义及其存在的现实问题,并提出相应的对策。认为依法追索是指在准确掌握档案流失情况且证据确凿前提下,依照法律程序开展流失档案的追索过程。

国际法方面,主要包括《武装冲突情况下保护文物公约》(1954年,简称《海牙公约》)《关于禁止和防止非法进出口文化财产和非法转让其所有权的方法的公约》(简称《1970年公约》)《关于国家对国家财产、档案和债务的继承的维也纳公约》(简称《1983年公约》)《国际统一私法协会关于被盗或者非法出口文物的公约》(简称《1995年公约》,史称《文物返还公约》)。

通过对依法追索案例的具体讨论,认为成功追索的案例可以提供的启示:一是追索离不开发现;二是追索要依法开展;三是追索讲究证据。对于追索未果的案例,则反映了依法追索流失文物存在的现实困难:一是请求人拥有诉讼主体资格是依法追索的基础;二是国际公约的实际约束力仍不尽人意。

法律追索的障碍表现为:一是国际法与国内法的冲突;二是依法追索程序上存在的问题。针对法律追索面临的实际困难,认为要通过法律渠道追索流失历史档案,需要做好以下几方面工作:一是观念上正视法律追索;二是法律机制上配合追索;三是实践工作上讲究法律依据;四是理论上推进追索制度的完善。

三、有待深化研究的几个问题

对流失海外重要档案文献的研究是一项系统工程,也是一个动态过程,涉及问题较多,由于受研究水平的限制,该课题研究成果还只是初步的,还有许多问题需要进一步研究。

第一,明确追索流失海外档案存在着难度。我们在研究中发现,我国流失档案数量巨大,种类多样,无法用同一单位进行统计;流失去向遍布多个国家,散落国外民间的尤其难以追踪;加之原件追索困难重重,国际法约束力不够强势等因素,这些都是追索难点所在,需要在不断持续的研究中逐步加以解决。

第二,确定追索流失海外档案的工作内容也存在着难度。追索工作既包含理论工作也包含实践工作。理论上要厘清追索的理论依据,既有档案学理论的相关依据,又有法学理论的相关依据,用理论作为实践的导航。实践方面要厘清追索工作的具体任务,既要厘清追索成功与失败的经验教训,又要厘清追索工作责任是在自身还是在他方,还要厘清充实自身实力与开展对外交涉开展追索工作孰轻孰重的关系等。只有在此基础上,才能制订出一份较为科学合理的可行性方案。而诸如此类,只能是随着实际追索工作的不断深入,才能不断地完善和改进。

第三,关于课题研究相关实践和理论的成熟问题。加强追索流失海外档案,是提高我国档案资源建设水平的重要内容。目前,档案界这方面的行动尚处于起步阶段,相关理论研究在学术研究中还没有获得共识。在具体的资源建设上,也有相当部分档案馆没有实质性地开展起来。实践的缺位致使理论研究上的不够清晰。在课题研究中,如何在借鉴中外追索流失海外档案已有经验的基础上,完成系统抽象任务,增大理论的阐释力度,还需要进一步加强对追索流失海外档案的实证研究,总结经验,发现并梳理规律,全面促进我国追索流失海外档案工作水平的提升。

口述历史档案资源建设及其开发利用策略研究[①]

本文在述评国内外对口述历史档案研究现状的基础上,阐述了口述历史档案资源建设及其开发利用的研究意义、研究内容、基本思路、研究方法,以及研究的重点、难点、主要观点和创新之处。

一、国内外研究现状述评及研究意义

(一)国外研究现状述评

口述历史档案,是指为抢救社会记忆而对个人进行有计划采访的结果,表现形式为录像、录音及文字记录。该概念是由于口述历史的出现而产生的新术语,作为科学诠释的口述历史起源于外国。20世纪40年代,美国哥伦比亚大学建立了世界上最早的口述历史研究室。20世纪60—70年代,加拿大和英国开始兴起口述历史的学理研究和项目访谈。20世纪80—90年代以后,口述历史在世界各国得到普遍开展。现在,美国、英国、加拿大、新加坡等国,都设有全国性口述历史组织,开展各类口述历史的访谈活动。

国际档案界对口述历史档案也予以极大的关注。1980年第九届国际档案大会,肯尼亚国家档案馆馆长卡哥姆贝的专题报告《口述史与档案》,以本国为案例论证口述历史档案的范围、形成、价值、功能、收集和利用。1984年国际档案理事会所编的《档案术语词典》,解释了口述历史档案的定义。同年在第十届国际档案大会上,新加坡的谭莉莉在《档案馆职能的扩大——关于口述史料的管理问题》报告中,根据1978年国际档案理事会在马来西亚举办口述史座谈会精神,

---

[①] 本文为2007年上海档案科研项目《口述历史档案资源建设》研究报告内容之一,获2010年上海市档案科研成果二等奖、国家档案局优秀科技成果三等奖。也是2012年度国家社科基金项目"口述历史档案资源建设及其开发利用策略研究(12BTQ047)"的论证成果,收录世界图书出版集团2013年出版的《第六届"3+1"档案论坛论文集》一书。

回答了口述资料的含义、制作主体、征集,以及赞成和反对档案馆参与口述史料计划的论点。1988年第十一届国际档案大会,塞内加尔的萨利乌·姆贝伊根据大会中心议题"新型档案材料"所做的《口述档案》报告,较系统地阐述了口述历史档案的定义、收集、鉴定、编目与著录、查找工具、保护、作用、局限等问题。

综观国外对口述历史档案的研究,其特点:一是口述历史档案基于口述历史的兴起,后者对前者产生直接影响;二是口述历史档案研究起步较早,由个别国家扩展到世界各国,反映出档案资源建设的认同规律;三是口述历史档案作为一种体现平民活动的信息资源,为各国所广泛接受;四是设置专门的组织机构,美国、新加坡等设置有全国性的口述历史协会或中心,负责组织、协调口述历史档案工作;五是注重相关标准和技术规范建设,使采集的口述历史档案质量得以保障。

(二) 国内研究现状述评

20世纪80年代以来,口述历史传入我国,引发了历史观念和历史研究方法的革命,历史学对口述历史的理论研究和实际操作自此方兴未艾。几乎与此同时,口述历史档案也开始进入了档案界的视野。20世纪80年代初期,档案界开始翻译介绍国外口述历史档案的文章。进入90年代以来,口述历史档案的研究日益为档案界所关注,逐渐形成热点。查检中国期刊全文数据库,用关键词"口述档案"检索,获得相关文献228篇。

梳理上述研究文献,主要包括两个方面:一是关于口述历史档案基本理论的讨论,有些问题已达成共识,如口述历史档案的功能、意义等;有些问题还存在分歧,如口述历史档案的定位、性质、价值等;有些问题尚未充分展开研究,如口述历史档案与相邻事物的区别、口述历史档案资源建设的特殊性及路径等。二是关于口述历史档案实践的探索。主要集中在对方式方法的讨论,对于是否应当开展口述历史档案资源的建设,多数意见认为是档案资源建设的新措施,少数意见认为是"越俎代庖"。

我国港台地区对口述历史档案的研究起步于20世纪50年代,台湾"中央研究院近代史"所至今已整理出版口述史访谈记录89种,并定期出版《口述历史》刊物。为交流口述史经验,从1987年起由国史馆、中研院近史所等8家单位每年举办口述历史工作会议。香港地区口述历史档案的研究主要表现在项目的开展上,如香港电影资料馆"香港影人口述历史计划",香港大学"香港口述历史档案计划"等。总之,港台地区的口述历史项目较多,在口述历史档案理论方面也取得了一定成效。

我国大陆做口述历史的范围较广,有研究机构、社会团体、出版部门、新闻媒体等,涉及历史学者、社会学者、作家及其热心人士,口述历史档案也分散保存在诸多方面。相对于历史学界、社会其他各界做口述历史而言,档案界虽说起步稍晚,但已经开始了行动的步伐。据调查,我国许多省、市、县区级档案馆先后启动了口述历史档案项目,抢救性地建设具有典型性、特色性的口述历史档案资源。值得关注的是,2010年国家档案局批准将云南省作为开展抢救保护少数民族口述历史档案试点地区,并与新加坡国家档案馆联合举办口述历史档案培训班,取得经验后向全国推广。

目前,口述历史档案的研究面临着诸多问题:一是定位不清,认识模糊。有的认为,口述历史档案属于体制外档案资源,它不构成国家档案资源的主体,因而它并非档案部门的主业,抓口述历史档案资源,是本末倒置。二是没有标准规范,各自为战。目前全国在面上对口述历史档案资源建设还没有统一的规范要求,如何操作也未形成一个标准,档案馆只能根据各自的实际,探索性地开展口述历史档案的采集、访谈和存藏;三是缺少长远规划。多数档案馆采集口述历史档案仅是为配合某项重大纪念活动的临时性行为,系统性不足,只有少数档案馆将口述历史档案资源建设纳入整体规划,以项目形式统一安排;四是做口述历史档案的人才缺乏,没有建立一支口述历史档案队伍,现从事口述历史档案人员的水平参差不齐。总之,我国档案界对口述历史档案资源建设,从整体上还处于分散采集的自发阶段,远未达到理性自觉的程度。

(三) 研究意义

我国口述历史档案资源建设刚刚起步,与国外相比,尚存在不小的差距,特别是在理念视野、制度设计、标准规范、运作机制等方面还不能够完全适应新资源建设的需要,这为档案学研究提出了新课题。

本课题研究意义在于:一是推进抢救口述历史档案的步伐。随着时代的变迁,历史的亲历者逐渐老去,为社会留下他们的记忆迫在眉睫;二是提升档案部门拓展档案资源建设的能力,为口述历史档案资源建设提供有力的制度保障;三是体现档案学理论研究对档案工作的现实关怀,为口述历史档案工作提供理论依据;四是通过实践和理论研究,形成操作规范和标准,为口述历史档案实际操作提供经验和案例参考,促进口述历史档案工作高效持续地发展。

二、研究的主要内容、基本思路和方法、重点难点，主要观点及创新之处

（一）主要内容

本课题的研究，是在对口述历史档案概念科学阐述的基础上，立足于文献回顾和社会各界做口述历史的基本背景，在汲取国内外口述历史档案实践经验的前提下，通过对口述历史档案资源建设及其开发利用的整体研究，归纳口述历史档案的基本理论和方法，界定口述历史档案范围的标准依据，探究口述历史档案的实践路径与政策制度保障。主要内容包括：

第一，口述历史档案和口述档案资源的科学定位。从理论上厘清口述历史档案和口述历史档案资源各自的内涵、特点、范围，以及与一般档案资源的关系等问题，为课题研究确立基点。

第二，口述历史档案价值的研究，既探讨口述历史档案与文本档案的互补价值，也探讨不同亲历者对历史理解和解说的差异，还分析口述历史档案反映历史真实的局限。

第三，对国外口述历史档案采集活动进行研究，特别是探讨国外比较成熟的制度设计、组织机构、标准规范等，吸取其合理经验，为我国开展口述历史档案工作提供借鉴。

第四，考察我国档案界对口述历史档案的理论研究和实践推进，关注社会各界如研究机构、社会团体、出版部门、新闻媒体，特别是历史学界对口述历史的研究与实践，总结其内部与外在的规律，为深化口述历史档案提供理性思考。

第五，论证口述历史档案操作的规范和技术，如口述历史档案项目确定、计划实施、采访方法、口述历史档案鉴定、管理保存等，为抢救口述历史档案提供标准和操作规范的指导。

第六，构建口述历史档案资源建设的长效机制，包括建立、运行、保障、评价机制。分析口述历史档案资源建设的现状、问题与制约因素，探讨口述历史档案资源建设的特殊性，提出口述历史档案资源的采访制作、收集、整合等路径选择，建设口述历史档案资源数据库，使资源得到共享。

第七，探讨基于传统媒体和新媒体视域下口述历史档案开发利用的理论原则、途径方法，及其涉及的法律问题，如隐私权、知识产权、肖像权、合理使用权等，为依法处理口述历史档案的保密与公开提供法规保障。

第八,在已进行的上海美术专科学校口述历史档案工作基础上,扩大访谈范围。该学校1912年由刘海粟等人创办,1914年首次采用裸体女性作模特进行人体写生,在社会上引起轩然大波。以此案例为实证,研究口述访谈操作程序,进而验证理论研究的合理性和可行性。

（二）基本思路和方法

基本思路：从我国档案资源建设的实际出发,遵循科学创新精神,进一步转变观念,树立创新思维模式。一是面向现实,从"大档案资源观"视野审视口述历史档案实践,用开放理念设计口述历史档案资源建设的架构;二是面向未来,在信息技术飞速发展的背景下,研究建设口述历史档案数据库,以及搭建平台、开发利用、网络传播等问题;三是面向世界,从世界范围对各国口述历史档案理论和实践予以综合考察,为我国口述历史档案资源建设提供借鉴;四是面向社会,基于档案部门、研究机构、社会团体、出版部门、新闻媒体等机构各自做口述历史的实际情况,研究口述历史档案资源整合共享问题。

研究方法：一是跨学科研究方法,运用档案学、历史学、社会学等多学科的理论、方法和成果,从整体上对口述历史档案进行综合研究;二是实证研究方法,以上海美术专科学校等为案例,进行实际的口述访谈,建立口述历史档案,验证理论研究的合理性;三是宏观研究与微观研究相结合,口述历史档案资源建设长效机制的建立运行,既需要国家提供法规、政策保障,也依赖于档案行业标准规范等制度环境的支持;四是调查研究与理论分析相结合,对国内外口述历史档案理论研究和实践行动进行充分调研,从理论上分析其规律,进行理论创新;五是中外研究相结合,新加坡、美国等口述历史档案开展的较为普遍,值得认真研究借鉴;六是课题组研究与专家咨询相结合,充分发挥专家的作用,向专家咨询不少于4~5批次。课题组就主要问题举办2~3次小型研讨会,集思广益,开拓思路。

（三）重点难点

课题研究重点：一是从整体上深刻认识口述历史档案资源,注重口述历史档案资源建设的长效机制及标准规范设计,推动口述历史档案资源建设加快进展;二是把口述历史档案资源建设与开发利用结合起来研究,切实解决其所面临的路径选择,在推进实践行动中有针对性地提供理论支撑,满足口述历史档案对理论和技术的要求,促进口述历史档案资源建设在高速铁路上良性行驶;三是梳理目前口述历史档案存在的瓶颈问题,分析其制约因素,确立口述访谈的重点及选择原则,为优先抢救即将消失的口述历史档案提供科学的策略。

课题研究难点:一是该课题属于跨学科研究,它涉及档案学、历史学、社会学等学科的理论知识,需准确把握相关科学之间的关系,吸收其理论成果,综合形成口述历史档案的系统理论;二是目前我国已形成做口述历史的热潮,口述历史档案分散保存在诸多不同单位或个人手中,如何使已有的口述历史档案充分发挥其作用,实现资源共享,需统筹协调相互间各自的权益;三是口述历史档案开发利用涉及诸多法律方面的问题,需依法处理口述历史档案公开和保密之间的界限,任何形式的开发利用均应以不侵犯受访者合法权益为基准。

（四）主要观点及创新之处

主要观点:其一,口述历史档案量大面广,是国家档案资源的重要构成。应遵循"大档案资源观"的原则,加快推进口述历史档案资源建设的速度,抢救日渐消失的口述历史档案资源,实现社会记忆的多元化保存;其二,实施口述历史档案资源建设是项系统工程,既需要国家提供法规保障,也需要档案行政管理部门加强政策和标准的建设,还需要在理念、体制和机制上予以创新;其三,加强档案馆之间、档案馆与社会各界之间的交流、沟通与合作,建立档案部门主导、社会参与的口述历史档案资源建设的协调机制,将口述历史档案资源建设纳入体制内运行;其四,创新制度设计,加强口述历史档案资源数据库建设,搭建口述历史档案的网络平台,及时传播能够公开的口述历史档案以及编研成果,实现口述历史档案资源的网上共享。

创新之处:一是提出并论证口述历史档案是国家档案资源重要构成的理论观点,为口述历史档案资源建设奠定理论准备;二是提出并论证将口述历史档案资源建设纳入体制内运行的理论观点,为口述历史档案资源建设奠定制度保障;三是提出并论证建立口述历史档案资源建设长效机制的理论观点,为口述历史档案资源建设持续开展奠定科学基础;四是提出并论证制作、收集、整合口述历史档案资源的路径,为口述历史档案资源建设提供策略选择;五是实际访谈,制作口述历史档案,验证理论阐释的合理性与可行性。

论口述历史档案是档案的理由[①]

口述历史档案是为抢救社会记忆而对个人进行有计划采访的结果,表现形式为录像、录音及文字记录。[②] 目前档案界多称作"口述档案",也有的称作"口述史料",它是由于口述历史的出现而产生的新资源。口述历史档案是不是档案,目前在档案界观点尚未取得一致。大体上主要有两种截然不同的意见,一种赞成,另一种反对。反对者认为"口述档案其实不是档案,而只是一种辅助档案利用的参考资料。"其依据为"口述档案"不是伴随人们的社会实践活动而自然形成的,不具有档案原始记录性的本质属性。[③] 我们赞成口述历史档案作为档案资源来建设,理由如下:

一、从本质上说口述历史档案是社会记忆的构成

首先,口述历史档案的本质是社会记忆的工具。

所谓记忆,是人们对经验的识记、保持和应用过程,也是对信息的选择、存储和提取过程。不同的社会群体,从个人、家庭,到民族、国家社会都以各自不同的方式保留其关于过去的历史记录。这些记录最早包括一些口头传说、民间神话故事,以及档案、图书和文物等。人类文明的延续就某种意义上来说也是记忆的积累,因为知识也是记忆内容的一种形式。口述历史档案的内容直接延展到历史之中,通过当事人的讲述来印证、补充和重构社会记忆。

我国档案学者王景高也从社会记忆维度阐述了口述历史档案的本质。他认为"档案从它的起源和本质讲,乃是一种社会记忆工具"[④]。口述历史档案本身

[①] 本文与叶徐峥合作完成。原载于《北京档案》2016年第5期,中国人民大学报刊复印资料《档案学》2016年第5期全文转载,为国家社科基金项目《口述历史档案资源建设及其开发利用策略研究》阶段性成果之一。档案界有关人士认为口述档案不是档案,故本文采用口述档案是档案的说法。
[②] 潘玉民.认识与行动:再论口述历史档案资源建设[J].档案学通讯,2012(1).
[③] 张仕君,昌晶,邓继均.口述档案概念质疑[J].档案学研究,2009(1).
[④] 王景高.口述历史与口述档案[J].档案学研究,2008(2).

存在的目的并不是单纯地想要诉说,而是通过诉说的方式,把个人记忆转化为集体记忆,进而上升到社会记忆。把口述历史档案收藏或公开,既能够保存社会记忆,也能够引起社会共鸣。作为社会记忆的因子,口述历史档案以其平民性、多元性、活态性、综合性的特点,印证着过往的人物、过往的事件及过往的活动。因此,不论是文本档案,还是口述历史档案,其本质都是社会记忆的工具。它们与图书、报刊等文献共同构成了社会记忆。

其次,国内外承认口述历史档案为非物质文化遗产。

为防止人类记忆的消失,使之得到更好的保护和传播,1992年联合国教科文组织发起"世界记忆工程"。凡符合世界意义的文献遗产项目,经过申报批准就会被列入《世界记忆名录》。根据该项工程的定义,文献遗产指的是具有信息内容和载体的一份、或有逻辑连贯性的一组文献。与世界遗产名录中宏伟的建筑,及非物质文化遗产名录中的文化现象不同,它侧重于文献记录,包括档案馆、博物馆、图书馆等文化事业机构保存的任何介质的珍贵文件、手稿、口述历史的记录以及古籍善本等。2015年,南京大屠杀档案被列入世界记忆名录。在这十一组档案资料中,就口述历史档案而言,包括南京大屠杀幸存者李秀英的证词,南京审判战犯军事法庭的证词、法庭询问笔录等。[①]

1998年11月,联合国教科文组织通过《宣布人类口头和非物质遗产代表作条例》,目的在于鼓励开展鉴别、保护和利用口头和非物质遗产的活动。《条例》提出界定"口头和非物质遗产"的准则和价值是,通过模仿或其他方式口头相传。形式包括:语言、文学、音乐、舞蹈、游戏、神话、礼仪、手工艺、建筑术及其他艺术。同时计划拨付资金,用来援助会员国建立候选档案。

在《条例》实施的基础上,2003年10月,联合国教科文组织又通过了《保护非物质文化遗产公约》,旨在保护以传统、口头表述、节庆礼仪、手工技能、音乐舞蹈等为代表的非物质文化遗产。其规定"非物质文化遗产"包括以下方面:口头传统和表现形式,包括作为非物质文化遗产媒介的语言;表演艺术;社会实践、仪式、节庆活动;有关自然界和宇宙的知识和实践;传统手工艺。

在我国,为保护非物质文化遗产,自2006年5月以来,已经公布了四批国家级非物质文化遗产名录。2011年6月施行的《非物质文化遗产保护法》第二条规定,非物质文化遗产,是指各族人民世代相传并视为其文化遗产组成部分的各

---

① 南京大屠杀档案正式列入世界记忆名录[J]. http://www.nj1937.org/cn/2015-10/10/c_134700082.htm.

种传统文化表现形式,以及与传统文化表现形式相关的实物和场所。其中就包括了传统口头文学以及作为其载体的语言。法律明确,国家对非物质文化遗产采取认定、记录、建档等措施予以保护。

2012年2月发布的《国家"十二五"时期文化改革发展规划纲要》中提出,加强非物质文化遗产保护传承。健全非物质文化遗产普查、建档制度和代表性传承人认定制度,编制非物质文化遗产分布图集,完善非物质文化遗产名录保护体系,制定非物质文化遗产项目分类保护标准和规划。

以上可以看出,无论是国内还是国外,都把口头传统作为非物质文化遗产的内容加以保护,承认口述历史档案的客观存在。考察已经入选世界人类非物质文化遗产名录的项目,以及我国非物质文化遗产名录的项目,其入选的项目大都包括有口述历史档案,有的完全就是口述历史档案。

二、从形成过程说口述历史档案具有原始性

考察档案的原始性,通常从三个方面的维度:一是形成过程是否原始,即档案是否为当时生成;二是内容是否原始,即档案的记载是否真实;三是档案载体是否原始,即档案的制成材料是否为当时所用。这里我们主要从前两个方面来进行考察。先看第一方面,即档案形成过程是否原始。

第一,口述历史档案是当时当地形成。

口述历史档案是如何形成的呢?众所周知,它是一定主体有目的地对当事人进行采访的结果。通过采访者和当事人的交流互动,围绕着某一方面,或事件、或人物、或机构、或主题而形成的谈话记录。采访者和当事人都是在特定的具体时间和具体地点围绕着某一方面的内容进行的现场访谈,采访者整理后的文字材料,经过当事人认可,归档保存就形成了口述历史档案。

从形成的过程来看,口述历史档案记录的是采访者提问与当事人的回忆,它是当时当地形成,并非事后的补救。在口述历史档案的访谈过程中,通过录音、录像的方式,现场对相关的话语进行记载固定,并作为之后整理文字材料的完全依据。

录音、录像都是发生在访谈进行过程之中,采访者以及当事人所有话语,甚至于神态和动作都能够被完整地记录下来。即使在整理阶段形成的文字材料,同样是根据录音、录像所记录的情况转化而来,它与访谈时当事人的回忆高度吻合,表达了当事人真实的意图。有文字材料,又有录音和录像,再现其访谈情景,三者并存,既不容易篡改,也充分显示了口述历史档案形成过程的真实性和原始性。

第二，口述历史档案是信息一种特殊的迁移和转换。

口述历史档案的形成过程虽然是通过访谈的方式，其信息被固定在文本影像等载体之上，但究其本质而言乃是信息的一种特殊迁移和转换。它是把存储在人脑中的信息，通过话语迁移到文本或声音、影像等载体。口述的信息原本是固化在当事人的记忆之中，由于采访者主动提出问题予以引发，从而实现以话语为媒介的转换。

有学者认为由于口述历史档案没有前身，因而只能是口述资料。[①] 我们不妨通过对比的方式来回答这个问题。传统档案是在社会的实践活动中所形成，记录了当时社会的活动、现象和心理状态等，被保存后而形成档案。但是对当时情况的记录，同样也是一定主体根据自己所见、所闻、所想在主观意识形态下所进行的客观记录。究其前身，也同样是存储在人脑之中的信息。不论是所见、所闻，抑或是所想、所记，都是存储在人脑之中然后被具体化于文本或其他载体之上，并通过保存的方式而成为档案。口述历史档案也是把当事人脑中的记忆信息延迟后加以具象化，借助文本、声音或影像等载体实现的信息迁移。他们的前身同样都是反映和存储在人脑之中的信息，所不同的是口述历史档案并没有在当时实现信息的迁移，而是在多年之后被采访者的问题所引发，才从记忆中被迁移出来。无论如何，这样的延后并不能够成为其不属于档案的理由，因为传统意义上的档案，有些同样也并非是即时实现了信息的迁移，而是在一段时间，或一年，或若干年后才完成的。

信息学的研究成果告诉我们，人脑与文本、音像一样，都是信息的承载体。历史学更是将口述史料和文献史料、实物史料并称为三大史料，都看作是研究历史不可或缺的原料。田野调查是社会科学的基本方法论，它广泛应用于社会学、语言学、民族学、人类学、艺术学、民俗学、文学等学科领域，调查获得的口述材料均作为研究结论的重要支撑。因此可见，口述历史档案只是信息迁移的一种特殊情况下的滞后产物。

三、从反映内容说口述历史档案具有相对的真实性

首先，属于个人讲述的档案。

口述历史档案与个人形成的日记、信函和文稿同质，都反映了当事人对事物的认识。当事人回忆过去，讲述过去，采访者原样记录整理下来保存。当事人所

---

① 王茂跃.关于口述档案概念的困惑[J].山西档案，1998(6).

讲述的内容都是其在过去所亲历、亲见、亲闻的一些事情,这就好比日记、信函和文稿一样,诉说着当事人对过去的人或事的看法和认识。档案界对于个人的日记、信函和文稿,无疑都被认可是个人档案的构成,它反映了作者的思想变化和活动经过情况,来源于作者对社会生活的观察、理解和抒发情感。日记、信函和文稿,可以写人记事,可以状物写景,也可以抒发感情,还可以记述活动。凡是个人在社会活动或生活中,或做过的,或看到的,或听到的,或想到的,都可以在日记、信函和文稿中予以记录。口述历史档案也是当事人从自身的角度来回忆其在生活中所做、所见、所闻、所想的信息,立足自我,回忆过去。既然我们承认日记、信函和文稿是档案,那么都是个人形成的材料,为什么不承认通过规范的方式记录下来的口述材料是档案呢。

从其特点上来看,口述历史档案是带有鲜明个人讲述色彩的档案,它明显区别于普通档案。大多情况下我们极易见事不见人,忽略当事人的作用,将主要目光聚焦在他所讲述的内容方面,以为当事人是为讲述某一历史而讲述。这一观点无疑是值得商榷的,从辩证法的角度来看,当事人在历史中的能动作用同样影响着历史的发展。从联系的方面来说,历史主题也烘托和构成了当事人的经历。正是由于这些亲历、亲见和亲闻,才构成一个老人的丰富人生。实际上,口述历史档案对于表达当事人对外界事物的看法,与其形成的日记、信函和文稿仅是记录的先后时序不一,均是反映个人对社会活动和生活的认识。它与日记、信函和文稿不同的表现是,口述历史档案是偏重于个人讲述的档案。

其次,内容为亲历、亲见和亲闻。

口述历史档案是当事人根据自身的经历和认知来回忆发生在自己身边事情的一种记录,而这些当事人所回忆的内容都是其自己曾经的亲历、亲见和亲闻,因此和传统档案一样,其内容应当都具有原始性。①

不同意口述历史档案作为档案者认为,口述历史档案受限于当事人的记忆,有的不够准确或不十分完整,由于这些局限性的存在,口述历史档案不能称其为档案。这是以口述历史档案内容真实性问题作为否定其成为档案的依据。

现已取得的档案学理论研究成果表明,档案是原始的历史记录,这是就档案整体而言,说明它较比其他文献更真实可靠。但是对某一份具体档案来说,并非如此。由于档案形成者的认识、地位、立场、观测角度等诸因素的制约,使档案内容的记载与历史真实或多或少地存在一定的距离,有的甚至与历史真实大相径

---

① 王景高.口述历史与口述档案[J].档案学研究,2008(2).

庭。在我们所存藏的传统档案中,这种现象并非为个案,但是仍将其作为档案被保存起来。而由此也形成了对档案真实性的共识,认为即使是被篡改的档案也同样应当视为档案。因为该份档案印证了篡改者的动机和行为方式,能够据此推断出相关事件的背景、各利益群体的关联,进而可能发现该事件的真实。内容存在真实性问题的档案并非毫无价值,经过由表及里的深入研究分析,可以发现隐藏于其表象下的价值。由此可见,内容真实性问题不能作为衡量口述历史档案是否成为档案的唯一标尺。

我们承认,口述历史档案提供的信息确实会有误差或失真的情况。就客观而言,人的记忆因时间久远难免发生误忆甚至失忆的现象。就主观而言,大体分为两种情况:一是受个人经历、情感等因素影响,或是因事物变化导致后来的认识覆盖了先前的认识,这些情况都会造成当事人提供的信息无意识的失真;二是为了"隐恶扬善",刻意遮蔽个人的不光彩一面,而着意提升个人的光辉形象,这种情况下发生的记忆"误差"则是故意的。如何避免此类局限性现象呢?有研究者提出,可以通过访谈一类群体的方式来使之得以完善,尽管这类群体中个体间的口述存在差异、矛盾甚至冲突,但这些不同的叙述却会产生抵消效应,从而可以提供较为接近历史真相的叙述。而且通过众人的回忆,还可以弥补个别的失忆现象,形成更加完善的社会记忆。因此,口述历史档案所反映的内容与传统档案一样都具有相对的真实性。

四、从相关法律说认可口述历史档案的合法性

从我国相关法律来看,在一些法律条文之中,均认可口述历史档案的存在,也从法律维度确认了口述历史档案作为证据链的合法性。在《民事诉讼法》《行政诉讼法》《刑事诉讼法》中,都规定当事人陈述、视听资料、证人证言,作为法律证据的来源之一。如《民事诉讼法》第六章第六十三条中规定,证据包括:(一)当事人的陈述;(二)书证;(三)物证;(四)视听资料;(五)电子数据;(六)证人证言;(七)鉴定意见;(八)勘验笔录。上述法律规定显示,口述材料正是通过当事者讲述相关事件的过程,与诉讼案件形成了一种印证关系,因而具有证据性质。

在《著作权法》的第三条中,也明确规定口述作品列入其保护范围之内。根据《著作权法实施条例》对于口述作品的解释,是指即兴的演说、授课、法庭辩论等以口头语言形式表现的作品。从作品的角度来看,无论是独创性还是可复制性方面,口述历史档案都能够满足条件。以《著作权法实施条例》的解释为依据,

口述历史档案是由采访者和当事人根据一定的访谈主题讲述自己的故事和经历,实质上也是属于一种演说,是出自口述者自己内心的一种即兴的情感表达。

《继承法》第三条明确规定,遗产是公民死亡时遗留的个人合法财产,包括公民的著作权、专利权中的财产权利。而口述历史档案作为著作权法所保护的客体之一,自然而然地成为《继承法》中的客体。由此可见,口述历史档案在我国相关的法律之中已经明确界定为客体对象保护的概念,从而认可了其存在的合法性。

综上所述,我们从口述历史档案的本质、形成过程、反映内容、法律规定等方面,论证了口述历史档案作为档案的合理性。完全可以看出,不论是从理论维度,还是在社会实践,都把口述历史档案看作档案。事实证明,口述历史档案作为档案是毋庸置疑的。目前,国家档案局在《全国档案事业发展的"十三五"规划纲要》中明确提出"鼓励开展口述历史档案"[1]工作。在这个大背景下,切实需要把口述历史档案提升到新资源建设层面上来认识,尽早按下口述历史档案资源建设的快进键,毕竟抢救口述历史档案资源时不我待。

---

[1] 全国档案事业发展"十三五"规划纲要[N].中国档案报,2016-4-11(3).

口述历史档案资源建设的基本问题①

目前,我国口述历史活动方兴未艾。在国家档案局政策的推动下,各级各类档案馆开展口述历史档案资源建设也日渐高潮。但是对口述材料是不是档案,它能否作为档案进行存藏,为什么开展该项工作,如何开展等问题,认识尚不够一致。此类基本问题,不仅涉及的是理论规范建设,也关系到实践工作的健康持续发展,本文拟对此予以阐述。

一、什么是口述历史档案

何谓口述历史档案?根据1988年第十一届国际档案大会上,塞内加尔档案馆长萨利乌·姆贝伊在其报告中的阐述:口述史的查访结果和口头传说的汇集组成了口述档案,它还包括演讲、讲座录音、辩论、圆桌会议录音、广播电视、记录在录音电话机上的通信和指示,以及合唱或独唱的录音等。② 上述1980年代对口述历史档案的认识,今天看来还显得过于宽泛。科学技术和档案学术研究的持续进展,为认识口述历史档案提供了社会和学术条件。在对口述历史档案采集的目的和形态深化的基础上,我们认为:口述历史档案是为抢救社会记忆而对个人进行有计划采访的结果,表现形式为录像、录音及文字记录。③

为什么说口述材料是档案,主要基于以下原因:

第一,口述材料形成的过程具有原始性。不同意口述材料是档案的学者,认为口述材料"不是伴随人们的社会实践活动而自然形成的,不具有档案原始记录性的本质属性"。④ 考察档案的原始性,通常从三个方面的维度:一是形成过程

---

① 本文原载于《图书情报研究》2017年第3期,为国家社科基金项目《口述历史档案资源建设及其开发利用策略研究》(12BTQ047)的研究成果之一,2009年获《图书情报研究》期刊2008—2017年10年优秀论文评选活动二等奖。
② 国家档案局外事处.第十一届国际档案大会报告集[M].北京:档案出版社,1990:37.
③ 潘玉民.认识与行动:再论口述历史档案资源建设[J].档案学通讯,2012(1).
④ 张仕君,昌晶,邓继均.口述档案概念质疑[J].档案学研究,2009(1).

是否原始，即档案是否为当时生成；二是内容是否原始，即档案的记载是否真实；三是档案载体是否原始，即档案的制成材料是否为当时所用。这里我们主要从前两个方面来进行考察。先看第一方面，即档案形成过程是否原始。口述历史档案是如何形成的呢？众所周知，它是采访者围绕着某个事件、人物、机构、专题等而与当事人形成的访谈记录，其内容为访谈过程中采访者提出的问题，以及当事人对问题的回忆。从形成的过程来看，口述材料是在采访时间和采访地点形成的。

第二，口述材料反映内容的具有相对的真实性。口述材料内容记录的是当事人亲历、亲见和亲闻，因此和传统档案一样，其内容都具有相对的真实性。反对口述材料作为档案者认为，口述材料有其局限性，其内容有的不准确，有的不完整，因此口述材料不能是档案。这里涉及对档案真实性的认识。我们说档案是原始的历史记录，这是就其整体而言，说明档案较比其他文献更可靠。但是对某一份具体档案来说，事实并非如此。由于档案形成者的地位、认识、立场、观察维度等诸因素的制约，在我们现在所存藏的档案中，其内容记载与历史真实或多或少存在一定距离的，并非为个案。对于这些内容存在真实性问题的档案，我们并没有否认其是档案。

口述材料的确存在误差或失真的现象。从客观方面来说，人随着年龄的增长，时间久远，对于以往的事情难免会发生失忆或错误的情况。从主观而言，因事情不断发展变化，人的认识也随之发生变化，导致后来的认识覆盖了先前的认识，这些都会造成当事人提供的信息无意识的失真。再有则是故意隐恶扬善，刻意提升个人的光辉形象，遮蔽不光彩的部分。如何避免此类局限性现象呢？有研究者提出，可以通过访谈一类群体的方式来使之得以完善，尽管这类群体中个体间的口述存在差异、矛盾甚至冲突，但这些不同的叙述却会产生抵消效应，从而可以提供较为接近历史真相的叙述。而且通过众人的回忆，还可以弥补个别的失忆现象，形成更加完善的社会记忆。因此，口述历史档案所反映的内容与传统档案一样都具有相对的真实性。

第三，口述材料贮存方式是信息特殊的迁移和转换。口述材料的形成过程虽然是通过访谈的方式，其信息被固定在文本影像等载体之上，但究其本质而言乃是信息的一种特殊迁移和转换。它是把存储在人脑中的信息，通过话语迁移到文本或声音、影像等载体。口述的信息原本是固化在当事人的记忆之中，由于采访者主动提出问题予以引发，从而实现以话语为媒介的转换。

从时间上考察，口述材料是当事人头脑中记忆信息的延迟迁移。信息学的研究成果告诉我们,人脑与文本、音像一样,都是信息的承载体。历史学更是将口述史料和文献史料、实物史料并称为三大史料,都看作是研究历史不可或缺的原料。田野调查是社会科学的基本方法论,它广泛应用于社会学、语言学、民族学、人类学、艺术学、民俗学、文学等学科领域,调查获得的口述材料均作为研究结论的重要支撑。因此可见,口述材料只是信息迁移的一种特殊情况下的滞后产物。

第四,口述材料属于个人讲述的档案。口述历史档案特点明显,如规划性、平民性、活态性、多元性、叙述性等。口述历史档案与个人形成的日记、信函和文稿相同,都反映了当事人对事物的认识。目前档案界对于个人的日记、信函和文稿,都认为是个人档案的构成。既然我们承认日记、信函和文稿是档案,那么都是个人形成的材料,为什么不承认通过规范的方式记录下来的口述材料是档案呢?口述材料区别于普通档案,它具有鲜明的个人讲述色彩。实际上,口述材料反映当事人对外界事物的看法,与其形成的日记、信函和文稿一样,均是反映个人对社会活动和生活的认识,仅是记录的先后时序不一,性质无异。

第五,相关法律认可口述材料的合法性。从我国相关法律来看,在一些法律条文之中,均认可口述材料的存在,也从法律维度确认了口述历史档案作为证据链的合法性。在《民事诉讼法》《行政诉讼法》《刑事诉讼法》中,都规定当事人陈述、视听资料、证人证言,作为法律证据的来源之一。如《民事诉讼法》第六章证据,第六十三条中规定,证据包括:(一)当事人的陈述;(二)书证;(三)物证;(四)视听资料;(五)电子数据;(六)证人证言;(七)鉴定意见;(八)勘验笔录。上述法律规定显示,口述材料正是通过当事者讲述相关事件的过程,与诉讼案件形成了一种印证关系,因而具有证据性质。在《著作权法》的第三条中,规定口述作品列入其保护范围之内。由此可见,口述历史档案在我国相关的法律之中,认可其存在的合法性。

第六,国内外均承认口述材料为非物质文化遗产。1998年,联合国教科文组织通过《宣布人类口头和非物质遗产代表作条例》,目的在于鼓励开展鉴别、保护和利用口头和非物质遗产的活动。《条例》提出界定"口头和非物质遗产"的准则和价值是,通过模仿或其他方式口头相传。形式包括:语言、文学、音乐、舞蹈、游戏、神话、礼仪、手工艺、建筑术及其他艺术。同时计划拨付资金,用来援助会员国建立候选档案。2003年在《条例》实施的基础上,联合国教科文组织又通过《保护非物质文化遗产公约》,旨在保护以传统、口头表述、节庆礼仪、手工技能、音乐舞蹈等为代表的非物质文化遗产。其规定"非物质文化遗产"包括以下方面：口头传统和表现形式，包括作为非物质文化遗产媒介的语言；表演艺术；社会实践、仪式、节庆活动；有关自然界和宇宙的知识和实践；传统手工艺。

在我国，为保护非物质文化遗产，自2006年以来，已经公布了四批国家级非物质文化遗产名录。2011年施行的《非物质文化遗产保护法》第二条规定，非物质文化遗产，是指各族人民世代相传并视为其文化遗产组成部分的各种传统文化表现形式，以及与传统文化表现形式相关的实物和场所。其中就包括了传统口头文学以及作为其载体的语言。法律明确，国家对非物质文化遗产采取认定、记录、建档等措施予以保护。2012年发布的《国家"十二五"时期文化改革发展规划纲要》中提出，加强非物质文化遗产保护传承。健全非物质文化遗产普查、建档制度和代表性传承人认定制度，编制非物质文化遗产分布图集，完善非物质文化遗产名录保护体系，制定非物质文化遗产项目分类保护标准和规划。

以上可以看出，无论是国内还是国外，都把口头传统作为非物质文化遗产的内容加以保护，承认口述历史档案的客观存在。考察已经入选世界人类非物质文化遗产名录的项目，以及我国非物质文化遗产名录的项目，其入选的项目大都包括有口述历史档案，有的完全就是口述历史档案。

第七，口述材料本质属性上是社会记忆的构成。所谓记忆，是人们对经验的识记、保持和应用过程，也是对信息的选择、存储和提取过程。不同的社会群体，小到个人、家庭，大到民族、国家社会都以各自不同的方式保留其关于过去的历史记录。这些记录最早包括一些口头的传说、民间的神话故事，以及档案、图书和文物等。人类文明的延续就某种意义上来说也是记忆的积累，因为知识也是记忆内容的一种形式。口述材料的内容直接延伸到了历史之中，通过当事人的讲述来印证、补充和重构社会记忆。

口述材料通过诉说的方式，把个人记忆转化为集体记忆，进而上升到社会记忆。把口述材料收藏或公开，既能够保存社会记忆，也能够引起社会共鸣。作为社会记忆的因子，口述历史档案以其平民性的特点，丰富和印证着过往的人物、事件及活动。因此，不论是文本，还是口述，其本质都是社会记忆的工具。它们与图书、报刊等文献共同构成社会记忆。我国档案学者王景高从社会记忆维度对此也予以阐述，他认为"档案从它的起源和本质讲，乃是一种社会记忆工具，书面档案和口述档案的本质都是社会记忆，它们都具有原始性。"[1]

为防止人类记忆的消失，使之得到更好的保护和传播，1992年联合国教科

---

[1] 王景高.口述历史与口述档案[J].档案学研究,2008(2).

文组织发起"世界记忆工程"。凡符合世界意义的文献遗产项目,经过申报批准被列入世界记忆名录。根据该项工程的定义,文献遗产指的是具有信息内容和载体的一份、或有逻辑连贯性的一组文献。与世界遗产名录中宏伟的建筑,及非物质文化遗产名录中的文化现象不同,它侧重于文献记录,包括档案馆、博物馆、图书馆等文化事业机构保存的任何介质的珍贵文件、手稿、口述历史的记录以及古籍善本等。2015年,南京大屠杀档案被列入世界记忆名录。在这十一组档案资料中,就口述历史档案而言,包括南京大屠杀幸存者李秀英的证词,南京审判战犯军事法庭的证词、法庭询问笔录等。

综上所述,我们从口述历史档案的形成过程、反映内容、信息迁移、性质特点、法律规定、非物质文化遗产、社会记忆工具等七个方面,论证了口述材料作为档案的合理性。完全可以看出,不论是从理论维度,还是在社会各方面,都把口述材料看作是档案。事实证明,口述材料作为档案是毋庸置疑的。

二、为什么要建设口述历史档案资源

建设口述历史档案资源由两个方面决定其必要性:一是口述历史档案资源建设是国家档案资源建设的重要构成;[①]二是口述历史档案资源本身具有多方面的功能。

(一) 口述历史档案是国家档案资源的重要构成

国家档案资源是21世纪提出的新档案资源理论,它是在对传统的国家档案全宗理论继承、扬弃和超越基础上发展而来。所谓国家档案资源,是指一切公民、法人和其他组织形成的,对国家和社会有保存价值的档案的集成。[②] 上述对国家档案资源的界定,含义如下:在档案所有权方面,国家档案资源既包括国有的,也包括非国有的。在管理体制方面,国家档案资源既包括体制内的,也包括体制外的。在时空方面,国家档案资源既包括历史的,也包括现实的,还包括将来的。在存藏及分布方面,国家档案资源既包括档案机构的存藏,也包括社会其他机构的存藏,还包括民间的存藏、流失海外的档案资源,更包括口述历史档案资源。

从国家档案资源建设范围而言,凡是对国家和社会有保存价值的档案均应

---

① 潘玉民.口述档案是国家档案资源的重要构成[J].上海档案,201(2).
② 潘玉民.论国家档案资源的内涵及其构成[J].北京档案,2011(1).

当属于档案资源建设的范围。不论其形成什么主体,或机关团体,或企业事业单位,或社会个人;不论其记录何种载体,或存贮于文本,或存贮于光盘,或存贮于人的头脑之中;不论其价值大小高低,或历史价值,或现实价值,或潜在价值;不论其收藏于何处,或藏于官,或藏于民,或藏于国内,或藏于海外。只要是对国家和社会有价值,都应纳入档案资源建设的范围。

我国口述历史档案资源价值广泛,数量丰富,涉及社会的经济建设、政治生活、社会管理等各个领域。有以事件为主的口述历史访谈,如重大历史事件、重大社会活动、重大建设工程等;有以专题为主的口述历史访谈,如社会变迁、经济生活、市井风情、民俗文化等;有以人物为主的口述历史访谈,如各界精英、社会贤达、知名人士、平民百姓等。

以非物质文化遗产为例。国务院批准文化部确定的三批国家级非物质文化遗产名录1 219项,国家级非物质文化遗产项目代表性传承人1 488名。除国家级非物质文化遗产名录及代表性传承人外,各地方也确定了数量可观的本地区非物质文化遗产项目及代表性传承人。这些具有历史、科学和艺术价值的非物质文化遗产主要包括:民间文学、民间音乐、民间舞蹈、民间美术、戏曲、曲艺、杂技、民间手工技艺、生产商贸习俗(包括农业、林业、渔业、畜牧业、商贸、副业等)、消费习俗、人生礼俗、岁时节令、民间信仰、民间知识、传统体育与竞技和传统医药等类别。口述访谈涉及范围之广,数量之大,由此可见一斑。

(二) 口述历史档案建设具有多维意义

首先,抢救社会记忆的需要。一个睿智老人的逝去带走的是一段历史。及时组织采集口述历史档案是抢救社会文化、为后世保留文化遗产的必要措施,对当前和今后社会历史和文化研究,以及进行传统教育都具有深远的历史意义。例如,在已经公布的三批国家级非物质文化遗产代性传承人名单中,年龄多为六七十岁。中国非物质文化遗产保护工程专家委员会委员刘锡诚表示,目前非物质文化遗产已进入衰亡的高峰期。他说:"在我个人的经历中,许多在20世纪80年代以后调查中发现的民间文化杰出传承人,如今大多已故。"[①]致使一批批非物质文化遗产的传承人在不断减少,甚至消失。再如,据中国江苏网报道,2016年12月21日,南京大屠杀幸存者易翠兰离世,目前登记在册幸存者仅剩

---

① 湖南武冈把民间曲艺"丝弦"非遗的种子播进校园[N].光明日报,2011-9-13(7).

104位。① 此类案例举不胜举。由此可见,抢救口述历史档案资源是与时间赛跑,时不我待。

其次,补充文献档案的不足。量大面广的口述历史档案资源具有一般档案所不具备的独特价值。一是我国现存档案文献局限性表现之一,就是官档多,民档少。官方档案反映的社会现象往往抽象而宏观,细节微观不够。口述历史档案内容具体、生动,可以完善文件档案在微观层面的不足。二是对于文件档案因非客观因素的限制,不能或难以记述的背景关系,时过境迁,亲历者也少有避讳,其历史回忆能够揭示更多的历史真相,披露某些鲜为人知的秘密。三是弥补缺失。对于某些传统文化来说,文件档案记载缺乏,口述回忆或许是知识的唯一来源,比如民间艺术家的记忆可以使该项艺术得以传承。四是增加佐证。有些史实文件档案记载并非准确,通过其不同的口述记忆相比对,可能使历史恢复或接近其本来面目。五是纠正讹误,勘辨成说。口述历史档案真正的价值在于其蕴含丰富的历史记忆因子,这些记忆因子可以与文件档案相互印证,形成历史记忆的合力,共同清晰地再现历史原貌。口述历史档案的补充作用,正如英国学者保尔·汤普逊所说:"口头证据的作用","是补充或者互补性的,重新解释和填平文献中存在的鸿沟和弱点"。②

最后,是档案工作创新发展的契机。目前,我国档案资源积累是通过文书立卷归档和档案定期移交制度完成。各级国家档案馆的馆藏结构不尽合理,为界内人士普遍共识。其不合理性主要表现为:一是多为党政档案,信息内容单一,无法反映社会发展全貌;二是缺少特色,馆藏档案的特色不明显,特色档案数量较少。建设口述历史档案可以弥补这些欠缺。口述历史档案内容广泛,涉及社会各个领域,反映社会不同阶层的生活经历。尤其体现普通百姓的真实的经历和生活画面。档案馆采集口述历史档案,既能丰富馆藏,丰富社会记忆,也可以拓展工作的新领域。在口述历史档案资源建设中,档案人员走向社会,访谈当事人,采取面对面的形式,采集口述记忆。它改变了以往档案接收和档案服务以用户上门为主的工作形态。因此,建设口述历史档案资源必将成为档案工作社会化的新途径。

---

① 中国江苏网.又一位南京大屠杀幸存者昨日离世[J].http://jsnews2.jschina.com.cn/system/2016/12/22/030295337.shtml.

② 保尔·汤普逊.过去的声音:口述史[M].覃方明等,译.沈阳:辽宁教育出版社,2000:163.

三、怎样建设口述历史档案资源

（一）了解口述历史档案资源建设的实践进展

近年来，我国社会各界做口述历史日渐热潮，涉及主体范围较广，如档案界、史学界、图书馆界、新闻界、出版界等，均实施了口述历史项目，形成一定规模的口述历史档案资源。了解口述历史档案资源建设的实践进展状况，是规划口述历史档案资源项目的基础。

档案界方面，国家档案局推进口述历史档案资源建设的行动表现在：首先试点，2010 年国家档案局批准将云南省作为开展抢救保护少数民族口述历史试点地区；其次举办培训班，普及口述历史档案知识和技能；再次领导讲话，2013 年时任国家档案局局长杨冬权视察福建省档案馆时提出，"要加大档案资源建设，注重加强口述档案的抢救工作"；① 第四学习借鉴外国的经验，邀请新加坡国家档案馆讲授口述历史档案工作方面的经验和做法，并组织翻译出版《记忆与回忆：新加坡国家档案馆口述史工作手册——通过口述史记录国家的历史》，作为口述历史档案培训的基本教材和工作参考的蓝本；最后政策引导，2016 年将开展口述历史档案工作纳入《全国档案事业发展"十三五"规划》。

各级档案馆也积极开展口述历史档案采集工作。例如，中国电影资料馆的"中国电影人口述历史项目"，辽宁省档案馆新馆建设有口述历史档案演播室，吉林省档案局馆实施《抗战老兵口述史》文化工程，北京市档案局馆采取服务外包方式推进口述档案采集工作，天津市档案馆已开展十余个专题口述历史档案的征集，湖南省档案局馆启动重大历史事件、重大活动及重要人物口述档案记忆工程。广东省档案馆先后启动抗战、知青、抗美援朝、广东名人、改革开放等专题的访谈，并出台行政规章《广东省档案馆收集档案范围实施细则》，将口述历史档案纳入档案馆收集范围。山东省档案馆于启动山东知青口述历史档案项目，建立"口述档案库"永久保存。宁夏档案局承担完成国家档案局《口述历史档案采集标准》行业标准。又如，南京市档案馆建立抗日战争老战士口述历史档案，常熟市档案馆采集"日军暴行在常熟"的口述历史档案，扬州市档案局成立口述档案研究协会，出台《口述档案归档整理方案》。杭州市档案馆出台《关于口述历史音像资料库（口述档案）建设的设想》方案，太原市档案局实施"口述档案记忆工

---

① 国家档案局局长、中央档案馆馆长杨冬权视察福建省档案馆时提出要切实把档案馆建成政府服务民生的窗口[N].中国档案报，2013-11-22(1).

程",银川市档案馆建立有银川历史文化特色和民族特点的口述历史档案资料库。再如,北京市海淀区档案馆抢救日军侵华时期曾被掳往日本从事苦役现居住海淀区的劳工幸存者口述历史档案,沈阳市铁西区档案馆开展讲述区史、厂史、家史活动,抢救和整理口述历史档案。青岛开发区档案馆采集建国前老党员口述历史档案,天津泰达图书馆、档案馆启动"开拓者之声——开发区口述档案征集之旅",抢救"老开发"的口述记忆。高校档案馆的口述历史档案资源建设主要表现在口述校史方面,各高校先后启动"口述校史"项目。档案报刊发表有大量的口述历史方面的文章,《中国档案报》《档案春秋》《浙江档案》《档案与建设》等档案专业报刊,常设口述历史栏目,发表口述历史档案方面的文章。

史学界开展口述史研究与访谈较早,20世纪80年代以后,史学界开展了大量的口述史项目,如抗战口述史、劳工口述史、慰安妇口述史、知青口述史、文革口述史、人物口述史、地方口述史等。为促进口述史的发展,史学界先后成立各类口述史机构。如2004成立中华口述史研究会,2008年温州大学成立口述历史研究所,建立网站,主办《口述史研究》集刊,为口述史研究提供良好的学术交流平台。2012年侵华日军南京大屠杀史研究会建立口述史分会,2016年扬州大学建非遗文化口述史库,2015年江苏省成立口述历史研究会等。

图书馆界方面也开展了口述史项目。如湖南省图书馆于2008年以来先后启动了寻找城市记忆、湖南抗战老兵口述、湖南地方戏剧口述、湖南古村落古民居、国民口述史、湘图记忆等专题。国家图书馆2012年启动"中国记忆"项目,发掘馆藏文献,采集口述史和影像资料,收集照片、手稿、物品等相关记忆承载物,梳理整合后纳入图书馆馆藏体系。东北抗日联军专题口述史,先后在北京、黑龙江、辽宁、湖北等7个省区,对全部25位已知健在的东北抗联老战士和60位抗联后代、相关历史研究者、亲历者进行采访。2011年中华女子学院图书馆开展"妇女口述历史项目",口述访谈对象包括新中国成立前参加革命的妇女领袖及妇女活动家,新中国成立后的知名女性,妇女运动的领导者、劳动模范、有社会影响力的女性名人及有不平凡经历的普通女性。2015年广东省立中山图书馆讲征集抗战老兵口述抗战历史等。

其他各界也开展了口述历史项目,如报纸刊登口述历史的文章,电视节目的口述采访,出版界出版大量口述历史著作。再如天津市政协成立口述史研究会,广州地方志新馆特设"口述广州"数据中心,包括市民在内的社会各界人士,可以通过口述历史的方式,把自己对城市的记忆加入其中。2002年至今,崔永元口述历史团队收集并整理完成了涉及电影、外交、战争、知识分子、知青和民营企业等领域,近4 000人次、80万分钟的口述历史采访。于2012年在中国传媒大学成立崔永元口述历史研究中心,专门从事口述史料的收集整理和学术研究、传播交流工作。

（二）建设口述历史档案采集的技术标准

科学建设口述历史档案资源,需要专门的技术标准予以保障。据调查,目前社会层面共同认可的标准规范尚未形成,基本上是各自为战的局面。从档案界来说,对口述历史档案资源建设还没有统一的规定要求,如何操作也未形成一个标准。据悉,宁夏档案局承担研制的《口述史料采集标准》已经完成,但尚未进入到推广使用阶段。各级档案馆根据各自的认识和实际,出台相应的业务规范,探索性地开展口述历史档案的采集、访谈和存藏。如有的档案馆出台口述历史档案的管理办法,分别就口述历史档案的定义、著录原则、分类方案、基本内容、整理方法、归档整理等进行规范。再如中国电影人口述历史项目形成的工作规范,包括采访程序、采访人培训、档案分类、采访人工作伦理、与受访人权益相关法律和伦理等内容。

从史学界来说,相关规范也是比较分散。如中华口述历史研究会初步制定一套关于口述历史的章程,对口述访谈前期准备、访谈过程、后期整理、访谈规则、操作技巧等方面进行规范。中国社会科学院创新工程"口述历史理论与访谈"研究项目,正在组织相关专家编辑规范化手册。

虽然各界对规范口述历史档案资源建设的功能有所认识,并已开始行动。但从总体来看,还处于探索起步阶段。缺乏统一的规范标准,不利于口述历史档案资源建设的健康发展。从国外建设口述历史档案资源经验来看,制定相关的口述历史档案技术标准,规范口述历史档案的形成、管理和利用,为必不可少的条件。如美国、新加坡等都制定了口述历史档案的相关标准,对该工作的开展做出详细的规定和指导。为使口述历史档案资源可持续发展,需要尽快制定国内各界共同认可的标准规范。

（三）采取适宜口述历史档案资源建设的路径

对于档案界而言,口述历史档案是一种新的资源形态,它不适用于以往的档案资源建设模式。从档案管理体制上考察,口述历史档案资源属于体制外的资源,其建设对于档案部门是全新的工作,也是一项综合性的系统工程。建设口述历史档案资源需要创新理念,理顺档案管理体制内外部关系,遵循口述历史档案资源建设的自身规律,实施体制和机制创新。

具体路径选择主要包括三个层面:一是档案馆采集口述历史档案。根据轻重缓急,有重点地确定特色方向,通过规范的程序,如口述历史档案项目的选题、制定计划、确定当事人、开展访谈、记录整理、归档保存等步骤,记录形成个体口述历史档案。这种直接采集口述历史档案的方式是当前档案馆多采用的路径。二是收集社会上已形成的口述历史档案。随着口述历史的兴起发展,目前做口述史的主体范围较广,社会上有丰富的口述历史档案资源,分散保存在诸如文化研究等不同类型的形成部门,也有的分散在民间。面对如此分散的口述历史档案,档案馆需要保持收集渠道畅通,将口述历史档案实体或信息集中保存,以便于其长久传承和社会广泛利用。收集口述历史档案与一般档案有所不同,不具有指令性,多是采取协商沟通的方法。三是对社会已形成的口述历史档案资源整合共享。口述历史档案资源分散的状况,不利于充分实现口述历史档案的价值。需要在社会层面对口述历史档案资源进行整合,统筹规划口述历史档案资源的布局,使对国家和社会有价值的口述历史档案资源,形成一个结构合理、配置优化的资源体系。这样既能发挥口述档案资源的整体优势,也能使口述历史档案资源得到良好的传承和共享,从而满足全社会的利用需求。

为使口述档案资源采集、管理和共享利用达到优化状态,可考虑如下策略:一是建立口述历史档案组织机构。国家、地方档案馆可分别设置口述历史档案中心,负责组织协调口述历史档案工作的开展。二是形成良性的交流互动机制。定期实施档案馆室之间、档案馆与史学界、与图书馆界、与社会其他各界之间的交流互动和信息传递,解决选题交叉、重复采访等问题,确保口述历史档案的质量。三是加强资源的数字化建设。运用现代信息技术,加快口述历史档案数字化及数据库建设,搭建口述历史档案资源共享的网络平台,开设口述历史档案网站,传播能够公开的口述历史档案以及编研成果,实现口述历史档案资源网上共享。

(四)培育口述历史档案专业团队

加强团队建设,是确保口述历史档案资源建设工作完成的主体条件。口述历史档案资源建设任务繁重,专业性和技术性强,对从事该工作的人员素质要求较高。不仅要具备一定历史知识和档案业务的功底,还应具备良好的职业道德素养和沟通访谈技巧。随着口述历史档案工作的不断广泛地开展,人才队伍短缺的问题日益凸显,须采取多形式、多途径加快培养。

从长远计,可以在高校档案学专业本科生教学中开设"口述历史档案"方面的课程,讲授口述历史档案的基本知识、基本方法和基本技能。在研究生教育中,设置"口述历史档案"研究方向,训练学术规范,培养口述历史档案的高层次专业人才。目前,可采取开办培训班的形式来进行培养,在讲授口述历史档案理论基础的同时,特别注重操作规范的训练。例如,2010年国家档案局在昆明举办抢救保护云南少数民族口述历史档案培训班,2014年、2015年分别在南宁和乌鲁木齐举办口述历史培训班。中国档案学会在2014年至2015年,分别在西宁、昆明、哈尔滨举办三期"口述历史档案抢救收集培训班"。讲授口述历史档案抢救收集工作的原则要求、形式方法,以及题目设计与实施、编研与出版,同时组织经验介绍交流、咨询答疑。学员通过学习,掌握了口述历史档案的基本理论和方法,回到各自单位先后开展了口述历史档案工作,效果明显。

四、结语

总之,口述历史档案对于档案界来说是一种全新的资源形态。建设口述历史档案资源无论是丰富档案资源种类、完善结构,抑或创新档案工作机制,扩大对外交流等,都具有重要意义。关于理论认识的分歧,可在实践推进中逐步解决。正如国家档案局副局长杨继波在广西少数民族口述历史培训班开班式上讲话所指出:"不争论,先干起来再说。"①抢救口述历史档案是与时间赛跑,只要我们撸起袖子,加油干,加大口述历史档案资源建设力度,加强规划协调,口述历史档案资源建设就会更上一层楼。

---

① 国家档案局副局长杨继波强调做好口述历史工作要注重"四个特别"[N].中国档案报,2014-11-3(1).

口述历史档案资源建设与城市记忆传承[①]

口述历史档案资源建设与城市记忆传承包含两个层面的涵义：首先是口述历史档案资源的建设；其次是它在城市记忆传承中的地位。前者从我国档案资源建设现状来看还比较薄弱，是亟须加强的领域。后者城市记忆传承是个广泛的问题，涉及诸多方面，在这里侧重说明口述历史档案资源建设对于城市记忆传承方面的功能。分如下五个方面进行讨论：一是口述历史档案的界定；二是口述历史档案资源建设的意义；三是国内外口述历史档案资源建设的现状；四是目前口述历史档案资源建设存在的问题；最后是推进口述历史档案资源建设的策略。

一、口述历史档案概念的界定

关于口述历史档案，社会上称呼不同，有的称口述历史，也有的称口述材料，或口述文件。英国学者保尔·汤普逊著有《过去的声音——口述史》，美国学者唐纳德·里奇也著有《大家来做口述史实务指南》等，论及口述历史的理论、方法与实践。近年来我国学者对口述历史也积极行动，取得了相应的研究成果。出版的著作有：杨祥银著《与历史对话——口述史学的理论与实践》；周国新主编《中国口述史的理论与实践》；当代上海研究所编《口述历史的理论与实务——来自海峡两岸的探讨》等。在法律上口述历史档案也作为证据之一，如证人证言、当事人陈述等。这些对口述历史档案不同的称呼，反映了人们从不同视角对口述历史档案所获得的认识，其实基本上都是指口述历史档案这种事物。

界定口述历史档案概念，有两个问题需要明确：一是对象；二是形式。对象的主客体为人和事。形式的载体有两种：一种是录像、录音；另一种是文本。

[①] 本文为2007年12月24日在东方讲坛做的学术演讲，收入上海大学出版社2009年出版的《上大演讲录2007年卷》一书。

1984年国际档案理事会出版的《档案术语词典》解释口述历史档案是:为研究利用而对个人进行有计划采访的结果,通常为录音或录音的逐字记录形式。20世纪90年代后,美国及欧洲一些学者提出:口述历史档案是由准备完善的访谈者,以笔录、录音或录影的方式,收集、整理口传记忆以及具有历史意义的观点。由此可见,口述历史档案具有三种状态:录像、录音及文字记录。目前我国在非物质文化遗产建设中,对非物质文化遗产建档很重视,其中口述历史档案就包括这三个方面的内容。

口述历史档案区别于一般档案。我们通常所说的档案,是指人类在实践活动中形成的原始的历史记录。机关、团体、企事业单位在公务活动中形成的档案多表现为文件,个人在私人活动中形成的档案表现为各种类型的记录材料。例如,家庭记录的收藏,像日常的账册,把它整理成档案,利用、查找、保存都很方便。既反映一个家庭生活的变化,也折射出社会的发展。国家全部档案的构成大体上有两个部分:一是政务活动形成的档案;二是个人活动形成的对国家、社会有保存价值的档案。

国家建立各种类型的档案馆来管理需要长久保存的档案。我国档案馆按行政区域设置。第一历史档案馆在北京,主要存藏明清历史档案。第二历史档案馆在南京,主要是民国档案。党的档案主要保存在中央档案馆。国家中央机关也设档案馆,如外交部档案馆等。地方各省、市、县按照行政区划来设综合档案馆,中等以上城市设有城市基本建设档案馆,保管城市地上和地下各类建筑方面的档案资料。《中华人民共和国档案法》确立了档案定期开放制度,规定"国家档案馆保管的档案,一般应当自形成之日起满三十年向社会开放。"例如,根据法律,我们可以凭借合法证明利用上海市档案馆已经开放的档案。上海市档案馆创新服务方式,在那里既可以参观老上海城市记忆的展览,也能查阅政府公开的信息。

以上是对国家档案资源情况的简单阐述,从中可见,档案大多是文本形式,也有其他形态,如录像、录音、光盘等。随着办公自动化及电子政务的发展,电子公文大量产生,如何归档管理,成为关注的重要问题。一般的档案是通过例行的归档制度来完成其集中的,而口述历史档案则是通过访谈形式而采集的,在形成、积累途径上两者表现着明显的不同。

二、口述历史档案资源建设的意义

口述历史档案资源与口述历史档案也不是一个概念。资源不是个体现象,一般构成资源的因素应当包括两个方面：一方面要有数量；另一方面是要有价值。这两个方面因素均不可缺少，缺少任何一方面因素则不能构成其资源。比如水资源，它既具有数量，也有价值。那么，对于口述历史档案资源来说，口述历史档案是个体，它是采访者访谈而形成的录像、录音或文字记录。而将口述历史档案作为资源，它是指整体，不再是某个具体的个体。

对我们国家来说，口述历史档案资源是十分丰富的。比如在非物质文化遗产传承方面，大家知道，非物质文化遗产的一个重要特点是具有活态性，它以人为载体，大都通过口传心授的方式，使其表现形式得以世代相传。因此，非物质文化遗产传承人形成的口述历史档案，就有着特殊的价值。

口述历史档案资源建设一般包括如下两个方面内容：

第一，个体口述历史档案的制作。有目的进行访谈而形成的档案，主题可大可小，需要指出的是，不仅只有名人访谈才有价值，一般市民阶层访谈也是具有价值的。我们在建设口述历史档案时只重视名人，这就进入了一个误区。城市记忆的传承、上海的海派文化，在社会上层与市民阶层都有表现。而在口述历史档案上，市井生活、里弄风情的表现则更为直接和鲜活。

第二，在社会层面上对口述历史档案资源建设及其整合。这是解决社会各界已经形成的口述历史档案如何进行传承和共享的问题，即在社会层面上怎样把口述历史档案资源建设好、管理好、使用好，使这部分资源在当代充分发挥作用，并能够完整无缺地留传给后人。城市记忆是一个城市形成、变化和演进的轨迹和印痕，它由代表不同时期的建筑、街道、文物古迹、历史文献、档案资源等历史符号和坐标点串联而成的，是一个城市悠久历史、文化底蕴和生生不息的象征。城市记忆除体现在建筑等物态的形式之外，还体现在大量的非物态文化资源方面。毫无疑问，作为活态的口述历史档案也是城市记忆的重要元素。所以，我们不仅要对城市物质文化遗产予以研究，更需要对城市非物质文化遗产，特别是口述历史档案给予高度关注。

口述历史档案是城市记忆的重要构成，通过建设口述历史档案资源可以实现与文字档案彼此之间有机的互补与融合。从城市记忆角度，资源多了，可以形成一种社会记忆的合力，由此避免、纠正或克服当今人们由单一资源种类所造成的种种缺失和遗憾。加强口述历史档案资源建设，不论是对抢救人类社会记忆和文化遗产，还是对于国家档案资源的建设，都是非常必要和紧迫的。它对于我们保护、发掘、传承城市记忆，传播、深化、共享城市文明，更好地认识城市以前的历史，提高城市综合竞争力等都具有重大的战略意义。

请看下面两个案例:

例一:《文摘报》2006年9月28日第二版《数字新闻》刊载:我国在乡退伍红军老战士约7.8万人,平均年龄近90岁。这个数据是可靠的,它是民政部门的统计。

2007年6月3日,中国文联、中国民间文艺家协会在人民大会堂为首批"中国民间文化杰出传承人"命名,共有166位民间艺人,他们所传承的文化遗产主要包括民间文学、民间表演艺术、手工技艺和民俗技能四大类。值得注意的是,这批杰出传承人中的许多人年事已高,其中90岁以上的4人、80岁以上的18人、60岁以上的109人,年纪最大的纳西族东巴舞蹈传承人习阿牛已经93岁高龄。其中有两位老艺人在申报过程中即已辞世,带走了他们精绝的艺术。对此,中国文联副主席冯骥才痛心疾首的表示:在这第一批传承人的调查中,多次遇到闻讯而去、却已人亡艺绝的憾事!我们对传承人所知十分有限,对其保护力度抵不上他们逝去的速度。他认为,这些传承人都是我国各民族民间文化的活宝库,是活着的历史,一旦失去传人,某种非物质文化遗产就不存在了。从这个角度说,非物质文化遗产比物质文化遗产脆弱得多,关键是因为传承人的脆弱。传承人的锐减是非物质文化遗产濒危的根本原因。

例二:《文摘周报》2006年9月26日第八版《抢救南京大屠杀遇难者名单》载,南京大屠杀纪念馆内有一面"哭墙",上面列了3 000多个遇难者的名字,据研究专家说,根据现有的档案资料,大约能找到五千到六千个遇难者的名字,这与遇难30万人的数字相差太大,研究预期是达到1万人。与此相对的是关于奥斯威辛集中营被残害的犹太人,2005年1月23日,荷兰人在阿姆斯特丹的荷兰剧场举行宣读活动中,近700人接力朗读,共用5天时间念完10.2万个名字。

由此可见,口述档案资源建设的紧迫性。今天,我们加强口述历史档案资源建设,不仅仅是为了保存城市记忆,更重要的是,它有着传承历史及文化的深远意义。那就是在新的历史条件下,为构建和谐社会,为人类文明发展的多元化,为今人与前人、后人与今人、历史文明与当下文明之间的沟通,提供一个最基本的参考依据。

三、国内外口述历史档案资源建设的现状

从我国来看,口述历史档案资源建设取得了较好的成果。1949年建国以后,我们一直有口述史方面的工作。全国各地采用社会调查的方法收集太平天国、义和团运动等重大事件和人物的口述历史档案资料。全国政协文史资料委

员会整理出版《文史资料选辑》150多辑,各地方文史馆也出版了多种文史资料。革命回忆录《红旗飘飘》和《星火燎原》近千万字,其中相当多的内容属于口述历史。目前,做口述史的范围较广,涉及诸多方面,社会各界都在积极行动,做口述史的热情很高。在出版界,出版了许多关于口述史方面的图书,如《周恩来自述》《彭德怀自述》等,中国社会科学出版有《口述历史》专刊。在历史学界,比如,中国社会科学院近代史所刘小萌研究员做知青口述史,上海师范大学苏智良教授做慰安妇口述史,大连大学李小红教授做20世纪妇女口述史等。在作家界,如叶永烈所做的访谈。在新闻界,如中央电视台的"大家""艺术人生"等访谈栏目,各地方电视台做的访谈节目。在文化界,如启动的"百位文艺家口述资料抢救、整理与研究"项目。在档案界,也不同程度地开展了口述历史档案的实践活动。主要表现为:一是档案馆启动的口述历史档案历史项目;二是非物质文化遗产口述历史档案建设;三是名人口述历史档案建设;四是有关特色口述历史档案建设;五是研究项目。2001年宁夏档案局承担国家档案局项目"口述历史档案采集标准规范",其成果《口述历史档案采集标准》,明确了口述历史档案采集范围、内容、归档管理、开发利用及法律责任。档案网站设有"口述历史"栏目,档案专业杂志也开辟了"口述档案""口述历史"栏目。

在理论研究方面,学术期刊上发表了一定数量的口述历史档案、口述历史方面的研究文献。2004年7月中国现代文化学会口述历史研究会在北京主办"中华口述历史研究中的若干问题"学术研讨会,围绕口述历史研究现状、规范与特点进行了广泛的研讨。同年12月,首届中华口述史高级论坛暨学科建设会议在扬州召开,表明我国口述历史研究进入了学科建设和集团作战的阶段。2006年8月在上海举行首届海峡两岸口述历史与实务研讨会,讨论口述史的界定与作用、方法与技巧、法律与道德,及推进口述史建设和加强两岸三地口述史工作的合作与交流等问题。同年11月在武汉召开第三次东亚史料国际编纂机关国际学术会议暨中华口述历史国际学术研讨会,会议主题"口述历史与历史研究",旨在推进东亚地区史料开发、利用、研究的交流与合作。

我国港台地区都开展了口述历史的活动。20世纪50年代,台湾"中央研究院近代史研究所"开始做口述历史工作,至今已整理出版口述历史访问记录89种,并定期出版《口述历史》刊物。为交流口述历史经验,从1987年起,每年举办口述历史工作会议,由台湾"国史馆"等单位轮流承办。香港地区也十分重视口述历史的研究,除出版有数量众多的传记作品史外,各大学、团体正积极开展大型口述历史项目。如香港博物馆1980年以"香港人及其生活"为主题,从事

20世纪20—60年代香港市民生活的口述历史。香港大学"口述历史档案计划",香港中文大学"口述历史:香港文学与文化"研究计划,岭南大学"中国当代作家口述历史计划",香港建筑师学会"香港百年建筑:口述历史"等。2005年举办了华人社会口述历史工作研讨会。

国外对口述史研究起步较早,大约20世纪40年代口述历史在美国开始产生,1948年美国哥伦比亚大学口述史研究室建立。60—70年代口述历史在欧洲和其他国家得到广泛利用。英国、法国、德国、加拿大、新加坡等国,都设有全国性口述历史组织。80年代后,美国的口述史研究机构有500多个,研究范围更为普及,几乎涉及社会生活的各个领域。我国翻译出版的《大家来做口述历史实务指南》一书,作者即为曾担任美国口述历史协会会长的唐纳德·里奇。该书是关于口述历史理论、方法与实践的百科全书式的手册,对口述历史如何筹划,如何行动,如何开辟经费资源,如何访谈,如何保护受访者的版权,如何通过访谈收集有用的资料,如何利用新科技,如何保存访谈的记录、磁带、光盘,如何利用口述历史等,都有详细的论述。比如书中提及口述史的医疗价值,口述史用于教学及电影、舞台剧的创作,口述史的上网、博物馆展览等,其具体的做法描绘得详尽而又生动。国际档案界对口述历史档案也给予极大的关注,1980年第九届、1984年第十届、1988年第十一届国际档案大会上,都有关于口述档案的学术报告。

四、口述历史档案资源建设存在的问题

口述历史档案资源建设是一项涉及许多领域和学科、繁杂且浩大的系统工程,面临需要研究的问题也很多。举其要者有:

首先,整合现有的口述历史档案资源。目前口述历史档案制作比较广泛,资源分散在各处,要使口述历史档案资源得到长期保存和充分利用,需要对资源进行整合。包括整合口述历史档案资源,也包括做口述历史档案人力资源的整合。

其次,口述历史档案资源的理论研究薄弱,不能为口述历史档案资源建设提供有力的理论支撑。档案界是否应该做口述历史档案,就存在不同认识。有人认为档案馆做口述历史档案是越俎代庖,它已经超越了现阶段我国档案工作的边界。这种认识值得商榷。

再次,口述历史档案资源建设的机制不够健全。既需要提供法律法规保障,也需要档案部门加强资源数字化的建设,还需要在理念和管理上予以创新。

最后,口述历史档案制作、管理、利用等需要规范,以保证这项工作的顺利开展。

五、推进口述历史档案资源建设的策略

虽然目前还没有一种做法能够成为口述历史档案资源建设的"模本",但社会各界均在积极研究,探讨在符合口述历史档案内在规律的框架下,使口述历史档案资源得到良好的保护及其社会价值的充分发挥。在我看来,需要做的工作如下:

第一,科学整合口述历史档案资源。科学整合口述历史档案资源能够达到双赢的效果,目的是使口述历史档案资源得到有效的开发与保存。当然,首先是要制作形成口述历史档案,并将这部分资源保存好,传承下去,然后再是开发利用。如果口述历史档案没有形成或资源未得到良好的保护,其他也就无从谈起。

第二,具体规划组织口述历史档案项目。就政治、经济、军事、外交、文教、科技、民风民俗、工商业、社会变迁等方方面面进行访谈,特别是关于社会生活、城市发展变迁等方面。城市记忆是依托载体而存在的,如果没有载体,城市记忆的传承也就会出现断层。对于以人为载体的口述历史档案资源来说,规则项目是具有抢救性质的工作,这些需要全社会共同关注,有关方面也需加大投入。

第三,充分开发利用口述历史档案资源。其目的是要为当今经济与社会发展服务。口述历史档案资源开发途径多样,有的可以公开传播,使资源共享。如利用口述档案资源举办社会生活方面的展览、出版著作、发表文章,也可以拍摄电视剧、电影,还可将其数字化,利用网络平台实现它的价值。只要各有关部门通力协作,口述历史档案资源就一定能发挥其应有的作用。

最后,我以下面一段话来结束我今天的演讲。

一个没有或缺少历史记忆的城市,是一个失忆而瘫痪的城市。前人创造的宝贵文化遗产,应当在上海城市的档册上留下永久的记录。为了城市文化遗产永远地传承下去,应当尽快行动起来,全面开展口述历史档案资源的建设。只有这样,我们才能既无愧于前者,也无愧于后者。

我演讲的主要内容就到这里,谢谢大家。

互动环节

1. 提问:教授您好!首先感谢您做的报告非常精彩,我们受益匪浅。我的问题是,在你谈到关于口述历史档案或者口述历史的制作的时候有三个群体:第一个是专业的历史从业者;第二个是新闻媒体;第三个是为了抢救历史的那些从业者。那么我对新闻媒体有一定的看法。新闻媒体无论是央视的艺术人生还

是上海卫视,包括凤凰卫视的一些口述历史还有专门这一类的节目,它们这些节目的制作是选取被访者的某些片段,对某些片段的一些资料进行一些诠释或者进行创造。至于我们以前口述历史档案或者口述历史所讲的是对资料的呈现或者再现,并不是创造这个资料也不是诠释这个资料,而是呈现和再现,这也可以说是口述历史档案或口述历史的一个目标吧。但是它们这些媒体节目往往是对一个部分,比如对一个大家的采访只讲优点而不讲缺点,或者对一些人物的政治观点(以前他曾经在某一个政治时段说过的某一些话),但是由于其新闻媒体的性质是要去面向群众而忽略了这么一块。那么如果我们这些新闻媒体做的一些节目、历史档案是不是就违背了我们口述历史、口述历史档案所讲的呈现或者再现而不是创造和诠释?谢谢!

回答:刚才这位同学提了一个很好的问题。口述历史档案实际上确实有这个问题。因为我们从档案它的实质或者它的本质来讲,它应该是真实的历史记录。那么怎样理解这个真实?我的理解就是说这个真实有两个方面:一个方面就是它是历史的真实;第二个方面口述历史档案的真实,是讲述者当时讲的情况的真实地再现。这前一个方面是什么呢?前一个方面是历史的真实,历史究竟如何,你在里面表现如何?这是一个方面的问题。因为历史已经固定下来,任何人也不能够改动。你想改动也改动不了,它已经是客观的存在。这是一个方面。那么第二个方面呢,就口述历史档案来讲,你形成的这个档案,我们今天讲的说是记录,是真实的记录。这种真实的记录是当时访谈者提问和被访谈者讲述的再现。至于说你讲述的是不是同真实的历史相吻合或者是有距离,这种情况又是另外一回事。所以刚才这个同学谈了一个非常实质性的问题。

这里我们需要澄清:一是历史的真实;二是访谈者的讲述。当然,我们说的新闻媒体,一是受它性质的要求,二是受它节目制作目的的需要,三是受播出时间的限制。它作节目,可能是在某种程度上向我们所讲的要讲究一些卖点,即观众比较感兴趣的,或者是有一些亮点的它来播放,其他可能没有播放,特别是一些负面的东西它得考虑。像凤凰卫视做的一些访谈,它做了许多方面的访谈,还有关于一些高层人物及其高层人物亲属的访谈,我想这些都是不可避免的。所谓不可避免,就是刚才这位同学所讲的有一些不好的地方可能它不讲。尽管存在着这样和那样的问题,但是我们也毕竟把它当时所讲的情况真实地记录下来,这就给后人留下了一个真实的记录。以上是我对刚才这位同学所提问题的看法。

提问者:谢谢!

2. 提问：潘教授，在档案的真实性方面，您有没有觉得民间的一些自发的对口述历史档案真实性的访谈会不会比当前媒体公开播放的有这样或那样目的的访谈具有更大的真实性？

第二个问题是在您的演讲中不断地提到非物质文化遗产口述历史档案，而我正在写这方面的论文。所以想请教一下您对口述历史档案、非物质文化遗产档案以及非物质文化遗产的口述历史档案三个词的上位和下位怎样理解？

回答：刚才这位同学提出了两个问题：第一个问题是关于我们公开的口述历史档案和民间的口述历史档案真实性的问题；第二个问题是关于非物质文化遗产和口述历史档案之间的差别和相互异同的问题。

我先对第一个问题进行回答。至于说公开的口述历史档案和没有公开的口述历史档案真实性的问题，就我所见到的一些材料和文件来看，我们不好搞这样的比较。因为现在也没有确切的统计来说明哪个真实性更大，但要说的是两者真实性与否可能都会存在着某些问题。那么也就回归到我刚才讲到的，历史的真实和讲述者的真实的问题上来了。再者，我们讲到档案作为其前身的文本文件，它的内容也涉及有一个真实性的问题。通常，文件的形成者在撰制文件时，凡事关利益的总会呈现出某种程度的失实状态。比如就一个单位来说，如果是好的事情，它总要多写一些。如果是事故，它总要少写一点。这样就造成了文件材料内容失实的问题。同时，文本文件还存在一个什么问题呢？就是变异的现象。文件是发了，但收文者对该文件的执行与否则是另外一回事。我们把这样的文本文件归档保存成为档案，若干年后人们会按照这个档案来研究当时的事情。历史实际的真实是怎样呢？历史真实是这个文件没有执行。我给大家举一个例子。有人根据1928年10月9日《中共中央致东京市委信》中的内容，认为杨虎城已加入中国共产党。这封信的内容，主要是当时中央同意杨虎城加入中国共产党，由在日本的东京市委执行入党手续。但实际情况是此信的收信人当时都不在东京，信无法送到。中共中央批准成立的东京市委也未成立。由于文件接受机关变动的原因，该信函中的内容并未办理执行，所以杨虎城在东京并不知道中共中央已批准他入党一事，更没有履行入党手续。这是一种文件的变异现象，在口述历史档案、口述历史方面也存在这种现象。由于每个人的角度不同，观察问题的方法不同，所处的位置不同，可能对某一个事实会出现各种各样的看法，这种看法可能是多姿多彩的。对于这样的看法，我们还不能够完全地、笼统地、抽象地认为它不真实，应该历史地、多维地、多元地来看待这个问题。这是我回答的第一个问题。

下面回答第二个问题。非物质文化遗产和口述历史档案这两者,我想主要是角度不同。非物质文化遗产是相对物质文化遗产来讲的,我们对非物质文化遗产的档案建设是从档案资源建设这方面来说的。至于非物质文化遗产的档案建设,其主要还是口述历史档案这一层面。正所谓传承人是非物质文化遗产之本,保护非物质文化遗产主要就是保护传承人。建立传承人档案,包括录像、录音和文本形式。有些非物质文化遗产在文字上也不好表现,比如说剪纸、歌唱、年画等。我对这个同学提出问题的回答就是这样。

3. 提问:潘教授,我还想问您一个问题:档案作为一种原始的信息资源,它的重要性是无可置疑的。就是说在古代皇家档案馆,三公九卿终身不得窥其一字的,它有其必然。但是到了现在,我们档案法赋予公民利用档案这样的权利。上次我们去上海市档案馆参观的时候,一名老师就说现在你们研究生同学很少来档案馆利用档案这种资源。我就想问您,作为研究生同学怎样利用档案馆研究出更多的成果?

回答:这个同学的意见是非常重要的。有一个案例。2000年德国柏林州档案馆因搬迁决定休馆近一年的时间,由此引起公众的强烈反对,德国法兰克福大众报的头版头条以《媒体聚焦场面尴尬》为题予以报道。反对者中有15位正在利用档案准备硕士论文,35位在准备博士论文,还有10位在准备教授资格考试。对他们而言,如果不能利用档案将严重影响正常的学习、工作和发展预期,并可能因此遭受高额经济损失。这充分说明,国外研究生在做论文的时候非常重视对档案资源的利用。我们的研究生同学在做学位论文的时候(学位论文非常重要,许多专家学者之所以学有专攻,很多是硕士或博士论文奠定的基础),档案馆对于论文的选题、撰写是取之不尽、用之不竭的宝库,所以研究生同学们想在毕业论文上有所突破,请到上海市档案馆去吧!

加快建设口述历史档案资源[1]

近年来,随着口述历史的理念广泛传播和日益深入,口述历史档案也越来越多地得到档案界的普遍认同。但也面临诸多问题:一是定位不清,认识模糊。有的认为,口述历史档案属于体制外档案资源,它不构成国家档案资源的主体,因而它并非档案部门的主业,抓体制外的档案资源,是本末倒置。二是没有标准规范,各自为战。目前全国在面上对口述历史档案资源建设还没有统一的规范要求,如何操作也未形成一个标准,档案馆只能根据各自的实际,探索性地开展口述历史档案的采集、访谈和存藏;三是缺少长远规划。多数档案馆采集口述历史档案仅是为配合某项重大纪念活动的临时性行为,系统性不足,只有少数档案馆将口述档案资源建设纳入整体规划,以项目形式统一安排;四是做口述历史档案的人才缺乏,没有建立一支口述历史档案队伍,现从事口述历史档案人员的水平参差不齐。总之,我国档案界对口述历史档案资源建设,从整体上还处于分散采集的自发阶段,远未达到理性自觉的程度。为加快口述历史档案资源建设的步伐,需要突破上述瓶颈问题。

一、厘清对口述历史档案的认识

科学梳理口述历史档案的概念。目前,档案界普遍称的"口述档案"或"口述历史",其概括还不够精准,会使人产生歧义,造成认识上偏差。正所谓名不正,则言不顺;言不顺,则事不成。实际上现在我们所说的"口述档案"也好,"口述历史"也罢,均是指做口述历史过程中形成的档案而言。即是为研究利用而对个人进行有计划采访而形成的录音、录像或文字记录。基于以上认识,用"口述历史档案"替代当下通用的"口述档案"或"口述历史",或许更能体现其内涵和实质。

---

[1] 本文原载于《中国档案》2012年第5期,中国人民大学报刊复印资料《档案学》2012年第5期全文转载。

准确认清口述历史档案的特点。口述历史档案,无论其形成,抑或其形式,均与一般档案有所不同。一般档案多由文件转化而来,口述历史档案则是保存在人头脑之中的记忆。它的形成是一定的主体为有效地保存人类社会记忆,而有计划、有目的进行采访的结果。口述历史档案关注了个体的记忆、经历、体验和感受,平民性是其显著特点,同时也具有叙述性、多元性和规划性的特点。英国著名口述史学家保尔·汤普逊说:口述史是围绕着人民而建构起来的历史。它为历史本身带来了活力,也拓宽了历史的范围。它帮助那些没有特权的人,尤其使老人们逐渐获得了尊严和自信。

准确把握口述历史档案的功能。口述历史档案与一般档案价值互补:一是它可以完善文件档案宏观抽象,反映微观细节的不足;二是能够突破文件档案的避讳,揭示更多的历史真相和背景关系;三是增加文件档案记载的佐证,可以使历史恢复或接近其本来面目;四是弥补文件档案记载的缺失,纠正文件档案内容的讹误,勘辨成说;五是文化传承的重要载体,使社会记忆得以传承;六是口述历史档案还有抚慰作用。"当某个少数族裔或原住民意识到自己的声音被国家档案馆保存,自己的族群将在国家历史和集体记忆中占有一席之地,就会感到没有被歧视或忽略,这有益于多民族国家的社会和谐。"[1]总之,口述历史档案真正的价值在于其蕴含丰富的历史记忆因子,这些记忆因子可以与文件档案相互印证,形成历史记忆的合力,共同清晰地再现历史原貌。

二、明确口述历史档案资源建设的定位

口述历史档案资源是国家档案资源的重要构成。所谓国家档案资源,是指一切公民、法人和其他组织形成的,对国家和社会有保存价值的档案的集成。国家档案资源在档案所有权方面,既包括国有的,也包括非国有的;在组织制度方面,既包括体制内的,也包括体制外的;在时空方面,既包括历史的,也包括现实的,还包括将来的;在存藏及分布方面,既包括档案机构的存藏,也包括社会其他机构的存藏,还包括民间的存藏、流失海外的档案资源,更包括口述历史档案资源。由于受传统思维影响,一个时期以来档案资源建设主要侧重于体制内的档案资源,即对档案管理体制内的档案资源,建立了比较完整的归档和移交制度,使其得到了良好的管理、利用、保护和传承。对体制外的档案资源,如口述历史档案资源虽然有所关注,但建设力度不够,基本上处于各自为战的游兵散勇状

---

[1] 杜梅.怎样留住社会记忆[J].http://theory.gmw.cn/2011-09/05content-2584828.htm.

态,还未步入集体军团的正规序列。那种将口述历史档案工作看成是可抓可不抓的观点,不仅错误而且也与《中华人民共和国档案法》精神相违背,国家档案法律赋予档案部门至高无上的档案管理权,它管理的档案范围,既包括国有档案和非国有档案,也包括体制内档案和体制外档案。2010年3月,国家档案局批准将云南省作为开展抢救保护少数民族口述历史档案试点地区,是"大档案资源观"的具体行动,体现了对口述历史档案资源建设的重视。

口述历史档案资源量大面广。我国口述历史档案资源十分丰富,领域宽阔广泛,几乎涉及社会的经济建设、政治生活、社会管理等各个层面。有以事件为主的口述历史访谈,如重大历史事件、重大社会活动、重大建设工程等;也有以专题为主的口述历史访谈,如社会变迁、经济生活、市井风情、民俗文化等;还有以人物为主的口述历史访谈,如各界精英、社会贤达、知名人士、平民百姓等。以非物质文化遗产为例,国务院批准文化部确定的三批国家级非物质文化遗产名录1 219项,国家级非物质文化遗产项目代表性传承人1 488名。除国家级非物质文化遗产名录及代表性传承人外,各地方也确定了数量可观的本地区非物质文化遗产项目及代表性传承人。这些具有历史、科学和艺术价值的非物质文化遗产主要包括:民间文学、民间音乐、民间舞蹈、民间美术、戏曲、曲艺、杂技、民间手工技艺、生产商贸习俗(包括农业、林业、渔业、畜牧业、商贸、副业等)、消费习俗、人生礼俗、岁时节令、民间信仰、民间知识、传统体育与竞技和传统医药等类别。口述历史档案涉及范围之广,数量之大,由此可见一斑。

口述历史档案资源建设是抢救历史记忆的迫切需要。无数的案例证明,口述历史档案资源建设是带有抢救性质的一项任务。一个睿智老人的逝去带走的是一段历史。尽快对口述历史档案进行抢救性建设,不仅关系到口述历史档案自身的生存和发展,而且也与档案资源丰富有序的积累息息相关。据报道,在已经公布的三批国家级非物质文化遗产代表性传承人名单中,年龄多为六七十岁。中国非物质文化遗产保护工程专家委员会委员刘锡诚表示,目前非物质文化遗产已进入衰亡的高峰期。他说:在我个人的经历中,许多在20世纪80年代以后调查中发现的民间文化杰出传承人,如今大多已故。致使一批批非物质文化遗产的传承人在不断减少,甚至消失。又据报道,2011年10月2日,南京大屠杀幸存者、85周岁的历史"活证人"倪翠萍老人去世。如今,健在的南京大屠杀幸存者已不足200人,平均年龄超过80岁,大多患有疾病,身体状况并不令人乐观,预计未来5到10年,这些珍贵的历史"活人证"将消失。

口述历史档案资源建设的路径。包括三个层面:一是通过直接采访制作口述历史档案。有重点地确定方向,按照规范的程序,如口述历史档案项目的选题、制定计划、开展访谈、口述历史档案保存等步骤,或记录,或拍摄而产生形成口述历史档案;二是对社会已形成的口述历史档案进行收集。我国做口述史的范围较广,有研究机构、社会团体、出版部门、新闻媒体等,涉及历史学者、社会学者、作家及其热心人士。因此,口述历史档案也分散保存在诸多方面,需要畅通收集渠道,将口述历史档案实体或信息集中保存;三是对社会各界已形成的口述历史档案资源予以整合。口述历史档案资源分散的状况,不利于充分实现口述历史档案的价值。为此,需要对全社会口述历史档案资源进行整合,统筹规划口述历史档案资源的布局,使对国家和社会有价值的口述历史档案资源,形成一个结构合理、配置优化的资源体系。

三、建立口述历史档案资源建设的长效机制

创新制度设计。首先,加强口述历史档案资源建设的相关法规建设。目前,我国没有直接的口述历史档案方面的法规,但非物质文化遗产法律法规中对涉及的口述历史档案已作了规定。如2011年颁布的《中华人民共和国非物质文化遗产法》,将"传统口头文学"列为非物质文化遗产范围,指出国家对其"采取认定、记录、建档等措施予以保存"。地方出台的非物质文化遗产法规,也都有这方面的规定。如《浙江省非物质文化遗产保护条例》第二十五条,规定"采用文字、录音、录像等方式进行真实、完整记录、整理",是对非物质文化遗产实施抢救性保护措施之一;其次,制定相关标准和技术规范。口述历史档案标准规范,应当明确口述历史档案资源建设的范围、保存模式、保存载体、工作标准和工作流程,档案馆采集、接收口述历史档案的样态、范围以及开发利用等,为实际操作提供参考和指导。鉴于口述历史档案与一般档案在管理上有所不同,需要制定科学管理规范。如扬州市档案馆2007年制定了《口述档案归档整理方案》,明确其整理原则、分类方案、基本内容和整理方法。

创新资源建设模式。一是建立档案部门主导、社会参与的口述历史档案资源建设机制。档案部门要切实担负起口述历史档案资源建设的责任,加强档案馆之间、档案馆与社会各界、尤其是与史学界之间的交流互动和沟通合作,充分发挥社会各界的作用,鼓励、吸纳社会力量广泛参与,相互配合,形成合力,将口述历史档案资源建设纳入体制内运行;二是设置口述历史档案组织机构。口述历史档案资源建设在国外之所以成功,需借鉴的经验是他们设置从事该项工作的专门机构,如美国有全国性的口述历史协会及遍布全国各地的分会,新加坡国

家档案馆设有口述历史中心。我国可以在国家和地方档案馆分别设置口述历史档案中心,或口述历史档案协会,负责组织、协调口述历史档案工作的开展。三是将口述历史档案资源建设纳入规划。统筹安排口述档案资源建设,保持其系统完整,避免零敲碎打的急就章现象。如云南省档案局、北京市档案局均已将抢救口述历史档案列入"十二五"规划,积极探索口述历史档案抢救与保护的方法与途径。四是在经费上予以充分保证,使口述历史档案资源建设得以良性运行。

加强团队建设。口述历史档案的形成和积累属于跨学科性质的活动,不仅涉及档案学、历史学的知识,也涉及社会学、新闻学等领域。从事该项工作的人员要具有良好的史学功底、档案学基础和文化素养,并经过严格口述访谈及档案整理知识培训,掌握相关的技术技巧。目前档案界这方面的力量还十分薄弱,采取多途径、多形式大力培养迫在眉睫。2010年国家档案局与新加坡国家档案馆在昆明联合举办抢救保护云南少数民族口述历史档案的培训班,2011年云南省档案局组织业务骨干赴新加坡国家档案馆接受口述历史档案管理与研究强化培训,解决急需的口述历史档案人才问题。在高校档案学专业研究生教育中设置"口述历史档案"培养方向,培养口述历史档案专业人才,也是重要路径之一。通过实际培训和高校培养,建立一支素质较高的口述历史档案队伍,实现口述历史档案资源建设的可持续发展。

加强资源的数字化建设。一是建立口述历史档案资源数据库。按项目将口述历史档案的文本、图片、录音、录像等集成在一起,便于长久保存和查阅利用;二是搭建交流的网络平台。开设口述历史档案网站,及时传播能够公开的口述历史档案以及编研成果,利用者可以在网上收听或收看的录音、录像数据,从而实现口述历史档案资源的网上共享。

口述历史档案资源建设探略①

从口述历史档案资源建设与研究的现状出发,加强口述历史档案资源建设,对于抢救和传承人类社会记忆与文化遗产、弥补档案记载的空白,都是非常必要和紧迫的工作。口述历史档案资源建设是一项涉及多领域和多学科、繁杂且浩大的系统工程。

一、口述历史档案资源的界定

口述历史档案,历史界多称口述历史,也有的称口述资料。1984年国际档案理事会出版的《档案术语词典》解释:"为研究利用而对个人进行有计划采访的结果,通常为录音或录音的逐字记录形式"。② 美国学者认为,口述历史是以笔录、录音或录影的方式收集、整理的口传记忆。③

口述历史档案在形成上与传统档案不同。传统档案多由文件转化而来,口述历史档案则是为有效地保存人类社会记忆,而有计划进行的采访结果。口述历史档案关注了个体的记忆、经历、体验和感受,平民性是其显著特点,同时也具有叙述性、多元性和规划性的特点。英国著名口述史学家保尔·汤普逊说:"口述史是围绕着人民而建构起来的历史。它为历史本身带来了活力,也拓宽了历史的范围。""它把历史引入共同体,又从共同体中引出了历史。它帮助那些没有特权的人,尤其使老人们逐渐获得了尊严和自信。"④按载体划分,口述历史档案表现为录像、录音、纸质和电子四种形态。按内容划分,口述历史档案包括以人物为中心、以事件为中心和以主题为中心三种类型。

口述历史档案资源建设包括两个层面上的涵义:一是个体口述历史档案的

---

① 本文与吕芳合作完成,原载于《图书情报研究》2010年第1期。
② 丁文进.英汉法德意俄西档案术语词典[M].北京:档案出版社,1988:71.
③ [美]唐纳德·里奇.大家来做口述历史实务指南[M].王芝芝,姚力,译.北京:当代中国出版社,2006:2.
④ [英]保尔·汤普逊.过去的声音—口述史[M].覃方明等,译.沈阳:辽宁教育出版社,2000:24.

制作及形成;二是社会层面上的口述历史档案资源整合建设。前者指通过规范的程序,如口述历史档案项目的选题、制定计划、开展访谈、口述历史档案保存等步骤,或记录,或拍摄而产生形成的个体口述历史档案。后者是指对社会各界已形成的口述历史档案予以整合,解决口述历史档案资源如何进行传承和共享问题,充分发挥口述历史档案的整体价值。

二、国内外口述历史档案资源建设的现状

目前,我国历史学界、档案学界、图书馆学界等都已对口述档案开展了研究,并取得了相应的研究成果。期刊文献方面,检索中国学术文献网络出版总库,其结果分别是:"口述历史"605篇,"口述档案"162篇。理论著作方面,出版有杨祥银著《与历史对话——口述史学的理论与实践》(中国社会科学出版社2004年版),周国新主编《中国口述史的理论与实践》(中国社会科学出版社2005年版),当代上海研究所编《口述历史的理论与实务——来自海峡两岸的探讨》(上海人民出版社2007年版)。翻译外国口述史著作有,保罗·汤普逊著、覃方明等译《过去的声音——口述史》(辽宁教育出版社2000年版),唐纳德·里奇著、王芝芝、姚力译《大家来做口述历史实务指南》(当代中国出版社2006年版)。学术研讨会方面,2004年7月,中国现代文化学会口述历史研究会在北京主办"中华口述历史研究中的若干问题"学术研讨会,围绕口述历史研究现状、规范与特点进行了广泛的研讨。同年12月,首届中华口述史高级论坛暨学科建设会议在扬州召开,表明我国口述历史研究进入了学科建设和集团作战的阶段。2006年11月,武汉召开第三次东亚史料国际编纂机关国际学术会议暨中华口述历史国际学术研讨会,会议主题"口述历史与历史研究",旨在推进东亚地区史料开发、利用、研究的交流与合作。2007年8月,首届海峡两岸口述历史理论与实务研讨会在上海举行,来自各地的学者围绕口述史的界定与作用、方法与技巧、法律与道德、推进口述史建设和加强两岸三地口述史工作的合作交流等问题作了热烈讨论。

在实践方面,早在20世纪50年代,全国各地采用社会调查的方法收集太平天国、义和团运动等重大事件和人物的口述历史档案。全国政协整理出版的《文史资料选辑》150多辑,革命回忆录《红旗飘飘》和《星火燎原》近千万字,其中相当多资料是口述历史档案。目前做口述史的范围较广,涉及诸多方面。有历史学者,如中国社会科学院近代史所刘小萌研究员做知青口述史,上海师范大学苏智良教授做慰安妇口述史,大连大学李小江教授做20世纪妇女口述史。有作

家,如冯骥才、叶永烈等所作的访谈。新闻界,如中央电视台的"大家""艺术人生"栏目,各地方台做的访谈节目。文化界,如"百位文艺家口述资料抢救、整理与研究"。出版界,出版一批名人自述,如《周恩来自述》《彭德怀自述》等,也有平民口述,如《5·12大地震都江堰幸存者口述》《中国改革开放三十年口述史》等,中国社科院出版有《口述历史》期刊。档案界也不同程度地开展了口述历史档案的实践活动,如江苏、上海、浙江、山东、宁夏、云南等地区。除此之外,档案网站设"口述历史"栏目,档案专业杂志也设"口述档案"或"口述历史"栏目。

我国港台地区学界对口述历史起步较早。20世纪50年代,台湾"中央研究院近代史研究所"开始做口述历史工作,至今共整理出版口述历史访问记录89种,并定期出版《口述历史》刊物。为交流口述档案工作经验,从1987年起每年举办口述历史工作会议,由台湾"国史馆"等单位轮流承办。香港地区也十分重视口述史的研究,如香港博物馆1980年以"香港人及其生活"为主题,从事20世纪20—60年代香港市民生活的口述历史。目前各大学、团体正积极开展口述档案的研究项目,如香港大学"香港口述历史档案计划",香港中文大学"口述历史:香港文学与文化"研究计划,岭南大学"中国当代作家口述历史计划",香港建筑师学会"香港百年建筑:口述历史"等。2005年举办了"华人社会口述历史工作研讨会"。

国外对口述史资源建设始于20世纪40年代。1948年美国哥伦比亚大学建立了世界上最早的口述史研究室,60—70年代后欧洲和其他国家广泛开展了口述史活动。现在,英国、法国、德国、加拿大、新加坡等国家,都设有全国性口述历史组织,出版有各种口述历史的图书。美国的口述史研究机构有500多个,研究范围更为普及,几乎涉及社会生活的各个领域。我国翻译的《大家来做口述历史实务指南》一书,作者即为曾担任美国口述历史协会会长的唐纳德·里奇。该书是关于口述历史理论、方法与实践的百科全书式的手册。对口述历史如何筹划,如何行动,如何开辟经费资源,如何访谈,如何保护受访者的版权,如何通过访谈收集有用的资料,如何利用新科技,如何保存访谈的记录、磁带、光盘,如何利用口述历史,等等,都有详细论述。国际档案界对口述档案也给予极大关注,1980年第九届、1984年第十届、1988年第十一届国际档案在大会上,都有关于口述历史档案的学术报告。

三、加强口述历史档案资源建设的意义

口述历史档案具有纠正讹传、勘辨成说、印证回忆、丰富历史事件之细节等

功能。全面开展口述历史档案资源建设,不论是对抢救和传承人类社会记忆与文化遗产,还是弥补档案记载的空白,以及加强社会档案资源建设,都是非常必要和紧迫的。以下案例可证:

案例1:《文摘报》2006年9月28日第2版《数字新闻》刊载:我国在乡退伍红军老战士约7.8万人,平均年龄近90岁。

案例2:左联研究者姚辛从1980年开始从事研究与访谈。他说:"我先后访问了90多位盟员,到今年,这些盟员先后大都去世了,活着的只有10多个。"①

案例3:2007年6月3日,中国文联、中国民间文艺家协会在人民大会堂命名首批"中国民间文化杰出传承人"共166位民间艺人,其中90岁以上的4人、80岁以上的18人、60岁以上的109人,年纪最大的纳西族东巴舞蹈传承人习阿牛已经93岁高龄。其中有两位老艺人在申报过程中即已辞世,带走了他们精绝的艺术。②

开展口述历史档案资源建设的意义显而易见,已经开展口述历史档案资源建设的档案馆均有切身体会。如徐州市档案馆开展建立口述历史档案后认识到:一是挖掘了革命历史史料,丰富了馆藏内容,弥补了文字史料的不足;二是增添了馆藏特色,改善了馆藏状况;三是扩大了对外沟通和交流,促进了社会档案意识的增强。③

其实,档案界也已认识到加强建设口述历史档案资源的紧迫性,从近年来发表的文章上可以看出这一趋势。《浙江档案》2006年第9期刊载魏瑚的《我国口述档案建档现状及思考》,该文在分析我国口述历史档案建档发展缓慢原因的基础上,提出促进我国口述历史档案建档发展的策略是:转变观念,重视对口述历史档案等边缘档案的收集;加强组织,为口述历史档案建档保驾护航;借助外力,广泛征集口述历史档案。《中国档案》在理论与实践推动方面做了许多很好的工作。1994年刊载傅华的《口述历史·口头传说·口述档案——威·W·莫斯先生访谈录》,2006年第1期专门策划发表一组7篇文章,如小军《口述档案,让历史生动具体》,邓小军《做口述档案要有紧迫感和奉献精神——访中华口述历史研究会秘书长左玉河》,李小江《口述历史与档案工作》,张玉琴《口述历史档案采集标准化的探索》,田尚秀《保存口述记忆:档案工作者神圣的职责》,万一芹、洪

---

① 叶辉.姚辛.执着的左联研究者[N].光明日报,2006-11-5(5).
② 隋笑飞.166人3日被命名为首批中国民间文化杰出传承人[J].http://www.gov.cn/jrzg/2007-06/03/content_634754.htm.
③ 刘亚青.独辟蹊径,探索新路—徐州市档案馆建立口述档案[J].档案与建设,1999(11).

慧娟《建立口述档案,传承历史文明》,毛巧珍《常熟口述档案征集工作全面启动》等。据实际调查,全国多家档案馆已逐步把口述历史档案资源纳入接收征集范畴。如上海市档案馆在收集口述历史档案的基础上,开发利用成果也较突出。该馆出版《档案春秋》《上海档案史料研究》杂志都设有"口述历史"栏目,发表口述历史文章。制作的音像制品《追忆——上海历史档案里的故事》,大量采用口述访谈的画面和录音,收到了亲历、亲见、亲闻的效果。

四、加强口述历史档案资源建设的路径

当下,社会各界对档案馆做口述历史档案工作的热情支持,为全面开展口述历史档案资源建设提供了良好的外部环境。例如,著名作家叶永烈就曾表示:"我的这些采访录音带以及采访笔记,既是属于我的,也是属于社会、属于国家的,在一定的时候,我可以把这些录音带及笔记奉献给档案馆。"[①]著名作家程乃珊在2003年12月第二届上海档案论坛上也极力呼吁:"档案馆不要忽视口述历史"。[②] 情报学者沈固朝1995年在《档案学通讯》第6期上发表《档案工作要重视口述资料的搜集》一文,以翔实的资料力陈口述档案建设的必要。

当然,口述历史档案资源建设是一项涉及历史、档案、社会学、民族学等许多领域和学科、繁杂且浩大的系统工程,面临需要研究的问题也很多。就行动而言,举其要者有:

首先,整合现有的资源。目前我国口述历史档案资源比较分散,不论是已形成的口述历史档案资源,还是做口述历史档案的人力资源,都处于游兵散勇、单兵作战状态。面对口述历史档案资源的现状,当务之急是实施社会口述历史档案资源的整合策略。在社会范围内,统筹规划已经形成的口述历史档案资源,以及有计划地制作口述历史档案,使对国家和社会有价值的口述历史档案资源,形成一个结构合理、配置优化的资源体系,充分发挥口述历史档案资源整体优势,以适应全社会的利用需求。在口述历史档案人力资源整合方面,需要建设一支强劲的专业队伍。口述历史档案的访谈制作是一项技术性较强的业务工作,从事口述历史访谈的人员,既要具备历史学、档案学专业的知识,又要对访谈者及访谈事项有较全面的了解把握。因此,高素质的专业队伍是口述历史档案资源建设的基本保障。

---

① 叶永烈.口述历史是"活的档案"[J].中国档案,1998(6).
② 上海市档案局.新时期公共档案馆建设[M].北京:中央文献出版社,2004:36.

其次，建立口述历史档案资源建设的运作机制。一是完善法规保障机制，口述历史档案形成及利用涉及诸多相关的法律制度问题，需要建立相关的法规和标准，规范口述历史档案的制作、收集和开发利用。同时也必须贯彻尊重受访者意愿和隐私原则，保障受访者的合法权益。二是加强组织保障体系建设，为口述历史档案资源建设保驾护航。在档案馆层面，可以由内设的征集部门承担起口述历史档案工作任务。在国家层面，要建立全国性的口述历史档案组织。可以借鉴新加坡的模式，在国家档案馆下设全国性的口述历史中心，负责组织协调全国的口述历史档案工作的开展。三是形成交流互动机制，加强档案馆之间、档案馆与社会各界，尤其是史学界之间的交流互动和信息传递，解决采访群体交叉、定位不清等问题，确保口述历史档案的质量。四是加强资源的数字化建设，运用现代信息技术，加快口述历史档案数字化及口述历史档案数据库建设，搭建口述历史档案资源共享的网络平台，实现口述历史档案资源社会共享。

最后，深化口述历史档案资源的理论研究，为口述历史档案资源建设提供理论支撑。确立口述历史档案是国家档案资源重要构成的理念，目前我国对国家档案资源范围的研究，多侧重于党政活动、经济建设活动、社会重大活动等而形成的文件材料，还没有把口述历史档案纳入国家档案资源范围。国内外日益发展的口述史实践表明，对国家档案资源范围的研究迫切需要由官档领域向民档维度转型。口述历史档案资源建设涉及诸多理论问题，例如，怎样规划口述史项目，访谈如何进行，口述历史档案如何制作，口述历史档案资源如何管理和利用，它与一般档案有哪些异同，呈现出什么样的规律等，都需要研究清楚。再如，怎样在法制和道德的框架下保护口述史被访谈人的利益，如何制定口述历史档案的规范和标准，如何明确口述历史档案的程序和制度等，也亟待研究解决。

虽然目前还没有一种做法能够成为"模本"，但对于口述历史档案，档案界正在开始相关实践与理论方面的建设，试图在符合档案管理体制与口述历史档案内在规律的要求下，进一步科学整合现有的口述档案资源，以使口述档案得到良好地保护和发挥其社会价值。一个比较可行的操作方法是，规划组织具体的口述历史档案项目，就政治、经济、军事、外交、文教、科技、民风民俗、工商业、社会变迁、突发事件等方方面面进行访谈。对于口述历史档案资源建设来说，行动胜于论道，当务之急是尽快着手建设口述历史档案。至于何谓口述档案，它的性质与否，或者口述档案是否具备一般档案定义所说的原始性问题，是否属于档案范围等，当下倒不是最重要的，如何定义口述历史档案等一些理论问题，在建设过程中可以再深入进行讨论。

一个没有历史记录的民族和国度，是一个失忆而瘫痪的民族和国度，而中华民族前人们为当今创造的珍贵精神文化遗产，应当在中华民族的档册上留下永久的纪录。为了中华文化遗产永远地传承下去，不仅档案馆要做口述历史档案资源的建设，学校、企业、事业单位的档案室也应该做。尤其是档案馆应尽快行动起来，全面开展口述历史档案资源的建设。只有这样，我们才能既无愧于前者，也无愧于后人。

认识与行动：
再论口述历史档案资源建设①

2009年我应《图书情报研究》杂志之邀，写了《口述历史档案资源建设探略》一文。② 该篇文章从口述历史档案资源建设与研究的现状出发，论述了口述历史档案资源建设的定位与意义。鉴于目前档案界对将口述历史档案作为档案资源的重要构成来加以建设，还存在着程度不同的分歧和争论，我认为有必要从认识与行动的向度来进一步论证，以期推进口述历史档案资源建设向纵深发展。

一、对口述历史档案的认识

口述历史档案，目前档案界多称作"口述档案"，该概念是由于口述历史的出现而产生的新术语。众所周知，作为科学诠释的口述历史起源于外国。20世纪40年代，美国哥伦比亚大学建立了世界上最早的口述历史研究室。20世纪60—70年代，加拿大和英国开始兴起口述历史的学理研究和项目访谈。20世纪80—90年代以后，口述历史在世界各国得到普遍开展。现在，美国、英国、加拿大、新加坡等国，都设有全国性口述历史组织，开展各类口述历史的访谈活动。

20世纪80年代以来，口述历史传入我国，其影响"必将引起历史观念和历史写作方法的革命"，③历史学对口述历史的理论研究和实际操作自此方兴未艾。几乎与此同时，口述历史档案也开始进入了档案界的视野，1982年编印的《第九届国际档案大会报告集》，收录了肯尼亚国家档案馆馆长卡哥姆贝的专题报告《口述史与档案》，虽然报告中没有对口述档案概念做出科学诠释，但以本国为例证论及口述档案的范围、形成、价值、功能、收集、利用，却使档案界耳目一新。1986年出版的《第十届国际档案大会报告集》，收录新加坡谭莉莉的《档案

---

① 本文原载于《档案学通讯》2012年第1期。
② 潘玉民,吕芳.口述档案资源建设探略[J].图书情报研究,2010(1).
③ 陈墨.口述历史将引发历史研究方式革命[N].光明日报,2011-5-25(2).

馆职能的扩大——关于口述史料的管理问题》报告。报告中根据1978年国际档案理事会在马来西亚举办口述史座谈会精神,回答了口述资料的含义、制作主体、征集,以及赞成和反对档案馆参与口述史料计划的论点。

1990年出版的《第十一届国际档案大会报告集》,收录塞内加尔的萨利乌·姆贝伊的《口述档案》报告。该报告基于世界各国"还远未找到一个统一的方案来管理和利用口述档案"的现状,较系统地阐述了口述档案的定义、收集、鉴定、编目与著录、查找工具、保护、作用、局限等问题,希望会后"口述档案能够在当代档案学理论中获得应有的地位"。[①]

国际上对口述历史档案研究的理论与实践,极大地推动了我国档案界对口述历史档案理论研究和实践活动的开展。20世纪80年代中叶档案期刊上已发表关于口述历史档案方面的论文。进入90年代以来,口述历史档案的研究日益为档案界所关注,逐渐形成热点。查检中国期刊全文数据库,用关键词"口述档案"检索,获得相关文献228篇。综观口述历史档案的研究文献,有些问题已达成共识,如口述历史档案的价值、意义等;有些问题尚存在分歧,如口述历史档案的定位、性质等。

从目前研究现状来看,档案界比较纠结的主要问题:一是口述历史档案是不是档案;二是口述历史档案与口述历史相互间如何区别。

对于口述历史档案是不是档案的问题,持反对意见者认为,口述历史档案只是当事人事后的记录,它不具有档案的原始性,因此不能称其为档案。什么是口述历史档案?根据《档案术语词典》解释:为研究利用而对个人进行有计划采访的结果,通常为录音或录音的逐字记录形式。关于口述历史档案的原始性问题。我国档案学者王景高从社会记忆维度阐述了口述历史档案的原始性,他认为,"档案从它的起源和本质讲,乃是一种社会记忆工具,书面档案和口述档案的本质都是社会记忆,它们都具有原始性。"[②]这里我们再从口述历史档案形成过程来考察。口述历史档案的形成是一定主体有目的地对当事人进行采访的结果,口述历史档案内容反映的均是当事人的亲历、亲见和亲闻,应该具有原始性。另外,访谈过程也表现为原始性,口述历史档案记录的是采访者提问与受访者的回忆,它是当时当地而形成,并非事后的补救。

或许有人要问,口述历史档案受限于当事人的记忆,有的不够准确或不十分

---

① 萨利乌·姆贝伊.口述档案[J].第十一届国际档案大会报告集.北京:档案出版社;1990:68.
② 王景高.口述历史与口述档案[J].档案学研究,2008(2).

完整，这些局限性的存在，口述历史档案还能成其为档案吗？这涉及对档案真实性的理解问题。档案是原始的历史记录，这是就档案整体而言，说明它较比其他文献更真实可靠。对某一份具体档案来说，并非如此。由于档案形成者的认识、地位、立场、观测角度等诸因素的制约，使档案内容的记载与历史真实存在一定的距离，有的甚至与历史真实大相径庭，在我们所存藏的档案中，这种现象并非为个案。由此可见，内容真实性问题还不能作为衡量口述历史档案是否成为档案的唯一标尺。

口述历史档案虽然是在口述历史基础上延展而来，两者有着密切的联系，但也表现为明显的区别。在历史学界，口述史料和口述史属于两个层面的基本理论。所谓口述史料，"是从史料学的角度，特指史料留存的一个种类；口述历史，是从历史学的角度，特指表述历史的一个方式。"①"口述历史是研究者基于对受访者的访谈口述史料，并结合文献资料，经过一定稽核的史实记录，对其生平或某一相关事件进行研究，是对口述史料的加工、整理和提升，而不是访谈史料的复原。"②李向平等在《口述史研究方法》一书中，将口述历史档案分为三种类型：一是原始资源档案，包括最原始的访谈记录，如录音记录、观察记录、文献资料等；二是分析档案，指经过编码和分析的原始资料；三是工作档案，包括研究计划、反映以往研究状况的文献资料，研究进程的记录以及研究者和研究参与者对实地研究的反思。③

以上口述史学者关于对口述史料和口述历史的区分，为我们厘清口述历史档案与口述历史提供了借鉴的思路。根据已有的研究经验，口述历史档案与口述历史是口述史研究中两个不同的阶段，它们形成的成果各异且关联密切。口述访谈阶段形成的是口述历史档案，口述历史研究阶段形成口述史专著。由于受口述史研究的影响，加之我国口述历史档案建设新近起步，理论研究远远滞后于实际操作，口述历史档案与口述历史常常混为一谈，两者相互间的区别没有得到严格梳理。实际上，现在所说的口述历史档案主要是指口述史学中口述史料那一部分，也就是在做口述历史访谈过程中形成的档案，表现形式是那些访谈中的录像、录音及文字记录。从口述历史研究程序上看，口述历史档案在先，口述历史在后。口述历史档案的形成是整个口述历史研究的前期阶段，其目的在于

---

① 周国新.中国口述史的理论与实践[M].北京：中国社会科学出版社，2005：98.
② 王洪波.口述历史能否给予"历史的真实"[J].http://www.gmw.cn/01ds/2008-08/20/content_825879.htm.
③ 李向平，魏杨波.口述史研究方法[M].上海：上海人民出版社，2010：164-165.

为口述历史研究提供依据,打下基础。

有鉴于此,我认为应将现在通行的"口述档案"这个术语修正为"口述历史档案",这样既能准确地反映口述历史档案的形成及范围,名实相副;也符合学术规范,科学而又直观,使人容易理解和把握,不至于产生歧义。

二、档案界对口述历史档案资源建设的行动

档案馆是否应当开展口述历史档案资源的建设,档案界有反对意见。认为口述历史档案资源建设已经超越了档案工作的边界,档案馆搞口述历史档案是"越俎代庖"。[①] 对此,社会上也有支持的呼声,如南京大学情报学者沈固朝在1995年就曾撰文指出"档案工作要重视口述资料的搜集"[②]著名作家程乃珊也极力呼吁"档案馆不要忽视口述历史"。[③]

尽管档案界对口述历史档案资源建设还存在不同的认识,但是,许多档案馆在学习借鉴国外口述历史档案和国内历史学界做口述史经验的基础上,已经迈出了行动的步伐。相对于历史学界、社会其他各界做口述历史而言,档案界虽说起步稍晚,但发展较快。据不完全调查,我国有许多档案馆先后启动了口述历史档案项目,抢救性地建设具有典型性、特色性的口述历史档案资源。举其要者如下:

2010年,国家档案局批准将云南省作为开展抢救保护少数民族口述历史档案试点地区。并与新加坡国家档案馆联合举办抢救保护云南少数民族口述历史档案培训班,正式启动抢救保护云南少数民族口述历史档案项目。2007年,中国电影资料馆和电影频道节目制作中心联合开展"中国电影人口述历史项目",截至2010年,已完成一期工程,对207位老人进行1 949.5个小时访谈。成果《中国电影人口述历史丛书》前4卷,已由民族出版社出版。2011—2015实施二期工程,计划完成100位一对一访谈,十个左右的实验性访谈文本,8本口述历史丛书。

各省、市、县区级档案馆也开始了口述历史档案的行动。如广东省档案馆先后启动的抗战口述历史、知青口述历史、广东改革开放口述史、纪念抗美援朝60周年口述史项目。安徽省档案馆、山东省档案馆、辽宁省档案馆等,也不同程度地开展了口述历史档案工作。市级档案馆方面,如青岛市档案馆、南京市档案

---

① 糜栋炜.国家综合档案馆何必越俎代庖——探讨从事口述历史的合理性[J].北京档案,2007(2).
② 沈固朝.档案工作要重视口述资料的搜集[J].档案学通讯,1995(6).
③ 上海市档案局.新时期公共档案馆建设[M].北京:中央文献出版社,2004:36.

馆、大连市档案馆、蚌埠市档案馆、石狮市档案馆、福州市档案馆等都开展了口述历史档案的资源建设。常熟市档案馆采集"日军暴行在常熟"的口述历史档案119篇,从中选出89篇结集,名为《警钟长鸣——侵华日军常熟暴行口述档案》,由上海社会科学院出版社2008年出版。县区级档案馆方面,北京市海淀区档案馆抢救整理日军侵华时期曾被掳往日本从事苦役现居住海淀区劳工幸存者的口述历史档案,编辑专题片在电视台播出,制作了"不容忘却的历史"的网上展览。北京市西城区档案馆采访六七十岁以上的老人形成口述档案,记录他们童年、青年时期以及鲜为人知的往事。沈阳市铁西区档案馆建立口述历史档案,记录铁西百年工业文明。天津泰达档案馆启动"开拓者之声——开发区口述档案征集之旅"。宁波海曙区档案局把带有地方特色的革命歌谣制作成口述历史档案。

有些高校档案馆,如上海交大档案馆、上海理工大学档案馆、广西师范大学档案馆等启动"口述校史"和"学校记忆"工程,开展校友口述史料访谈。

北京军区档案馆以"展开历史画卷、回忆红色征程"为主题开展口述档案的征集。沈阳军区档案馆有针对性地建立解放战争口述档案库,永久保存珍贵的"活历史"。

《中国档案报》《浙江档案》《档案与建设》《档案春秋》等档案专业报刊,常设口述历史栏目,发表口述历史档案的文章。

从以上对档案界口述历史档案资源建设行动的宏观梳理中,不难看出其所呈现出的明显特点。一是开展得不够普遍及平衡,省级档案馆较少,市县级档案馆居多;二是缺少长远规划,系统性不足。多数档案馆采集口述历史档案仅是为配合某项重大纪念活动的临时性行为;三是运作方式多元。有的是档案馆独立运作,有的是档案馆与其他研究部门或新闻单位合作;四是成果状态多样。有的编辑专题片在电视台播放,有的编辑图书出版,有的用于主题展览,有的仅作为档案收藏。总之,我国档案界的口述历史档案资源建设从整体上还处于分散采集的自发阶段,远未达到理性自觉的程度。

三、口述历史档案资源建设的路径选择

整体推进口述历史档案资源建设是全新的任务,它不同于传统的档案资源建设模式。不仅需要理顺档案管理体制内部关系,也涉及社会各方面的关系,是一项综合性的系统工程。需要以"大资源观"的新理念为指导,突破习惯思维的桎梏,遵循口述历史档案资源建设的自身规律,实施体制和机制创新,建立起新

的运行机制,科学处理内外部诸种关系,达到口述历史档案资源建设和原有档案资源建设的有机结合与统一,促进国家档案资源建设体系各个向度、各个层面的协调发展。

口述历史档案资源建设路径选择主要包括三个层面:一是个体口述历史档案的制作及形成;二是对社会已有口述历史档案的收集;三是社会层面上的口述历史档案资源整合建设。

第一,档案馆口述历史档案的制作及形成。有重点地确定方向,通过规范的程序,如口述历史档案项目的选题、制定计划、开展访谈、口述历史档案保存等步骤,或记录,或拍摄而产生形成个体口述历史档案。这种直接采集口述历史档案的方式是当前档案馆多采用的路径。目前,由于国家层面上没有出台相关操作标准,实践中须借鉴口述历史的经验。

第二,档案馆对社会已形成的口述历史档案进行收集。档案收集是档案馆的强项,但从社会上已做口述历史的单位和个人收集其口述历史档案,与以往档案收集不同,很大程度上不再是指令性的,而是需要采取协商沟通的方法。我国目前做口述史的范围较广,口述历史档案也分散保存在诸多方面。有历史学者,有作家,有研究机构,社会团体,也有新闻媒体。如著名电视主持人崔永元从2002年开始策划制作"口述历史"项目。出版界出版了一批口述史著作,中国社科院出版有《口述历史》专刊。面对如此分散的口述历史档案,档案馆需要畅通收集渠道,将口述历史档案实体或信息集中保存,以便于其长久传承和社会广泛利用。

第三,档案馆对社会各界已形成的口述历史档案资源予以整合。如上所述,口述历史档案资源分散的状况,不利于充分实现口述历史档案的价值。为此,需要对全社会口述历史档案资源进行整合,统筹规划口述历史档案资源的布局,使对国家和社会有价值的口述历史档案资源,形成一个结构合理、配置优化的资源体系。这样,既能发挥口述档案资源的整体优势,也能使口述历史档案资源得到良好的传承和共享,从而满足全社会的利用需求。具体策略为:一是建立口述历史档案组织,国家和地方档案馆分别设置口述历史档案中心,负责组织协调口述历史档案工作的开展;二是形成交流互动机制,加强档案馆之间、档案馆与社会各界,尤其是与史学界之间的交流互动和信息传递,解决采访群体交叉、定位不清等问题,确保口述历史档案的质量;三是加强资源的数字化建设,运用现代信息技术,加快口述历史档案数字化及口述历史档案数据库建设,搭建口述历史档案资源共享的网络平台,实现口述历史档案资源社会共享。

大力推进口述历史档案资源建设，不论是对抢救和传承人类社会记忆与文化遗产，还是对完善档案资源体系结构，都是非常必要和紧迫的。当然，口述历史档案资源建设不可能是一蹴而就之事，需要长期坚持不懈的努力，才能显现其社会效益。无论如何，为了国家和社会不再失忆，这是当代档案工作必须担当且不可推卸的历史责任。

档案界口述历史档案资源建设实践进展评析[①]

档案馆是否要开展口述历史档案资源建设,主要存在三种意见:反对者认为超越了档案工作的边界,是"越俎代庖";[②]赞成者认为是档案资源的新拓展;观望者在等业务主管部门的文件。与档案界不同的是,社会上支持档案馆应该建设口述历史档案资源的呼声甚高。如南京大学情报学者沈固朝在1995年就撰文指出"档案工作要重视口述资料的搜集"。著名作家程乃珊在第二届上海档案论坛上极力呼吁"档案馆不要忽视口述历史"。尽管档案界对口述历史档案资源建设认识还存在分歧,但是,许多档案馆在学习借鉴国外口述历史档案资源建设和国内史学界做口述史经验的基础上,已经开始了行动的步伐。

一、实践进展

据不完全调查,我国许多档案馆先后启动了口述历史档案项目,抢救性地建设具有典型性、特色性的口述历史档案资源。举其要者如下:

(一) 国家档案局的推进

梳理国家档案局推进口述历史档案资源建设,主要采取四种方式:第一,先行试点。2010年,国家档案局批准将云南省作为开展抢救保护少数民族口述历史试点地区。与新加坡国家档案馆联合举办抢救保护云南少数民族口述历史培训班,正式启动抢救保护云南少数民族口述历史档案项目。云南省档案局本着统筹规划、分步实施的工作思路,通过访谈,记录云南少数民族有关语言文化、原始宗教、祭祀文化、技术技艺、社会习俗、节日风俗、社会组织、民间传说、衣着服

[①] 本文与郭阳合作完成。原载于《档案学研究》2016年第4期,为国家社科项目《口述历史档案资源建设及其开发利用策略研究》阶段性成果之一。

[②] 糜栋炜.国家综合档案馆何必越俎代庖——探讨从事口述历史的合理性[J].北京档案,2007(2).

饰、建筑风格、饮食文化等方面的口述历史档案,逐步建立涵盖云南25个少数民族的口述历史档案资源体系。

第二,举办培训班。自昆明培训班后,2014年为进一步提高档案干部口述历史理论水平和工作能力,促进口述历史工作快速发展,国家档案局在南宁举办抢救保护广西少数民族口述历史培训班。2015年又在新疆乌鲁木齐市举办第三期口述历史培训班。

第三,领导讲话。2013年时任国家档案局局长杨冬权视察福建省档案馆时提出,"要加大档案资源建设,注重加强口述档案的抢救工作。"2014年国家档案局副局长杨继波在广西少数民族口述历史培训班开班式上讲话指出,做好口述历史工作有三个好处:一是可以弥补历史的空白和断层;二是可以丰富和完善现有馆藏;三是可以加强档案工作的对外交流。他特别强调,口述历史工作不争论,先干起来再说。做好口述历史工作,要特别注意四个方面:一是要特别重视人员的培训;二是要特别重视工作任务的规划;三是要特别重视口述历史档案资料的整理研究;四是要特别重视口述历史资料的征集工作。

第四,学习借鉴外国的经验。举办的三期培训班均邀请新加坡国家档案馆讲授其在口述历史工作方面的经验和做法。与此同时,组织翻译出版了《记忆与回忆:新加坡国家档案馆口述史工作手册——通过口述史记录国家的历史》,作为口述历史档案培训的基本教材和工作参考的蓝本。

(二)中国档案学会的推进

中国档案学会推进口述历史档案建设表现为人员培训方面。2014年至2015年,分别在西宁、昆明、哈尔滨举办了三期"口述历史档案抢救收集培训班"。讲授口述历史档案抢救收集工作的原则要求、形式方法,以及题目设计与实施、编研与出版,同时组织经验介绍交流、咨询答疑。每期参加学员近百人,共培训学员200余人。学员通过学习,掌握了口述历史档案的基本理论和方法,回到各自单位先后开展了口述历史档案工作。学员们还建立了名为"口述抢救"的微信群,相互交流学习体会,分享工作经验。

(三)省部级档案馆的行动

中国电影资料馆和电影频道节目制作中心于2007年联合开展"中国电影人口述历史项目"。项目本着以人为本的采访目标,让老电影人讲述其电影从业经历、社会经历、个人生活。截至2010年,已完成一期工程,访谈207位老人,近

2 000个小时记录。成果"中国电影人口述历史丛书"前4卷,已由民族出版社出版。2011年—2015年实施二期工程,计划完成100位一对一访谈,十个左右的实验性访谈文本,8本口述历史丛书。

辽宁省档案馆2009年以来开展口述历史档案的征集,先后采访16位参加过解放战争的老战士,形成了2 400余分钟视频,抢救和保存了珍贵的爱国主义教育素材。辽宁省档案馆新馆建设有口述档案演播室。

吉林省档案局馆2012年,结合《长春1948》的剧本创作,开展了1948围困长春口述史料的征集工作。2015年,吉林人民广播电台交通广播好人帮节目与吉林省物质与非物质文化遗产抢救保护办公室共同发起了吉林省抢救抗战老兵口述史文化工程,对全省271名在册老兵进行寻访。百余名老兵的抗战经历被印制成册,由吉林省档案馆收藏。

北京市档案局馆2013年采取服务外包方式推进口述档案采集工作。通过与社会专业公司签订合同方式,利用其专业人员与设备,开展口述档案的采录、后期编辑及文字整理等工作。服务外包明确规定口述档案采集的技术标准、质量要求及所有权等问题,确保采录的口述档案具有较高水准。现已采集反映北平地下党组织活动的口述档案、北京市各界知名人士的口述档案等。采取服务外包方式开展口述档案采集工作,可以集中精力做好口述档案采集的选题、组织与管理,及时抢救珍贵的社会历史记忆。

天津市档案馆从2009年开始启动口述档案的征集,已开展十余个口述档案专题的征集。采访了近百位来自津城各界重要历史事件的亲历者们,录音总时长近万个小时。设计有口述档案征集流程,录制拍摄环节专门搭建了一座摄影棚。在这间摄影棚,征集人员坐在讲述人对面,面对面采访、交流、倾听。

2012年颁布的《河北省档案收集管理办法》第十二条规定:向各级国家档案馆移交档案时,各单位应当同时移交与档案有关的报刊、年鉴、方志、回忆录和口述档案等资料。

湖南省档案局馆2015年启动重大历史事件、重大活动及重要人物口述档案记忆工程,以此记录和保存历史细节。为确保口述档案记忆工程的顺利实施,做的准备工作有:一是拟定了口述史采访整理流程;二是拟定了访谈提纲、采访协议书、采访邀请信、感谢信、口述项目计划大纲、工作方案等相关业务文档;三是制发了口述档案采集的音视频资料整理办法等相关规范标准。

广东省档案馆2006启动抗战口述历史项目。2007年启动知青口述史访谈,《广州日报》派记者全程参与,有的成果发表在《广州日报》,社会影响广泛。

同年开始广东改革开放口述史工作。2010年,与广州市委党史研究室等单位联合开展纪念抗美援朝60周年口述史专访活动。目前,已先后启动了广东名人口述史、抗战口述史、改革开放口述史、知青口述史等专题的访谈。编辑的《广东改革开放先行者口述实录》由广东人民出版社2008年出版。2013年广东省政府出台行政规章《广东省档案馆收集档案范围实施细则》,将口述历史档案纳入档案馆收集范围,用法规的形式予以保障。

上海市档案馆口述历史档案资源建设主要表现在文献片拍摄和出版物方面。2009年拍摄《重走上海解放之路口述记录》《上海世博会历史口述记录》,2004年出版《追忆——上海历史档案里的故事》,2007年出版《外滩——装饰派艺术建筑在上海》,这两种音像制品均不同程度地采用口述纪实手段。《档案与史学》1994年发表口述历史的文章,2001年设"口述历史"栏目,更名为《档案春秋》后设"口述"栏目。《上海档案史料研究》2006年设"口述历史"栏目,刊载口述方面的文章。

江苏省档案局馆2007年在"十一五"档案事业发展规划提出,加强档案文化遗产保护。加大对在本地区现代化建设进程中有突出贡献和重要影响的名人档案征集力度,要求注重口述档案收集进馆,建立"名人档案库"及"口述档案",在全省实现资源共享。

浙江省档案局馆在"浙江百镇梦想"活动中,指导口述档案的采集,通过环境+讲述的形式,有画面、有声音、有文字,全方位记录梦想。2015年,已经成功制作《见证"两美"浙江——宁海"五水共治"口述档案》《珍藏知名浙商梦想》等口述档案,为更好地给"百镇梦想"建档积累了丰富的实践经验。在百镇梦想的采集过程中,省档案局馆将主动介入,指导口述档案的搜集和制作,珍藏每个梦想,并给口述者颁发馆藏证书。

山东省档案馆于2007年启动山东知青口述档案项目,其成果编辑《怀望遥远的青春——山东知青档案实述》,由山东人民出版社正式出版。全书67万字,分上、中、下三册。2013年,山东省档案局和山东广播电视台联合主办《山东往事》大型纪实类历史文化栏目。栏目每期节目30分钟,在山东广播电视台电视公共频道播出。先后获"山东广播电视大奖十佳栏目奖"第一名,国家新闻出版广电总局2012—2013年度国产纪录片及创作人才扶持项目优秀栏目奖。2015年,山东省档案局馆开始口述档案建档工作,逐步整理采集的口述档案,建立"口述档案库"永久保存。在适当的时机,将对公众开放口述档案,发挥其历史价值。

福建省档案局2015年印发《福建省"乡村记忆档案"示范项目建设方案》,启动"乡村记忆档案"示范项目建设。计划用两年时间着力打造全省57个"乡村记忆档案"示范村,推动和规范乡村记忆档案收集、整理、编研、展览、开发及保护工作。在乡村记忆档案编研开发方面,要求开展村史村志、家谱等乡土文化编修工作,制作乡村特色记忆文化口述档案,制作展览,拍摄视频专题片,编印专题书籍图册等。

安徽省档案馆2009年以来抢救性地采访健在的老红军、老八路,为其建立口述历史档案。2015年,安徽省档案局与老干部局联合印发《关于开展八路军新四军老战士口述历史档案资料征集活动的通知》,要求采用现场摄像的方式全程记录,分期分批对老战士进行口述采访、规范整理,形成电子版、纸质版口述档案材料。同时,征集老战士的书信、照片、日记、实物等其他档案材料。计划2017年建立全省老战士口述历史档案数据库。

陕西省档案馆2014年开展口述历史档案采集建档工作。将其作为加强档案资源建设的重要抓手,进行人员培训、设施配备和资金投入,组织人力对各领域具有重大影响的著名人物或当事人摸底,逐步采集口述档案。

宁夏档案局2001承担国家档案局《口述历史档案采集标准》档案工作行业标准制定工作,现已完成研制。2004年征集口述档案录音3盘,2008年采集原自治区领导马启兴口述档案。2013年制定《零散档案征集征购制度》,规定了采集口述档案的条件、要求和标准。

新疆档案局馆2012年征集名人档案时,注重对口述档案的征集。征集西路军迪化新兵营老战士口述及视频档案,共征集拍摄视频档案9小时43分。

(四) 市级档案馆的行动

2005年南京市档案馆采访60位参加抗日战争的老战士,建立抗战老战士口述档案。2015年南京市档案局举办"口述历史与口述档案"专题报告会,与金陵晚报等单位联合发起"留住红色记忆、寻访红色足迹"口述历史大型采集行动,特邀南京市中小学生和家长共同参与。

2005年常熟市档案馆全面启动口述档案征集工作,采集"日军暴行在常熟"的口述历史档案119篇,从中选出89篇结集,名为《警钟长鸣——侵华日军常熟暴行口述档案》,由上海社会科学院出版社2008年出版。2006年常熟市档案局将开展口述档案抢救征集纳入《常熟市档案事业发展"十一五"规划》的基础上,又联合相关部门印发《关于进一步加强口述档案征集工作的意见》,对进一步加强口述档案征集工作提出具体要求和措施。

2004年扬州市档案局成立江苏省首个口述档案研究协会。2007年出台《口述档案归档整理方案》,界定口述档案的概念、范围、整理原则、分类方案、整理方法等。2015年录制百岁抗战老兵口述档案。

2012年杭州市档案馆和《钱江晚报》合作,开展口述档案的建设。出台《关于口述历史音像资料库(口述档案)建设的设想》方案,分类具体细化。如人物类,明确是要记录曾为杭州经济社会作出过卓越贡献的各行各业著名人物,或者有自己特色的杭城典型百姓人物;事件类,包括政治事件、自然事件、人为事件等。

2013年丽水市档案局启动抢救侵华日军丽水细菌战口述历史档案,先后成立细菌战调查组和浙西南侵华日军细菌战受害幸存者档案抢救中心,赴各地寻访细菌战幸存者,为147位受害幸存者、10位受害者家属建立了口述历史档案资料。2014年举办口述建档工作培训班,建立口述档案录音录像演播室系统。开展寻访"红色丽水、处州儿女"足迹档案行动,走访并录制了28位丽水籍老兵的口述档案。同时,根据采集的素材,拍摄制作完成电视纪实专题片。计划启动"抗战见证者"、"抗美援朝英雄"、"民间工艺大师"、老干部、"畲族古寨"等具有丽水特色的口述档案录制工作,形成系列具有地方特色的"口述档案集"。

2012年威海市委办印发《关于开展老干部口述访谈活动的实施方案》,市档案局围绕重大决策、重大变革、重大事件及重大项目等内容,启动老干部访谈活动。2013年创刊发行《威海足迹》,刊载老干部口述史访谈成果。2015年召开口述访谈协调会议,重点推进各大企业口述访谈活动,要求将访谈活动作为积累企业档案,宣传企业文化的平台,确保口述访谈活动的有序顺利开展。

2015年济南市档案馆以纪念中国人民抗日战争和世界反法西斯战争胜利70周年为契机,组织开展"档案里的硝烟——济南抗战记忆"档案资料有偿征集活动,录制《无名的抗战》等十个有关日寇侵略济南和济南军民英勇抗战的口述档案,编辑制作视频资料430余分钟,填补了馆藏空白。

2012年太原市档案局馆着手开展口述档案征集,对采录的晋阳古城遗址文化口述档案进行整理,将形成的文字材料、录音和照片一并存入口述档案数据库。2015年实施"口述档案记忆工程",对重大历史事件、重大活动及重要人物进行采访。"已故老市长岳维藩"项目已采录完成,还将开展红色抗战老兵口述档案采录,为纪念抗战胜利70周年留存宝贵历史资料。

2012年阿坝州档案局印发《关于加强口述历史档案工作的通知》,明确口述历史档案管理责任单位、收集和归档范围、移交进馆工作、管理要求,规范管理口述历史档案工作,确保档案收集齐全、科学归档、及时移交。2013年,阿坝州口述历史领导小组办公室移交口述历史活动档案资料,建立起口述历史档案永久性查阅平台。

2015年宣城市档案局联合市委老干部局在转发《安徽省档案局关于开展八路军新四军老战士口述历史档案资料征集活动的通知》的同时,发送了《致八路军、新四军老战士的一封信》,详细解释口述历史档案资料征集活动开展的背景、意义和主要内容。会同市政府办、市卫计委,采取现场摄录的方式,分别对居住在芜湖的离休干部于岳恒、刘清邦进行口述历史档案资料征集。

2012年抚顺市档案馆与"抚顺7 000年"网站联手开展"口述城市历史",发挥各自的资源优势和人才优势,通过采访历史专家学者、探访城市历史遗迹等有效方式。抚顺市档案馆已开展了两项"口述档案"采集:一是"抚顺市档案局馆发展历程"口述档案;二是与抚顺市锡伯族联谊会和顺城区河北乡党委,就抢救保护抚顺锡伯族口述历史档案达成合作,开展锡伯族迁移及发展的口述。

2013年银川市档案馆为张贤亮建口述档案。已收集历任老领导、各界知名人士的口述档案50人(次),建立有银川历史文化特色和民族特点的口述档案资料库。

(五) 县区级档案馆的行动

2005年北京市海淀区档案馆走访日军侵华时期曾被掳往日本从事苦役现居住海淀区的劳工幸存者,抢救整理口述历史档案。并编辑制作以纪念抗战胜利、抢救口述历史档案为主题的专题片在电视台播出,同时还制作了题为《不容忘却的历史》的网上展览。2006年,西城区档案馆深入到什刹海街道社区,采访生活在这里的六七十岁以上的老人,记录他们童年、青年时期以及鲜为人知的往事,并对采访录音整理形成口述档案。2012年房山区档案馆采集老党员红色口述档案。2014年昌平区档案馆对国家级非物质文化遗产小汤山镇后牛坊村"花钹大鼓"口述档案进行了采录,将传承人高如常、郝维栋两位老人口述的80余分钟"花钹大鼓"起源及发展历程的录音资料收集进馆。2014年朝阳区档案馆开展《走进档案背后的故事》口述历史档案的征集。

2005年上海市闵行区档案局邀请部分老干部参加建立口述档案座谈会,请他们对反映闵行区重大改革、重大建设的事件进行回忆,形成口述档案。2010年松江区档案馆征集罗洪先生口述档案。2013年金山区档案局启动"南社活字典"姚昆田口述档案的录制。2012年普陀区档案馆与区党史办合作开展具有保存价值的口述档案征集,口述档案征集小组已累计采访10位老干部,年内计划采访20位当事人。

2008年沈阳市铁西区档案馆通过开展讲述区史、厂史、家史活动,对深藏人们记忆中的百年故事进行挖掘、抢救和整理,录制成光盘,建立口述档案,记录铁西百年工业文明。

2009年青岛开发区档案馆采集建国前老党员口述档案。2013年城阳区档案馆采取录音录像的方式,让市民用本地方言讲述民风民俗,以口述档案的形式永久保存,已经录制570余分钟的音像材料。2014年市北区档案馆根据《口述档案征集工作计划》,围绕老台东历史,集中开展口述档案采集。2012年崂山区档案局采访抗日战争、抗美援朝老同志、老领导、劳模、普通群众近百余人,建立了包含40余小时录音录像资料、20余万文字资料的口述史资料数据库。

2010年天津泰达图书馆、档案馆启动"开拓者之声——开发区口述档案征集之旅",计划用2至3年时间完成对"老开发"记忆中宝贵档案的抢救性挖掘。已采访10位老开发工作者,制作视频、录音共11盘,554分钟。

2011年宁波海曙区档案局根据八旬老人翁绍初的口述和咏唱,把带有宁波地方特色的革命歌谣以视频资料的形式制作成口述档案。

2014年松阳县档案局开展侵华日军细菌战幸存者口述档案建档,对全县58位幸存者口述历史内容进行录像、拍摄和文字收集。通过对文化传承人进行有计划地采访,建设非物质文化遗产口述档案。

2014年新津县档案馆为修建新津机场亲历者录制"口述历史"资料。

(六)高校档案馆的行动

高校档案馆的口述历史档案资源建设主要表现在口述校史方面。如上海师范大学档案馆2007年开始保存学校记忆的口述档案,广西师范大学2007年启动"口述历史"项目,贵州师范大学档案馆2008年启动"口述校史"工程,上海交大档案馆2010年开展杰出校友口述史料访谈,上海理工大学档案馆2010年启动"口述沪江"活动,浙江大学档案馆2011年赴台湾征集档案史料、挖掘口述历史,2013年华东师范大学档案馆启动"丽娃记忆"口述档案项目等。

(七)档案报刊的行动

《中国档案报》《浙江档案》《档案与建设》等档案专业报刊,常设口述历史栏目,发表口述历史档案方面的文章。

(八) 部队档案馆的行动

北京军区档案馆 2011 年为纪念中国共产党建党 90 周年,以"展开历史画卷、回忆红色征程"为主题开展口述档案的征集,采访曾参加过抗日战争、解放战争和朝鲜战争的老首长。2015 年为纪念中国人民抗日战争胜利 70 周年,北京军区档案馆协调军区机关多个干休所,组织采访了 10 名曾经参加过抗日战争的老战士,形成口述档案 10 份共 4 万余字,录音 13.6 小时,视频资料 23 GB(千兆字节)。

沈阳军区档案馆 2009 年有针对性地开展了口述档案的征集,采访多位参加过解放战争的老首长,整理并建立口述档案库,把这些具有珍贵史料价值的"活历史"永久保存。

二、简要评析

从以上对档案界口述历史档案资源建设行动的宏观梳理中,不难看出其所呈现出的明显特点。

第一,口述历史档案资源建设已开始起步。从时间维度,2010 年前收集口述历史档案的档案馆不多。2010 年后国家档案局在云南试点后,引导作用明显,抢救口述历史档案工作开展活跃。总体上看,相对于历史学界做口述历史而言,档案界虽说起步稍晚,但发展较快。同时也存在着各地方开展不够平衡的问题,行动的与没有开展的共同存在。

第二,名称不一。有口述档案、口述历史档案、口述历史等多种名称,其中称口述档案者居多。尽管名称不一,但普遍认为口述历史档案是一种新的档案资源形态,是拓展档案收集的新渠道,能够丰富馆藏档案资源的门类。口述历史档案工作具有抢救性质,随着时间的流逝,抢救这些具有珍贵史料价值的"活历史""活档案"日益迫切。

第三,没有统一的标准,各自为战。据调查,宁夏档案局承担研制的口述历史档案标准已经完成,但还未进入到鉴定阶段,待鉴定修改完善后,全面推广尚需时日。目前全国在面上对口述历史档案资源建设还没有统一的规定要求,如何操作也未形成一个标准,各级档案馆只能根据各自的认识和实际,出台相应的业务规范,探索性地开展口述历史档案的采集、访谈和存藏。

第四,缺少长远规划。虽然有的档案局馆将口述历史档案资源建设纳入整体规划,统筹考虑,以工程或项目形式按先后次序安排。但多数档案馆采集专题口述历史档案仅是为配合某项重大纪念活动的临时行为,各专题彼此之间的关联稍弱,随意性强于系统性。

第五,运作方式多元。一是档案馆独立运作,在组织形式上,有的成立了专门机构,配备专门人员;二是档案馆与其他相关部门联合,或与报纸、电视台、网站等新闻媒体合作;三是借助社会力量,采取外包的形式采集口述历史档案。

第六,成果状态多样。编辑专题片电视台播放,编辑图书出版,撰写文章报刊上发表,整理文字网络传播,录像用于主题展览,皆为口述历史档案开发成果的表现形式。也有的仅作为档案收藏。

总之,我国档案界的口述历史档案资源建设从整体上还处于分散采集的自发阶段,正在逐渐走向理性自觉的程度。

口述历史档案资源建设的模式[①]

口述历史档案资源建设的模式指具体口述历史档案制作而言。它包括两个层面：一是个体口述历史档案的制作；二是对社会已有的口述历史档案资源的融合共享。前者是"从无到有"，后者是"从有到优"。这里主要阐述口述历史档案资源建设的原则、口述历史档案的采集、口述历史档案采集流程和技术等问题。

一、口述历史档案资源建设的原则

（一）存真求实原则

存真求实原则是口述历史档案资源建设的最根本原则。"存真"要求保存历史的真实记录，去粗取精、去伪存真；"求实"乃务求真实。口述历史档案是档案的一个新的组成门类。在口述历史档案的制作过程中，应遵循档案的本质，即原始记录性，本着"原貌历史，真相事实，鲜有个人评论"[②]的精神，严格维护档案的本质特性。在叙述当时当事的过程中，坚持维护历史的原貌，不以个人的好恶多加评论甚至修改。在录制的口述历史录像中，除非一些场景，或无用的空白镜头，尽量不剪辑，以维护和展示原貌。档案工作者对一个选题的口述历史档案必须进行认真研究，仔细查点、鉴别和核实，对历史事实作出科学的结论和评定，鉴定出该口述历史档案内容的真实与存疑之处，去伪存真，保障口述历史档案的真实性。

---

① 本文为国家社科基金项目《口述历史档案资源建设及其开发利用策略研究（12BTQ047007）》研究报告内容之一，原载于武汉大学出版社 2017 年出版的《档案工作实务系列电子培训课程》一书。2007年以来，以《口述历史档案资源建设》为题目，先后在中国档案学会举办的昆明、西宁、哈尔滨抢救口述历史档案培训班，上海、山东、贵州、内蒙古自治区档案局档案人员培训班，上海市黄浦、徐汇、长宁、静安、普陀、虹口、杨浦、闵行、宝山、嘉定、浦东新区、金山、松江、奉贤、崇明等各区档案人员继续教育，上海大学、上海师范大学、南昌大学、上海交通大学、浙江大学、国防大学上海校区等院校档案学专业研究生、本科生，以及档案干部提高班，多次做专题报告。

② 高平和，韩冬田.口述历史录制工作中的几点做法[J].山东档案，2006(5).

"由于口述档案是特定的人形成的,形成中不可避免受到观察力、理解力、个人情感因素和环境因素的影响,它的形成过程决定了其在'记忆的真实'与'真实的历史'上存在一定的差别。"[①]因为时过境迁,有的口述项目的口述者年高体弱、记忆力衰退,或者其他种种原因,所谈内容可能会有讹误不实之处,口述历史档案因此具有主观性、模糊性等局限。对于明显的人名、地名、时间、地点、事件,社会大环境和历史背景等方面的错讹之处应进行鉴别修正。在制作过程中,应坚持存真求实原则,对口述历史档案进行鉴别与考证。如可以参照被访者的记载、笔记,或公诸报章的亲历、亲闻。当然,被访者的记载、笔记中难免有道听途说,但同时也不乏独家发布的珍闻秘事,生动活泼的细节记载,以及入木三分的真知灼见。将调查资料与文字资料、实物资料进行对照,加以甄别,会大大提高资料的可靠性。另外还要把握口述历史档案的真实性,就是要从受访者的身份、回忆时间、场合,以及他们与所述事件的关系等方面来考虑,判断受访者的立场、利益等,综合分析、判断口述历史档案内容的真实性,找出不符合事实的部分内容,对受访者记忆的真实性与真实的历史要进行比对、区分和鉴别,把握住口述历史档案中可能被夸大、缩小、隐藏、虚构或扭曲的部分,力求达到回忆真实与历史真实的统一,正确揭示历史的真实面目,做到存真求实。

(二) 突出特色原则

这一原则的确立是我国档案事业的实际情况和口述历史档案在内容上、形成上的特点三方面决定的。首先,我国档案事业发展广泛,有国家级档案馆、省级档案馆以及市级档案馆和县级档案馆等不同层次,相应的各层次、各级别、各地方档案馆在口述历史档案资源的建设上就要突出本地特色,收集、制作具有本土特色的口述历史档案,防止不必要的重复建设和资源浪费。其次,由于口述历史档案内容丰富多样,涉及社会生产、生活中的方方面面,包含的学科领域极为广泛,社会科学、自然科学、政治、经济、军事、农业生产等无所不及,与书刊、音像等资料同样是一个信息的海洋,但要给予全面的收集、开发,根本不是某一个机构或者单位所能够做到的。因此要结合本馆的实际情况,以及本地区或整个社会发展的文化特色,紧紧围绕档案馆特色馆藏的主题,有针对性地开展口述历史档案的采集、开发工作,明确目标主题,使口述历史档案成为特色馆藏的重要组成部分,甚至成为"特中之特",成为独一无二的特色馆藏资料。第三,口述历史

---

① 黄峰.口述档案编研原则与方法[J].北京档案,2006(2).

档案来源于社会的各个阶层和不同的人群,"口述历史主要表现的是有明显人文个性或地方特色、有自身突出历史与文化特征的人文社会群体"。① 民间流传的手工艺、歌谣、俚语,少数民族的生活习俗,地方历史发展进程中的重大事件等,都可以用口述历史档案的形式反映出来,这是口述历史档案资源建设特色原则的自然条件。另外档案馆要保持活力,增强竞争力,就要建设具有权威性、地域性、代表性和个性鲜明的特色档案资源,甚至力争在国内外都具有较大影响,建设学术价值高、独一无二的口述历史档案,做到该方面档案信息资源的集中地、汇聚地。建设特色口述历史档案有利于优化馆藏结构,有利于档案馆档案信息资源的建设。

随着档案馆有系统、有计划地启动口述历史档案的征集和建设工作,馆藏口述历史档案的内容和范围日益广泛,涉及社会生活的各个角落。因此,口述历史档案的建设就要突出特色,将本地区的口述历史档案按照民风民俗、事件、人物、行业、群体等进行分析,对具有地方特点的事件、地区的民风民俗、重要的行业、各行各业的代表人物、特殊的人群等优先选题,从零散、琐碎、复杂的口述历史档案中选择有特色的进行制作。如北京市崇文区是民族手工艺的聚集地,一直被誉为"手工艺之乡",历史上能工巧匠云集,老字号、会馆、庙会、戏院汇聚。崇文区档案馆根据崇文区传统商业集中的特点,采集传统老字号口述历史档案,整理编辑成《话说前门》一书。崇文区还征集了驻区部队老将军的革命经历,在纪念抗日战争胜利 60 周年之际,整理编辑了《将军忆当年》一书,并计划对崇文区传统手工业口述历史档案进行采集,编辑制作录音、录像、文字等多种载体形式的口述历史档案作品。这些利用口述历史档案形成的成果,突出了崇文区的传统优势和现代特点,遵循了突出特色原则,是口述历史档案制作的有益探索。

(三) 尊重受访者原则

在口述历史档案的制作过程中,往往涉及四类人,受访者、访谈者、保存者、利用者。在这四类人中,受访者是口述历史档案的作者,是口述历史档案的"主人",因此要从两个方面尊重受访者,遵循尊重受访者原则。

首先,在口述历史档案的制作过程中,要尊重受访者的意图和表述。在实事求是的原则下尽可能接近事实,还原受访者的观点、原意,切忌为说明某种观点去找例证,或者为印证某一结论、某一文件而去寻找材料。历史本身是丰富多

---

① 黄峰.口述档案编研原则与方法[J].北京档案,2006(2).

样、鲜活生动的,而受访者的经历大多复杂而曲折,由于角度不同,所表述的结果也不一样。因此,有些是是非非、曲曲折折确实很难把握,无论如何,受访者自己的叙述或者知情者的叙述,总可以从某种角度、某些侧面反映历史的真实,直接反映他们对某段历史、某件事物的感受和认识,这也是一种历史的真实,不能肆意篡改受访者的意思表达。

其次,在口述历史档案资源建设过程中和其他公开利用时,要坚持尊重受访者的原则,要在口述历史档案资源建设中贯彻尊重受访者的意愿和隐私的思想。也就是在口述历史档案编辑、整理、加工后,要经受访者审阅修改或经本人授权审阅才能定稿,成稿后的口述历史档案的刊行和使用范围,要经受访者同意,口述历史档案的收益性使用、出版发售、影视改编等,应与受访者协商和合理分享。对于涉及受访者个人隐私的内容,不能公开且需要保密,保护受访者的利益。口述历史档案的形成和公开利用涉及受访者的著作权和隐私权等法律权利,这就要求口述历史档案的制作和利用应处于相关法律和道德伦理的约束之下,尊重受访者的意愿和隐私,贯彻尊重受访者原则。

(四) 单元性原则

口述历史档案按照内容划分可分为以人物为中心的口述历史档案、以事件为中心的口述历史档案和以专题为中心的口述历史档案,无论是何种类型的口述历史档案,都要遵循单元性原则,忠实记录口述历史档案,保证口述历史档案访谈资料整体性的保存。在档案大家族中,科技档案的成套性特点对口述历史档案资源建设的建设具有积极的启示意义。成套性要求科技档案必须完整,保持一个科技项目档案材料的齐全成套。口述历史档案资源建设也应借鉴这一原则,即单元性原则,形成相应完整的口述历史档案。口述历史档案的形成由于具有规划性等特点,为实现单元性原则提供了便利条件。因此单元性原则是口述历史档案资源形成的内在要求,是一项基本原则。

在口述史的研究中,目标是通过寻访记录来搜集历史人物事件的相关资料,以便真实地记录历史、再现历史和留存历史。因此,一个具体的口述历史档案项目,必须构成一定意义上的完整的项目单元。单元性原则适用于口述历史档案资源的建设,这一原则也符合方便档案提供利用的基本要求。所以在口述历史档案的制作中,要尽量将同一主题、同一内容的口述历史档案保存在一起,有利于保持档案间的内在联系性和整个主题档案的完整性,便于集中保存和管理,方便提供利用。

二、口述历史档案的采集

口述历史档案的形成不同于一般的文书、科技档案，它不是由形成部门移交接收而来。口述历史档案的形成是一个制作的过程，是档案馆从自身馆藏建设的角度，从传承人类文明的角度，从保存社会记忆的角度，采取积极主动的态度，利用现代化手段，通过相关人员口述访谈而形成的档案。从口述档案历史资源的建设来看，顾名思义来自当事者的"口述"。这种"口述"根植于个体的记忆之中，必须通过采访、收集和记录，才能成为可以保存、传播和流传的实体，因此口述历史档案的形成是一个需要通过回顾和挖掘记忆的创造过程。口述历史档案的形成经过一定发展，形成了一套比较规范的程序和模式，具体包括采集规划、采集流程等步骤。

采集范围。对国家、民族、集体或个人的历史、现实、未来具有重要历史价值和研究价值的重大历史事件、重要活动的亲历（见闻）者均在采集范围之中。

采集主题。采集者应根据采集规划在采集范围内有计划、有重点、有针对性地确定采集主题。特别是应对亲历（见闻）者年事已高、发生时间久远的重大历史事件、重要活动应优先确定为采集主题，进行抢救性采集。

采集方案。依据已确定的采集规划和主题，查找、梳理线索，编制采集提纲，形成工作方案。方案要力求全面细致，突出主题。方案应包括主题、内容、历史背景信息、口述者、时间、地点、方式、经费、设备、采集者等。

如何采集口述历史档案资源？这里我们以课题组参与的《老将军口述采访》为案例进一步说明。总体说来，口述历史档案项目的程序包括八个方面。即：项目确定；组织团队；制定方案；确定任务；实际访谈；整理材料；图书出版；归档保存。

三、口述历史档案采集流程

（一）项目选题

"选题的恰当与否直接影响着整个项目的正常进行和最终意义。"[1]口述历史档案项目的选题是口述历史档案制作的首要问题，制作何种口述历史档案，将何种口述历史档案呈现于世，是口述历史档案工作者的首要考虑的问题。其实，

---

[1] 杨祥银.与历史对话—口述史学的理论与实践[M].北京：中国社会科学出版社，2004：41.

最有意义和可行性的选题,应该从一个国家、民族、社区和家族乃至个人的丰富和悠久的历史长河中去挖掘。在中国历史上的抗日战争、南京大屠杀、伪满统治、解放战争、土地革命、"大跃进运动"、"文化大革命"、改革开放等,都是非常有意义的选题。这些历史事件保存了大量的文献资料,可是其中大部分都是官方记录,缺少个体的记忆。口述历史档案的建立可以反映历史见证人的感受,甚至"重建"历史,留下丰富的历史记录。例如为纪念抗日战争胜利60周年,许多档案馆组织人力、物力,建立了相关口述历史档案。南京市档案馆用现场录音和录像的方法,采访60位参加抗日战争的老战士,建立"抗战老战士口述历史档案",重现当年中国人民英勇抗击日本侵略者的历史,并把这些具有珍贵史料价值的"活历史"永久存档。

另外,对于口述历史档案项目的完成,需要采访者等制作人员具有较高的史学修养等各种基本素质,并且熟悉现代口述历史档案理论及工作规范,这样才能有利于其对口述历史档案项目制作的把握。当前档案部门,国家级档案馆和省市级综合档案馆研究实力各具特色,在做一些小型口述历史档案的基础上,可以承担大型口述历史档案项目。档案部门从事口述历史档案项目的制作,除考虑研究力量因素外,还可考虑与史学部门联合选题,依靠史学研究机构及其人员的力量,充分发挥各自优势,融合各方力量,全力配合,共同完成口述历史档案项目。具体来说,档案部门可根据馆藏的不足,选取与馆藏相关的特定的口述历史档案项目,以自身实力为基础,进行口述历史档案的制作,这也坚持了口述历史档案资源建设的突出特色原则。总之,口述历史档案项目的选题关键是要立足本地,突出特色,在各方面条件允许的情况下,制作口述历史档案。

(二) 采集准备

口述历史档案是由受访者口述而形成的,也就是要通过档案工作者的访谈进而才能获得口述历史档案,所以访谈是口述历史档案形成的核心步骤。"仔细的计划和准备是关系访谈是否成功的关键因素。"[①]因此计划性是口述历史档案工作有别于其他类别档案工作的一个显著步骤,必须制定详细的计划,才能顺利开展口述历史档案访谈工作,从而采集制作出口述历史档案。

首先,口述历史档案工作的计划决定于所制定的口述历史档案制作的目标。口述历史档案涉及政治、经济、文化、教育、卫生等社会的各个领域和各个层面,

---

① 杨祥银.与历史对话—口述史学的理论与实践[M].北京:中国社会科学出版社,2004:45.

各级档案馆必须在充分了解本馆馆藏，并且在广泛开展社会调查研究的基础上，制定出切实可行的专题计划，这一计划应该是有重点、有目的和具有较强的针对性。各馆在制定计划时，可根据所在地区的实际情况，分清轻重缓急，有针对性地加以制定，在制定过程中考虑到本地区的特色问题。口述历史档案工作计划中最重要的一点就是要确定受访者。对于受访者的候选名单，应该根据年龄、重要性、适合的授访时间、地点等不同的具体情况，一一加以分组。通常应先访谈年长和最有影响力的人物，而年纪较轻的、非主流的或是住得较远的次要人物，可以保留在计划的后半段视经费等因素再做决定。基于交通的种种不便，也可以要求同住在某一区域的受访者集中起来，一起接受访谈。

其次，访谈的具体计划。这涉及访谈的具体内容，明确制定访谈的目的、意义，访谈的时间、参加人员、采访地点、采访内容等前期准备事项，以及行动路线、后期制作等，要详细列举出来，即使做不到也要事先考虑周全，有备无患。再次，在计划中应做好充分的物质准备。准备相应的硬件设施，诸如设备、器材等细节的预测准备，保证访谈的顺利进行，保证口述历史档案的制作质量。最后，最重要的是事先与受访者沟通，使其做好思想准备。陌生人之间是无法安心相互交流的，所以访谈者要与受访者主动联系，使受访者对所要建立的口述历史档案有所了解，进而消除其顾虑，使访谈顺利进行。

再次，访谈准备时还应侧重对口述者的主要经历，尤其是与采集的主题内容、事件、人物有关的部分，包括其他背景资料，及其与采集内容之间的关系，以保证采集的完整性与科学性。掌握与采集主题内容、事件、人物相关的历史和专业知识，以保证采集内容的针对性。了解口述者的家庭、身体状况、性格、谈话特点等，以保证采集工作的顺利实施。

最后，拟定访谈提纲，提前与受访者沟通。访谈提纲因人因事而异，总的来说，纲目宜粗不宜细，问题设计多以开放性为主，尽量避免封闭性问题。课题组参与的《老将军口述史》和《虹口改革开放四十年口述史》访谈提纲如下：

案例1：某将军访谈提纲
请您谈谈下列问题：
一、参加革命时的情况。
二、参加革命后，记忆深刻的经历是什么？
三、在海军长期工作中，有哪些难忘的经历？
四、离退休后的社会活动情况。

案例2:"女企业家协会致力慈善事业"访谈提纲

请您谈谈下列问题:

一、女企业家协会概况。

二、为什么致力慈善事业?

三、致力慈善事业的基本情况。

四、在慈善事业中有哪些难忘的事情?

五、在慈善事业方面取得的效果。

案例3:"少儿舞蹈教育、创作和实践"访谈提纲

请您谈谈下列问题:

一、上海市学生艺术团成立的背景、规模和宗旨等。

二、上海市学生艺术团发展历程及特色。

三、少儿舞蹈教育、创作和实践中有哪些难忘的事情?

四、少儿舞蹈教育、创作和实践的效果。

五、少儿舞蹈教育、创作和实践中有什么体会?

(三)开展访谈

口述访谈是对口述历史档案工作计划的具体实施。其内容包括确定访谈时间、访谈时拍照、录音、文字记录、采访技巧等。

访谈时间和地点。根据采集方案确定访谈时间和地点。每次访谈的时间一般以两三个小时、一至两个话题为宜,但可根据话题设计的问题多一些,这样可避免受访者过于劳累,也可使访谈的内容集中而不零乱。为避免受访者忘记采集时间和地点,应提前做好受访者的联系协调工作,在访谈前同受访者确认并预约。

访谈内容。通常按访谈提纲所设项目采访。这就要求采访者尽可能比较充分地掌握与采访计划、受访者经历相关的专业知识,或至少应具备与此相关的主要知识,包括重要的专业词汇、重要的人物、事件等,以保证采访工作具有较强的科学性和针对性。当然,在条件许可的情况下,可以进行超越采访计划范围,扩大话题,增添其他可能有各种价值的内容。对于重点的访谈内容或受访者,要视情况的需要,一次采访不完,可再次采访。

访谈拍照。访谈拍照主要考虑两个方面的内容:一是受访者照片;二是访谈现场的工作照片。

访谈录音录像。访谈录音录像是文字整理的基础。实施全程录音录像,访谈中休息时需要关停。

文字记录。采访者在访谈过程中主要是倾听,对有疑问的问题,做一简单记录,以便受访者讲述结束时提问。

采访技巧。访谈中需要注意:一是在受访者完全自愿的前提下,要向受访者说明建立口述历史档案的目的和实施程序,以及将要进行的特定计划、目标和特定用途,并与其共同签订具有法律效力的合作协议。二是无论被访者采取何种方式接受采访,当其在谈话时,采访者尽量不要发出其他声响,更不要随便在被访者谈话时插入"喔""啊""对""是的"之类词汇,以免破坏录音文本的制作。如果采访者为了表示已经理解,可以通过动作或表情来表达,但动作或表情也不宜过分。三是采访时请受访者提示年代、月份、人名、地名以及其他专用名词,访谈者应根据提示随时笔录,并经核对无误后留待整理文稿时参考。四是在采访中如有不明之处,访谈者应将问题即时笔录,一般不要打断受访者的话,待受访者讲完后再行提问。五是在采访过程中,或在与受访者相处的其他场合,应尽量避免就访谈内容的出版、媒体制作、科研利用乃至商业价值等问题,向受访者做出访谈者无法实现的任何形式的承诺,以及其他可能或已经违反采访协议的承诺。六是自始至终尊重受访者,包括人格和隐私等方面,并与其建立正当的相互信任的密切合作关系,当受访者出于某种原因拒绝讨论某些话题时,应尊重其个人意愿,如因此而严重影响采访计划的实施时,可在协议许可的范围内采用适当的办法解决。七是每次采访均应有完整的采访记录。采访记录由采访记录表和采访记录两部分组成,记录表将存档备案。如采用录音或录音、录像相结合的形式,采访前应对采访器材进行必要的检查,以防止采访途中器材出现故障,影响工作。另外,应对采访的全过程,以及谈话的内容做纲要式的文字记录,以利于采访内容的后期整理、制作工作。

(四) 档案保存

口述历史档案的保存,很重要的一部分是口述文档的保存,这就涉及口述文档质量的问题。对于口述档案的文字撰写,我们可借鉴唐德刚先生的原则,[①]确保口述档案的质量。原则如下:第一,保持受访人的回忆情节及语言风格。尽量保持受访者对某一当事人或事件认识的基本态度,保持其口语风格,只有当文

---

① 田尚秀.唐德刚与口述历史[J].http://www.bjma.gov.cn/InfoShow.ycs?GUID=1489.

章组织不清、文理欠通或字句讹错、非改不可时,才加以改写,改后再经受访者认可,以便最大限度地保存受访者的口述。第二,当受访者叙述错误时,要纠正其背景知识错误,或者用注释纠正其记忆错误。受访者在回忆当年的经历时,往往会涉及当时社会的大环境、大背景,囿于史识的局限或认识的错误,其叙述往往欠准确,如果在文字中保持这些错误,往往会混淆视听,并使利用者对这些口述史料总体的真实性产生怀疑。对这一情况,唐德刚采取的是"直接代劳"的方法,以根据第一手史料得来的,已为史学界认可的历史事实进行修改。第三,通过注释表达采访者的观点。

口述历史档案的组成。口述历史档案由不同形式的载体组成,包括采集过程中形成的文字、照片、录音、录像,将其一并保存。主要包括:录音录像带、数码录音录像音视频文件;纸质照片、数码照片;录音录像文字转录形成的电子文稿;已整理成文字材料的纸质材料。

整理原则。口述历史档案的整理原则主要包括:以一个事件或一个人物为一个整理单位。遵循口述材料的形成规律,保持文件之间的有机联系。整理应符合档案管理要求,便于计算机管理或计算机辅助管理。应保证纸质文件和电子文件整理协调统一。

整理要求。口述历史档案整理要求是:所采集内容应尽快整理、归档保存,以防遗忘、错乱、丢失。对口述者录音录像材料进行实事求是的整理,严格排除采集者的个人倾向、误解、臆测等,在整理时切忌用主观价值取向决定原始口述材料的取舍和采集者个人的评论。能够证明该口述材料真实性、权威性的实物材料都应分类整理,同时归档保存。采集过程中形成的录音、录像、照片、纸质材料的整理方法参照国家有关规定执行。口述者有地方口音或因不善表达造成该录音不清晰或较难听懂的部分,应在文字材料中加注释,以备下一步补录核实。对录像中的人物要进行注释。口述材料涉及国家秘密的,应按照《中华人民共和国保守国家秘密法实施条例》要求进行管理。采集编号构成规则为专题代码——主题代码——口述者——件号,并在采集成果封面右上角标注。形成的口述材料电子文件组件(件的组织)、分类(专题、主题)、排列、编号、编目,参照电子文件归档整理标准(DA/T 22—2015)。

整理内容。口述材料的整理,包括基本信息记录材料的整理,主题事件内容记录材料的整理,实施情况材料的整理。其中基本信息记录材料包括:采集信息表;主题事件内容记录材料:录音录像、现场笔记、录音录像的文字整理材料、照片;采集实施情况材料包括:对采集方案、采集实施的情况、采集口述史料使用权协议等的整理。采集所形成的以上所有材料,整理后打印两份,并交口述者审核后签字盖章,与形成的记录材料一并登记造册由课题组指定的专人保存。

录音录像的文字记录。口述材料采集时对录音录像的文字记录的要求:编制与采集主题相关的特殊术语和专业用语词汇表,以便对照核准。国家、地名、人名、机关、团体、企事业单位和其他组织和个人的名称使用全称或通用简称。采集者要经过缜密的考证后,形成文字说明材料。对所采集的内容、方式、载体、地点、当事人等应形成文字概述。录音及录像文件的音频内容应形成文字记录材料,并与录音录像文件一并归档、分类整理。采集者要对口述者的记录和录音录像进行认真核对、校正,避免由于口述者年龄、口齿、方言等因素造成的误差。进行文字记录整理时,对口述者以方言方音讲述的涉及重要地名、人名、风俗等,应采用国际音标注音法标注。口述者使用多种语言或两种语言兼用,需要进行翻译和注释。

打印格式。使用统一的封面和正文格式打印口述材料整理文本。具体要求:封面包括采集主题名称、口述者、采集者姓名、采集编号、采集时间、采集时长、文稿页数;口述者生平简介;正文;录音录像形成的标注。

照片整理。按照《照片档案管理规范》(GB/T 11821—2002)和《数码照片归档与管理规范》(DA/T 50—2014)的规范要求,对采集形成的照片进行整理。采集过程中形成的照片要与其他相关材料一并归档。

编目。口述材料编目要求:依据采集编号顺序编制口述材料文件目录。编目应准确、详细、便于检索。口述材料应逐件编目。采集方案、采集实施情况材料、录音录像的文字转录材料打印稿、采集信息表、采集口述史料使用权协议等材料各作为一件。

装盒。将口述材料按采集编号的顺序装盒。

排架。口述材料整理完毕装盒后,上架排列,按采集编号的顺序上架排列。

目录数据的著录。按照《中国档案机读目录格式》(GB/T 20163—2006)规范的要求,并且根据口述材料的自身特点,对采集形成的口述史料进行编目著录录入。移交的口述材料机读目录数据库格式应采用通用的数据格式。所选定的数据格式应能直接或间接与DBF文件或通过XML文档进行数据交换。

口述材料电子文件命名。口述史料电子文件包括文字材料、照片、音视频文件等,其命名方式的选择应遵循原则是:应根据采集编号为其命名;应根据每一份口述材料电子档案中的同一类型载体档案命名的唯一性;应科学建立口述材料电子档案的存储路径,确保数据批量挂接的准确性。

口述材料的保存与管理。第一，存储管理。口述材料的载体类型由纸质、电子文件组成。其中口述材料电子档案载体的保管环境，一般是指脱机存储而言，其载体种类有磁带、磁盘、光盘等。口述材料载体存储管理的一般要求：对存放载体的柜、架要达到有关标准要求，防止意外碰伤、划伤存储载体。录音带和光盘均应用独立存储装具保存。离线存储的载体应按照相关技术规定做好定期检测工作。库房温度应控制在17℃～20℃之间，相对温度应控制在35%～45%之间。远离强磁场和有害气体；载体应直立排放，严防变形，并满足避光、防尘等保存条件。应作防写处理，不得擦、划、触摸记录涂层。纸质档案保管条件温度为在14℃～24℃，相对湿度在45%～60%。

第二，电子文件管理。电子文件管理的一般要求：信息化时代口述材料主要是以数码形态存在，包括文本、音频、视频、图像等文件及相关元数据背景信息。依托数字管理系统将不同形态或载体的口述材料进行编目、著录、挂接、封装、保存、检索利用，最终实现口述材料的信息资源社会共享。将采集到的录音录像音视频文件及依其转录的电子文稿、数码照片等所有口述材料电子文件及相关元数据一并保存，并及时进行备份，避免采集成果丢失。实行多套制和异质异地备份。

第三，安全保管。凡是开展口述材料采集的各级各类档案馆、机关、团体、企业事业单位、其他组织和个人所形成的口述材料，都应做好安全保管工作。建立健全各项安全保管制度，配置安全保管硬件设备，综合运用现代信息化技术手段，做好人防、物防、技防三防工作，确保口述材料的安全保管。

第四辑
档案编纂开发研究

档案文献概念研究——兼论档案文献编纂学名称
论档案编纂学的性质
论档案编纂学的研究对象
论档案编纂学的理论体系
档案编纂学理论体系的历史考察
档案编纂学研究的现状与发展趋势
档案编纂理论的社会价值
档案编纂理论的中国特色
创新有中国特色的档案编纂学理论
应加强对档案编纂学基本理论的研究
档案信息资源开发应实施品牌战略
论电子时代档案信息资源利用的新特点
档案内容失实原因探析
存史乎,利用乎——档案馆核心职能论

档案文献概念研究
——兼论档案文献编纂学名称①

《江西档案》1987年第3期发表胡志平同志的《浅谈档案文献编纂学的名称》文章。文中指出为有利于档案文献编纂理论与实践的发展,应该统一档案文献编纂学名称,并提出档案文献编纂学"最确切、最科学的名称"是文书档案文献编纂学和科技档案文献编纂学。作者这一问题的提出具有普遍性,它对于深入研究档案文献编纂学名称有一定的意义,但档案文献编纂学名称究竟应当怎样统一,哪种名称是比较科学准确的?我对胡文的结论还有不同看法,现提出来,与作者及档案学界同仁,一起商量探讨。

一、档案编纂学名称诸说

关于档案文献编纂学的名称,建国以后的确存在着多种不同的提法。综括起来有文献公布学、文献编纂学、档案史料编纂学、档案文献编纂学、档案利用编纂学、档案编纂学等提法。下面我们对这些不同提法予以阐述:

文献公布学,这种名称主要用于20世纪50年代。当时新中国的档案学在建立起步阶段学习借鉴了苏联的档案学理论,苏联专家姆·斯·谢列兹聂夫曾在中国人民大学档案系讲授"苏联文献公布学"。②受此影响,50年代我国也称文献公布学。李毅于1958年第4期《档案工作》发表《略谈文献公布学》一文,概述这门科目的性质、作用、研究对象及研究内容。笔者在中国人民大学档案系资料室曾见50年代校内油印教材也使用这个名称。

文献编纂学,这种名称主要用于20世纪60年代至80年代初。随着档案文

---

① 本文为上海市教委项目《信息化背景下档案编纂学理论研究》研究报告内容之一。主体由作者的两篇论文构成:第一篇《论档案文献编纂学的名称——与胡志平同志商榷》,载《江西档案》1988年第4期;第二篇《档案文献概念研究述评》,载《档案文荟》1992年第2期。
② 谢列兹聂夫.苏联文献公布学[M].韩玉梅等,译,北京:中国人民大学出版社,1955.

献编纂理论研究的逐步深入,从事档案文献编纂学理论研究的同志们,认识到文献公布学的名称与我国实际情况不相符合,我国习惯讲文献编纂而不讲文献公布。有鉴于此,遂将公布改为编纂,提出了文献编纂学的名称。60年代中国人民大学档案系用这个名称编写了校内油印教材和参考资料,1978年复校后又用这个名称编写了校内铅印教材和参考资料。

档案史料编纂学,其主要代表著作是1982年档案出版社出版的丁永奎、曹喜琛所著《档案史料编纂学概要》,该书是作者在1981年发表的档案史料编纂的基本知识讲座稿的基础上扩充而成的。

档案文献编纂学,这种名称始用于1980年代至今。1982年吴宝康著的《档案学理论与历史初探》一书中也使用了档案文献编纂学的名称,1983年赵践主编的教材称《档案文献编纂学讲义》,1986年曹喜琛、刘耿生为中央广播电视大学档案专业编写的教材称《档案文献编纂学》,档案出版社1987年出版此教材的同时出版了韩宝华编辑的参考资料。这一名称目前影响最大,为全国各院校档案专业普遍接受使用。

档案编纂学,这种名称使用源于韩宝华1985年在《档案》杂志上发表的《档案编研工作基本知识问答》,以后散见于档案专业杂志刊载的文章之中,1987年潘玉民主编的高校教材,使用此名称。

档案利用编纂学,持这种看法的人较少,它主要是李恕德在《对档案学中几个名词术语的探讨》中提出,李文载《档案学理论新探索》一书之中。

以上所述档案文献编纂学名称的几种提法,其使用时间只是大致的,而不是绝对的,这有一个习惯和延续问题。有时几种名称也混用,比如1982年国家档案局印发的《不具备规定学历的档案干部评定档案业务职称所需测验科目的规定(试用稿)》中,既使用了文献编纂学的名称,也使用了档案史料编纂学的名称。①

二、档案编纂学名称诸说分析

上面我们综括了建国以后档案文献编纂学名称的各种不同提法,这里我们试从档案文献编纂学名称主要提法的发展角度,对其名称内涵和外延做些分析,从而找出一种更为确切、更接近科学的名称。

---

① 档案工作文件汇集(2)[M].北京:档案出版社,1985:338.

（一）对文献公布学名称的分析

何谓公布？据《现代汉语词典》其意是：(政府机关的法律、命令、文告,团体的通知事项)公开发布,使大家知道。新编《辞海》同《现代汉语词典》解释大致相同,它释为国家机关把制定的法律、法令或其他重大事项,在报刊、电台公开发布,或用书面公开张贴出来。公布一词《词源》未收,说明它是现代产生使用的词汇。

结合公布一词的含义来考察我国档案编纂的实践,档案部门将档案按一定的题目组织起来,经过一系列工作使其达到发表出版的程度,这一过程实质上是编纂或编辑过程,它显然是用公布一词所不能概括清楚的,而用编纂则可以概括这一过程。编纂的意思据《现代汉语词典》,它多指编辑资料较多及篇幅较大的著作。从编纂的词义来看,使用它能够确切地反映出我国档案部门对档案整理汇编出版的实践。由此可见,将文献公布学改称为文献编纂学,这确实在表述上更为清楚和准确一步。

（二）对文献编纂学名称的分析

虽然文献编纂学名称比文献公布学名称确切了一些,但它也不是十分准确的。其主要问题就在于文献与档案各自概念及关系方面,搞清楚这个问题,首先要搞清楚文献一词的确切含义。文献是个古老的词汇,在我国文字记载中它最早见于《论语》。该书《八佾篇》记载："子曰：夏礼,吾能言之,杞不足征也；殷礼,吾能言之,宋不足征也。文献不足故也。足,则吾能征之矣。"这里的文献是什么意思？宋代学者朱熹在对其注释时曾解释成"文,典籍也；献,贤也。"文献包括历史文件及贤者,这是它的原意,后来马端临在《文献通考》中把"献"解释成是贤者的言论,而不是贤者本身。古代学者对文献大体上是上面这两种解释。由于科学文化的进步,造纸术和印刷术的发明以及现代电子计算机的广泛应用,使人类用各种各样的载体材料来记录贮存知识,这使文献原来含有的"贤者"一义逐渐地消失,只是侧重于"文"的含义,而且现代文献中"文"的含义也不仅仅单指"典籍"。如何给现代文献下一个准确的定义,目前学术界尚未取得一致意见。据《现代汉语词典》和新编《辞海》,文献有两种含义：一是指具有历史价值的图书资料；二是指某一学科有关的重要图书资料。在目前图书、情报工作中,有人把文献解释成"是指以文字、符号、形象、声响为主要形式并通过一定的技术手段使其记录有知识的一切载体。"[1]也有人把

---

[1] 黄俊贵.文献著录总则概说[M].北京：书目文献出版社,1984：6.

文献解释成是"记录有信息和知识的一切载体"。①

科学研究的不断深入发展,拓宽了我们认识问题的视野。随着人们对文献一词认识的步步加深,我们看到档案只是文献大家族中一名主要成员。虽然档案在文献整体中占有重要地位,但它毕竟不能代替所有的文献。这种认识为重新认识文献编纂学名称准备了必要的基础和前提条件,因为文献的范围广泛,它既包括以文字记录手段为主的图书、报刊和档案,同时也包括以声频和视频为主要记录手段而形成录音带、录像带和计算机磁带等特种文献,所以它规定了文献编纂其内涵和外延都是很广泛的。文献编纂的概念中应既包括图书、报刊和档案文献的编纂整理,同时还包括特种文献如录音带、录像带等的编纂整理。限于档案部门进行编纂工作的对象主要是档案,而不是全部的文献,档案文献编纂既有一般文献编纂的共性,同时也有内在的特性,所以文献编纂学这种名称也不能准确的概括反映档案部门编纂档案的特点。基于这种认识,人们试图找出一种比较准确的名称概括解释档案编纂学的本质。在这样的历史条件下,档案史料编纂学、档案文献编纂学和档案编纂学等名称就应运而生了。

(三) 对档案史料编纂学名称的分析

关于档案史料编纂学这一名称,有人指出采用它从概念上没有把对档案室编纂工作的研究包括进去,其结果是不能构成一个完整的研究我国以档案文件为主的编纂学的科学体系。主要理由是因为档案室保存的是现行档案文件,不属于史料或者说档案史料的范围,从中央各部到基层机关档案室编纂的现行文件汇编、政策法令汇编、基础数字统计汇编等,就不能说是档案史料汇编的成果。这一论点的提出及论据的运用都比较含糊,还没有从根本上去说明档案史料编纂学名称的不合理性。

为了进一步说明这个问题,有必要澄清以下两个概念性的问题:

一是机关档案室是保管"现行档案文件"。首先,"现行档案文件"这一概念不是十分准确的,无论从逻辑角度还是从现代汉语角度都讲不通。何谓"现行档案文件"? 它是指档案和文件两个概念呢,还是指一个概念呢? 如果指两个概念,那么用"现行"修饰"文件"可以,而修饰"档案"则不行。以前经常见有人习惯将档案与文件两个不同的概念混连在一起用,来表示一个整体意思,比如说档案馆保存着档案文件,这是不准确的概念。《中华人民共和国档案法》表述这样概

---

① 倪波主编.理论图书馆学教程[M].天津:南开大学出版社,1986:22.

念时没有用档案文件,而是用了档案材料,看来使用的是比较恰当的。其次,机关档案室保存的应该是档案,而不再是通常意义上的文件。其理由,从现行的《机关档案工作条例》等法规性文件中我们得知,档案室内保存的档案是由文书处理部门移交而来的,它是属于办理完毕的文书。从档案定义来看,办理完毕归档的文书已属于档案性质,它不再是文件。

二是机关档案室保存的档案是否属于史料范围。何谓史料?新编《辞海》解释说是研究和编纂历史所用的资料。从史料学角度讲,凡是能够反映历史上客观事实的材料都是属于史料。明白了史料的概念之后,还需弄清关于历史的概念。历史这一概念广义地说它泛指一切事物的发展过程,通俗地说今天的过去都是历史。因此,我们切忌不能狭义地把历史理解成必须是距离当今社会一段时间所发生的事情。上述概念弄清了,第二个问题也迎刃而解了,目前机关档案室保存的档案从史料学的角度看,它应该属于史料范围之内,各级档案室编纂的各种各样的汇编物,都是现当代史料汇编。

档案史料编纂学名称之所以出现,这是长期以来我们把档案文献编纂学作为历史科学的辅助科目来加以研究的结果。20世纪50—60年代,我们一直将档案文献编纂学作为历史学的辅助科目来加以研究。今天看来,形成这种认识的主要原因大致有三个方面:首先是由于没有正确处理档案文献编纂学和历史学的密切关系所致。档案文献是历史研究的可靠材料,古往今来的史学家无不重视对档案的利用。从汉代的司马迁修《史记》紬"石室金匮之书",宋代司马光修《资治通鉴》利用档案先编长编,到清代章学诚提出"六经皆史"、档案是"方志之骨"的主张,可以说是古代利用档案进行修史的典范。与此同时,以"辨章学术、考镜源流"为宗旨的古代目录学也把档案汇编物划归到史部之下,比如清代编修的《四库全书总目》就将"诏令奏议"归到史部类下。现代史学界同样重视档案对于研究历史的作用,档案是未掺过水分的第一手原始材料,这一观点已为史学界所公认。由于历代史学家重视对档案的利用,所以历史学研究发展变化必然会对档案文献编纂学产生重大影响。问题的另一方面是目前我国档案馆编纂出版档案文献为社会各方面服务,其中主要还是为史学界服务,历史研究的动向是档案编纂选题不可忽视的一个重要方面。正是由于档案文献编纂学和历史学的这种密切关系,过去我们仅看到它们相互联系的一方面,忽略了对他们相互区别的研究,以致在一个相当长的时期内把档案文献编纂学作为历史学的辅助科目来加以研究。

其次是由于没有正确处理档案文献编纂学和史料学的相互关系所致。史料学是历史科学的一个分支,它是研究史料源流、价值和利用方法的一门科学。具体地说史料学可大体区别为两类:一是研究搜集、鉴别和运用史料的一般规律和方法,可称为史料学通论;另一类研究某一历史时期或某一领域史料的来源、价值和利用,可称为具体的史料学。长期以来,史料学很重视对档案史料的研究,比如陈高华等著的《中国古代史史料学》、陈恭禄著的《中国近代史资料概述》、张宪文著的《中国现代史史料学》、张注洪著的《中国现代革命史史料学》等史料学专著,都用了很大篇幅去论述档案史料性质、内容及作用。

从史料学角度上说,档案是全部史料的一种,档案史料编纂工作是史料整理工作的深入和发展,一般史料整理工作的原则和方法也基本上适用于档案文献编纂工作,特别是史料学对史料鉴别的理论和方法有助于档案编纂时对档案的鉴定和识别。这是它们相互联系的一面,但它们之间也有区别,它们之间有着各自的研究任务和研究内容。档案文献编纂学是研究如何科学地汇编档案,使其达到出版的程度提供给社会各方面利用。而史料学则是研究史料的源流、价值和利用原则方法,它是史学工作者治史必备的一项基本功。在相当长的时间内,同对档案文献编纂学与历史学相互关系的研究一样,我们没有能够划清档案文献编纂学与史料学之间的界限,过分地强调了它们之间联系的一面,而忽视了对它们不同方面的研究。目前要加强档案文献编纂学的理论建设,研究处理好它与史料学之间的关系仍是重要课题之一。

第三,还由于受苏联文献公布学的影响所致。苏联把文献公布学作为是"一门历史辅助科目",这种观点对我国影响很大。

通过上述分析,我们清楚地看到之所以将档案文献编纂学称为档案史料编纂学,主要是受过去把档案文献编纂学作为历史科学的辅助科目来研究的影响所致。如果我们现在还用档案史料编纂学这一名称的话,显然是偏重于史料学,从概念上容易使人产生混淆。档案史料编纂学这一名称虽然今天看来不是尽善的,但在当时历史条件下这一名称的提出,对于重新认识文献编纂学名称提法还是有着积极意义。

(四) 对档案文献编纂学名称的分析

档案文献编纂学名称,是在文献编纂学名称的基础上发展而来的。如前所述,由于文献编纂远不止档案文献整理,还包括古籍及其他资料的编纂整理,所以在这个认识基础上,在有人提出档案史料编纂学名称的同时,也有人提出在文献编纂学前加上档案来加以限定的主张。其意为特指档案文献的编纂,而非所有文献编纂。对于为什么要使用档案文献这个概念,曹喜琛在其《档案文献编纂学》中有这样的解释:使用档案文献这个概念具有双关的意义,一方面突出它不同于其他文献的原始性和权威性的特点;另一方面表明在编纂实践中又不可避免地应用文献编纂的原理和原则。①

有人认为档案文献编纂学是较比文献编纂学和档案史料编纂学这两种名称"更为确切,更为科学"的名称。我以为这似乎也是值得商榷的。因为档案文献编纂学是在文献编纂学的基础上冠以档案两字而成的,所以它本身仍残存着文献编纂的痕迹。既然现在人们已经认识到档案是文献之一种,它同图书报刊等资料一起组成文献,那么我们如果直呼档案编纂学,岂不是更简明吗?

从目前出版的以档案文献编纂学命名的教材来看,韩宝华的《档案文献编纂学教程》、刘耿生主编的《档案文献编纂学》对档案文献进行了解释,其他关于档案编纂学的论著未见给档案文献下一个精确的定义。我在主编《档案编纂学》时也曾试图解决这个问题,但因涉及具体问题感到颇为棘手,不好处理。比如我们从新编《辞海》和《现代汉语词典》给文献所下的"是有价值的历史资料"这个定义出发,势必会得出档案文献是指档案中有价值的那部分档案的结论。从这个结论去认识档案文献,就会觉得档案文献同档案含义不尽相同。通常所说的档案系指国家的全部档案,它一般指原件而言,而档案文献则仅指国家档案中有价值的那部分档案,它就原件来说要比档案小,可它还包括那些档案的复制件,从这个意义上看它又比档案范围大。上面的结论显然不是十分妥帖的,因为以是否有价值来衡量档案文献,一方面实践中不好判定和掌握,另一方面它与"档案是人们在社会活动中形成的保存起来以备查考的文件"这一档案定义相矛盾。②

再如我们从现代图书、情报学界给文献下的"是记录有信息和知识的一切载体"这一定义出发,势必会得出档案文献等同于国家全部档案的结论。这个结论也就是说档案文献与档案是一回事,因为档案馆(室)保存的档案都记载着各种不同的信息和知识。既然档案文献指的是国家全部档案,那么直称档案编纂学与称档案文献编纂学都是一个意思。究竟应当怎样准确表述档案文献这一概念,还需要进一步深入研究。

三、档案文献概念研究述评

由前所述,我们得知,20世纪80年代后档案文献编纂学代替了60年代的

---

① 曹喜琛,刘耿生编著.档案文献编纂学[M].北京:档案出版社,1987:6.
② 陈兆祦,和宝荣.档案管理学基础[M].北京:中国人民大学出版社,1986:10.

文献编纂学名称而成为普遍通称。在此后的 20 余年里,从事档案文献编纂理论实践研究的专家学者们不断探索,力图对档案编纂的客体对象——档案文献这个概念的内涵和外延给予符合科学与逻辑的揭示,获得了较有价值的研究成果。评述现有的相关成果,分析其得失,从中取得共识,这对于继续深入进行研究是大有裨益的。

（一）赵践《档案文献编纂学讲义》对档案文献的认识

如果我们对使用档案文献来命名其编纂学教材名称追根溯源的话,最早见诸教材的可说是 1983 年赵践主编的《档案文献编纂学讲义》(中国人民大学校内印行本)。该教材不仅开创以档案文献编纂学作为编纂学教材名称的先河,而且对档案文献进行了初步说明。在教材引言中作者认为,"档案文献是文献史料的一种"。并进而指出,"我国文献史料种类繁多,特点互异,它们之间有共同的地方,也有不同的方面。"

赵著对档案文献的观点可概括为以下两个方面:

第一,指明了档案文献的归属范围,是文献史料的一种。

第二,指明了档案文献与文献史料的相互关系,不仅有其共性的一面,也有其各自不同的特性方面。

对于什么是文献史料,文献史料与档案文献各有哪些共性和特点等问题,作者没有作进一步阐述。纵观赵著观点,尽管对档案文献初步进行了说明,但还没有对档案文献概念实质做出明确的解释。

（二）王权《档案文献编纂学》对档案文献的认识

1987 年黑龙江省王权为中初级档案专业技术干部晋级考试编写了《档案文献编纂学》教材(黑龙江人民出版社出版)。该教材作者认为,"档案文献是经过汇集、编纂、审定或翻译等形式加工整理,并公开出版的有价值的档案史料。"

王著的释义主要有以下两个方面:

首先,强调指出档案文献的属类是档案史料。

其次,强调具备档案文献的档案史料应有的三个条件:一是经过汇集、编纂、审定或翻译等形式加工整理的档案史料;二是出版公布的档案史料;三是有价值的档案史料。

什么是档案史料？王著认为"档案史料是以档案形式出现的反映历史客观

存在的原始材料。"如果我们没有理解错的话,实际上王著认为档案文献就是档案。

将档案文献释为档案史料不是很合适的,因为档案史料这个概念是人们从史料学的角度观察档案而获得的认识,档案文献则是人们从文献学角度观察档案得出的结论。由此可见,档案史料和档案文献是人们从不同角度观察档案所获得的认识,它们之间不能相互作为解释任何一方本质属性的属概念。以此看来,将档案文献释为有价值的档案史料不仅不符合通常解释概念的逻辑方法,而且它并未科学指明档案文献的属类,也没有正确解释档案文献的内涵和外延,所以王著对档案文献的解释不是很恰当合理的。

(三)黄存勋等《档案文献学》对档案文献的认识

1988年四川大学黄存勋、刘文杰、雷荣广编著《档案文献学》教材(四川大学出版社出版)。该教材作者认为,"当我们把档案作为一种文献来看待、利用和研究时,便可以把它称作档案文献。"作者进一步指出,"严格地讲,档案并不全都是文献。因为人们通常所说的文献,主要是文字等形态的资料中具有较高价值的部分。基于此,本书在谈到档案文献时,主要是指档案中那些具有较为久远和较为重要的价值,具有科学研究意义和历史意义的文献。简言之,档案文献是档案中具有较高价值的部分。只具有短期保存价值的,已经即将失去保存价值的,以及利用价值不高的档案,已经被我们排除在外了。"

纵观黄著对档案文献的观点,可以概括为以下三点:

首先,指明档案文献是档案。

其次,强调档案文献的范围并不是指全部档案,而是指档案中具有较高价值的部分。

最后,指明档案称为档案文献的价值标准,即档案中具有较为久远和较为重要的价值,具有科学研究意义和历史意义的文献。

将档案文献释为档案,并不失为表达档案文献概念的一种方式,从文献价值条件出发去阐述档案文献指档案中具有较高价值的部分,也未尝不可。

如果把档案文献的范围限定在有较高价值的档案之内,就会出现一个档案原件和复制件的问题。对于现存在档案馆或其他单位的档案,用价值标准可以衡量,而对那些已经编纂刊刻且档案原件佚失的档案,如《尚书》《唐大诏令》《群臣奏议》等,怎样衡量其是否属于档案文献,却是应当阐述的。这点作者没有指明,不能说不是一个缺漏。

问题的另一方面,以有较高价值来作为衡量档案是否为档案文献的标准,这本身包含着人为的因素,实践中不好判定和掌握。对于年代较为久远的档案,如甲骨档案、简牍档案,以及明清的纸质档案等古代档案,我们认为它们是有价值的,这是由于这些档案现存数量较少,所以很珍贵。对于近现代产生的档案,怎样判断哪些档案具有较高价值,哪些档案没有较高价值,是否应归属档案文献,不能说不是一个颇为棘手的问题。

比如在20世纪80年代中共中央确定开放历史档案方针的初期,档案部门为满足各界对档案利用的需求,积极进行档案编纂活动。当时由于编纂经验不足,多数档案馆都选择中小型专题汇编,这样就形成了一种结果,即某一专题档案并没有都收入汇编之中。近年来随着编纂实践的深入开展,档案编纂选题实现由中小型向大型系列基本史料题目过渡,这也形成一种局面,即某一种类或某一个历史时期的档案全部编纂出版。那么,我们能以编纂实践活动结果去作为标准吗? 即认为经过编纂公布的档案就具有价值的,没有经过编纂公布的档案就没有价值,这显然是不合适的。有些档案,特别是近现代档案,当下人们没有认识它们的价值,但它本身又具备潜在的出版价值,经过若干年后人们可能对它提出利用需求。我们知道,档案利用需求是随着人们社会实践在各个历史时期的不同而不断发生变化的。

（四）曹喜琛《档案文献编纂学》对档案文献的认识

1990年曹喜琛主编的高等学校文科教材《档案文献编纂学》,由中国人民大学出版社出版。在该教材中,作者认为"档案文献是整个文献的一个组成部分"。作者通过分析文献古今含义的演变,根据国家标准《文献类型与文献载体代码》对文献的界定,即文献是"记录有知识的一切载体"。指出"档案既属于文献之一种,就具备一般文献所共有的性质。但它也有自己区别于其他文献的个性,主要表现为两点:第一,它具有原始性,即人们通常所说的第一手材料;第二,它具有权威性,与其他文献比较,它具有或曾经具有法律效力,在一事有不同记载的情况下,一般以档案的记载为准,它的凭证作用较比其他文献更为可靠。"[①]

曹著对档案文献的认识,可以概括为以下三点：

---

① 此观点在1987年曹喜琛、刘耿生为中央广播电视大学档案专业编写《档案文献编纂学》教材(档案出版社出版)中已有阐述。

第一，指明档案文献的归属范围，是整个文献的一个组成部分。

第二，指明档案文献具有文献的一般特征，它是人们在实践活动中形成的记录材料，这种记录材料通过一定的载体符号表现出来。

第三，强调档案文献不同于其他文献的个性，即原始性和权威性，说明它在文献中的地位和价值。

上述认识详细论述了档案文献与文献的相互关系及各自的共性和特性。但该教材仅是回答了档案文献是什么的问题，并未对什么是档案文献从逻辑角度来加以说明。

（五）韩宝华《档案文献编纂学教程》对档案文献的认识

1999年中国人民大学韩宝华著《档案文献编纂学教程》，该书作为21世纪档案学系列教材之一，由中国人民大学出版社出版。在该教材中，作者将档案文献解释为"档案文献这一术语是指刊载档案原文或以揭示、报道、摘编及综述档案信息为基本内容的各种出版物。"

韩著对档案文献的观点，可以概括为以下三点：

首先，指明档案文献是出版物。

其次，指明作为档案文献出版物的标准，或是刊载档案原文，或以揭示、报道、摘编及综述档案信息为基本内容。

最后，强调上述对档案文献的界定，为档案文献编纂学中的特定内涵，而有别于社会上对档案文献的理解。

应该说，上述对档案文献的解读也是一种认识问题的视野，它可以对档案文献编纂学中使用的档案文献予以限定。但社会上通常所使用的档案文献，一般既是指档案原件，也指刊载档案信息的出版物。不论是文献学，还是历史学，均是如此。如果在档案文献编纂学中专门界定档案文献的特定内涵，还需要对社会意义的档案文献概念加以说明，以免产生不必要的歧义。

综上所述，可以看出，如果从文献的价值标准出发认为档案文献是档案中具有较高价值的部分，虽然可以作为认识档案文献的一个视角，但毕竟还有些具体问题不好解释。如果从档案文献编纂学特定的角度去认识档案文献，则与社会上通常使用的档案文献又有距离，难免会造成人为的障碍。所以，必须换个视角从文献的广义，即文献是记录信息和知识的一切载体，去认识档案文献，这样才能更全面、更深层地揭示档案文献的实质和内涵，说明它与其他文献之间的联系与区别，从而做出更为科学的解释，完成科学研究所赋予我们的任务。看来究竟应当怎样认识和定义档案文献,还需进一步深入研究。

四、对档案编纂学名称的认识

通过前面的分析,我们认识到档案史料编纂学名称似乎偏重于史料学,而档案文献编纂学名称则似乎又偏重于文献学。什么样的名称能够准确地概括档案文献编纂学这门科学的科目性质及内容呢?我以为比较科学的名称应该与档案学科学体系中的其他科目,如档案管理学、档案保护技术学一样直称作档案编纂学。当然,不称档案史料编纂学或档案文献编纂学,不等于在研究这门科目时一概排斥对史料学和文献学中整理文献史料的比勘文句和鉴别版本及考校史实等理论与方法的借鉴与应用。

有人认为不能称档案编纂学,是因为档案馆(室)的编纂工作的对象以档案为主,同时又不可缺少其他文献。我以为这是值得商榷的。档案馆(室)编纂档案时,当然不一律排斥对其他文献的利用,但需要强调说明的是档案馆(室)的编纂工作对象主要是档案,其他文献的编纂自有其他学术部门去完成。纵观到目前为止出版的档案馆(室)编的汇编,绝大部分是档案编纂,不能因为在编纂工作中必要时应用其他文献而否认档案编纂这一主流,也不能由此而作为拒称档案编纂学的理由。另外,上述说法是把档案文献这一概念中的档案与文献并列对立起来,这在逻辑上是说不通的。

档案编纂学,它既包括文书档案编纂的内容,同时也包括科技档案编纂的内容。前一个时期,档案编纂学确实存在着侧重于对文书档案编纂进行研究过多的问题,这也有其历史原因。在1987年《中华人民共和国档案法》颁布之前,确切地说在1986年实施《档案馆开放档案暂行办法》以前,我国开放的主要是1949年建国前的历史档案、旧政权档案和革命历史档案,这部分档案主要是文书档案。因此,这一时期档案馆主要是进行文书档案的编纂活动,以致于研究档案编纂实践与理论的档案编纂学,也主要是侧重于研究文书档案编纂的问题,但这并不能由于已经出版的著作因着重于文书档案的编纂的研究,而误认为这门科目所研究的对象主要是文书档案文献的编纂问题。一门学科的研究对象和研究内容是相互联系而又有区别的两个不同的概念,侧重于文书档案编纂的研究是指研究内容而言,并非指研究对象。

档案编纂学目前是否应该分成文书档案编纂学和科技档案编纂学这两个分支科目,我认为目前还不宜分科过细。据有的专家调查,苏联已在原来的文献编纂学基础上分出若干分支科目。① 但从目前我国实际情况来考察，还不宜分出若干分支科目。仅就档案学教学而论，分科过细，弊大于利。因为档案编纂学这门课程通常是在大学高年级开设，即大学三年级下半学期或四年级上半学期讲授。此时，学生已先学了档案管理学、科技档案管理学等档案学专业的基础课程，所以将文书档案编纂和科技档案编纂合二为一进行讲授，学生可以接受。另外，档案学专业的学生普遍反映专业课内容存在有相互重复的现象，以致有些学生学习兴趣不大。如果将档案编纂学分设为文书档案编纂学和科技档案编纂学两门课程，势必造成编纂原理部分的重复。

暂不分科的档案编纂学，在其研究范围中可以充实科技档案编纂的内容。具体地可以这样设计：第一部分是关于编纂档案一般理论原则的研究，它包括我国档案编纂工作存在发展的客观和理论基础、编纂档案的性质和原则、中外档案编纂历史与现状评述、对已编出的典型汇编进行评价等；第二部分是关于档案编纂的一般过程及技术的研究，它包括我国档案编纂的一般程序，诸如研究信息选择题目、研究题目查选材料、考校史实整理编排、撰写文字说明及提供参考辅文等；第三部分是对各类档案汇编特殊的编纂原理和技术的研究，它包括文书档案、科技档案、人物专题档案以及其他各种专门档案的编纂。以上三部分的研究构成档案编纂学的研究范围，我们这样设计它，既能使档案编纂学这个概念内涵和外延都好掌握，名实相符，同时也能准确地概括和反映我国档案编纂的实践活动。

---

① 韩玉梅.外国档案学理论研究的现状和趋势.档案学理论新探索.北京：档案出版社，1987：87.

论档案编纂学的性质[①]

档案编纂学是档案学中具有综合性特点的应用学科,它既不是历史学的辅助科目,也不是综合性学科。档案编纂学的性质,是指它在科学分类体系中的归属和地位。关于这个理论问题,有两种模糊认识:一是认为档案编纂学是历史学的辅助科目;二是认为档案编纂学是综合性学科。这两种意见均不利于档案编纂学科的理论建设,有必要加以澄清。

一、档案编纂学不是历史学的辅助科目

关于档案编纂学是历史学辅助科目的观点,最早产生于50年代档案编纂学建立初期。主要原因有:一是受苏联文献公布学影响。苏联档案编纂学专家姆·斯·谢列兹聂夫认为:苏联文献公布学是历史学的一门辅助科目。[②] 50年代初我们聘请他讲授苏联文献公布学,翻译了苏联文献公布学教材。引进苏联教材体系对我国档案编纂学的产生起了历史性的借鉴和催生作用,它对我国档案编纂学理论建设产生了长期的影响。从50年代到60年代,以至于80年代,档案编纂学是历史学辅助科目的观点一直占主导地位。二是由于我国传统档案编纂学理论的影响。我国古代和近代进行了大量的档案编纂实践活动,产生了浩繁的档案汇编物,积累了丰富的档案编纂理论。综观历史上的档案编纂活动,其主要特点之一,就是从产生到发展都不是独立存在的,而是依附于其他工作,特别是史学工作。孔子编纂"六经"的目的是出于他的教学需要,司马光编纂《资治通鉴长编》是为了编修《通鉴》,历代官修的起居注、实录、奏议等档案汇编,均是为编修正史而准备资料。因档案编纂活动而产生的理论也都是由史学家或文献学家来总结,其本身就偏重于史学研究,带有浓重的史学色彩。今天也是如

[①] 本文原载于《档案学研究》2001年第5期。
[②] 谢列兹聂夫.苏联文献公布学[M].韩玉梅,译.北京:中国人民大学出版社,1955:2.

此,档案编纂实践的开展,其目的是为了满足编史修志的需要。建国后很长一个时期内,档案界将熟悉档案内容,汇编档案史料,参加历史研究,提高服务质量作为基本任务,要求档案馆能够在历史科学研究中发挥一定的作用。在上述理论与实践氛围下,将档案编纂学看成是历史学的辅助科目是自然的。

为了正确认识档案编纂学不是历史学的辅助科目,需要认清档案编纂学与历史学,特别是与史料学之间联系与区别。

历史学是以探讨人类社会发展过程、规律为研究对象的科学,史料是历史学研究的根本依据。档案编纂学与历史学关系十分密切。主要表现在:第一,史学研究离不开档案史料。档案是历史研究的可靠材料,从古至今的史学家都十分重视档案在修史方面的功能。比如汉代司马迁"䌷石室金匮之书"而修《史记》,唐代刘知几在《史通》中倡立"制册章表书",清代章学诚提出"比次之书""不可轻议"的主张,等等。现代史学家同样重视档案对于研究历史的作用,史学界普遍认为,档案是"未掺过水分"的第一手原始资料,没有档案不可能编修出信史。由于史学界重视对档案的利用,所以历史学研究的发展变化必然会对档案编纂学产生重大影响。第二,档案编纂为史学研究服务。档案编纂工作是一项服务性质的工作,它通过编纂档案为社会各方面服务。目前,我国档案馆所编的档案汇编,多是历史档案的编纂,而利用历史档案,虽然有经济、水利、科技等部门,但主要还是史学界,所以历史研究的动向就成为档案编纂选题的重要方向。第三,档案编纂需要吸取史学界研究成果。吸取史学研究的有关成果是档案编纂工作开展的必要条件,同样档案编纂出版又进一步推动着史学研究的发展。

史料学是历史科学的一个分支科目,它是研究史料源流、价值和利用方法的科学。具体地说,史料学可分为两类:一是史料学通论,它研究搜集、鉴别和运用史料的一般规律和方法;二是具体的史料学,它研究某一历史时期或某一领域史料的来源、价值和利用。

长期以来,史料学十分重视对档案史料的研究。比如陈高华等著的《中国古代史史料学》、陈恭禄著的《中国近代史资料概述》、张宪文著的《中国现代史史料学》、张注洪著的《中国革命史史料学》等史料学专著,都用很大篇幅去论述档案史料的性质、价值、种类、分布、收藏、内容及作用。

从史料学角度说,举凡人类实践活动遗留的痕迹皆是史料。它具体又有三类:一是遗址、墓葬、文物等历史遗存与遗物;二是图书、文书、档案等文字记录;三是传说、口述等口碑资料。档案是全部史料的一种,档案史料编纂工作是史料整理工作的深入和发展,一般史料整理工作的原则和方法也基本上适用于档案编纂工作,特别是史料学中对史料鉴别考订的理论和方法,有助于档案编纂工作中对档案的鉴定和识别。实际上,在档案编纂学研究中也的确借鉴了史料编纂整理的理论与方法。

正是由于档案编纂学同历史学、史料学的密切关系,我们忽略了它们之间相互区别的研究,以致在一个相当长的时期内把档案编纂学作为历史学的辅助科目来加以研究。今天,我们用科学的标准来衡量,这种做法显然是错误的。

档案编纂学同历史学、史料学的区别相当明显,它们在研究对象、研究内容、研究方法和研究机制上都体现各自特点。档案编纂学是研究档案编纂实践活动的科学,它的基本任务是:以马克思主义理论为指导,总结档案编纂实践历史与现实经验,揭示档案编纂发展的一般规律,阐明档案编纂的理论、原则和方法,为档案编纂实践提供理论指导。如何科学汇编档案,使其达到公开出版的程度为社会提供利用,始终是档案编纂学研究的中心内容之一。历史学是人文社会科学下的一个门类,史料学是史学工作者治史必备的一项基本功。档案学属于管理科学,档案编纂学是档案工作者必须掌握的一门基础知识。档案编纂学与历史学、史料学学科门类归属不同,性质、内容也不同,因此不能把档案编纂学看作是历史学的辅助科目。

二、档案编纂学不是综合性学科

档案编纂学是一门正在发展着的科学。在其发展过程中需要广泛吸取与它相邻学科的研究成果,如历史学、编辑学、史料学、版本学、文献学、古文书学、考据学、校勘学、传播学、信息学等,档案编纂学需要借鉴这些学科的理论、概念、原则、技术和方法,来不断丰富自身的理论体系。据此,有人认为,档案编纂学"是由众多学科交叉和结合而产生的一门综合性学科"。[1]

什么是综合性学科?所谓综合性学科,是指那些利用多种学科理论或方法,从各种不同角度去研究某些复杂课题或某类现象所形成的学科。从这一理念出发来考察档案编纂学,完全可以看出,档案编纂学在建设过程中,虽然利用了相邻学科的理论和方法来研究档案编纂实践活动,但它作为社会科学之下的档案学的分支学科属类的性质并没有因此改变。

作为以档案编纂实践活动为研究对象的档案编纂学,从科学分类方面说,它属于社会科学,档案编纂学是一门具有社会科学性质的学科。

---

[1] 梁玉阶.档案史料编纂学[M].上海:复旦大学出版社,1990:11.

社会科学和自然科学是人们对科学通常所作的两大分类。社会科学是以意识形态和上层建筑领域里的各种社会现象为研究对象的科学，自然科学是研究自然界的物质形态、结构、性质和运动规律的科学，它是人类改造自然实践经验的总结。无论是社会科学，还是自然科学，均包含门类众多的学科。在诸多的社会科学门类中，档案编纂学是其中一种科学。

档案编纂学之所以属于社会科学，主要是由于它所研究的档案编纂实践是一种社会现象。档案是人类社会实践的产物，档案编纂是在档案产生积累到一定程度，社会需求同管理状况发生矛盾时出现的作用于两者之间具有中介和传播手段的社会活动。作为人类文化活动中有机组成内容的档案编纂实践，始终与人类社会发展过程紧密相连为社会服务，并受到社会政治、经济、文化、科技条件的制约。

全部的人类社会实践活动，大体上可分为物质生产活动和精神文化生产活动两大部类。档案编纂活动属于精神文化生产范畴，它所产生的成果——档案汇编是人类精神文化的产品。精神文化生产有广泛的领域，比如哲学宗教、文学艺术、文献整理、图书编辑等，档案编纂归属于文献整理范畴。档案编纂既具有一般文献整理的共性，也具有自身的特点。它的客体对象限定在档案文献方面，这与其他文献整理如古籍整理活动一样，都具有自己的固定对象。它们各自发挥作用，共同构成社会文献整理活动的全部内容。因此，探讨档案编纂实践及其规律的档案编纂学理应属于社会科学范畴。

从学科分类方面看，档案编纂学是档案学的一个分支学科。档案学是研究揭示档案、档案工作、档案事业发展规律的科学，它包括基础档案学和应用档案学两大结构体系。档案编纂学研究目的是总结概括档案编纂实践经验，探讨古往今来档案编纂的规律，揭示档案编纂公布的理论、原则、技术和方法，最大限度地满足社会对档案的利用需求。档案编纂学的研究目的、研究对象和研究范围决定了它是属于档案学体系中应用档案学范畴。

档案编纂学在档案学体系之中的应用性质，决定了它具有突出的实践性。档案编纂学阐述的理论、原则、技术和方法来源于档案编纂实践，而后把整体档案编纂工作中那些具有普遍意义的经验、理论和规律，又直接应用于档案编纂实践活动之中，解决档案编纂中的各种具体实际问题，使档案编纂深入开展。从这个意义上说，档案编纂学又是一门实践性很强的应用学科。

档案编纂学是档案学的分支学科，它有自己的研究对象和内容范围，是一门独立的科学科目。但是，在现代科学体系中，档案编纂学又不是孤立存在的，它在形成和发展过程中,同其他学科相互渗透、相互影响,档案编纂学需要借鉴利用相关学科的知识、成果和方法来不断促进自己理论、方法的完善和发展。

这种学科间的互相影响、互相渗透,同学科具有综合性质是完全不同的概念。现代科学中,学科间互相影响、渗透是其发展趋势,由此而产生了大量边缘性学科,在档案学之中这种现象也较普遍。比如把目录学理论与方法同档案目录工作相结合而形成的档案目录学,把法学理论原理同档案法治实践相结合而形成的档案法规学,把心理学原理同档案利用实践相结合而形成的档案心理学,等等。上述学科可以看作是边缘性或综合性学科存在于档案学体系之中,而以档案编纂学吸收其他相邻学科的理论、方法为依据,认为档案编纂学也是边缘性或综合性学科则是一种误解。

在科学技术飞速发展的今天,人类已经进入了电子计算机网络时代,这带来档案编纂在工具、技术、方法方面的革新。档案汇编不再单单是传统的以纸张为载体的书籍形式,出现了磁性材料和感光材料为载体的光盘、磁盘、缩微胶片等多种传播档案的形式。编纂手段由单一的文字转达演进到数字扫描技术,公布途径由新闻出版、广播、电视扩大到网络传输。新的技术革命无时无刻不在猛烈地冲击着档案编纂活动。尽管如此,档案编纂学也并未因此而改变它的性质,在网络时代,改变的只是档案编纂技术和手段。

如果把档案编纂与其他相邻学科的相互影响渗透作一定性的话,结论只有一个,即档案编纂学是具有综合性特点的一门学科。值得注意的是,综合性特点的学科与综合性学科并非同一意义的概念。

综上所述,档案编纂学既不是历史学的辅助科目,也没有发展成一门综合性学科。它是一门什么性质的科学呢?我们说,档案编纂学首先是一门具有社会科学性质的学科,其次是档案学的一门分支学科,这门学科具有很强的应用性和综合性的特征。一句话,档案编纂学是档案学中的具有综合性特点的应用学科。

论档案编纂学的研究对象[①]

档案编纂学的研究对象是档案编纂学中较为重要的基本理论问题,对它进行深入研究有助于我们更好地认识和理解档案编纂学涉及的其他基本理论问题,对于构建档案编纂学理论体系具有重要决定性意义。

一、档案编纂学研究对象诸说

我国自 20 世纪 50 年代档案编纂学建立后,对档案编纂学的研究对象曾进行过有关探讨,虽然目前对该问题所作的研究还不够深入广泛,但毕竟还是形成了几种不同意见,其中较有代表性的大致有以下三种:

第一种看法是方法说。这种观点在 50 年代由李毅提出,他在《略谈文献公布学》中指出,档案编纂学的研究对象是研究公布文献的方法和出版文献出版物的一系列工作。[②] 80 年代赵践主编的《档案文献编纂学讲义》也阐述了类似的观点。该书认为,档案编纂学是一门研究档案文献如何编纂的学科,其研究对象为从事档案文献编纂应该遵循的原则和方法问题。[③]

第二种看法是矛盾说。持这种观点者认为,档案编纂学的研究对象是研究解决档案文献的浩繁、芜杂和副本的有限性与人们利用要求的专题性、科学性和广泛性的矛盾。[④]

第三种看法是实践说。这种观点是新提出的,它又分为两种观点:一种认为,档案编纂学的研究对象是档案文献编纂实践,包括实践的主体与客体的关系,实践自身的发展规律以及与社会历史发展各方面的联系。[⑤] 另一种在把档

[①] 本文原载于《上海档案工作》1994 年第 2 期,获 1994 年全国十二家档案期刊联合评选的优秀论文奖。
[②] 李毅.略谈文献公布学[J].档案工作,1958(4).
[③] 赵践.档案文献编纂学讲义[M].中国人民大学档案系印行.
[④] 曹喜琛.档案文献编纂学[M].北京:中国人民大学出版社,1990:5.
[⑤] 王玉声等.档案编纂学研究对象新议[J].档案,1992(5).

案编纂实践作为研究对象时,则更偏重编纂实践中的诸种关系。认为各种编纂活动之间、编纂活动的各环节之间、编纂活动与档案材料内容之间、编纂活动与编纂工作者之间、编纂活动与社会政治、经济之间的关系,构成档案编纂学的研究对象。①

上述第一种观点在50年代至80年代初期占主导地位,第二种观点在80年代中后期以至90年代影响广泛,第三种观点是最近新提出的,虽然未占主导地位,但它却表明人们对档案编纂学研究对象的积极探索。随着档案编纂实践活动的进一步向深度和广度发展,这一问题的讨论所获得的认识也将不断得到拓宽。

二、档案编纂学研究对象诸说评析

对档案编纂学研究对象所形成的不同意见,表明人们从各种不同角度去探讨而获得的认识,这种认识是有积极意义的,它可以启发我们在确定研究对象时把各方面因素都考虑进去,全面地认识问题。因此,评析已经取得的认识成果,积极开展讨论,则是更为有益的事情。

(一) 对方法说的评析

把档案编纂方法作为档案编纂学的研究对象,其不够完善的方面主要是将档案编纂学的研究对象局限在与编纂活动有关的具体技术方法上,导致对其理解范围的狭窄。关于这些不足,王玉声、赵跃飞在《档案编纂学研究对象新议》中分析了三大缺陷:一是把档案编纂学具体界定成档案编纂法,局限在"原则和方法"上,没有体现出"学"的特征,这就导致了该学科理论体系较为严重的倾斜,即名实不副。二是这一外延过窄的概括,既不符合档案编纂学的研究现状,也不利于学科本身的进一步发展。因为在事实上,档案编纂学的研究远远超出了"原则和方法"的范围。三是忽视了档案编纂活动作为一种客观的社会存在的意义,不利于人们从实践的角度对其加以考察,更无法揭示档案编纂活动同社会历史发展的关系。②

我基本上同意上述对把档案编纂方法作为档案编纂研究对象的分析意见。事实也的确如此,如果把档案编纂学研究对象界定为编纂档案的方法和原则,势

---

① 卢思君.档案文献编纂学研究对象思考[J].浙江档案,1992(5).
② 王玉声等.档案编纂学研究对象新议[J].档案,1992(5).

必导致档案编纂学研究范围的狭小。这既不利于档案编纂学研究的深入开展，也同目前的研究范围相左，不利于学科建设。

如果我们对上述观点追根溯源的话，则是受苏联文献公布学影响，并带有其明显的痕迹。1953年苏联专家姆·斯·谢列兹聂夫所讲的苏联文献公布学，认为该学科的研究对象即是"研究和制定公布史料的原则与方法并准备文献的出版"。① 不能否认苏联文献公布学对于我国档案编纂学建设的影响、这种影响既表现为学科体系方面，也表现为学科的具体理论方面。当然发展到今天的档案编纂学，经过众多研究者的努力，在同我国档案编纂实践相结合的程度上正日益深化完善。尽管今天看来将档案编纂学研究对象界定为编纂方法之说不尽完善，但还应看到在档案编纂学的历史发展进程中，它对于规划档案编纂学体系曾起过积极的作用。

（二）对矛盾说的评析

把档案编纂学研究对象归结为是研究档案多、散、杂特点同人们利用之间的矛盾，我认为也不够妥当。从科学一般原理上说，一门科学应该有自己特殊的矛盾性，这是该科学区分其他科学的特殊本质所在，正如毛泽东同志在《矛盾论》中分析矛盾特殊性时所指出的，科学研究的区分，就是根据科学对象所具有的特殊的矛盾性。因此，对于某一现象的领域所特有的某一种矛盾的研究，就构成某一门科学的对象。

就档案编纂学而言，它的研究对象同样具有特殊的矛盾性。那么，它的特殊矛盾性表现在什么地方呢？主要应该表现在档案编纂实践活动方面，即在档案编纂实践活动范围之内所要遵照的规律，这点是与档案实践的其他活动，如档案管理、档案保护等活动的主要区别所在。如果离开档案编纂实践活动，认为研究解决档案现状与人们利用之间矛盾是档案编纂学的研究对象，势必有些过于抽象，失之于广泛，从而失去研究对象的特殊性，使之与档案学其他科目混淆，造成一种模糊性。比如近年有的学者主张建立档案利用学，也可以把该学科研究对象看成是档案保管现状同人们利用之间的矛盾。因此，主张研究对象为矛盾说，还不能准确地揭示档案编纂学的研究对象。

作为档案学的任何分支科目，其研究对象都必须是以具体明确的事物为对象，而不能泛泛地抽象认为研究对象是某种特殊矛盾，这是规定各门分支科目显

---

① 韩玉梅等译.苏联文献公布学[M].北京：中国人民大学出版社，1955：1.

著界限的标志。比如,档案学的研究对象是档案、档案工作和档案事业,科技档案管理学以科技档案及其组织管理和开发利用工作为研究对象,档案管理学以档案管理工作的基本原理、原则和方法为研究对象,等等。由此,可以认识到档案编纂学的研究对象也必须为档案、档案工作和档案事业的一个特定部分,这个特定部分只能是档案编纂实践活动,而不能是其他诸如档案管理或档案保护等方面的活动。

（三）对实践说的评析

认为档案编纂学的研究对象是档案编纂实践,这种意见比较实际具体,较为可取。虽然在细节方面还存在分歧,有人主张研究编纂实践的关系与发展规律,有人主张研究制约编纂实践中内部与外部的各种关系。但是,实践说这一观点适应了从 80 年代以来档案编纂实践的新发展,它跳出了囿于档案编纂方法的局限,进而延伸到档案编纂实践的各个方面,有利于对编纂实践经验进行总结,也有利于从事指导档案编纂实践活动的开展,更有利于以此来构建完善档案编纂学的理论体系。

三、我对档案编纂学研究对象的意见

总体上我同意将档案编纂学研究对象界定在档案编纂实践活动方面,但我更愿意将档案编纂学的研究对象直接确切地表述成档案编纂实践活动。这里的档案编纂实践活动是指整体的档案编纂实践而言,它包括档案编纂实践活动的方方面面,既包括档案编纂实践活动产生发展的历史,也包括档案编纂学、档案汇编和档案编纂活动的基本理论、基本规律及内部、外部的关系,同时还包括档案编纂的主体和客体及其互相之间的关系。总之,作为档案编纂学研究对象的档案编纂实践活动应是一个完整的概念,不是档案编纂实践活动某一侧面的具体形态。兹把档案编纂实践活动作为档案编纂学研究对象的理由予以分述如下:

（一）它符合档案编纂学产生和发展的历史规律

任何科学的产生和发展,都是由社会实践需要而决定的。档案编纂学也不能超出科学规律,它是遵循档案编纂实践的规律产生发展起来的。

据现有的资料考察,早在 3 500 年前的殷商社会,我国就开始了档案编纂活动,虽然对当时编纂活动详细情况还有待进一步研究,但考古发掘的甲骨档案和

流传至今的文献记载,都向我们展示出编纂活动存在的可能性。

档案编纂活动产生的原因是什么?从一般意义上说,编纂活动是伴随着档案出现并日益增多而产生发展起来的。人类社会历史的发展,科学技术不断进步,在档案方面的结果则产生两个方面的问题:一方面是档案数量增大,种类增多,内容复杂;另一方面是人类实践对档案需求也不断增加,人们从各自不同的角度提出对档案的需求,其目的是想迅速系统地获得所需要的专题档案材料,于是档案的众多与人们对它的特定需要就产生了矛盾,档案编纂正是为了解决这一矛盾而产生发展起来的。

自殷商以来,历朝历代档案编纂活动连绵不断,涌现出大量档案汇编物,各类皇帝诏令谕旨、群臣上疏奏议和律令法典汇编接连向世。古代社会档案编纂活动广泛的开展,档案编纂的实践经验也日渐丰富。从先秦的孔子、汉代的刘向、刘歆,到唐宋时期的刘知几、司马光,以至清代的章学诚等诸多史学家、文献学家、目录学家对实践经验的认真总结,档案编纂理论不断得以抽象,逐渐出现条理化系统化的趋势。近代社会性质的变革,使得档案编纂实践与学术研究接轨。甲骨卜辞、敦煌经卷、居延汉简、明清档案、太平天国文献等新史料的发掘整理,为大规模编纂档案准备了客观条件,而近代学术机构、文化团体、高等院校和著名学者的积极参与,又为档案编纂广泛展开提供了主观条件。近代大规模档案编纂实践活动,进一步充实完善了已有的传统档案编纂的理论。

新中国档案编纂实践是档案编纂学理论产生飞跃的基础土壤。在吸收借鉴苏联文献公布学经验的基础上,孕育于中华大地三千余年的档案编纂实践经验终于发生了质的变化。这种变化最终结果是导致了档案编纂学科学科目的正式建立于档案科学之中,成为其不可缺少的重要组成部分。80年代以来,特别档案开放、档案公布制度的确立,档案编纂实践获得前所未有的大发展。全国各级各类档案馆普遍开展档案编纂工作的新经验和新理论,为档案编纂学新发展提供了良好机遇,正是不断总结编纂实践所取得的经验,才使档案编纂学朝着新的方向迅速发展。

通过简要回顾档案编纂学产生和发展的历史过程,完全可以看出,档案编纂学的产生和发展都与档案编纂实践紧密相连。档案编纂实践是档案编纂学理论产生的基础,没有档案编纂实践,就没有档案编纂学理论,所以将档案编纂学的研究对象界定为档案编纂实践活动,是符合档案编纂学产生和发展的历史规律的。

(二) 它符合档案编纂学的性质

如前所述,档案编纂学是研究档案编纂实践活动及其规律的科学。从档案编纂学产生发展过程考察,它是对档案编纂实践活动经验的概括和总结,丰富的档案编纂实践活动是档案编纂学赖以存在发展的基础和源泉,将档案编纂实践活动积累的经验经过系统化总结和科学的抽象,使之上升到理论高度,揭示它的基本规律,达到有条理、系统、规范,即档案编纂学。

档案编纂学的基础是档案编纂实践活动,档案编纂学的产生,又对档案编纂实践活动起指导作用,随着档案编纂学研究的不断深入拓展,进一步推动和促进档案编纂实践活动向前进展,这就是档案编纂学理论与档案编纂实践活动之间互为依存的密切关系。由此可见,研究档案编纂实践活动发展规律,始终是档案编纂学的中心主题,所以档案编纂实践活动自然应该是它的研究对象。

档案编纂学是档案学体系中的一个分支学科,它又是一门实践性、应用性和边缘性的学科。坚持以档案编纂实践活动为其研究对象,可以更好地体现档案编纂学的性质。在社会科学范畴内,属于实践性、应用性和边缘性学科很多,不仅仅是档案编纂学一门。比如编辑学、目录学、图书馆学、管理学等等,都具有实践性、应用性和边缘性,但它们之间又有严格的区别,造成这种区别的主要因素就在于各自特定的研究对象和研究领域。仅就研究对象而言,编辑学的研究对象是作为社会文化现象的整个编辑活动,目录学的研究对象是目录、目录工作和目录事业,图书馆学的研究对象是图书馆活动,管理学的研究对象是各种管理活动。虽然各门学科在各自发展过程中都不同程度地利用与之相邻的多种学科的理论和方法,互相渗透,互相影响,但学科特性并没有因此混淆,各自研究对象和研究领域规定着独特性质,形成各门学科自然独立的运行状态。

如果把具有实践性、应用性和边缘性的社会科学的研究对象混为一谈,学科的独立性就会被取消,学科存在与否也就大成问题了,所以将档案编纂实践活动作为档案编纂学的研究对象,恰当地揭示了档案编纂学实践性、应用性和边缘性的具体特点,使之成为区别其他实践性、应用性和边缘性学科的显著标志。

(三) 它符合档案编纂学的研究状况

我国古代近代没有建立档案编纂学科学科目,对编纂实践侧重于编纂过程、方式方法方面的经验总结。新中国建立初期的 50 年代至 60 年代,档案编纂学建立并在学科自身理论研究方面取得了进展,但总的来说还较为薄弱。80 年代以来,档案编纂学的研究全方位地发展,理论体系日臻完善,取得了令人瞩目的成果。对于档案编纂学的研究,从宏观上大致可概括为如下三个方面层次:

第一层次,是关于档案汇编、档案编纂实践和档案编纂学的理论研究,这涉及理论概念、原则、体系等内容。对档案编纂学自身理论的研究首先解决的是档案编纂学的概念、性质、研究对象、研究任务和研究范围,档案编纂学在档案学中的地位,它与相关学科之间的关系,档案编纂学建立与发展的历史过程,学习研究档案编纂学应该遵循的原则和方法。对档案编纂实践理论的研究包括,档案编纂的一般理论原则、性质、内容、地位和作用,档案编纂工作存在发展的客观和理论基础,档案编纂实践的历史发展与现状,档案编纂人才的知识素养。对档案汇编的研究除包括性质、概念、作用、特点等方面外,还包括对已编出的典型汇编进行评论。

第二层次,是关于档案科学编纂过程的理论、原则和方法的研究,这着重探讨我国档案编纂的一般程序中的普遍规律。包括调查研究信息选择汇编题目,研究题目查选材料,考订史实点校加工,确定体例整理编排,以及注释、按语、序言、年表、插图、备考、编辑说明、目录、索引等档案汇编辅文材料,应遵循的要求及编制技术。除此而外,还包括档案汇编的出版工作,涉及底稿审核、装帧设计、校对发排,以及档案汇编出版后的一系列工作,诸如档案汇编的宣传、评论和反馈,这是档案编纂工作的延续,也是关于编纂过程研究的新课题。

第三层次,是关于各种不同类型档案汇编编纂原理和方法的研究,探讨其特殊的编纂规律。从档案种类上分,有明清档案、民国档案、革命历史档案、建国后现代档案的编纂;从档案性质上分,有文书档案、科技档案、专门档案的编纂;从档案汇编规模上分,有系列丛编、专题汇编、单篇档案的编纂;从出版公布形式上分,有图书、刊物、报纸公布档案的编纂;从发行范围上分,有内部、公开发行汇编的编纂;从编纂目的上分,有为史学研究、经济建设、政治斗争、工作查考、工农业生产、思想教育服务的档案编纂;从读者对象上分,有为广大人民群众和某一方面的研究人员或执行政策的行政管理人员提供的档案编纂。总而言之,各种类型的档案编纂,其原理方法也各有不同,探讨它们各自的特殊编纂规律,是档案编纂学研究的一个重要方面内容。

综上档案编纂学研究范围来看,确定其研究对象为档案编纂实践活动是名实相副的。当然一门科学的研究范围是由其研究对象决定的,但是当确定研究对象发生矛盾时,考察它的研究状况和领域,对于更好地认识其研究对象则更有积极的意义。

(四) 它符合档案编纂学概念的内涵与外延

档案编纂学的内涵是什么？纵观建国后档案编纂学的研究成果，大体上可从两个方面来认识：一方面包括档案编纂实践活动的总体研究，在宏观上考察研究档案编纂实践的各个方面，论证其结构功能，评价其效益；另一方面是对一部档案汇编编纂过程的研究，在微观上讨论具体一部档案汇编的编纂活动，如从选题、查选材料、考订点校、转录编排、提供汇编辅文，到出版反馈等各环节开展的依据、内容、方法、要求。

由于档案编纂学是研究档案编纂实践活动及其规律的科学，由此而确定它的外延，包括档案编纂实践的基本矛盾和基本规律，编纂档案自身各环节之间，编纂实践与档案事业之间及其与社会政治文化环境之间的互相联系和互相影响。

作为档案学科学体系之下的档案编纂学，既不能仅把它局限在研究微观的档案编纂活动方面也不能把它扩大为研究档案编研活动的各个方面，否则，档案编纂学就失去了特定的研究对象而越加变得模糊混沌起来。

尽管目前对档案编研的理论概念、内容范围还没有获得一致的认识，但比较通达的看法则认为它的内容应包括编纂档案。编写档案参考资料和利用档案参加科学研究编史修志等三个方面。从中可见，通常所说的档案编纂，仅是档案编研工作中的一个组成部分，它与档案编研不是等同的概念，它们互相之间的区别是明显的。另一方面档案编纂与编研又是密切相连的，档案编纂是编研内容中的主体，档案编研以编纂为主导，既能促进带动编写和研究两方面内容的开展，又是主动为社会提供档案服务，更好地开发档案信息资源的有效途径，所以档案编纂在档案编研工作中占有重要地位。

由于历史的原因，长期以来档案学体系中仅设有档案编纂学这一科学科目，而没有设档案编研学这一科目，近年来有的学者提出建立档案编研学的主张，这对于更进一步完善档案编纂学体系有积极意义。但考虑到档案编纂与档案编研之间的区别，目前档案编研中的编写参考材料的内容，在档案管理学中所占分量很重，如果抽出同现行的档案编纂内容合并的话，会涉及整个档案学体系中各学科研究范围的调整问题，因此解决学科之间的交叉是至关重要的。

不论重新构建档案编研学，还是继续完善档案编纂学，其学科体系的区别都非常明显。我们只有弄清这两者之间的区别与联系，才能完整地理解档案编纂学的内涵和外延，从而更好地认识把档案编纂实践活动作为档案编纂学研究对象的正确性和准确性。

论档案编纂学的理论体系[①]

档案编纂学理论体系是档案编纂学自身理论问题之一,研究它有助于完善档案编纂学的学科建设。

从20世纪50年代到80年代的档案编纂学,其理论体系主要以选题、查选材料、考订加工、整理编排、撰写科学参考材料、审核出版等档案编纂工作各业务环节为主,辅以阐述档案编纂工作本身的基本理论,诸如编纂工作的概念、内容、作用、性质、原则等,并以此来设计教材体系。

80年代以后,我国各级各类档案馆大规模开展档案编纂实践,这向传统的档案编纂学理论提出了新的挑战,要求档案编纂学理论不断改进,以适应日益深入发展的档案编纂实践。于是,人们开始从各种不同角度探讨档案编纂学理论如何才能更好地满足档案编纂实践的需要。在档案编纂学理论体系方面产生了一些不同观点,有人主张二分法,有人主张三分法,有人主张四分法。[②] 这些观点从不同角度去认识说明档案编纂学理论体系,对于繁荣促进档案编纂学研究深入开展具有积极意义。

对于档案编纂学理论体系问题,我在《论档案文献编纂学名称》中曾提出过编纂理论、编纂程序、各类档案特殊编纂法三个层次的意见。[③] 因该文主要是论述档案编纂学名称,对其理论体系并未充分展开讨论,所以在这里作一较为详细的阐明。

一、完善档案编纂学理论体系的原则

确定研究档案编纂学理论体系时应遵循的原则,这是使我们的讨论得以进

[①] 本文原载于《辽宁大学学报》1995年第5期,中国人民大学报刊复印资料《档案学》1995年第4期全文转载。
[②] 潘玉民.档案编纂学理论体系的历史考察[J].档案学通讯,1993(5).
[③] 潘玉民.论档案文献编纂学名称[J].江西档案,1988(4).

行的基础条件。关于这一问题,韩宝华在《论档案文献编纂学学科体系的建构原则》中曾提出:"客观地、历史地评价档案文献编纂学的已有研究成果,实际地、全面地掌握档案文献编纂工作的目前发展状况,系统地、多维地考虑档案文献编纂学的体系结构。"①我认为上述原则对于完善档案编纂学理论体系是完全适合的。如果按照这个精神来讨论档案编纂学理论体系,总的认识不会有太大的分歧,只是在个别层次上存在某些差异,那么,各种意见可能很快就会趋于一致。但是,在确定完善档案编纂学理论体系原则时,下列问题无疑是应该予以注意的。

首先,完善档案编纂学理论体系必须要从历史出发。

任何一门科学的发展,都要经历由简单到复杂的发展过程。档案编纂学也同其他科学一样,其发展同样经历了由简单到完善的历程。今天,我们在完善档案编纂学理论体系时应如何正确对待已有的成果,这不仅仅是对过去研究成果的评价问题,而且也是关系到在什么基础上来完善档案编纂学理论体系的问题。对现有的档案编纂理论体系,既不能全盘否定,认为它这也不行,那也不好,没有什么可借鉴之处;也不能全盘肯定,认为它完美无瑕、无需完善,而墨守成规。正确的认识应该是,尊重历史事实,既要看到原有理论体系适应档案编纂实践的一面,又要看到它同日益发展的档案编纂实践不相适应的一面。吸取其合理成分,同时结合档案编纂新形势,构建一个较为完善的档案编纂学体系结构。

应该看到:50年代档案编纂学建立以来,特别是80年代以后,档案编纂学的理论体系有了很大发展,虽然在总的体系结构方面没较大的突破,但在内部个别方面却不断调整,内容不断充实丰富,使以档案编纂工作各环节为主的体系结构更加完整而逐步成熟。

但是,我们也必须要正视这样的现实:档案编纂学研究还不是十分成熟,特别是同档案学其他科目相比,其研究深度和广度都存在一定距离。就档案编纂学理论体系而言,其按编纂工作各环节编写的现行教材,有利有弊。利的方面表现为通用性较强,它适用于一般档案专业本科生学习或档案人员的在职基础培训。弊的方面则表现为针对性不强,不利于在进行各类档案编纂时学习参考,正因为这样,随着档案编纂实践的新发展,研究完善档案编纂学理论体系才是一项较为急迫的任务。

其次,完善档案编纂学理论体系必须要从实际出发。

马克思认为,我们只能在我们时代的条件下认识事物,而且条件达到什么程

---

① 韩宝华.论档案文献编纂学学科体系的建构原则[J].档案学通讯,1989(4).

度,我们便认识到什么程度。今天完善档案编纂学理论体系所面临的实际条件,从外部大环境来说,当前国家实行改革开放,经济发展,科学文化繁荣,社会安定,为档案编纂实践和档案编纂学研究提供了良好的机遇。从档案事业内部环境来说,十一届三中全会以后国家档案事业蓬勃发展,档案定期向社会开放制度的确立,为档案编纂公布提供了有力的法律保障,使档案编纂公布活动获得空前的发展。档案编纂实践的迅速发展,推动着档案编纂学研究不断前进。

近些年来,档案编纂学研究全方位地进行,其研究内容之广,研究成果之多,都是前所未有的。曹喜琛主编的《档案文献编纂学》、黄存勋等编著的《档案文献学》、梁毓阶主编的《档案史料编纂学》、黄子林编著的《档案史料编纂学》等教材的相继出版,反映出档案编纂学学科地位已经确立。温学志等编著的《科技档案编研学基础》、徐绍敏编著的《科技档案编纂工作》、贺真主编的《科技档案编研原理与方法》等著作的出版,则开辟了档案编纂学研究的新领域。

除教材著作外,档案专业刊物近年来发表了大量关于档案编纂学的研究论文。中国档案学会档案文献编纂委员会组织了两次全国范围的档案文献编纂学术研讨会,并编辑出版了《建国以来档案文献编纂工作得失研讨论文集》和《档案编纂新论》两部论文集。从学术论文内容上看,有关于档案编纂工作经验的总结,有关于档案编纂的具体理论诸如编纂工作某一环节的探讨,有关于档案编纂学的自身理论诸如概念、基本规律、研究对象、学科体系的研究,还有对历史上档案编纂活动和档案编纂思想的整理发掘。

以上,即是完善档案编纂学理论体系的实际,今天完善档案编纂学理论体系必须根据这些实际条件来进行。

第三,完善档案编纂学理论体系必须要从档案学科整体出发。

档案学作为一门科学,它有一个完整的科学体系结构,在这个体系之下包括从属的各门分支学科。尽管目前人们对档案学体系的范围层次认识还没有达到一致,但档案编纂学作为其中的分支科目却是毫无疑问的。

在档案学总体系统属的各门分支学科之中,其研究内容相对地说都是固定的,自成体系。在完善档案编纂学理论体系时必须考虑到档案学各分支学科的体系内容,不能无限制地扩大其研究范围,尽量避免体系内容互相重复交叉,防止出现与其他分支学科"争饭吃"的现象。

为了完善档案编纂学理论体系,人们从不同角度提出建立档案文献学、档案编研学、科技档案编纂学(或科技档案编研学)的设想。应该看到这些设想的积极作用,它摆脱了以往档案编纂学体系范围狭小的局限,开阔了人们研究问题的视野。但这些设想共同的不足是,仅从档案编纂学学科自身出发,忽略了档案编纂学与其他学科之间的内容相互交叉重复问题。这将影响到档案编纂学科的独立性,也会使档案学体系进入模糊状态。

档案文献学体系分为两大部分:一部分是关于档案编纂与研究的内容;另一部分是对档案文献予以介绍。用这种体例编写教材适用于没有系统学习过档案专业基础课的学员,以及其他专业的学生。对于系统学习过档案专业基础课的本科生来说则不很适宜,主要问题是同其他学科特别是中国档案史内容重复太多。

档案编研学体系也分两大部分:一部分是档案原文编纂的内容;另一部分则是以档案为基础编写的文字材料的理论与方法。这种体系前者是当下档案编纂学的研究内容,后者在档案管理学中讲授。档案编研学体系实质上是将上述两者内容合二而一,以此编写教材适用于档案干部培训,但必须对档案管理学中编研的内容进行调整,尽量避免内容交叉重复。

科技档案编纂学的体系基本沿用了以往档案编纂学的体系,即在概述之后按编纂工作业务环节设置章节体例。从出版的教材著作看,其体系内容多借鉴于档案编纂学,只是对科技档案编纂类型和方法方面略有变通。科技档案编纂同文书档案编纂相比,由于编纂的客体对象不同,两者编纂成果类型和编纂方法不尽相同,但在编纂的基本理论和编纂程序上却大致相同,只是各自侧重点有所差别。如果在现有的档案编纂学的基础上再新建科技档案编纂学学科,势必造成教学内容的大量重复而不利于学科建设。在现有的档案编纂学体系中充实科技档案编纂的内容,阐述其不同于文书档案编纂的原理和方法,我认为它适用于一般高校档案专业教材的编写,是比较可行的方法。

二、档案编纂学理论体系设计

根据以上对完善档案编纂学理论体系原则的认识,我们认为比较合理的档案编纂学理论体系应由编纂理论、编纂程序和各类档案编纂方法三个层次构成。下面分别予以说明:

(一) 编纂理论

所谓编纂理论,它是人们对编纂实践的系统认识,而编纂理论的表达形式,则是由一系列的概念、论述和逻辑结构所组成。编纂理论是档案编纂学体系的基础,从目前状况考察,编纂理论可分为档案编纂学的基本理论和档案编纂的基本理论两个方面。

关于档案编纂学的基本理论。它主要包括档案编纂学的学科性质、研究对象、研究任务、研究方法,档案编纂学的特点和与相邻学科之间的关系,档案编纂学的产生与发展历史过程。

关于档案编纂的基本理论。它又分为档案汇编、档案编纂工作和档案编纂人才三个方面。档案汇编的理论主要有:档案汇编的起源与演变,档案汇编的本质、形式和作用。档案编纂工作的理论主要有:档案编纂工作的性质与内容,档案编纂工作的社会价值与功能,档案编纂工作的政治、科学和法制规律。档案编纂人才的理论有:档案编纂人才思想政治修养和业务修养,档案编纂人才队伍的建设。

(二) 档案编纂程序

档案编纂程序是指档案汇编产生发行的全过程,它着重阐述整个编纂过程中各业务工作环节的原则和方法。以往我们多按档案编纂业务工作环节先后顺序来构思编纂程序,始于编纂选题,终于审校出版,而对于汇编出版后如何宣传发行和收集反馈信息则没有包括在研究范围之内。现代编纂实践告诉我们,档案编纂程序不应仅到审校出版为止,而应向后延伸到编后的活动,将汇编出版后宣传发行、评介反馈等工作都包括进去。从档案编纂的全过程考察,编纂程序可划分为编纂设计、编纂实施和编后反馈这三个阶段。

编纂设计阶段主要是明确编纂工作的方向目标,主要是研究信息、选定汇编题目,根据题目进行编前研究,拟制选材大纲和工作计划。编纂实施阶段是将编纂设计变为现实的具体编纂过程,它包括汇编档案的查找与挑选,汇编档案的考订与校勘,汇编档案的转录加工整理,汇编档案的标题和编排,档案汇编辅文的编制,档案汇编审核与出版前准备。编纂反馈阶段包括档案汇编的校对、宣传发行、评介反馈等编后工作。

(三) 各类档案编纂方法

档案种类不同,其编纂方法也不一样。为了提高学科的应用指导性,解决对各种不同档案如何根据其特点进行编纂问题,有必要将明清历史档案、民国历史档案、革命历史档案、现行文件、科技档案特殊的编纂原理和方法予以研究,以弥补目前理论体系的不足。

此外,档案编纂的发展趋势与现实档案编纂紧密相连,理应列入档案编纂学研究范围。

档案编纂学理论体系的历史考察[①]

档案编纂学[②]是研究档案编纂实践活动一般规律的科学。它的产生和发展同档案学其他分支科目一样,都是由档案工作实践决定的。我国丰富的档案编纂实践是档案编纂学赖以存在发展的基础和源泉。

档案编纂历史悠久,据考古发掘的甲骨档案来考察,早在3500年前的殷商社会,就已经开始了档案编纂活动。编纂于春秋战国时期的《尚书》,是我们迄今见到的最早的一部完整的档案汇编。自此以后,封建社会内不断地整理文献,先后有大量的档案编纂物问世。清代编修《四库全书总目》专在"史部"之下设"诏令奏议"类,著录宋代以后编纂的诏令奏议39种,存目95种。如果查检经部、子部和集部,著录和存目的档案汇编远不止这些。再进一步查检《汉书·艺文志》《隋书·经籍志》等史志目录,可知封建社会内编纂的档案汇编大大超过了《四库全书总目》著录的种类和数量。

封建社会内大量地开展档案编纂的实践,促使一些史学家及目录学家对如何编纂档案和档案汇编如何分类进行了有意义的研究探讨。如从先秦的孔子,到汉代的刘向、刘歆,唐代的刘知几,至清代的章学诚等都有过关于档案编纂理论与档案汇编分类的论述。这些论述多分散于文献学、校勘学、版本学、目录学著述之中,有待于进一步发掘清理。

本世纪20年代以后,随着清代大内档案的发现,故宫博物院文献馆、国立中央研究院历史语言研究所、北京大学研究所国学门等学术单位,以及社会知名人士和著名学者参与明清档案的编纂公布活动,使档案编纂公布与学术研究发生了密切的关系。特别是专门公布档案的刊物《文献丛编》《史料旬刊》的创办,专题档案史料汇编《清代文字狱档》《苏州织造李煦奏折》《明清史料》等问世,向社

[①] 本文原载于《档案学通讯》1993年第5期。
[②] 档案文献编纂学是目前的通称,笔者认为档案编纂学是比较名实相副的提法。详见拙文《论档案文献编纂学名称》,《江西档案》1988年第4期。

会首次公布了鲜为人知的明清档案史料,引起了社会各界的广泛重视。近代档案编纂公布活动为档案编纂学的研究提供了宝贵资料。

虽然我国档案编纂活动历史悠久,源远流长,古代和近代的史学家及目录学家对于档案编纂进行了有意义的研究探讨,但终究没有发展成为一门独立的科学科目。作为在马克思主义理论指导下的档案编纂学的科学研究,同整个档案学一样,是新中国建立后才起步的。新中国成立以后,在借鉴苏联文献公布学,总结我国档案编纂历史与现实经验的基础上,建立起具有中国特色的档案编纂学这一科学科目。1978年以后,特别是1980年党中央决定开放历史档案,各级档案馆为适应学术界对档案史料的迫切需求,响应中央关于开放历史档案的方针,普遍大规模地开展档案编纂的实践活动。正是这种档案编纂实践,使档案编纂学的理论体系源源不断地丰富和充实。1986年中国档案学会档案文献编纂学术委员会成立,标志着我国档案编纂学的研究和档案编纂工作实践发展到了一个崭新的阶段。1987年颁布的我国第一部《中华人民共和国档案法》又对档案编纂公布作了法律规定,予以法律保障,使得档案编纂学的科学研究进入了前所未有的繁荣发展时期。

一、苏联文献公布学的理论体系

苏联档案编纂学专家姆·斯·谢列兹聂夫1953年至1954年应邀在中国人民大学档案系讲授苏联文献公布学,该讲义由韩玉梅等翻译,中国人民大学出版社1955年出版。

谢列兹聂夫《苏联文献公布学》的理论体系分为档案编纂基本理论和档案编纂方法论两大层次。教材结构亦分为两大部分:第一部分是档案编纂的基本理论,即文献公布学的对象与历史。在这一部分中,分别论述:文献公布学是一门科学科目;革命前俄国公布文件史概述;马克思列宁主义经典作家与公布文件问题,苏联共产党和苏联政府关于思想问题的决议对文献公布学的意义;苏联的公布文件工作。第二部分是档案编纂方法论,即公布文件的原则与方法。分别论述:文件出版物的形式,文件出版物的题目,应出版文件的查找和挑选,文件正文的选择,文件正文的转达,文件的标题,文件的考证材料,文件的注释,应公布文件的系统化,文件出版物的出版说明和历史序言,文件出版物中的索引及其他附录,文件出版物的编排格式。

苏联文献编纂学的理论体系是总结苏联档案编纂实践活动的成果,它系统论述了苏联文献编纂理论与方法。这种理论体系对我国档案编纂学科学理论体系的确立曾产生过重大影响。1974年谢列兹聂夫总结多年从事苏联文献编纂学研究和教学经验在莫斯科出版了《苏联文献编纂学的理论与方法》,①论述文献编纂学的对象、任务和方法,文献出版物的选题和分类,史料研究,查找和挑选可供出版的文件,原文鉴定学及其在文献编纂中的作用等等。

特别值得指出的是,谢列兹聂夫在《苏联文献公布学》中提出:文献公布学"除了阐述公布文件的一般原则和方法外,还应有说明公布专门文件(技术文件、计划文件、统计文件及其他)的特点的章节(尚待研究)。这些章节之所以必要,是由专门文件的来源、编写、编排格式、内容和作用等方面的特点决定的。采用同一种方法来公布作家的书信和技术文件(蓝图、计算书、图表等)是不对的。它们之间一定会有一些区别。"这种完善档案编纂学理论体系的设想,对苏联文献编纂学研究有着重要意义。据有的学者研究,70年代苏联文献编纂学又产生出历史文献编纂法、科技档案编纂学、文献编纂学史等分支学科。②

二、50年代档案编纂学理论体系

50年代为我国档案编纂学理论体系创立时期。李毅在1958年《档案工作》第4期发表《略谈文献公布学》一文,概述档案编纂学的理论体系。该文提出:"文献公布学正是研究如何大量公布档案文件,以便利史学界及其他方面利用的科学"。这门科目"它研究公布文献的方法和出版文献出版物的一系列工作:如文件出版物的对象和形式,出版物题目的选择,文献标题的编写及文件考证材料的提供,文件注释的编写,序言及各种科学参考工具的编制,文件出版物的编排格式等等。"文献公布学不仅"要深刻地、科学地揭示出公布文件的各个原则和方法的实质和意义。同时,还要不断地整理和总结实际工作中的一切有价值的先进内容,并提高到理论上,以便从理论上指导公布文件的实际工作。只有这些还是不够的,我们还必须研究我国历史上的各种方法和经验,扬弃那些有缺点和错误的部分,接受合理的优良的传统方法。"

李毅的上述主张是我国50年代档案编纂学理论体系的代表观点。它是我国最早吸收苏联经验所取得的成果,为我国档案编纂学理论体系的雏形。对于这个问题,还不能简单地认为"完全是谢列兹聂夫《苏联文献公布学》的复述"。③

---

① 韩玉梅.扩大外国档案学术研究队伍,发展外国档案学术研究[J].档案学通讯,1988(1).
② 韩玉梅.外国档案学理论研究的现状和趋势[J],档案学理论新探索[M].北京:档案出版社,1987:51.
③ 卢思君.论档案文献编纂学的结构体系[J].档案,1985(4).

三、60 年代档案编纂学理论体系

60 年代为我国档案编纂学理论体系的确立时期。1963 年中国人民大学历史档案系编印《文献编纂学》教材,1964 年对此进行了修改。

1963 年的《文献编纂学》教材体系结构分为六章,绪论,形式与选题,文件史料的选定,文件史料的加工编排,汇编内参考材料和参考工具,汇编的序言和编辑说明。

1964 年的教材修改为八章:文献编纂工作概述,形式、读者和选题,编纂档案史料的准备工作,档案史料的查找和选定,档案史料的加工和编排,汇编内参考材料查找工具的编制,汇编的序言和编辑说明,汇编的校对、审校与技术设计。

以上教材的理论体系从总体考察都是以档案编纂工作业务环节为主体来设计的,但具体地说还有区别。1963 年的教材第一章绪论中概述档案编纂学的对象、任务、性质和要求;而 1964 年的教材修改为文献编纂工作概述,论述文献编纂工作的意义、性质和原则。此外,修改后的教材增设了汇编的校对、审校与技术设计,将编纂的准备工作另设一章。可见修改后的教材进一步完善了档案编纂学以档案编纂工作业务环节为主体的理论体系。该体系为后来《档案史料编纂学概要》及《档案文献编纂学》奠定了基础。

四、80 年代档案编纂学理论体系

80 年代为我国档案编纂学理论体系恢复发展繁荣时期。其标志是:一方面继 60 年代以来以档案编纂工作业务环节为主体的档案编纂学理论体系臻于完善;另一方面人们在深入研究的基础上提出了各种进一步充实完善档案编纂学理论体系的设想。

(一)《文献编纂学》的理论体系

1980 年应教学所需,丁永奎、曹喜琛、韩宝华编写了《文献编纂学》校内教材。该教材分档案史料编纂与公布的概述,档案史料编纂的选题和准备工作,档案史料的查找和选定,档案史料的加工编排,科学参考材料和查找工具的编制,汇编的序言和编辑说明,汇编的装帧和出版等七章。

《文献编纂学》吸取了 60 年代教材以档案编纂工作业务环节为主的理论体系的特点,同时也参考了学术界有关方面专家的研究成果,还参考了一史馆和二史馆及某些省档案馆编纂工作的经验,较好地反映出了新形势下我国档案编纂

工作的实践成果和历史经验。由于这部教材是在开放历史档案以后档案馆开始大规模地开展档案编纂活动的新形势下编写的,这样该教材内容体系方面增添了许多60年代教材所没有的新内容新理论。比如编辑出版档案史料是档案馆的一项重要职责,档案史料的考订等。

(二)《档案史料编纂学概要》的理论体系

1982年丁永奎、曹喜琛将1980年至1981年在《档案学通讯》上发表的《档案史料编纂的基本知识讲座》加以增补后汇集成《档案史料编纂学概要》一书。

该著作总体结构仍以我国档案编纂工作业务环节为主来构思档案编纂学的体系。分为档案史料编纂工作总述,档案史料编纂的选题和准备工作,档案史料的查找和选定,档案史料的编者加工,档案史料的标题,档案史料的编排,注释和按语,年表、插图、备考,目录和索引,汇编的序言和编辑说明等十章。

《档案史料编纂学概要》是我国第一部公开出版的档案编纂学的著作。它同《文献编纂学》一样在理论体系方面继承了60年代编纂学教材的长处,同时认真总结了我国档案编纂实践活动取得的经验,参考利用了学术界的研究成果。特别值得提出的是该教材将已往教材中的档案史料编者加工、标题和编排,科学参考材料和查找工具中的注释和按语,年表、插图和备考,目录和索引等分离开来,独立成章。这样安排教材的体系结构无疑对于深入研究档案编纂工作起着重要作用。

该著作公开出版后使我国档案馆进行档案编纂工作有了基本依据,它对于广泛传播档案编纂工作的技能和档案编纂学的基本知识,推动我国档案编纂实践和档案编纂学的发展都起了非常重要的作用。正因为如此,该书初版后,几经再版,印数达十几万册。专业图书达到这样的印数,在我国出版业中也是不多见的。

(三)吴宝康关于档案编纂学理论体系的思想

1981年吴宝康在《档案学通讯》第3期发表《档案文献编纂学是档案学的重要科学科目》一文概述档案编纂学的性质和理论体系,以后他在《档案学理论与历史初探》一书中仍保持该文所阐述的观点。

吴宝康认为档案编纂学"是以研究编纂和公布档案史料为主要内容的","它既研究我国档案文献编纂工作的古今发展和历史传统,又研究档案文献编纂工作的理论、原则和方法,总结历史和现实的实际经验。"

吴宝康指出为提高档案编纂学科学水平，必须"要从我国古今的档案文献编纂工作的实际出发，研究我国文献编纂工作的历史发展及其传统，研究古今各种类型的文献编纂出版物的编辑原则与方法，以便总结经验，充实和丰富档案文献编纂学的理论、历史、原则和方法。"要达到这个目标，"文献编纂学研究者除亲自参加一部分档案文献的编纂工作，以取得直接的经验外，其主要精力和重点应放在对如下几类文献编纂工作的研究上。即（一）我国古代编纂的主要的文献汇编，如从《尚书》起一直到历代编纂的各种文献汇编等；（二）《马克思恩格斯全集》《列宁全集》《斯大林全集》《毛泽东选集》《周恩来选集》《刘少奇选集》等的编纂工作；（三）科学研究部门和各主要历史档案馆近二三十年来编辑出版的各种档案史料汇编；（四）党政部门或有关档案馆（室）编辑的各种文件汇编。我们要对档案文献编纂工作的全过程，包括选题、收集、选材、加工和编排到序言、出版说明、按语、注释、年表、图表、索引和目录等的编写或编制都要研究。"

虽然吴宝康上面的论述没有具体描绘档案编纂学理论体系结构，但他却从宏观上为我们勾画出了档案编纂学的总体框架。这一思想对于建立科学的档案编纂学理论体系具有指导意义。

（四）《档案文献编纂学讲义》的理论体系

1983年赵践主编的《档案文献编纂学讲义》作为校内教材印行。

该教材分十六章。依次为档案史料的特点、性能；档案史料与编纂公布；编纂类型与选题；研究现有成果，拟定工作提纲；查找文件史料；选择文件史料；档案史料的考订和正文的确定；档案史料的转达；文件史料正文的标点、分段；文件史料标题；文件史料的体例、编排；注释和按语；汇编的年表、图例和备考；汇编的目录和索引；汇编的序言和编辑说明；汇编的出版。

《档案文献编纂学讲义》是编著者们多年从事档案编纂教学和科研实践的结晶。它的理论体系的确立是作者多年研究所得，同时也汲取了档案界、史学界有关的研究成果。从教材体系结构来看颇有突破，使人耳目一新。首先它加重了档案编纂基本理论的比例，新增设了对编纂工作的客体档案史料的研究，专用一章论述其特点与性能。其次它继《档案史料编纂学概要》中将标题和编排从编者加工分出之后，又把标点和分段独立成章予以专论；同时还将选题与准备工作，查找与选材及档案史料的考订等分别独立成章来加以论述。这部教材的编成，使人们第一次看到了20万字以上的编纂学教材，其分量不言自明，它对于深入研究档案编纂学理论体系又向前跨进了一步。

(五)《档案文献编纂学》的理论体系

1987年曹喜琛、刘耿生为中央广播电视大学档案专业编写了《档案文献编纂学》教材。

该教材分为十四章。具体是：总论—档案文献编纂学概述，档案文献编纂工作总述，编纂选题与编前研究，档案史料的查找，档案史料的挑选，档案史料的考订和选本，档案史料的加工，档案史料的标题，汇编内档案史料的编排，汇编评述性材料的编写，汇编查考性材料的编制，汇编检索性材料的编制，汇编序言和编辑说明的编写，汇编的出版。

《档案文献编纂学》是我国继《档案史料编纂学概要》后公开出版的第二部编纂学教材，关于档案编纂学理论体系问题，曹喜琛认为有关档案编纂工作的"理论、原则和方法结合为一个有机的整体，便组成本门学科的科学体系。"档案编纂学的基本内容既包括档案编纂工作的诸环节，还包括档案文献的特点和价值，以及档案文献编纂工作的历史、性质和基本原则等基本理论。

从档案编纂学理论体系的角度考察，《档案文献编纂学》新增设了档案文献编纂学概述一章，用以论述档案文献的性质和特点，档案文献编纂学的研究对象、任务和方法，以及勾画档案文献编纂学历史发展的脉络。从各章具体结构来看，又增设了许多新的教学内容，比如第六章下的考据历史述要，第八章下的档案史料原有标题的处理等。从编纂工作各业务环节来看，作者一改以前的表述方法，代之以更严谨准确的表述方法。比如，将编纂的准备工作改为编前研究，将注释和按语归类于评述性材料，年表、插图和备考归类于查考性材料，目录和索引归类于检索性材料等。

(六)《档案文献学》的理论体系

1988年四川大学档案系黄存勋等著有《档案文献学》。

该教材作者有感于近年来随着档案编研工作的发展，诸多学者提出建立档案史料学、档案情报学、档案编研学等新科目的意见，主张以档案文献学为其主体来进行统率。作者把档案文献学研究内容分为三部分：档案文献的性质、价值与特点，档案文献与其他文献，档案史料与其他史料之间的联系与区别；查阅、考据、研究、标点、校勘、摘要、编辑以及利用和处理档案文献的其他一些工作的理论和方法；馆藏历代档案文献的具体内容、形式及其具体特点和价值，还有利用和处理各代档案文献需要注意的一些具体问题。

《档案文献学》分为上下两编共十四章。上编八章,依次为:档案文献概论,档案文献的整理和检索,档案文献的考据,档案文献的研究,档案文献的校勘,档案文献的标点,档案文献的编辑(上),档案文献的编辑(下)。下编六章,依次为:档案文献的起源和演变,清代档案文献,民国档案文献,革命历史档案文献,中华人民共和国档案文献,中国档案文献学的遗产与前景。

该教材作者认为"将研究对象仅仅局限于档案文献编纂工作确是太狭隘了一点",应该"将自己的视野扩展到与档案文献编辑、研究、利用工作有关的诸多领域"。因此,作者在"吸收我国传统文献学的优秀遗产,并结合档案和档案编研、利用工作的实际的基础之上","以开拓的精神,用全新的体例",突破了原有的《档案文献编纂学》教材局限于讨论档案文献编纂工作的樊篱,把视野扩展到档案文献编辑、研究和利用工作的各个方面,扩展到档案文献从内容到形式的各个方面,全方位进行探讨,提出了一些有新意的见解。

《档案文献学》的理论体系,正如作者所说"尚属草创",这种理论体系是否可行,也还需待教学实践进行可行性论证后才能作出结论。

(七)1988年以后发表的论文提出的档案编纂学理论体系设想

赵爱国在《档案文献编纂学体系及教材结构之我见》一文中,认为档案编纂学的体系结构应分三层:一是对档案文献编纂工作的总体研究;二是对其分支的研究;三是对档案文献编纂中各具体环节的研究。具体的研究内容包括:关于档案编纂的总体研究;中国档案文献编纂史的研究;古代、近代档案史料编纂的研究;现当代党政档案文献编纂、公布的研究;科技档案文献编纂的研究;各种专门档案文献编纂的研究;与档案文献编纂有关的其他编研工作;以档案文献编纂学中某些特定部分为起点,开始对档案史料学的研究。

卢思君在《论档案文献编纂学的结构体系》一文中,①提出档案编纂学所研究内容为:研究编纂主体的活动形态;编纂客体的研究;编纂法的研究;档案文献编纂史的研究;研究与编纂活动相应的社会效益和经济效益并进行评价;新技术研究。作者在概括上述研究内容之后进一步提出档案编纂学可以划分为:档案文献编纂学概论;档案文献编纂史;档案文献编纂发展学;档案文献编纂价值学。

潘玉民在《论档案文献编纂学名称》一文中,认为编纂学体系应分设三个部

---

① 卢思君.论档案文献编纂学的结构体系[J].档案,1985(4).

分：第一部分是关于编纂档案一般理论原则的研究,它包括我国档案编纂工作存在发展的客观和理论基础、编纂档案的性质和原则、中外档案编纂历史与现状评述、对已编出的典型汇编进行评价等;第二部分是关于档案编纂的一般过程及方法的研究,它包括我国档案编纂的一般程序,诸如研究信息选择题目、熟悉题目查选材料、考校史实整理编排、撰写文字说明及提供参考辅助资料等;第三部分是对各类档案汇编特殊的编纂原理和方法的研究,它包括公文档案、科技档案、人物专题档案以及其他各种专门档案的编纂。

韩宝华在《论档案文献编纂学学科体系的建构原则》一文中,提出系统地、多维地考虑档案文献编纂学的体系结构思想。作者把档案文献编纂学分成广义和狭义两大种类。狭义的档案文献编纂学以公布档案文献原文的档案编研活动为研究对象。为完善这种体系作者提出三种方案：仍基本沿用概述之后按业务环节展开的"选编"模式;突破选编模式,在概述之后按报刊型档案史料编辑、书籍型档案史料编辑、缩微型档案史料编辑等结构全面涉及原文刊布档案史料的各种形式及各自的编辑特点;寓档案史料学、档案文献编纂史于其中,在概述一般原则及清代以前档案文献编纂简况之后,按清代档案史料的编纂、民国档案史料的编纂、党史档案史料的编纂等,分述各种历史档案的编纂成果、经验、现状及发展趋势。广义的档案文献编纂学以各类档案编研活动为研究对象,其体系分两种：按加工层次综括各种档案文献编纂成果的体系;按档案编研工作方法论的体系建构。

结束语

从上面对建国后档案编纂学主要理论体系讨论和分析中,不难看出,我国档案编纂学从建立至现在的历史发展进程中,也同其他学科一样经历了一个由简单到复杂,由一般到特殊的循序渐进的过程。那么,如何客观评价每个阶段档案编纂学的不同理论体系呢？我以为有两点是我们在认识它们时所应值得注意的。一是我们要看到档案编纂学历年来经过众多学者的辛勤而努力地推进,建立了比较完整的科学理论体系,这一科学体系对于我国档案编纂实践活动的展开起了理论指导作用。今天恐怕再也不会有人重唱"我国没有档案文献编纂和公布的工作,设置这一科目是脱离实际,是教条主义"的论调了,档案编纂学这一课程也不会遭受"每当教学改革它就被砍掉或合并到其他科目中去"[①]的不幸命

[①] 吴宝康.档案学理论与历史初探[M].成都：四川科学技术出版社,1986：263-264.

运,这是我们从事档案编纂学教学和研究的同志们所感到欣慰的。

  在首先肯定档案编纂学确立的科学体系,对我国档案编纂实践起着重要指导作用的同时,我们还应该看到,随着日益丰富发展着的档案编纂实践活动,新的研究课题也会不断地出现。比如随着我国第一部《中华人民共和国档案法》的实施,档案定期开放制度的确立,档案编纂实践活动大规模地普遍开展,如何解决既概括抽象档案编纂一般理论原则和方式方法,同时又能对不同档案的编纂,诸如历史档案,形成期满30年的档案以及未满30年的档案,日益兴起的科技档案和专门档案等,给予具体的指导,这不能不是迫切需要解决的问题。档案编纂学只有在实践中不断地充实、丰富和完善自己的科学理论体系,才能使其永远充满着生机和活力。

档案编纂学研究的现状与发展趋势[①]

我国档案编纂学始建于20世纪50年代,而真正地开展科学意义的研究则起步于80年代。如果说50年代李毅在《档案工作》杂志上发布的《略谈文献公布学》让档案编纂学走出人大校园,使档案界普遍知晓这门学科性质和任务的话,那么80年代初期曹喜琛、丁永奎连载于《档案学通讯》上的《档案史料编纂的基本知识讲座》,则适应了历史档案开放后档案部门大规模开展档案编纂工作的需要,首开新时期档案编纂学理论建设的先河。

综观十余年来档案编纂学研究,其取得的成绩令人瞩目,突出表现为:首先,确立了档案编纂学在档案学学科体系的地位,完成了对国外档案公布学的引进吸收消化工作,并总结我国档案编纂历史与现实经验予以充实档案编纂学内容体系;其次,公开出版《档案文献编纂学》《档案文献学》《档案史料编纂学》等各种编纂学教材著作16部;再次,公开发表大批编纂学论文,并出版《建国以来档案文献编纂工作得失研讨论文集》和《档案编纂新论》两部论文集;第四,成立了中国档案学会档案文献编纂委员会,并有效地组织了两次学术研讨会;第五,以著名编纂学家曹喜琛教授为代表的研究队伍不断扩大,研究力量逐步加强;第六,全方面地开展了档案编纂理论、原则、方法的研究,档案编纂史和科技档案编纂的研究拓宽了编纂学领域;第七,借鉴相关学科研究成果,改善了编纂学研究方法与手段。

为了更清楚地勾画近年档案编纂学研究线索,兹具体分述如下:

第一,档案编纂学基础理论的研究。

档案编纂学名称问题。在档案编纂学研究发展过程中曾有文献公布学、文献编纂学、档案史料编纂学、档案文献编纂学几种不同提法。近年有人提出档案

[①] 本文原载于《辽宁档案》1994年第7期。

编纂学名称,而不称档案文献编纂学。其理由是档案文献是从文献学角度而获得的认识,实际上档案文献指的就是档案,直称档案编纂学与档案学其他学科的称呼亦相一致。

档案编纂学研究对象问题,主要有三种观点:一是方法说,它认为档案编纂学研究对象为编纂档案应遵循的原则与方法;二是矛盾说,它认为研究解决档案文献浩繁、芜杂和副本的有限性与人们利用要求的专题性、科学性和广泛性的矛盾是档案编纂学的研究对象;三是实践说,它认为档案编纂学研究对象为档案编纂实践活动及其规律。目前后两种观点各据其理,都有一定影响。

档案编纂学体系结构问题。50年代到80年代的档案编纂学体系是以档案编纂工作各业务环节为主,辅以编纂工作的基本理论。近年此论题研究较多,意见不一。有人认为编纂学体系应分档案编纂工作的总体研究、分支研究、各具体环节研究三个层次;有人认为编纂学体系由编纂理论、编纂程序和各类档案编纂方法三部分构成;有人认为编纂学体系可分档案编纂学概论、档案编纂史、档案编纂发展学、档案编纂价值学四个方面;有人则提出广义和狭义档案编纂学观点;还有的提出理论和应用档案编纂学两大部类的意见。该课题研究的逐步深入,将有力地促进档案编纂学研究范围不断完善。

档案编纂性质和功能的研究。提出了档案编纂是具有中介与传播特点的科学性、社会性工作,从而划清了档案编纂与编研之间的关系。明确了档案编纂功能既表现在档案工作内部,也具有社会价值,同时在传播档案文化方面又起着桥梁作用。

档案编纂史的研究。该课题以前研究不够,近年来有所突破。既有对某一朝代档案编纂的断代性研究,也有对古代社会档案编纂全面的通史性研究;既有对奏书、诏书编纂的专题性研究,也有对某种档案汇编如《尚书》的专门性研究。这方面研究的问题是存在随意性现象,没有紧紧抓住档案编纂成果这一主线,把史籍中不属于档案汇编种类的也列入研究范围,造成混乱不清局面。

科技档案编纂学的研究。对该课题的研究已经起步,成果有:温学志、潘齐靖《科技档案编研学基础》,徐绍敏《科技档案编纂工作》,贺真《科技档案编研原理与方法》。研究中注意借鉴已有的编纂学理论,结合科技档案编纂的特点来探求其规律,并进行文书档案与科技档案两者的比较研究,但有些问题尚在研究之中。

第二,档案编纂原则和方法论的研究。

档案编纂原则的研究。档案编纂原则包涵广泛,总的方面提出了档案编纂应遵循科学性与党性统一的原则,具体在选题、选材、加工、编排等方面又提出相应原则。比如选题中社会需要、馆藏档案、编辑力量的统一原则;查选材料中全面查找、宁多勿漏、博约得当,以及运用阶级分析与历史观点挑选档案的原则;加工中的存真、求实、慎改、标注原则;编排时保持档案之间联系,体现一定思想性,遵守分类逻辑的原则。上述原则的提出,深化了档案编纂的具体理论。

档案编纂方法论的研究。借鉴版本学理论结合档案编纂特点,探讨了鉴定档案文件版本的具体方法;借鉴考据学理论深化了档案辨伪的研究,特别是对判定档案文件形成时间予以研究,提出一些具体操作方法;对影印编纂档案总结出一般规律,诸如复印原档,校勘标点,剪贴拼版,摄影制版等具体环节的技术与方法;对加工符号的标准化进行了研究,提出统一加工符号的设想;对档案加工中讹、夺、衍、倒是否进行径改进行了讨论,一种意见认为可以径改,另一种意见认为它涉及加工原则,不应对原文直接改动。

档案编纂程序的研究。目前的档案编纂程序一般自选题始.经查选材料,考订加工、整理编排、提供辅文,终于审校出版。从系统论角度出发,有人提出档案编纂程序应是档案汇编产生发行的全过程,所以它缺少选题前的信息研究、汇编出版的宣传发行、收集反馈信息等环节。为此,提出档案编纂程序应分编纂设计、编纂实施和编后反馈三个阶段。

以上所述,涉及近年档案编纂学研究的几个主要方面的理论与方法问题,有的已经形成较为定型的理论,有的正在研讨没有取得一致意见,还有待于进一步深入研究。

档案编纂学今后如何发展,从研究现状及学科建设需要出发,我认为应包括如下几个方面:

加强基础理论研究,提高档案编纂学整体研究水平。档案编纂学基础理论是该学科研究发展水平的重要标志,它的研究任务繁重。主要有:关于档案编纂学自身的理论研究,研究它有助于提高对档案编纂学的宏观认识,以便改进研究方法和手段,提高整体研究水平;关于档案编纂基本理论的研究,研究它有助于对档案编纂本质的认识,以便强化档案编纂工作组织管理,提高档案编纂效益;关于档案编纂历史的研究,探讨档案编纂产生发展的历史及发展规律,评价不同时期档案编纂实践活动及其成果,有助于把握档案编纂规律,为当今档案编纂工作提供借鉴;关于档案编纂的比较研究,通过对古今中外档案编纂及其成果的比较,探讨档案编纂的共性和特性,有助于更好总结经验,做好档案编纂工作;关于档案编纂发展趋势的研究,根据现实对档案编纂未来发展进行预测和展望,可以为档案编纂发展提供科学决策理论。总之,加强基础研究是档案编纂学今后发展的重要方面,它是档案编纂学继续向前发展的依据和条件。

总结历史与现实经验,不断完善档案编纂的理论与方法。从我国档案编纂的实际出发,实事求是地总结档案编纂历史与现实的经验和教训,不断完善科学理论与方法以指导我国档案编纂实践的开展,是档案编纂学研究的主要任务之一。为此,档案编纂学研究必须紧密结合档案编纂实践来进行,它要对档案编纂实践过程中的诸多现象进行归纳提炼,使其上升为抽象的理论,进而形成一个系统完整的理论方法体系,这个体系既源于实践又指导实践。档案编纂学产生的基础是档案编纂实践,而档案编纂学理论的发展,又对档案编纂实践起指导和促进作用。档案编纂学理论与档案编纂实践相互联系,彼此促进的辩证关系,说明把档案编纂实践作为档案编纂学研究任务的重要性和必要性。我国档案编纂历史悠久,古往今来有许多有益的思想、规律需要探索。目前,随着现代科学技术的发展,也带来了编纂手段、方法的变革,影印、缩微胶片等新形式档案汇编的出现,打破了文字汇编的单一品种,图片、系列汇编、横向联合选题,协作编纂,扩大了档案编纂范围,特别是电子计算机在编纂工作中的广泛应用,开辟了档案编纂全新的局面。档案编纂实践的新发展、新变化,为档案编纂学研究提出了新的课题,档案编纂学必须适应这种新形势,适时总结新经验,才能不断完善已有的档案编纂理论方法,为档案编纂实践提供理论技术方面的指导。

揭示档案编纂规律,提高编纂工作质量。档案编纂规律可分两个方面:其一,档案编纂内部规律;其二,档案编纂外部规律,前者是档案编纂实践区别于其他社会实践而特有的规律。从编纂选题、查选材料,到整理编排,构成档案编纂内部的有序过程。从"述而不作"到忠于原文,是选择加工材料而贯穿古今的原则。研究档案编纂内部规律,有助于协调档案编纂各环节之间的关系,使档案编纂工作规范化和科学化,以加强对档案汇编的评价,保证汇编整体质量。档案编纂外部规律是指同社会各方面的关系而言,档案编纂是一项社会性工作,它直接为社会服务,但也受到社会政治、经济、文化环境的制约,社会需要、科学技术、思想文化无不对档案编纂发生影响。认识档案编纂的外部规律,有助于我们认识档案编纂在政治经济、思想教育、推行政令、规范社会行为等方面的作用,将档案编纂纳入经济轨道,采用现代科学技术手段,加快档案向汇编的转化。

拓展新的研究领域,充实档案编纂学学科体系。当前,档案部门档案编纂活动普遍开展,为完善档案编纂学体系提供了良好的机遇。经济建设为中心的社会需求,改变了以往过多编纂政治方面汇编的局面,提出了加强经济史料编纂的课题;现代化建设和科学技术的发展对科技档案信息的需求,开拓了科技档案编纂的研究领域;档案学理论深入研究及专门档案类别的出现,要求对专门档案如何编纂给予理论阐述。上述研究课题,都是实践向档案编纂学提出的新课题。除此以外,档案编纂学还应对编纂过程的技术方法加强标准化研究,以增强可操作性,对明清档案、民国档案及建国后档案编纂的特殊方法也需深入探讨,找出编纂它们特有的规律。档案编纂工作如何组织管理,特别是大型编纂项目及合编方式的项目怎样组织,也是档案编纂学面临的新研究任务。

  加强编纂人才的组织培养,建设一支高质量的研究队伍。档案编纂人才队伍的建设是一项具有战略意义的任务,档案编纂人才队伍素质的高低是决定档案汇编质量的关键性因素,因此,培养人才至关重要。我国档案编纂学研究队伍目前分为两部分力量:一是在档案部门从事档案编纂的实际工作者,他们主要进行档案汇编工作,对实际工作进行经验总结,并上升到理论探索;二是在高等院校的教师,他们主要进行档案编纂学的教学工作,同时结合实践对档案编纂学进行理论研究。现在这两部分缺乏必要的学术联系和组织,因此有必要实行横向联合,把档案部门的实际工作者和高校的理论工作者结合起来,互相学习,取长补短,通力协作,共同为发展档案编纂学做出贡献。

档案编纂理论的社会价值[①]

从社会角度充分认识档案编纂的功能与作用,为更好地开发与利用档案信息资源提供了一个全新的视域。以往我们在研究档案编纂理论的价值时,关注于档案界内部和社会外部。就社会外部而言,仅从档案编纂对于科学研究、文化建设、思想政治、工作查考等方面所起的作用,还没有将档案编纂活动作为社会文化建设与传承的一种活动和现象来加以研究。档案编纂作为档案信息资源开发活动的一个重要构成,从人类社会文化活动方面去认识档案编纂的社会性及它所产生的社会价值,可以从宏观上更好地理解档案编纂的科学性和必要性,提高全社会对编纂档案的关注度,有利于推进这项工作向纵深发展。

一、档案编纂的社会性与社会价值

(一) 档案编纂的社会性

探讨档案编纂的社会性,首先应对档案编纂的本质问题予以讨论。所谓档案编纂,是按照一定的题目对档案信息进行查选、考订、加工、编排和评介,以出版的方式提供档案信息为用户服务的工作。它是人类的档案信息资源产生积累到一定程度,由于社会对档案利用需求量不断增大,为满足社会需求而出现的一种档案信息资源开发利用的高级形式,这是区别于其他档案管理活动的特殊本质属性。

从档案编纂发展史考察,档案编纂作为人类文化活动的有机组成部分,始终与人类社会发展过程紧密相连。人类社会的发展,物质生产、社会活动的进一步扩大,档案信息资源逐渐积累,日益增加。于是,出现了直接提供档案原件不能

[①] 本文为2007年上海市教委项目《信息化环境下档案编纂理论研究》研究报告内容之一,其主要学术观点在作者的两篇论文中已有阐述。第一篇为《论档案编纂的社会性与社会价值》,原载于《山东档案》1994年第2期;第二篇为《论编纂档案文献对传播文化的作用》,原载于《档案与建设》1993年第5期。

够满足社会利用需要档案信息的状况,客观上要求以一种传播方式来满足社会需求档案信息的途径,这就产生了档案编纂的条件基础。在我国,据文献和考古资料,编辑文化活动最早即自档案编纂开始。殷商甲骨档案的编排串联,可谓档案编纂的滥觞,从事占卜和管理甲骨档案的"卜人",应是最早进行档案编纂的人员。春秋时期孔子编订"六经",是有史以来大规模档案编纂的起点。尤其是孔子的"述而不作"保持原来文辞的编纂原则,为后代档案编纂学者所推崇效法。唐代刘知几倡立的"制册章表书",清代章学诚提出的"比次之书",都主张"欲其愚"的编纂原则。汉代以后,历朝历代编纂档案连绵不断,既有官家设置专门机构来进行档案编纂活动,也有私家编纂档案之举,以致典章、实录、圣训、文集、奏议、书札等卷帙浩繁。正是有了档案编纂活动,世人才得以见到古代先秦时期原件已失传的典、谟、誓、命、训、诰等文件。也正是有了档案编纂活动,才使档案汇编作为档案文化成果同人类其他文化成果一起共同丰富着我国文化典籍的宝库。

　　档案编纂作为一种社会性活动,在不同社会条件下其表现程度有所差别。由于古代及中世纪社会与档案管理收藏的封闭性,使得档案编纂的社会性并未充分表现出来。而随着社会制度的变更,特别是当代档案定期开放制度的确立和完善,档案编纂作为一种社会文化活动现象也日益为人们所认识,其社会性表现得也更加普遍和充分。

　　按照马克思主义历史唯物论的基本原理,档案编纂是人类的社会文化活动,其主体的社会性也必然导致档案编纂活动的社会性。档案编纂的客体对象是由文件材料而转化的档案信息,它真实地记载着人们的历史足迹,并且内容广泛,涉及社会生活的各个方面,无所不有,与社会存在这样或那样的联系,其社会性同样显而易见。

　　综观人类社会活动,大体上可分为物质生产活动和精神文化生产活动两大类别。档案编纂当属于精神文化生产范畴。精神文化生产包括的范围广泛,比如哲学宗教、文学艺术、文献整理、图书编辑等。其中,档案编纂应归属文献整理范畴之内。档案是文献大家族的一个重要成员,档案编纂具有一般文献整理的共性,同时也表现出自己的特点。它与其他文献整理活动,如古籍整理活动等互为补充,各自发挥作用,共同构成社会文献整理活动的全部内容。

　　由此可见,档案编纂是具有社会性的一项工作,它直接为社会服务。曹喜琛教授在论及这个问题时曾指出:档案编纂从全社会其他各项工作关系及其成果形式和社会功能来看,它是为其他各项工作服务的,它的存在发展都依赖于社会客观需要,因为这项工作以提供档案信息为社会服务,如果离开社会需求,该工作即失去了基础。① 为社会服务是社会性活动的一般属性,通过编纂选择加工,编排成有序的档案文献汇编,以普遍可接受的符号形式进入社会文化传播渠道,使之增加科学性和易读性,既能满足人们生产工作、科学研究对档案的需要,还能不断积累档案文化财富。

档案编纂同样要受到社会环境的制约,社会经济、政治、文化等诸因素对档案编纂活动产生着深刻的影响。中国档案编纂史充分证明,档案编纂是具有强烈政治性的一种活动。在不同社会制度之下,档案编纂为不同的统治阶级服务,统治阶级的政治观念、思想意识、政策法规都会制约着档案编纂活动,每一次具体的档案编纂活动必定围绕着一定的政治目的来进行。此外,档案编纂不论在任何时期,它总是依赖于一定的物质条件,档案编纂活动的规模、手段、方式、方法、组织模式、成果形式,都要与社会物质生产水平相适应。在人类社会经济生活不发达时代,档案编纂不可能大规模开展,其成果也不可能大量印刷流传。而在人类社会经济活动高度发展时代,档案编纂水平才会大幅度提高,其成果也才会丰富多彩起来。从文化角度,档案实质上也是社会大文化的一个种类,即档案文化。档案记载着前人进行社会活动、生产实践、科学创新的成功与失败。20世纪20—30年代档案编纂活动之所以与学术研究发生着密切联系,除了社会性质变革、科学技术发展、新史料发现等因素外,近代社会文化价值观念和人们思维方式所发生的嬗变,也不能不说是一个非常重要的因素。②

(二)档案编纂的社会价值

档案编纂的社会价值来源于档案编纂的社会性。档案编纂的社会性告诉我们,档案编纂是人类精神文化生产的一种活动,其成果档案汇编是人类精神文化生产的产品。档案编纂的社会价值则是通过对档案信息进行选择、整理、加工、评介等转述的程序,来实现它对社会的作用,即社会价值。实际上,档案编纂的社会价值主要是通过它连接档案信息和社会两方面所起的中介作用来实现的。

档案编纂过程是人类精神文化产品规划、组织和整序的过程。一切档案文献,无论是历史档案、现行档案,还是文书档案、科技档案,它要充分满足社会需要,在社会上长久广泛的传播,公开出版向社会发行是一种重要的形式。没有经

---

① 曹喜琛.档案文献编纂学[M].北京:中国人民大学出版社,1990:72.
② 潘玉民.档案编纂学[M].沈阳:辽宁大学出版社,1997:4.

过精心的设计构思，那些散见于各全宗或各类别之中的档案信息不可能有机地组合在一起，因而也就不能成为整个社会的精神文化产品。

已经出版的各种档案汇编成果，如丛编、汇编、文集、选集、文件汇编等，都是编者认真选题精心规划的结果，凝结着编者创造性的智慧和辛勤的劳动。就一部档案汇编而言，其质量的高低固然取决于它所收选的档案，而选入档案的价值则与编纂人员的素质、水平有直接关系，很难想象，一个平庸的编者会编出高质量的档案汇编来。把既定的档案编成一部什么样的汇编，这同选题组织息息相关。编者正是把自己花费的劳动纳入了档案汇编这一文化产品之中，使之成为社会需要的产品，才体现出档案编纂的社会价值来。

档案编纂过程是人类精神文化产品的选择鉴别和加工的过程。档案编纂先要根据社会需要选择题目，然后围绕题目对收集的材料进行"去粗取精、去伪存真、由此及彼、由表及里"的分析研究，以挑选有价值的档案。档案整体数量大、质量杂，一部专题汇编在篇幅及材料质量方面都有一定的限制，不能不加选择地将题目所涉及的档案全部都编纂公布，必须对档案进行科学地选择，才能保证汇编材料的质量。

档案编纂是以科学方法提供档案。档案原件具有权威性和凭证性，但也具有种种缺陷，如文字的错讹倒衍、脱落污损，文件本身及内容的真伪，等等。凡是编纂公布的档案均是经过编者认真鉴别考证，仔细注释加工，他们为读者做了很多辅助性的科学工作，所提供的档案既准确可靠，又方便阅读。虽然在档案编纂加工过程中，编者要处理妨碍读者阅读的种种缺陷，但都是遵循存真求实的原则来进行的，以再现档案的原文原意。

档案编纂过程是人类精神文化产品的发掘和传递过程。档案是宝贵的信息资源，档案编纂是发掘档案价值的有效方式。在编纂过程中，对于准备编纂公布的档案都要经过认真研究，并反复衡量每一份档案的价值，考察社会实践对它的需求程度，以发掘其内在价值。

档案特点之一是记载信息的零散性，从一两件档案中很难了解到某个问题的全貌。分散的档案信息对于研究和说明社会的发展的价值不大，但只要将档案信息系统条理化，就能勾画出以往某一问题的概貌，为研究这一问题提供基础条件。档案编纂通过一定专题将分散的档案信息集中在一起，以印刷出版的方式传递出去。它的传播范围广，不受时间地点条件的限制，档案信息需求者随时都可使用编纂出版的档案汇编来满足需求。档案编纂一方面在对档案信息进行发掘和传递，另一方面也在实现着自己的社会价值。

(三)认识档案编纂社会性及社会价值的意义

档案编纂的社会性和社会价值是客观存在的。从理论上认识档案编纂的社会性和社会价值,其意义现实而又深远。

首先,有利于提高全社会的档案意识,唤起社会各方面对档案编纂的关注、重视和支持,以便加强国家对档案编纂出版的宏观调控,将各级档案编纂选题规划纳入国民经济与社会发展规划或国家科学发展规划之中,给予适当的投入,保障档案编纂题目的付诸实施。建国后档案编纂实践证明:只有国家统筹组织协调,加之档案部门之间的联合协同攻关,才能编纂出代表中华民族文化水平的档案汇编,使之千秋万代地流传。

其次,有利于提高档案部门的社会意识,能够树立档案部门做好档案编纂工作的自信心和责任感。虽然目前档案编纂形式上由各个档案馆来组织,但它的实际意义远远超出了本馆本地区范围,档案编纂不仅仅是将本馆档案编纂出版,还要从全社会的高度去认识这项工作的重要性,编纂档案不仅为今天现实服务,而且也是为后代积累文化财富,档案编纂是为国家文化宝库的构建增砖添瓦的大业。作为一个档案馆不能仅从本馆利益出发决定编什么或怎么编,而是要从社会范围考虑怎样编和编什么,主动自觉地采取横向联合实行集团军作战多种形式,充分发挥档案编纂的整体社会价值。

最后,有利于提高档案编纂的整体质量。从社会方面来说,关注档案编纂的质量,能形成对档案编纂成果质量监督的环境氛围,有利于促进档案编纂成果质量的提高。从档案部门来说,在这个大环境之下易于形成质量制约机制,在具体编纂操作程序中有种约束力,不断总结档案编纂的规律、技术和方法,并根据不同档案特点制定相应对策,有利于把档案编纂实践经验上升到理论,进而指导整个档案编纂活动,促进这项"功德无量的工作"[①]更加向深入发展。

二、档案编纂对传播文化的作用

把档案作为一种文化现象来加以研究,这是近年研究者提出的新课题。虽然它尚在研讨之中,但却已显示出强大的生命力。从文化角度去认识档案,有助于扩大我们的视野,也有利于提高全社会的档案意识。

---

① 范文澜.历史研究中的几个问题[J].范文澜历史论文选集,北京:中国社会科学出版社,1979:213.

到目前为止，对于档案编纂作用的研究，已获得了档案馆（室）本身和社会上两个方面的认识。其中档案编纂在社会上的作用，一般归结为五个方面，即：一是开发提供档案信息资源的有效手段；二是科学研究的基础和必要条件；三是对历史文献的保存、积累、传播以及整个人类文明的进步都具有巨大而深远的意义；四是开展政治经济建设和思想教育的重要手段；五是对于生产建设和工作查考起直接的促进和借鉴作用。

如果我们从档案文化传播的角度去分析上述档案编纂作用的种种表现，完全可以获得这样的认识：这些作用从根本上说都是由传播档案文化活动所产生的。档案编纂对于传播文化的作用是原生性质的，而其他作用表现则是由此派生出来的。

以传播文化的观点去全面审视档案编纂的作用，其意义十分重大。它不仅使人们站在档案编纂对于促进整个社会文化发展的高度，从更深层次认识档案编纂活动，唤起全社会对该活动的关注和重视，而且还可以加深我们对档案编纂规律及特点的理解和把握。

根据已取得的研究成果，档案作为贮存和积累人类文化的一种形态和实体，是人类文明发展到一定历史阶段的产物，随着社会的不断发展，其载体和内容形式也逐渐地变化与完善。而随着档案实践活动发展产生的，作为以满足社会利用需要为主要目的的档案编纂活动，除了传播文化这一功能以外，本身并不存在其他档案实践活动性质。它既不是直接地对档案进行收集、整理的活动，也不是直接地对档案的管理、保护的活动，而是属于传播文化的一种活动。

目前，就传播档案文化而言，其方式、方法多种多样。设置阅览室向利用者提供档案，举办展览向社会公开展示档案，通过新闻媒介播放刊布档案等，都是传播档案文化的途径。其中档案编纂是传播档案文化的有效手段，这种途径通过书籍、刊物、报纸等传播工具对档案文化进行传播，同其他方法相比，传播的广泛性表现得更为突出。

档案编纂对于传播档案文化的作用主要表现在中介和选择两个方面。

首先是中介作用。

我们知道，档案文化产生形成后一直都保存在档案馆（室）中，要使其在社会上广泛传播，改变它利用范围狭小的局限，就需要一定的传播渠道。一般说来，档案文化要进行传播应满足以下三个方面的条件：一是档案文献有价值；二是经过编者对档案文献进行加工整理；三是通过印刷出版方式将档案原件变成公开的批量复制件。档案文化具备了上述条件，就能够在社会上得以广泛传播。

在诸多传播条件中,档案自身的价值是基础条件。档案信息内容新颖,数据齐全完整,规定着编纂活动为社会提供所需要的成果类型和编纂活动的目标,也决定着档案在社会上传播的范围和时限。

对档案加工整理,使其转化为公开的批量复制件,这一编纂档案过程是起中介作用的条件,它紧紧围绕着档案文化和社会这两个方面进行。面对数量繁多、保存分散、内容芜杂的档案,需要根据馆藏档案、社会客观需要和编辑力量等条件选择编纂题目,然后按确定的题目收集材料,并经过去粗取精、去伪存真、由此及彼、由表及里的分析研究,挑选出题目所需的档案,再经过考订点校、加工整理、分类编排和提供科学的参考辅文等程序,最后形成有内在联系的档案组合体。档案出版物底稿的形成并不是编纂活动的终结,还要交付出版部门印刷出版。为了保证档案从原件到复印件的转化质量,编者对档案出版物设计、校对,以至于发行,都要予以关注,并通过社会调查研究的信息反馈来预测档案出版物的社会效果。档案编纂过程表明,编者所做的一系列工作,其目的是将档案文化引入社会化生产的轨道,使保存在一定范围内的档案转变为社会文化的组成部分,成为全社会共享的文化。

经过编纂出版的档案,就内容实质方面来说,它同保存在档案馆(室)的档案原件并没有根本区别,只是形式和数量上发生了变化。在形式方面,它由原来的符号系统变成了适应社会普遍接收的符号系统;在数量上大大增加了档案的副本,扩大了其传播范围。由此,使得档案信息更便于社会接受,档案发挥作用的范围也发生了飞跃。没有经过编纂的档案,尽管其价值很高,但作用的发挥总要受到一定限制,有的档案价值甚至长期被淹没,不能充分实现。

档案的价值,必须借助一定的传播渠道和传播工具使其广泛地传播,并将档案内容同社会实践结合起来时才会实现,而这种结合必须有供广泛使用的档案信息作为前提,保存在档案馆(室)内的档案原件,受到种种条件制约,充当这个机会很少,只有经过大量生产的档案出版物,才能使档案价值更广泛地实现。作为沟通档案文化和社会之间桥梁的档案编纂活动,正是向社会传播档案文化的主渠道,在档案文化传播中始终起着中介作用。

其次是选择作用。

档案编纂对于传播档案文化是有意识、有目的的一种活动。古往今来,人类社会的实践产生形成了浩如烟海的档案文献,但由于一个时期的编辑出版能力、档案自身满足社会需要价值等方面因素的制约,不可能也无必要将所有保存在档案馆(室)的档案全部编纂公布。哪些档案予以编纂公布,什么时机编纂公布,要取决于编纂活动对档案的选择。

当然,编纂活动对档案的选择不是随意的,它要受到一定历史时期社会环境的制约。总的来说,档案编纂活动选择档案文献要受到政治、经济、文化等因素的制约。

其一,阶级因素对档案编纂选择的影响。

档案编纂活动具有较强的阶级性,在不同社会中,它是一定阶级范围内的活动,统治阶级利用这个工具,来宣传本阶级的主张,体现本阶级意志,为本阶级利益服务。

档案本身所带有的阶级性特点,决定着编纂活动为一定阶级服务的必然性。可以肯定地说,阶级社会中所形成的档案,除了记载自然技术现象以外,其他都具有阶级性,它们不同程度地反映着不同阶级的思想和利益。正因为档案自身显著的阶级性,历代统治阶级都把编纂公布档案作为巩固统治地位的手段。由此即直接影响到对档案的选择。任何一个阶级编纂档案,都必然从政治角度考虑,使其满足本阶级利益的要求。

在我国的封建社会,维护封建地主阶级利益,积累传播封建统治经验,欺骗镇压劳动人民群众,是编纂选择档案的主要标准。清代不断地编纂"圣训""实录",其目的无非是:"上彰祖德,下启孙谋",巩固封建政权,使之成为"万世之业"。而在社会主义制度下,档案编纂则体现最广大人民群众的根本利益。为建设高度的社会主义政治文明、物质文明和精神文明服务,是当今档案编纂选择的主要方向。由此可见,不同社会档案编纂的阶级性,直接影响着档案的选择。

其二,经济因素对档案编纂选择的影响。

档案编纂是将收藏状态的档案原件转化为档案复制件的过程,它需要一定的经济物质条件。档案编纂的历史证明,社会的物质生产水平决定着档案编纂活动发展的规模程度。

经济因素影响档案编纂选择一般表现在两个方面:一是档案载体材料的演变;二是档案汇编印刷发行手段的进步。不同历史时代,这两种因素都制约着档案编纂活动的发展。

在纸张和印刷术发明之前,档案编纂水平囿于当时竹木简牍等书写材料条件,比较原始低下,至今流传下来的编纂成果也不是很多。而纸张和印刷术的发明与应用,使档案信息大量扩散具备了客观的可能条件。自此以后,大部头的档案汇编开始问世,编纂水平也逐步得以提高。

科学技术的不断进步,档案载体形式也朝着多样化方向演变。记录知识传播信息手段的加强,使人们突破了用单一文字符号转达档案信息的方式。以声频、视频为手段的音像材料的出现,给档案汇编家族增添了新的色彩。专题缩微胶片的汇编发行,开辟了档案汇编现代化的新途径。影印技术电脑出版系统的发明,使档案汇编突破传统铅字排印形式,大大缩短了出版周期,加快了速度。完全可以预料,现代科学技术的飞速发展,必将带来出版物质材料的变革,而这些又将为档案编纂提供全新的条件,促使它向更深层次的阶段发展。

其三,文化因素对档案编纂选择的影响。

社会文化对档案编纂选择表现的极为复杂,政治、经济、思想、科学等无一不对档案编纂发生影响。从古至今,社会文化不断发展变化,对于档案编纂选择发生的影响所表现的侧重点各异,尽管如此,档案编纂对档案文献的选择总不会超出社会文化这个大的范围。它不仅影响档案汇编题材内容,也影响档案汇编成果的表现形式。

实际上,档案编纂过程中对档案的选择,本身也就是社会文化的选择。因此,档案编纂是社会文化生产的一个重要组成部分,它在社会文化生产中占有重要地位。

不同社会文化对档案信息提出不同的利用需要,导致各时期档案编纂成果类型颇不一致。孔子编订"六经",打破"学在官府"的局面,促进了古代教育事业的发展。历代修史活动的开展,使得实录、方略、圣训、文集、典制等档案汇编连续不断,层出不穷。和谐社会的建设,则促进档案编纂全方位地展开。今天,档案汇编成果林林种种,丰富多彩。举凡政治、经济、军事、外交、科学、文化等方面的汇编题目,无所不包;专题汇编、系列丛编、单行本、专门档案史料刊物等公布档案文献的方式,无所不有。这些都是社会文化对档案编纂选择作用的结果。

以上,我们着重论述了档案编纂对传播档案文化具有的中介和选择作用,除此之外,还需提及的是传播方式对于积累档案文化的作用。这方面的作用表现显而易见,档案副本的有限性,使它具有较高的使用价值,但也带来一旦损毁即不可复得的问题,而将档案编纂起来传播出去,可以扩大档案文献的副本数量,为实现多种途径积累档案文化创造条件。档案文化是一代一代积累的,现在所见明清以前的诏令奏议等古代档案,多是以档案汇编的形式流传下来的,一部中国文化发展史充分证明了这一点。

档案编纂理论的中国特色[①]

2002年5月20日,在中国档案学会档案学基础理论学术委员会成都研讨会上,有关于近年来档案学研究的发展及最大成果的学术议题,当谈及哪些档案学理论具有中国特色时,我阐述了档案编纂理论是最具有中国特色档案学理论成果的观点,但没有详加论述。现就档案编纂理论的中国特色问题予以说明。

一、历史传统

悠久的历史传统,是我国档案编纂理论的第一个特色。

众所周知,我国档案编纂历史悠久,源远流长。无论是在传播不发达的古代、近代,还是在传播高度发展的当代,档案编纂都是传播档案信息的重要方式,是档案信息传播的一种独特手段。

据文献记载,我国档案编纂实践活动起源于原始社会末期,《左传》记载有三坟、五典、八索、九丘之书。春秋末年,孔子编订"六经"开创了私人编纂档案的先河。自此以后,整个古代档案编纂活动连续不断,先后有大量丰富的档案编纂成果问世。这些档案编纂成果既有官修的,也有私人编纂的,其种类包括各种诏令、圣训、实录、奏议、文札、尺牍、方略、典制、律令、则例、起居注、时政记等。查检古代文献目录书,可见我国古代档案编纂成果的种类和数量是非常可观的。

古代长期大量的档案编纂实践,积累了极其丰富而又宝贵的档案编纂思想和经验。从先秦孔子,到汉代刘向、刘歆,唐代刘知几,宋代司马光,至清代章学诚都曾亲自参加档案或文献编纂实践,探索总结档案编纂的原则和规律。如孔子"述而不作","多闻阙疑","勿意、勿必、勿固、勿我"的思想;刘知几提出"制册章表书","博闻实录"的主张;司马光修《资治通鉴》,先拟丛目,再纂长编的实践;章学诚关于"比次之书""比次之业"不可轻议的论述。上述思想涉及档案编纂的

[①] 本文为2002年11月28日在第一届上海档案论坛上的学术演讲,原载于《档案学研究》2003年第2期。

原则、方法等各个方面,为档案编纂理论的形成积累了宝贵的思想资料。

近代社会性质的变化,给档案编纂活动带来明显影响。甲骨卜辞、敦煌卷册、居延汉简、大内档案等新档案史料的陆续发现,为档案编纂提供了客观基础条件。近代科学技术的发展,近代意义档案馆的建立,使得档案编纂成果在更广泛的范围内传播。思想文化的变革,新思想、新学术、新知识的不断涌现,档案学的初步形成,改革了人们的传统理念,为档案编纂准备了思想条件。上述因素,促进了近代意义的档案编纂活动在性质、规模、方式、方法上都发生了根本性的变化。

从档案编纂的主体上考察,政府部门档案编纂的突出特点表现为由编纂向公布方面演进,政府公报是刊布国家法令、方针、政策等文件的重要手段。清末《政治官报》的创办,开近代报刊公布档案之先河。故宫博物院文献馆、中央研究院历史语言研究所等学术机构对明清档案的编纂,开创了我国档案馆及学术单位对历史档案编纂的新领域。许多著名学者把档案编纂与学术研究紧密结合起来,如蔡元培、沈兼士、陈垣、罗振玉等对明清档案的编纂,王国维、郭沫若、董作宾等对甲骨、金文、简牍档案的编纂,程演生、萧一山、王重民等对太平天国档案的编纂。这些档案编纂活动对于启动近代学术,贡献颇多,功不可没。甲骨学、简牍学、敦煌学、历史学、档案学皆因新史料发现而兴盛,而新史料发现又依赖于档案编纂公布而起作用。正如王国维所说:"近世学术之盛,不得不归诸刊书者之功。"学术研究的深入又反作用于档案编纂,推动着它向科学化道路上逐步迈进。综观近代开展的大规模档案编纂活动,其特点显著。主要表现有两个方面:一是档案编纂活动全面开展,社会性增强;二是档案编纂活动性质深刻变化,与学术研究关系日趋密切。

从档案编纂的发生、发展和演变的历史中可以清楚地看出,档案编纂活动总是围绕着选择题目、查选材料、考订编排、加工整理等要素进行。虽然古代、近代档案编纂的理念、技术、程序、方法表现各有不同,但却包含着与现代档案编纂过程基本相同的要素。随着社会生产力的发展,特别是档案开放的今天,档案编纂工作已经走向专业化的道路,档案编纂工作的主要程序或要素也随着社会的发展日益趋于完善。无论如何,我们在揭示档案编纂理论规律时,要看到历代档案编纂实践形成的编纂思想、编纂程序、编纂方法等,给今天档案编纂理论形成提供的极其丰富的历史资源。

二、现实基础

立足中国档案编纂现实,是我国档案编纂理论的第二个特色。

任何科学的产生与发展,总是社会发展的需要,特别是实践的需要所决定和推动的。档案编纂理论自然也不例外,它是一门实践性很强的社会科学方面的理论,是建立在实实在在档案编纂实践基础之上的理论,档案编纂实践是推动它发展完善的坚实基础。我国古代、近代虽然进行有档案编纂活动,也产生积累了档案编纂的理论,但使之发展为科学的理论却是在新中国成立以后的历史时期。

新中国档案编纂实践是档案编纂科学理论建立发展的土壤。50 至 60 年代,我国大规模经济、文化建设的需要,档案事业的蓬勃发展和档案教育的兴办,学术界特别是史学界迅速掀起了建国后第一次档案编纂的高潮,为现代档案编纂理论的形成奠定了雄厚的实践基础。据统计,这一时期的编纂成果仅近代史料就达 200 余种,约 100 亿字。

1978 年党的十一届三中全会以后,随着国家中心向经济建设方面的转移,档案事业建设的恢复发展,开放历史档案方针的确立,我国迎来了档案编纂活动的第二次高潮。从中央到地方,从档案馆到档案室,普遍设置编研机构,配备编研人员,开始进行档案编纂工作。档案编纂成果之显著,是任何时代都无法比拟的。仅 1980 年至 1990 年十年间,全国各级各类档案馆编纂出版的成果就达 1 871 种,约 98 685 万字。基层档案室的编纂成果,除文件汇编一次文献编纂外,主要包括目录、索引、指南、简介、沿革、概要、文摘、手册、年鉴、大事记等二次、三次文献编纂。完全可以看出,档案部门是推动这次高潮的主力军。

建国后史学界和档案界大量的档案编纂实践活动,不断丰富着档案编纂理论内容。考察当代档案编纂理论来源,除继承历史上传统的档案编纂理论合理因素以外,主要是源于建国后的档案编纂实践。它包括三个方面:一是史学界关于档案编纂经验的系统总结,如翦伯赞、范文澜、严中平、罗尔纲、荣孟源等史学家,对史料整理的理论探讨,为我国现代档案编纂理论的建立做了开创性的贡献。他们不仅十分重视档案史料的编纂整理,亲自参加档案史料的编纂整理,而且专门著文论述档案史料编纂的原则、技术与方法。二是档案馆、档案室关于档案编纂经验的系统总结,如曾三、裴桐、张德泽、朱金甫、王可风、曹雁行等,以及各地方档案馆从事档案编纂工作的专家,关于档案编纂理论、程序与规律的研究探讨,构成了我国档案编纂理论的主导。三是从事档案编纂学教学与研究学者的系统阐述,如李毅、赵践、曹喜琛、韩宝华等,以及其他高校档案专业的教师的共同努力,将档案编纂实践系统化为档案编纂的理论。

特别需要指出的是,中国档案学会档案文献编纂学术委员会在促进档案编纂理论方面的重要作用。它先后于 1986 年、1991 年两次召开全国性档案编纂学术研讨会,交流论文 52 篇,出版有《建国以来档案文献编纂工作得失研讨论文集》《档案编纂新论》论文集。除此之外,还组织编写了《中国档案文献辞典》,系统梳理历代档案编纂成果,为档案编纂理论研究提供了必备的参考工具书。

我国的档案编纂理论正是在史学界、档案学界以及教育界的专家学者共同推动下,在不断地吸取档案编纂实践经验的基础上,逐渐发展完善起来的。它在与时代同行不断完善自身理论的同时,也满足日益发展着的档案编纂实践的需要,为档案编纂实践提供了理论指导。因此,档案编纂理论只有符合档案编纂实践中的一般规律,才具有旺盛的生命力。由此可见,当代的档案编纂理论与档案编纂实践有着不可分割的联系。没有档案编纂实践,就不可能积累丰富的经验,也就不可能产生当代的档案编纂理论。

三、法律保障

把档案编纂理论与实践上升到国家档案法律、法规予以规范,是我国档案编纂理论的第三个特色。

检索外国档案法规,只有俄罗斯、日本等为数不多的国家以法规的形式对档案编纂专门进行了规定。我国根据档案事业建设的实际,在 20 世纪 80 年代以后,先后颁布了《中华人民共和国档案法》(1987 年)、《档案法实施办法》(1990 年)等档案法律、档案行政法规,发布了《机关档案工作条例》(1983 年)、《档案馆工作通则》(1983 年)、《开发利用科学技术档案信息资源暂行办法》(1988 年)、《各级国家档案馆开放档案办法》(1991 年)等档案规章,各地方也陆续出台了符合本地方实际的地方档案法规。这些档案法律、档案行政法规、档案规章、地方档案法规,都对档案公布、利用、编纂工作设以专条进行规定,为档案编纂工作提供了坚强的法律保障。

《档案馆工作通则》第三条将编辑出版档案史料,参与编修史、志的工作,作为档案馆主要任务之一。第二十二条要求:档案馆应积极开展档案史料的研究和编纂工作,根据需要编辑档案文件汇集和其他参考资料。省级以上和有条件的档案馆,要设立编研机构,有计划地编辑出版各种档案史料汇编。

《机关档案工作条例》第二十条规定:机关档案部门应根据工作需要,编制必要的目录、卡片、索引等检索工具,编辑档案文件汇集和各种参考资料,积极主动地开展档案的利用工作,为机关各项工作服务。

《各级国家档案馆开放档案办法》第十二条规定:各级国家档案馆应采取自编、与有关单位合编、委托有关单位或个人编辑等形式,积极开展档案史料的编纂出版工作,有计划地配合社会需要和各种纪念活动,通过各种形式公布档案。

《中华人民共和国档案法》第二十三条规定:各级各类档案馆应当配备研究人员,加强对档案的研究整理,有计划地组织编辑出版档案材料,在不同范围内发行。

《档案法实施办法》第二十三条规定:通过报纸、刊物、图书、声像、电子等出版物发表,通过电台、电视台播放,通过公众计算机网络传播,出版发行档案史料、资料的全文或者摘录汇编,都是档案的公布形式。

凡违反档案法律的规定,擅自编纂公布档案,均属档案违法行为,都要承担相应的档案法律责任。如《中华人民共和国档案法》第二十四条规定:擅自提供、抄录、公布、销毁属于国家所有的档案的行为,由县级以上人民政府档案行政管理部门、有关主管部门对直接负责的主管人员或者其他直接责任人员给予行政处分,可以并处罚款;造成损失的,责令赔偿损失;构成犯罪的,依法追究刑事责任。

档案编纂公布是向社会提供利用的有效手段,它能够广泛地实现档案的价值。因此,档案编纂公布是一个极其严肃的问题,档案编纂公布的形式、主体、权限、范围,需要由档案法规明确规定。它既能够有效地制止擅自编纂公布国家、集体和个人所有档案现象的发生,从而更好地维护国家、集体和个人的合法权益。又体现档案所有权与档案编纂公布权相一致的原则,正确地调节了国家、集体和个人在档案编纂公布方面的法律关系。把开放档案以及档案编纂实践经验以法律形式确定下来,使我国档案编纂工作纳入了法制轨道,从而保证了档案编纂工作依法顺利进行。

四、学术价值

具有强烈的学术价值,是我国档案编纂理论的第四个特色。

近年来,档案编纂理论研究获得了极有价值的成果。据不完全统计,仅有关档案编纂方面的著作就出版30余种。

我国档案编纂理论的学术价值,首先表现在为档案编纂工作和档案信息开发工作提供理论指导,直接推动档案编纂及档案信息开发实践向纵深进展。档案编纂理论是在档案编纂实践中产生的科学理论知识体系。它以档案编纂实践为基础,通过对档案编纂原理、规则、技术、方法进行系统深入的总结和探索,准确表述和建构档案编纂知识体系、理论体系和技术体系。它的研究成果是对档案编纂实践经验的高度抽象和综合体现,具有规律性和规范性的特点。因此,档案编纂理论完全能够为档案编纂及档案信息开发实践服务,为档案编纂及档案信息开发实践提供理论指导,促进档案编纂及档案信息开发实践的开展。当代的档案编纂及档案信息开发实践是在社会主义国家规模的档案事业大环境下进行的。它一方面要适应国家政治、经济、文化及学术研究的需要,另一方面又肩负着传播档案信息的任务。大量的社会需求对档案编纂成果的种类、形式有不同的要求,需要档案编纂理论作出回答。我国的档案编纂理论正是在为档案编纂及档案信息开发实践提供指导的同时实现它的学术价值。实际上档案编纂的理论研究成果对提高我国的档案编纂及档案信息开发工作水平,改变我国档案编纂及档案信息开发工作的状况,都起到了良好的作用。从完全意义方面来看,档案编纂理论的研究与实践的需要之间仍然存在很大距离,大量档案编纂及档案信息开发实践提出的理论问题、实际问题,仍需要通过档案编纂理论研究来指导。因此,对档案编纂理论的研究任重道远。

其次,档案编纂理论为深化档案管理工作的改革提供了学术依据,它开拓了档案传播的途径,使社会对档案的利用需求全方位得到满足,促进了档案价值在最大的范围内得到最大的实现。档案管理的最终目的是使档案更好地利用,如何开展好档案利用工作则是档案管理的重中之重,也是档案工作改革的首要问题。档案编纂理论为档案工作改革提供了学术依据,它对于改进传统档案管理的理念,拓宽档案工作的视野,指明深化改革档案管理工作的目标,都有十分重要的学术价值。档案编纂理论表明:档案管理不仅要做好第一步的次序整理,还要进行第二步的内容整理。从次序整理到内容整理,是档案工作水平提高的重要标志。随着社会的进步,档案内容整理的要求日益强烈。档案编纂工作在创造人类文明过程中有着举足轻重的作用,古往今来内容丰富、数量浩大的档案汇编是我国文化宝库不可缺少的组成部分。档案编纂成果向社会提供的档案,具有科学性、主动性、及时性、广泛性、系统性、集中性的特点。经过编纂的档案,其开放程度、知名程度、认可程度、便检程度、整合程度、共享程度、扩散程度、存贮程度等,都较之原始状态的档案发生了根本上的变化。在编纂成果状态下的档案,可以使档案价值得到最充分的实现。①

再次,档案编纂理论为档案教学提供了广阔的空间,加强巩固了档案编纂学的学科地位。把档案编纂理论用于档案教学,档案学体系中建立起应用性的档案编纂学学科。档案编纂学是研究档案编纂实践活动一般规律的科学,它的理

---

① 韩宝华,刘耿生.档案文献编纂学[M].北京:中国人民大学出版社,2000:54.

论体系直接来源于档案编纂实践产生的理论,我国丰富的档案编纂理论与实践是档案编纂学赖以存在发展的基础和源泉。目前,档案编纂学以马克思主义理论为指导,总结档案编纂实践历史与现实经验,已经形成了完整独立的科学理论体系结构。这一体系结构由编纂理论、编纂程序、各类档案编纂方法三个层次构成。编纂理论是档案编纂学体系的基础,它包括档案编纂学的性质、特点、对象、任务、方法、历史,以及与相邻学科的关系等基础理论;也包括档案汇编的本质、形式、作用,档案编纂工作的性质、原则、内容、地位、规律等档案编纂工作的基本理论。档案编纂程序是档案编纂学体系的中心,它包括档案编纂全过程,如从研究信息、选定题目,到查选材料、考订校勘、加工编排、编制辅文、出版发行等各环节的原则和方法。各类档案编纂方法是档案编纂学体系的具体内容,它探讨各种类型档案编纂的原则和方法。① 上述档案编纂学理论体系在档案教学中发挥十分重要的作用,为档案部门培养了大量高素质的专业人才。此外,档案编纂学还同其他学科发生密切联系,如历史学、史料学、校勘学、考据学、版本学、目录学、文献学、编辑学、传播学等。档案编纂学与这些相关学科互相借鉴、融合,共同推进我国社会科学理论的繁荣。

五、发展趋势

与时俱进保持良好的发展态势,是我国档案编纂理论的第五个特色。

当今,信息技术及信息产业正以不可抵挡之势迅猛发展,我国档案事业建设随着社会信息化进入了一个新的发展时期。在社会信息化这个大背景和历史机遇面前,我国档案编纂工作作为传播档案信息的重要方式和手段,将在档案信息传播中担任极其重要的角色。音像出版、电子出版、网络出版等现代出版方式的扩展,计算机技术、网络技术在档案编纂工作中的广泛使用,带来档案编纂方式、方法、手段的变革。音像磁带、音像磁盘、光盘文献库、多媒体数据库、网络汇编等现代化的档案编纂成果,成为传统档案编纂成果之外的另一重要形式,受到前所未有的普遍关注,逐渐成为档案编纂工作重点和增长点。档案编纂理论必须适应这种新形势,面对计算机和网络给档案编纂带来大规模冲击的趋势,把重点从传统档案编纂调整到现代档案编纂上来,适时总结新经验,不断完善已有的理论、方法,为档案编纂实践提供新理论、新技术、新方法的指导。

高科技发展带来档案编纂成果载体的多样化,使得档案编纂的手段和方法

---

① 潘玉民.档案编纂学[M].沈阳:辽宁大学出版社,1997:17.

日益复杂化,必将导致档案编纂理论内涵更加丰富。档案编纂理论正从传统一元化走向当代多元化的模式,档案编纂理论更加多彩,从而促进档案编纂实践的不断深化。档案编纂理论发展历程表明,社会发展,科学技术进步,档案编纂实践深化,必然影响档案编纂理论新的变化。档案编纂理论只有与时俱进,不断开拓,不断完善,不断地加强自身的理论建设和理论创新,才能保持档案编纂理论的前瞻性,满足档案编纂实践的新要求,在新形势下实现可持续发展。

强化档案编纂理论的实践功能,使档案编纂理论更加贴近档案编纂实践,为新时代档案编纂实践服务。从本质上看,档案编纂理论是具有强烈实践色彩的一种应用理论,实用性应该说是档案编纂理论的显著特点之一。档案编纂理论的产生是档案编纂实践活动的需要,没有档案编纂实践活动就没有档案编纂理论。因此,档案编纂实践始终是档案编纂理论研究的重点。建国后的档案编纂理论紧密联系实际,不断从档案编纂实践中提升理论,不断回答档案编纂现实提出的理论问题,从而使档案编纂理论发挥了对档案编纂实践的指导作用。今后,随着档案编纂实践深入发展,档案编纂理论将更加密切关注档案编纂实践提出的各种新问题,使档案编纂理论对档案编纂实践的指导更为直接贴近,档案编纂理论的作用也将进一步得到强化。

档案编纂领域不断扩大,新的理论、原则、技术、方法也在不断出现。档案编纂理论面对日益发展的档案编纂实践,需要以开放的品格吸收接纳新的理论内容,不断延伸扩展档案编纂理论体系,使之更加完善。应当说,档案编纂理论伴随着历代档案编纂实践发展而逐渐演进,不断借鉴其他学科特别是历史学的成果而发展。现在档案编纂理论作为一门独立的档案工作业务理论,有着极其丰富的内涵,涉及的学科知识较多,档案编纂理论自然要吸收其他学科的营养,引进融化相关学科的理论成果,丰富档案编纂理论,使之不断发展完善。

加快档案编纂理论的自身建设,努力把我国档案编纂理论推向世界。充分发挥我国档案界广泛参与国际档案事务的优势,积极宣传档案编纂实践成果,宣传档案编纂理论研究成果,促进具有中国特色的档案编纂理论与实践同世界各国档案界进行学术交流,不断提升我国档案编纂理论与实践在国际档案界的知名度,不断增强我国档案编纂理论与实践在国际档案界的影响力,使我国档案编纂理论与实践在世界档案学界中占有一席之地,获得国际档案界的普遍共识和认同。为此,还有待于全国档案界同仁付出更大的努力。

创新有中国特色的档案编纂学理论①

关于档案编纂学学科宏观理论的研究，2003年发表了3篇代表性的论文。即：中国人民大学胡鸿杰教授的《档案文献编纂学评析》，载《档案学通讯》2003年第2期；上海大学潘玉民教授的《论档案编纂理论的中国特色》，载《档案学研究》2003年第2期；四川大学陈丽副教授的《试论档案编纂理论的创新》，载《档案学通讯》2003年第5期。一年之内在全国档案学一级核心期刊上连续发表关于档案编纂学学科建设的理论文章，一方面说明档案编纂学理论研究的繁荣，众多学者对此予以关注；另一方面也说明档案编纂学学科建设任务的繁重，在新的社会信息化时代需要不断完善，才能实现全面的可持续发展。

众所周知，我国档案编纂学理论产生于我国的档案编纂实践。它以人类档案编纂实践活动及其规律为研究对象，具体研究档案编纂出版工作的理论、原则、程序和方式、方法等问题。通常我们把档案编纂学划分为档案学的一个分支学科，在档案学学科体系中归属应用学科范畴。

从世界范围来看，仅俄罗斯等少数国家档案部门开展档案编纂工作。据统计，从1992年来，莫斯科档案总局出版120多种档案汇编书籍。种类包括：一是文件和回忆性文章汇编；一是根据文献创作的书籍；三是科学专题学术著作；四是参考书；五是应单位要求订制的书。其他国家则对档案"原始资料编辑出版"，"不认为这是档案馆最基本的工作内容"。②

从我国档案编纂学的学术品格来说，它需要与时俱进，紧跟科学技术和档案编纂工作发展的实际，不断调试理论内容，适应信息社会提出的新要求，为档案编纂实际提供理论指导。这里我就如何创新具有中国特色的档案编纂学理论谈

---

① 本文为2004年10月30日在中国人民大学信息资源管理学院举办的"档案文献编纂学术研讨会"上所做的学术演讲，原载于《档案学通讯》2005年第6期，中国人大报刊复印资料《档案学》2006年第2期全文转载，获2006年中国档案学会第五次档案学优秀成果档案学论文二等奖。

② 彼得·瓦尔纳.现代档案与文件管理必读[M].北京：档案出版社，1992：11.

一下个人意见,不足之处,请诸位同仁指正。

一、加强档案编纂学的学科基本理论研究

加强档案编纂学的学科基本理论的研究,涉及诸多问题,如学科性质、地位、任务、对象、内容、方法等等。这里我仅谈两个问题:一是关于档案编纂学理论研究的最基本的问题,档案编纂学名称;二是关于档案编纂学理论深入的问题,档案编纂规律。

第一,需要加强档案编纂学学科的基本概念研究。

档案编纂学的基本概念是档案编纂学的逻辑起点,研究它对于档案编纂学理论发展有十分重要的意义。目前,档案编纂学中一些最基本的概念需要研究清楚。

比如,关于档案编纂学学科名称问题。是称档案文献编纂学,还是称档案史料编纂学;是称档案编纂学,还是称档案编研学。这是学科建设的最基本的概念,需要加以统一规范。

一个十分有趣的现象是,在档案学应用学科体系中,其他科目基本上与档案工作实际相吻合对应,如档案管理学、档案保护技术学等,唯独档案编纂学与其有别。

在档案学理论界,一般称档案编纂学,虽然有学者认为应称档案文献编纂学,有学者认为应称档案编纂学,但使用编纂一词却是意见一致。

在实际的档案工作中,通常不称档案编纂,而称档案编研。国家档案局的文件中多称编研,国家档案局和各地方档案局组织编写档案干部培训教材时使用的是档案编研,各地档案馆网站上也使用档案编研,或编研成果作为栏目的名称。

《中华人民共和国档案法》第二十三条使用的是编辑:各级各类档案馆应当配备研究人员,加强对档案的研究整理,有计划地组织出版档案材料,在不同范围内发行。

上述档案编纂学名称概念,还不能仅仅看作是一个单纯的学科叫什么名称的小问题,我认为它是涉及学科性质、研究对象、研究内容范围的大问题。因此,应当予以重视并在已有研究基础上加以统一规范。

第二,加强档案编纂科学规律的研究。

所谓规律,是指事物客观运动过程中内在的本质联系。档案编纂科学规律是档案编纂这一特定事物运动过程中本质内在关系的真实反映,具有相对的客

观真理性。

档案编纂学研究过程中,对于档案编纂实践现象的描述,经验性的总结,规范性的解释,操作性的归纳,可以说是对档案编纂实践经验的系统化的概括,是理性的认识,属于档案编纂的理论。

档案编纂学的研究对档案编纂理论归纳系统,只是完成了它的一般任务。除此之外,还要对档案编纂理论进行深入研究,那就需要揭示档案编纂实践的规律。

什么是档案编纂实践的规律,如何揭示这一规律,首先是涉及使用科学方法的问题。既然档案编纂学是研究档案编纂实践活动的学科,揭示档案编纂规律就应当紧紧把握档案编纂科学规律的内涵,从档案编纂活动本质的、内在的、必然的联系入手,才能揭示档案编纂实践的一般规律。

虽然档案编纂实践发展过程中表现为复杂多样,但作为本质的联系则是具有共性。当然,各个历史时期的档案编纂实践活动的规律应该有所差异,古代、近代和现代档案编纂规律不可能完全相同,但总是可以通过研究比较,从每个阶段档案编纂实践的相互关联中抽象出相应的规律来。

比如,从档案编纂与社会发展的角度,档案编纂是与社会的发展形态、文化、科学技术相统一的;从档案编纂与档案信息传播的角度,档案编纂是与档案信息传播的主体、客体、载体、用户、环境、效果、反馈相统一的;从档案编纂实践活动内部的角度,档案编纂的组织、选题、选材、考订、加工、编排、提供参考辅文等各环节是相统一的。

总之,从不同的角度,可以揭示出档案编纂实践活动相应的规律。我们揭示档案编纂规律的目的,就是完成建构档案编纂学理论体系的任务。

二、加强档案编纂历史的研究

检索《档案学论著目录》,以及学术期刊全文数据库,对档案编纂史开展研究获得的成果:一是 1999 年高等教育出版社出版了曹喜琛、韩宝华编著的《中国档案文献编纂学史略》一书,对我国从古代到现代档案编纂的历史做了开拓性的总体研究;二是档案专业刊物上发表的学术文章,或是对某一种、某一类档案编纂成果的研究,或是对孔子、刘歆、刘向、刘知几、司马光、章学诚等文献学名家的档案编纂实践和思想的探讨。上述研究成果固然可以从总体上勾画出我国档案编纂历史发展的脉络,为今天深入研究提供了基础。

但是,我国档案编纂实践活动源远流长,"历代相因,连绵不断,其规模之巨大,选题之广泛,成果之繁富,是世界上任何其他国家所不能比拟的。"①如此丰富的档案编纂实践,给我们留下极其丰富的文化遗产资源,需要更加深入地挖掘和整理档案编纂思想和经验,解析档案编纂成果的内容、形式和方法,探讨档案编纂活动形成和发展的规律,为今天档案编纂工作提供借鉴。

比如,档案编纂活动的起源,即是一个需要研究探讨而解决的课题。目前,我们一般从孔子因开门办学的需要,编纂整理"六经",看作是我国最早的有据可考的档案编纂活动的开始。但在孔子之前是否已存在档案编纂活动,在已有的研究中却讨论得不够深入。其实,据文字的使用和文献记载,在商周时期,我国已有最初的档案汇编产生,其中包含着原始档案编纂思想的要素。

再如,虽然我国古代官方和私人的档案编纂活动蓬勃发展,其成果也为学界所关注,但遗憾的是,古代档案编纂的识见和经验,没有形成专门著述。或散见于汇编成果的序言、凡例、题记、书跋中,或散见于有关编纂活动的奏议文书中,或散见于有关释名、辨伪、文论、校勘记中。这些有价值的历代学者、编修的申论,关于档案编纂理论的探讨、档案编纂的构想、档案编纂体例的安排、档案汇编名称的确定等,都没有形成系统的理论,有待我们今天整理归纳,汇编总结。

三、加强档案编纂与社会的研究

现代社会对档案编纂成果的利用呈现出极强的趋势是:一是范围社会化趋势,社会各个领域,举凡政治、经济、科学、技术、文化、军事、外交等方面,无不利用档案汇编。二是需求立体化趋势,档案编纂成果除供传统的学术研究利用外,出现普遍利用的趋势,人们休闲社会也需要利用档案编纂成果。三是主体全面化趋势,档案编纂成果利用的对象,机关、团体、企事业单位之外,公民个人表现为上升势头。四是客体多样化趋势,从档案编纂的时限上,有历史档案编纂成果的利用,有现行文件汇编的利用;从档案性质上说,有文书档案的利用,科技档案的利用,专门档案的利用;从档案编纂成果的载体上说,有纸质档案汇编的利用,有音像档案编纂成果的利用。五是手段现代化趋势,在传统的基础上又增加了计算机网络利用。

档案编纂活动与社会的研究,是创新档案编纂理论的重要领域之一。档案编纂是一种社会性质的活动,它们之间是一种双向的互动。一方面,档案编纂活动对社会政治、文化、经济发挥功能;另一方面,"社会政治、文化、经济又对档案

---

① 曹喜琛,韩宝华.中国档案文献编纂学史略[M].北京:高等教育出版社,1999:1.

编纂活动起制约作用"。①

在以往的档案编纂学研究中,我们比较注意档案编纂活动对社会发挥功能方面的研究,而社会对档案编纂活动的影响研究的还不是很够。特别是社会政治对档案活动的导向作用,社会文化对档案编纂的制约作用,社会科学技术对档案编纂的决定作用,需要进行更深层次地开展探讨。

即使在已开展的档案编纂与文化方面的研究,也需要进一步深化。比如,我们注意了档案编纂对文化建设的积极作用,获得档案编纂对于文化的选择、文化的传承、文化的积累,以及文化的创新等方面具有重要的功能,这无疑是近年来档案编纂学研究的一个进步。但是,档案编纂对文化的功能还表现在对档案信息资源的整合上,它针对社会需求,通过策划选题,将分散的档案馆(室)藏的档案信息资源,整合成新的社会需要的成果提供给社会,使得档案信息在整合中实现升值,档案信息资源整体价值得到充分发挥。

四、加强对档案解读和档案编纂成果评价的研究

第一,加强对档案自身形式和内容的研究。

对档案自身形式和内容的研究,历来为学界所关注。检索文献学界出版的关于文献学的著作,均无一例外地对档案文献进行探讨。同样,对档案自身的研究也一直作为档案学界的首要研究课题,获得了成果主要有：一是1988年四川大学出版社出版的黄存勋等著的《档案文献学》教材,研究档案文献的性质、价值、特点,以及查阅、考据、研究、标点、校勘、摘要、编辑、利用、处理档案文献的理论和方法。二是2002年中国档案出版社出版的刘耿生著的《档案真伪论》,对档案价值、特点,伪误档案现象及因素进行分析,阐述考订档案的原则、方法等理论和实践。三是档案期刊上发表的关于对档案真实性问题的研究论文。

读通读懂档案原文,正确理解和解释档案原文的原义,是档案编纂对材料选择使用以及加工的前提条件。我国档案数量浩大,种类繁多,形式复杂,内容真假相间。全面掌握了解档案内容和形式的特点,是一门专深的学问。因此,要加强对档案自身形式和内容的研究,培养出一批档案文献方面的专家,解读档案文献。探讨培养档案文献专家方面的理论、方法,是充实、完善档案编纂学理论的重要内容。

第二,加强对档案编纂成果评价的研究。

---

① 潘玉民.论档案编纂的社会性与社会价值[J].山东档案,1994(2).

从 20 世纪 80 年代初期以后,档案部门作为档案编纂活动的主体,为大力开发档案信息资源,为经济建设服务,我国各级档案馆普遍重视并加强对馆藏档案的编纂出版。经过 20 余年的发展,档案部门编纂出版物的种类和数量日益提高。据统计,仅 2000 年一年,中央和地方档案部门编纂出版的档案编纂成果,共 35 种,计 1 亿 7 千余万字之多。①

在档案编纂成果日益丰富的今天,建立起规范的评价体系是完全必要的,从定性和定量方面对编纂成果予以评估。科学的档案编纂成果评价体系大致应包括如下内容:一是选题策划、构思创意,体现馆藏档案特色,符合改革开放和市场经济建设的现实需要;二是档案信息来源于本馆所藏,含量大小,内容丰富,具有的参考价值;三是档案信息加工方式难度,体例规范;四是成果外观质量,利用及可读性,社会效益和经济效益。通过对档案编纂成果的评估,构建起较完善的保证档案编纂成果的质量监控体系,形成科学合理的评估机制,推进档案编纂活动的深入发展。

五、加强信息技术对档案编纂影响的研究

现代信息技术的发展,把人类社会带进了信息时代。信息时代下的档案编纂呈现出一种怎样的状态,信息技术对档案编纂的理论与技术方法造成怎样的影响,档案编纂如何运作,与传统的档案编纂发生哪些变化,这些新问题,是档案编纂学需要认真加强研究的。

我们看到,随着档案部门信息化建设的完善发展,档案网站建设为档案信息网络传输的日趋扩展搭建了平台,电子出版物、档案光盘库、多媒体数据库方兴未艾。如中央档案馆编纂的革命历史档案文献光盘库,一史馆编纂的清代档案文献光盘库,二史馆编纂的民国档案文献光盘库,都是信息技术在档案编纂中运用取得的成果。再如,上海市档案局 2002 年度档案编研成果评审,在报送评审的 162 项成果中,有音像成果 21 项,占 13%。表明计算机信息技术在档案编纂活动中的运用由无到有,并显示出日益增加的趋势。

随着现代传媒技术的发展,图像文化传播正成为当前图书出版市场的重要趋势和走向,特别是动态的图像传播越来越占据了主导地位。档案编纂也顺应这一大的发展趋势,编纂了一系列的成果。中央档案馆拍摄的《新四军》《邓小平的故事》文献片,在中央电视台播出后引起较大的反响。中国第一历史档案馆历

---

① 中国档案年鉴 2000—2001[M].北京:中国档案出版社,2002:638-641.

时8年完成的《清宫密档》系列片,播出后受到普遍关注。上海市档案馆完成的《上海历史档案里的故事》百集系列片,和《母亲河——黄浦江的昨天、今天和明天》,播放后在国内外引起普遍好评。

档案编纂成果采用图像形式,不仅传播了档案信息的精华,向社会形象地介绍和展示了我国丰富多彩的档案文化遗产,而且也对广大人民群众普及了档案知识,增加社会对档案信息资源的了解。应该说,档案信息的图像传播,是历史和社会发展的必然趋势。一方面,档案信息需要借助图像的传播形式,不断地向社会大众渗透与辐射;另一方面,社会文化也需要借助档案信息的效应,吸引和扩大其受众面,这是一种双方都需要的互动。可以预见,随着新的传播媒介的发展和普及,档案信息的图像传播会有更多更新的形式出现。对此,档案部门必须积极应对,但同时还要清醒地认识到,在众多新传播形式的面前,档案原文汇编始终是档案编纂最基本的形态。

虽然我们现在还没有一个确切的数据,来说明纸质档案编纂成果与新载体形式的档案编纂成果在数量方面的变化。目前判断档案信息网络传播替代传统汇编形式,似乎是早了一些。对于纸质档案汇编的长期存在,我们至少可以认识到:档案汇编与新载体编纂成果之间,在一个相当长的历史时期内不是替代关系,而是共有关系;不是强弱关系,而是互补关系。

纸质档案汇编与新载体形式汇编的不可替代与长期共存,是一定的客观存在。但是也要充分看到,信息化背景下,档案编纂所发生的变化。信息网络对档案编纂成果载体、档案编纂模式、档案编纂技术方法等方面的改变,为档案编纂带来的是全新思路。档案编纂学研究要理性地探求纸质档案汇编与新载体形式汇编在开发、接受、传播等方面的特性和不同,与时俱进,不断探索新事物,开辟档案编纂的新途径。

应加强对档案编纂学基本理论的研究[①]

不论是档案编纂学理论研究者,还是档案编纂实际工作者,都看到了这样一个令人鼓舞的事实,即近年来档案编纂学取得了举世瞩目的成绩。据不完全统计,从1980年至今仅十几年的时间,公开出版了16种档案编纂学教材、著作,在各种刊物上公开发表了一批数量可观的档案编纂学论文,这些研究成果是以往任何时代也无法比拟的。

在档案编纂学基本理论建设方面,同样取得了突破性进展。打破了以往仅限于对档案编纂工作诸环节研究的局面,进而扩展到档案编纂学基本理论研究的各个方面,并获得初步研究成果。但经过认真研究,我们也可以发现,档案编纂学理论在整体质量方面与较成熟的学科相比还显薄弱,未能达到它应有的科学深度。在档案学诸学科研究全面发展的情况下,在已有的研究基础上大力加强基本理论研究,把档案编纂学研究推向深入已显得十分紧迫而有意义。

一、加强档案编纂学基本理论研究的必要性

有人认为档案编纂学研究对象是档案编纂实践活动,那么它的研究重点应该放在档案编纂实践活动方面,尤其是编纂工作各业务环节,诸如选题、查选材料、考订加工、整理编排、审校出版等具体汇编形成过程中的操作技术与方法,这种看法并无不妥,但建国后开始起步的档案编纂学,严格地说是仅十余年科学意义研究历史的新学科,面临的研究问题是大量的、多方面的,基本理论问题在学科建设的初级阶段尤显它的必要性。一门学科的性质、概念、地位、研究对象、研究范围、研究方法,如未规定清楚,那么这门学科的存在与否就大成问题,何谈进

---

① 本文原载于《中国档案》1994年第6期,中国人民大学报刊复印资料《档案学》1994年第3期全文转载,获1995年沈阳市第十二届社会科学优秀学术成果论文一等奖。

行其他方面的研究呢？以研究编纂实践为由而轻视档案编纂学基本理论研究是不利于学科建设的。

有人认为，以往的档案编纂学研究没有着重进行基本理论的研究也取得了很大的成绩。以往的档案编纂学研究取得的成绩是事实，而且侧重于档案编纂诸环节的探讨也是方向，但是我们也不能不看到在以往的研究中忽略基本理论研究而出现的令人遗憾的情况。80年代初期，各级档案馆贯彻中央关于开放历史档案的方针，普遍着手编纂档案但又都缺乏经验。在这种情况下，为了回答怎样做好编纂工作，档案编纂学研究倾向于具体操作方法是很自然的事，而随着该学科研究的发展，仅研究其具体编纂的原则与方法显然不能完全适应日益发展的档案编纂实践和档案编纂学的需要，所以，档案编纂学研究由解决具体原则、方法转向基本理论研究，是该学科研究发展的必然趋势，也是完善学科体系内容的重要途径。

近年新建的编辑学的成功经验为我们开展档案编纂学研究提供了许多启示，值得我们认真研究借鉴。本来档案编纂学早于编辑学而建立，前者建立于50年代，后者80年代以后才开始兴建。可是目前编辑学研究热火朝天，点面结合，成果丰硕，社会知名度日渐提高，影响广泛。而相比之下，档案编纂学虽然取得一定成绩，但就社会知名度而言则比不得编辑学，除档案界之外，社会上很少有人知道档案编纂学的存在。这种情况出现的原因有两个，一是在社会宣传方面档案编纂学薄弱，编辑学方面出版有《编辑学刊》《编辑之友》等刊物，而档案编纂学研究成果发表在档案专业刊物，受刊物局限档案编纂学传播面也仅限于档案界；二是与学科研究质量有关，编辑学始建初期主要重点是基本理论，构思框架，寻求规律，说明研究起点高，这可能由于编辑工作普遍存在且开展时间较长及研究队伍素质较高而导致。档案编纂学研究80年代以后主要是解决档案编纂工作中产生的一些基本方法问题，两者起点不同，研究结果也大不一样。

有人担心强调大力加强档案编纂学基本理论研究会带来一些负面效应，会把编纂学研究引入中世纪"经院哲学"的死胡同，造成空谈理论，缩小研究空间，窒息档案学研究的局面。这种担心是多余的。提倡加强档案编纂学基本理论的研究，并不等于放弃对档案编纂实践的研究。研究档案编纂理论是为了更好地指导实践，理论与实践并重，基础与应用并行。理论来源于实践而又指导实践的科学规律同样适用于档案编纂学研究。强调加强档案编纂理论研究，目的是更好地总结经验，寻找规律，以便把编纂工作搞得更好，并不是提倡泛泛空谈。那种离开编纂实践的理论是不足取的，而是应当受到抵制和批判并予以纠正的。

近年档案编纂学的研究成果数量不少,质量不能说都很高。有些著作内容互相重复,没有突破性进展,科技档案编纂研究过多地套用文书档案编纂的理论;有些文章又多限于对编纂实践作法的描述,总结怎样开展编纂工作的经验,缺乏必要的理论抽象升华。这些不尽如人意状况的存在都与编纂学基本理论研究不足有关。

二、加强档案编纂学基本理论研究的内容

根据现在研究状况及本学科的发展趋势,亟需开展研究的编纂学基本理论主要有如下两个方面:

第一是档案编纂学自身的理论。它包括该学科的概念、性质、对象、内容体系、研究方法及与相邻学科之间的关系等。这些问题有的已经开展了研究,比如编纂学名称、研究对象、内容体系,获得了一些认识。

有的问题只是注意到了,并未充分予以研究讨论,比如学科的性质、研究方法、与其他学科互相关系等。而有的问题尚未提出,更谈不上研究。比如编纂学研究的指导思想,编纂学概念的内涵与外延,我国当代学者对档案编纂学理论的贡献等。

第二是档案编纂的基本理论。它包括四个方面:一是档案汇编的理论,主要有档案汇编的性质、功能和发展演变;二是档案编纂工作的理论,主要有档案编纂工作的性质、内容、原则、组织管理、发展规律;三是档案编纂人才的理论,主要有档案编纂人才自身的思想政治修养和业务素质,档案编纂人才队伍建设,如选择考核、使用培养、组织管理等;四是档案编纂各业务环节的理论,主要有档案编纂应有的业务环节、各业务环节之间的关系及各业务环节展开应具备的理论。

上述档案编纂学基本理论范围仅是个大概,实践上还有许多有待认识的理论,只是我们现在还未达到认识它们的程度,就当下能够看到的这些理论,完全应该进行深入研究,把它们一个一个研究清楚。

比如,档案编纂历史发展问题。前段时间开始了初步研究,在编纂活动、编纂成果、编纂思想等方面取得了一些成果,但多是表面上的描述,对于本质的抽象不免欠缺。比如,档案编纂的规律是什么?它同社会政治、经济、文化方面是什么关系?档案积累与档案事业为档案编纂活动提供怎样的条件?适用于古今档案编纂有哪些原则?各历史时期档案编纂学家的理论和汇编成果存在哪些共性和特性?诸如此类问题,在前段时间的研究中并未涉及,而研究它们无疑会对当今档案编纂学理论提供借鉴,丰富它的研究内容。

再如,关于档案编纂学概念内涵与外延的问题。一般认为,它是"研究档案编纂的理论、原则与方法的科学科目"。如果我们从档案编纂学是研究档案编纂

实践活动及其规律的科学出发,对于它的内涵和外延就会得到与前者不同的认识。档案编纂学内涵和外延究竟应该怎样确定,建国后档案编纂学研究为我们提供了基础,有了这个基础,对档案编纂学的内涵,大体上可以通过两方面来进行考察。一方面是对档案编纂实践的总体研究,这需要在宏观上研究档案编纂实践的方方面面,论证其功能,评价其效益;另一方面则是对一部汇编形成过程的研究,探讨其编纂程序规律,讨论其依据与方法。对档案编纂学的外延,则是考察档案编纂实践的基本矛盾、基本规律、编纂活动的内部与外部环节之间的相互联系与相互影响。通过上述考察,就会摆正档案编纂学在档案科学中的地位,既不能把它仅局限在微观的档案编纂活动方面,也不能把它扩大到档案编研活动的各个方面。前者会导致该学科研究范围过于狭小,不能完整表达档案编纂学意义;后者会使研究范围无限膨胀,造成与其他学科内容交叉重复,影响档案学体系中各学科内容的完整与严谨。

三、加强档案编纂学基本理论研究的措施

加强档案编纂学基本理论研究应注意解决以下几个问题:

首先,应解决思想认识问题,更换思路,转变观念,正确看待档案编纂学研究现状。既要看到近年档案编纂学理论研究取得的长足进步,又要看到它存在的不足,把提高档案学整体研究水平当作一项重要任务下大力量抓紧抓好。

其次,要拓宽档案编纂学理论研究领域。我国的档案编纂学理论研究时间不长,目前所表现的理论研究范围远不能适应档案编纂实践发展的需要。因此,要不断拓宽档案编纂学的理论研究领域,寻找新的理论规律。即使已研究过的理论也还要再研究,以便全面提高理论研究质量。

再次,大力展开学术讨论活动。提倡不同观点平等进行研讨,造成宽松的学术环境,鼓励不同意见互相碰撞,以往对研究对象、体系结构、学科名称等问题不同程度开展了争鸣,今后还要对更多问题在更大范围内予以讨论,尤其要加强学术评论,以繁荣学术。

最后,有计划地组织学术交流活动,活跃档案编纂学理论研究的气氛。以往中国档案学会档案文献编纂学术委员卓有成效地组织过两次学术研讨会,遗憾的是仅有从事档案编纂实践的人员参与,很少有从事档案编纂学课程的教学人员参加,使这两部分研究力量失去了很好的交流机会。为了加强理论与实践的信息交流,今后应有针对性地召开两部分人员都参加的学术研讨会,集中讨论档案编纂学理论与实践的有关问题,集思广益,共同推进档案编纂学理论研究。

档案信息资源开发应实施品牌战略[①]

当前,国家对深入开发档案信息资源高度重视。2004年12月中共中央办公厅、国务院办公厅颁发《关于加强信息资源开发利用工作的若干意见》(中办发[2004]34号),对我国信息资源开发的重要性和紧迫性、指导思想、主要原则、总体任务、政务信息资源开发利用、公益性开发利用和服务、信息资源市场和信息资源产业、保障环境等方面作了全面部署,为档案信息资源的进一步深度开发指明了目标和方向。2005年6月国家档案局、国务院信息化工作办公室在上海联合举办中国档案信息化发展战略论坛,根据34号文件精神,结合档案信息资源开发的实际进行了富有成效的学术研讨。2006年5月中共中央办公厅、国务院办公厅印发《2006—2020年国家信息化发展战略》,把加强信息资源的开发利用列为我国信息化发展的战略重点之一,决定优先实施网络媒体信息资源开发利用计划。信息化时代的档案信息资源开发如何可持续地深入发展,如何开发出满足社会需求的档案信息,如何提高档案信息资源开发为社会服务的知名度和影响力,全面实施品牌战略是其重要的途径。它既能提升我国档案信息资源开发的整体水平,也是档案信息资源开发可持续发展的必由之路。

一、档案信息资源开发为什么要实施品牌战略

信息资源作为生产要素、无形资产和社会财富,与能源、材料资源同等重要,在社会资源结构中具有不可替代的地位。加强信息资源开发利用,是贯彻落实科学发展观,推动经济社会全面发展的重要途径,是增强我国综合国力和国际竞

[①] 本文原载于《北京档案》2005年第6期,中国人民大学复印报刊资料《档案学》2005年第5期全文转载。经修改,收入《档案干部继续教育专题讲座》一书,中国档案出版社2007年7月出版。以"档案信息资源开发的理论与方法"为题,先后多次在辽宁、上海、山东、内蒙古、国家档案局档案干部培训中心、中国档案学会、中国交通建设集团、鄂尔多斯神东煤炭集团等举办的档案人员培训班讲授专题报告。

争力的必然选择。实现信息资源的深度开发和有效利用,可以充分发挥信息资源对节约资源、能源和提高效益的作用,发挥信息流对人员流、物质流和资金流的引导作用,促进经济增长方式的转变和资源节约型社会的构建。

我国是历史悠久的文明古国,拥有丰富多彩的档案信息资源。档案信息资源是我国历史的见证和中华文化的重要载体,蕴含着中华民族特有的精神价值、思维方式、想象力和文化意识,体现着中华民族的生命力和创造力。从信息资源层面上看,档案信息资源是国家信息资源的重要构成,档案信息资源开发理应纳入国家信息资源战略之中,是国家信息资源开发利用中十分重要的组成部分。

自20世纪80年代起,我国档案界为落实中共中央关于开放历史档案的方针,积极开展档案文献的编纂出版和利用服务。特别是在邓小平"开发信息资源,服务四化建设"号召的指引下,全国档案馆(室)普遍大力开展档案信息资源的开发工作。

综观我国档案信息资源开发走过的20余年历程,大体上可以划分三个阶段:第一阶段为探索时期,重点是探索档案信息资源开发成果的数量和形式;第二阶段为发展时期,重点是探索档案信息资源开发适应经济建设改革的运作模式;第三阶段是快速发展时期,重点是探索档案信息资源开发与社会发展紧密结合,为民众提供更广泛的、多品种的开发成果。随着和谐社会构建,我国档案信息资源开发正从为经济建设、学术研究服务向为社会民众服务方面转型,这充分表明我国档案信息资源开发已经实现了历史性的跨越与突破。

时至今日,我国档案信息资源开发为经济建设和社会发展服务做出了突出的贡献,但是制约档案信息资源开发深层次发展的矛盾依然突出。主要表现:一是档案信息资源开发的管理体制和运行机制还影响着开发活动的生机和活力,馆自为战的"割据式"开发仍占主导地位,没有实现资源的科学整合;二是评价机制的缺位,使开发成果的效益没有得到充分发挥,档案部门积极性受到不同程度影响;三是对开发成果疏于管理和指导,造成效率低下,使有些成果处于闲置和浪费状态;四是档案信息资源开发结构不合理,一般性部分偏大,特色性部分偏小,开发工作不能做大做强;五是保障体系不够健全,相关的法律法规及标准化体系需要完善,网络档案信息资源开发相对滞后于档案信息化基础设施建设。为此,除了必须进行深化体制与机制改革,充分调动档案信息资源开发的积极性,还要实施档案信息资源开发的品牌战略,推进档案信息资源开发的不断深化。

外国档案信息资源开发实践与我国有较大的差别,表现出鲜明的社会化和信息化色彩。具体有以下特点：一是普遍将档案视为一种重要的信息资源。强调档案开放，提倡档案为进行学术研究服务的学术利用，为实际工作服务的实际利用，为普通公民服务的普遍利用。二是强调档案的信息服务。美国、英国均强调提供档案信息为社会所用，他们利用互联网在线提供公共文件服务。俄罗斯则重视对档案信息原文的编纂出版，俄罗斯国家档案馆有计划地将历史档案分期编纂公布。三是重视法制。美国、法国、瑞典等制定有信息自由利用法令，保障公民信息利用的权利。四是开发技术手段先进。美国、英国、法国、日本等普遍采取数字化技术，重视档案资源全文数据库建设，网上的档案资源数量更多、质量较高。相比而言，发达国家档案信息资源开发较我国先进，值得学习借鉴。

我们将品牌理念引进到档案信息资源开发中来，基本目的是加快推进档案信息资源开发与信息社会的适应性，提升档案部门整合资源的能力和以需求为导向的开发能力，为档案信息资源开发实现新的增长点提供良好的环境和保障。实施品牌战略需要解决的是，如何认识档案信息资源开发的品牌现象，如何培育创建和确定品牌，如何树立品牌标识，如何以品牌为核心进行开发运作等问题。

品牌是经济活动的产物，创建品牌、推崇品牌是市场经济社会竞争的现象，品牌的作用在于使消费者在选择同类产品的过程中易于识别与区分。以往我们习惯将档案信息资源开发看成是为社会服务的一项工作，比较重视它的科学性、管理性和政治性，近年来又强调文化性和公益性，很少谈经济性。现在，档案信息资源开发是处在经济社会和信息化时代，应该在这个大背景下来认识档案信息资源开发活动。在经济社会中档案信息资源开发带有明显的经济属性，因此引入经济活动中的品牌理念，实施品牌战略是使档案信息资源开发保持旺盛生命力的关键所在，也是保持档案信息资源开发持续发展的必然趋势。

随着信息技术的飞速发展，经济全球化进程日益加快，创建品牌，提高核心竞争力已成为企业生存和发展的最重要的战略之一。同样，作为生产档案信息产品的档案信息资源开发活动要在现代社会中有所发展，就必须引入新的理念，锐意创新，打造品牌。只有形成品牌竞争力，才会拥有用户，才能在信息社会中有所作为。我国档案信息资源开发的发展历程证明：档案信息资源开发如不形成品牌，就不可能形成核心竞争力，就难以实现其科学、文化、管理、行政、政治等方面的功能，从而失去发展的基本动力。在现代社会中，对于档案信息资源开发来说，如果打造出品牌，它会带来显著的社会效益和经济效益。因此，档案信息资源开发实施品牌战略，能够开发出符合社会需要的档案信息，提高其社会知名度和影响力，这是当代档案信息资源开发活动的一种必然的选择。

引入品牌意识,确立新的开发理念,可以促进档案信息资源开发知名度的不断提升。品牌战略强调将档案信息资源开发的意识和行为由质量层次提升到品牌的层面,必然使一切理念由传统的质量意识上升到品牌意识。增强品牌意识,才能与时俱进;增强品牌意识,才能跟上信息时代的步伐。品牌认同面越大,档案信息资源开发发展的空间也就越大。档案信息资源开发创出品牌,意义十分重大。通过品牌的导向效应,可以在社会上树立起全新的档案信息资源开发形象,提升档案信息资源开发在社会政治、经济、文化等各方面的整体影响力。档案信息资源开发品牌代表着科学性和权威性,代表着质量和信任。因此,提高我国档案信息资源开发的整体水平,需要实施品牌发展战略,这既是构建和谐社会的客观要求,也是充分发挥档案信息功能,提高全社会档案信息意识和档案信息素质的有效手段和重要途径之一。

二、创建符合档案信息资源开发活动的品牌

品牌,最早出现在企业界,它是商业竞争中使用较多的一个概念,其基本涵义是某种产品或某一企业的市场声誉,衡量标准是其拥有的无形资产。

档案信息资源开发的品牌是指开发者按照既定的理念,将开发成果的定位加以规范和转达,使之在社会中享有较高的知名度和认同感,并将这种理念贯穿到档案信息资源开发全部活动中去,从而建立起突出的总体形象。它是外观与内容的统一,内容表现在开发成果题目、汇集的档案信息上,外观则表现为档案信息内容的处理方式。对于书本式的开发成果而言,外观体现在封面设计、版式设计、开本确定、纸张以及印制工艺选择等方面。对于音像型开发成果而言,外观体现在画面、声音等方面。

作为档案信息资源开发的品牌,其档案信息价值、知名度和认同感是其基本内涵。无论是档案信息资源开发成果的定位、档案信息的选择,开发成果的整体策划、设计,还是宣传发行、经营策略的选择,都必须以提高社会知名度和认同感为最终目标。只有社会知名度和认同感都很高的成果,才具有品牌效应,才能在社会中确立共认的形象。

品牌与精品有一定的联系,但与精品又不完全等同。一般来说,档案信息资源开发成果只有出精品才能创品牌。精品是品牌的基础,只有在精品的基础上才会产生品牌。出精品是创品牌的第一步,只有每一次档案信息资源开发活动都出精品,才能使档案馆(室)确立起明确而有特色的定位和形象,才能使社会对档案馆(室)从一无所知到逐渐知晓,档案信息资源开发成果也才会赢得用户的

普遍关注,才会逐渐拥有一定的用户群。档案信息资源开发也只有不断生产精品,才能最终创出自己的品牌。

品牌的核心表现为价值。档案信息资源开发创建品牌也应当遵循这个规律,将价值观放在档案信息资源开发的品牌的首位。品牌是档案信息资源开发理念、定位、特色和整体形象的高度抽象和概括,是一笔宝贵的无形资产。创建品牌,一是要有能准确地反映出定位和特色的开发成果;二是开发成果能产生强烈的社会影响。

增强档案信息资源开发成果的影响力,是提高档案信息资源开发知名度的前提和基础。档案信息资源作为"软实力",是综合国力的重要组成部分。只有开发出具有价值的档案信息产品,才能在社会实践中发挥作用,获得广泛的社会影响。提高档案信息资源开发成果的影响力,是通过多种品牌实现的。

档案信息资源开发的品牌表现不是单一的,而是一个多层次的统一体,主要包括四个方面的内涵:

一是档案信息资源开发成果的影响力。档案信息不能离开某种形式的载体而存在,无论是何种类型的档案信息,都要通过一定的成果或服务来实现。档案信息资源开发成果的影响力,是指档案信息资源开发成果引起用户关注,唤起用户共鸣,促使用户使用的能力。

二是档案信息成果品牌的影响力。档案信息成果和档案部门都应当有品牌。品牌作为无形资产和重要的战略资源,在档案信息资源开发成果影响力方面举足轻重。档案信息成果品牌的影响力,是指通过品牌有效地提升成果的影响力和知名度。

三是档案部门的影响力。档案信息资源成果由档案部门开发出来,档案部门持续开发出有影响力的成果,就必然具有核心竞争力。档案部门的竞争力,是指档案部门的原创能力、整合资源的能力,以及以需求为导向、以用户为中心的开发能力。

四是档案部门形象的影响力。档案部门整体形象如何,不仅影响其开发成果的影响力,而且还影响到开发成果的使用范围。档案部门形象的影响力,是指整体的吸引力、凝聚力和感召力。

以上这四个方面相互联系,相互促进,共同构成档案信息资源开发品牌的内涵。

树立品牌意识,创建档案信息开发的品牌,目前已成为档案信息资源开发深度发展的关键。实际上,档案信息资源开发创建品牌的过程,也是在输出档案信息中引起社会关注的过程,是构造用户对档案信息的认同过程。开发出科技含量高、信息含量大的档案信息精品成果,不仅能满足用户的需求,还能从整体上推进品牌战略的实现。档案信息资源开发是一种满足用户对档案信息需要的行为,为用户提供所需的档案信息,充分实现档案信息资源的共享是其开发的基本目的,提高社会效益是其开发的宗旨。这种独特标准和规律,与一般商品的市场规律是不同的。因此,档案信息资源开发活动在创建品牌过程中,不宜完全按照市场化和经济化的规律进行运作。

三、确立档案信息资源开发特色化、多元化的品牌战略

档案信息资源开发的品牌战略,是在准确的整体定位的基础上,以档案信息资源开发成果品牌为轴心,通过有计划地进行宣传推介,把档案信息资源开发培育成在社会上具有广泛影响的知名品牌,利用这一品牌所创造的影响,不断推进档案信息资源开发深化而采用的战略。

确立档案信息资源开发的品牌战略,首先表现是特色化。品牌强调的是特色。在目前发展模式日趋多元化的时代,每项档案信息资源的开发都需要从某种特色入手,最终把这种特色发展形成品牌。实际上,不论何种层次的档案信息资源开发都必须强调类型的多元化,因为档案信息用户群的需要是多元的,社会实践也需要多元的开发成果。开发多元化就必须要有特色,特色就是品牌的标志。因此,不同类别、不同层次的档案信息资源开发应该是丰富多彩的,品牌不是单一化的。只有发展和培育真正以特色取胜的品牌,才能够满足社会对档案信息的多元化需求。档案信息资源开发成果特色表现突出,其整体开发水平高,被社会认同感越强,利用价值就越大。

确立档案信息资源开发的品牌,关键是要有特色,特色是打造品牌的核心。从我国档案信息资源开发的实践来看,举凡成功的开发成果无不都各具特色,有特色才会有生命力。开发成果特色主要是通过选题来体现的,选题代表了档案信息资源开发的方向,是形成特色品牌的关键,发挥着越来越重要的作用。如果开发选题不准确,其成果就很难发挥作用。这样,不但造成了资源和成本的浪费,也很难体现出自身特色。搞好选题,对形成特色形象至关重要。为此,应将选题当作创建品牌的首要任务。

确立档案信息资源开发的品牌战略,还表现在多元化。通常,档案信息资源开发可分为四种类型:一是传统型开发,是档案馆(室)设置阅览室,对前来查阅档案者,以调卷查找,提供档案原件或复制件进行服务。也有的实行档案的开架

阅览,设立档案宣传栏、展览室等。二是智能型开发,是指档案馆(室)针对社会各方面的需要,将所藏档案信息资源经过加工整理后,提炼出浓缩性强并且有针对性的档案信息成果。对档案信息资源进行一次加工、二次加工、三次加工后而形成的各种档案信息产品,都是这类深层次开发的形式。三是转换型开发,是指档案馆(室)与科技部门共同将科学技术强的档案信息投入技术市场,把可供转让的科学技术成果或先进工艺转让给用户,直接转换成生产力。随着技术市场日益发展,科学技术含量高的档案信息进入技术市场为档案馆(室)开发档案信息资源开辟了一条新途径。四是网络型开发,信息技术的迅猛发展和广泛应用,为档案信息资源的信息化开发创造了前所未有的契机,网络型开发是指利用互联网平台开发档案信息资源。它包括档案信息上网、建设档案资源数据库等。

上述无论何种开发形式,都是对档案信息资源的再生产过程。它将档案中有价值的信息推向社会,为经济建设、科学研究、社会生活提供档案信息材料,实现开发成果的价值。因此,各种形式都应创建品牌。我国档案信息资源丰富,在社会信息化与档案信息化飞速发展的今天,档案信息资源开发实施有特色、多元化的品牌战略,可以深化档案信息资源开发的改革与创新,不断增强档案信息资源开发的总体实力。通过实施有特色、多元化的品牌战略,形成档案信息资源开发面向民众、面向社会、面向现代化、面向未来,与社会的良性互动、和谐发展的局面。

四、科学发展档案信息资源开发品牌战略

科学发展档案信息资源开发品牌战略,需要从理论上深刻认识档案信息资源开发的品牌现象,遵循创建档案信息资源开发活动品牌的规律。实施档案信息资源开发品牌战略是一项系统工程,既需要国家、档案行政管理部门提供法律法规保障,也需要档案馆加强资源建设,推进信息化建设,扩大档案开放程度,还需要在开发理念、服务机制和管理体制上予以创新。

科学发展观的基本内涵是坚持以人为本的发展理念,走协调、可持续发展的道路。档案信息资源开发的品牌战略需要用科学发展观来指导,不能仅靠外延扩张,以开发的数量和规模取胜,更不能靠人为宣传、拔高取胜,而应实事求是地根据具体情况去创出品牌。档案信息资源开发品牌的确立是一个长期渐进的过程,不可能一蹴而就,需要付出艰辛的劳动才可能实现。

首先,找准定位,发挥优势。实施档案信息资源开发品牌战略,必须有准确的定位意识,找准在社会中的地位。定位是档案信息资源开发存在的价值基础,

也是档案信息资源开发区别于其他信息资源开发的显著标志。定位主要涉及的内容为：一是馆藏档案信息资源的价值；二是确定开发服务的用户对象；三是要开发成什么样的品牌。如果定位不准，就会带来开发的盲目性和随意性。由于档案馆（室）所藏档案价值、种类基本定型，不可能根据市场的变化而随时调整档案资源的结构。因此，档案信息资源开发时的本体定位尤其重要。比如，一史馆定位于明清历史档案，二史馆定位于民国档案，中央档案馆定位于革命历史档案，地方档案馆定位于地方领域，基层单位的档案室定位于为本单位服务。它们针对各自所藏的档案进行开发而知名于社会，闻名于学界，依靠不断地向社会提供档案信息精品而影响用户，形成品牌优势。准确的定位是实施品牌战略的基础，尤其是用户定位更是开发之本。定位明确，特色鲜明，开发才能获得效益。没有明确的定位，不了解用户的需求，开发成果缺乏内容上的针对性，应用性就大受影响。当然，开发定位并非只有一种模式、一条路径。我国各级各类档案馆（室）档案信息资源藏量与种类不同，面对的用户千差万别，每个档案馆（室）在寻找自己的立足点时，必须根据开发宗旨、用户对象、所藏档案性质等因素来选择其定位，使开发选题策划、档案信息采集加工、出版宣传等都服从于定位。如此，才能准确地突出鲜明的特色，充分发挥馆藏档案信息资源的优势。

其次，树立质量意识，推出精品。精品是指具有社会价值的档案信息产品。它在内容上表现为满足社会客观需求，紧跟经济建设的主战场；在形式上表现为外观设计科学合理，编排体系正确规范；在价值效益上表现为社会效益和经济效益的最佳结合。只有不断推出精品，才有可能形成品牌。精心选题、精心编纂、精心设计的开发成果，可以最大限度地满足用户的需求，从而增强用户的吸引力和认同感。质量是开发成果的生命线，高质优效地向社会传播档案信息是档案信息资源开发的基本准则。在开发工作中，品牌的形成，实际上是以提高每一份档案信息的质量为前提的，进而形成开发成果的品牌，可见质量贯穿于开发工作的始终。开发出档案信息精品关键是树立质量第一的意识。品牌是以成果的质量为前提的，必须从开发思路的确立、档案信息的筛选、加工编排、提供参考辅文、拟制标题、装帧设计，到出版每个环节都一丝不苟，精益求精，达到开发成果内容与形式的高度统一。开发成果能否成为品牌在档案信息上主要取决于三个方面：一是档案信息有深度；二是档案信息针对性强；三是档案信息本身有特色。综观许多有影响力的档案成果，无一不是在这三个方面达到有机的结合。比如，一史馆与有关单位合作制作的《清宫秘档》电视片，用档案对社会广泛流传的戏说清史正本清源，引起国内外的普遍关注。上海市档案馆开发的《档案里的故事》百集系列片,以档案诠释了上海城市的传统文化与历史积淀,播出后反响强烈。之所以获得如此效果,坚持质量意识,力求推出精品,是其重要因素。

再次,优化环境,营造品牌氛围。提高档案信息产品的影响力,依赖于档案信息资源开发的创新能力。创新是一个民族进步的灵魂,是国家兴旺发达的一种精神,创新也是档案事业向前发展的动力。档案信息资源开发的目标,在于提高档案信息资源的利用率。实施档案信息资源开发的品牌战略,需要创新开发运作机制。这方面包括:一是为开发的可持续发展提供广阔的空间和可能;二是为开发的可持续发展提供良好的制度环境和保障;三是为开发的可持续发展提供和谐环境和氛围;四是为开发的可持续发展提供必要的技术和条件;五是为开发的可持续发展提供足够的激励和动力。可以说,实施品牌发展战略,是以提升档案信息资源开发整体形象影响力为根本目的。坚持科学发展观,就不能仅考虑眼前效益,需要从长远计划,建立长效机制。品牌的确立是长期的,形成品牌要同科研结合起来,坚持科研先行的理念,通过科研积累来创造特色的品牌。整合资源,联合打造品牌。实施档案馆之间的联合开发,档案室之间的联合开发,档案馆与档案室之间的联合开发,档案馆(室)与社会科学、文化部门的联合开发。档案信息产品的影响力蕴藏于用户需求之中,从一定意义上看,档案信息资源开发就是发现用户的现实需求和潜在的需求,选择适宜的形式,挖掘档案信息的特色及价值,满足用户现实与未来的需求,这是增强档案信息产品品牌影响力的基本路径。

最后,建立一支强劲的开发队伍,培育创造品牌的实力。档案信息资源开发成果是以档案信息为内涵,以物质产品为载体的特殊商品,包含着极强的科学文化属性。这种独特性决定了品牌战略的实施也具有某些特殊规律,它与一般的商品不同,需要高度的科学研究作为品牌的先导,需要高质量的智力投入。要求在重视定位、特色的同时,更要重视提高开发者的素质,将提高开发者的素质作为实施品牌战略的重要因素。品牌战略对开发者队伍提出了更高的要求,要求不仅要掌握传统的开发技能,还必须学习现代信息技术。建设一支高素质的档案信息资源开发队伍,为实施品牌战略打下坚实的基础。

综上所述,档案信息资源开发实施品牌战略是一个涉及各层面的系统工程,必须坚持始终围绕以品牌为核心开展档案信息资源的开发工作,坚持把创造社会效益摆在首位的同时追求经济效益,不断扩大社会知名度,提高民众认同感,只有这样,我国档案信息资源开发才会健康深入发展下去。

论电子时代档案信息资源利用的新特点[①]

伴随着科学技术的号角,人类社会开始了信息化的快速航程。社会信息化带给人们的不仅仅是生活方面的种种快捷与便利,更是冲击着以往的社会运行模式与机制,改变了人们思维与习惯。对于档案信息化而言,在社会信息化浪潮下正方兴未艾,蓬勃发展。在这个大的背景下,档案信息资源的生产、获取、处理、传递、存储、利用的能力与水平都发生了革命意义的变化。对此,学界同仁均已形成共识,并不断深入研究。但从利用者角度对档案信息资源利用问题予以研究,尚未见论及,本文就此展开探讨。

一、问题的提出

所谓档案利用,其含义通常包括三个方面:一是为研究或解决问题而使用档案;二是档案法规定的通过阅览、复制和摘录等形式,依法利用国家档案馆或档案室保存的档案的行为;三是档案馆或档案室以其所藏档案信息资源为基础,通过一定的方式,直接提供档案,为利用者服务的工作。[②] 前两者称"利用档案",也称"档案利用";后者则称为"档案提供利用",又称"档案提供服务""档案利用工作"。档案利用是指利用者到档案馆或档案室获取档案信息,而档案利用服务则是指档案馆或档案室为满足利用需要向利用者提供档案信息。一方面是社会利用档案的需要,另一方面是档案馆或档案室提供可利用的档案为其服务。利用档案是档案利用服务存在的前提,而档案利用服务的开展又是档案利用得以实现的条件,若无档案利用服务,档案利用则不可能实现。由此可见,档案利用与档案利用服务这两种行为往往先后或同时发生,表现为一个过程的两个方面。

[①] 本文与何宏甲合作完成,原载于《上海大学学报》2009 第 3 期。获 2008 年档案工作者年会优秀论文,收入中国档案出版社 2008 年出版的《2008 年档案工作者年会论文集》。
[②] 潘玉民.档案法学基础[J].沈阳:辽宁大学出版社,2002:226.

我国档案界在长期的档案提供利用服务实践过程中,已经形成了较为成熟的具有中国特色的档案开发与利用理论。但在信息化的环境下,随着社会政治、经济、科技、文化的快速发展,档案利用正处于前所未有的转型时期。虽然我们对电子时代如何开展档案信息资源的开发利用,进行了诸多卓有成效的研究,并获得了相应的研究成果。但不无遗憾的是,迄今为止,我们的研究多是从档案部门的角度出发来予以阐述电子时代档案信息资源利用的问题,其重点均落在了档案部门应如何开展档案资源利用的策略层面上,而对于档案利用的主体,即档案利用者,则关注度不够。为此,本文站在广大档案利用者的立场上,来讨论电子时代档案信息资源利用的新特点,目的是使对该问题的探讨更加多维度、全面化,进而达到合理化和规范化的要求。

二、档案利用领域的社会化

电子时代的档案利用区别于以往任何社会的档案利用,其显著特点之一就是档案利用领域的社会化。档案利用领域的社会化不是从来就有的现象,它是随着社会的发展而逐渐出现的。在古代和近代社会,统治者将档案看作是君主权力的象征,是政治中枢的机密,对档案实行严格控制,用石室金匮贮藏,使档案一直处于封闭状态,不向社会开放。据记载,清代内阁大库贮藏的档案,"三百年来,除舍人省吏循例编目外,学士大夫罕有窥见其美富者。"①即使"九卿翰林部员,有终身不得窥见一字者。"②

档案的价值在于利用,档案利用与档案产生一样古老而漫长。纵观我国档案利用的历史,在 20 世纪 80 年代以前,档案利用没有超出政务查考和编史修志范围。虽然利用档案编修史志是我国自古以来的历史传统,迄今流传下来十分丰富的官修实录、圣训、典章等图籍。但无论如何,它与当今科学研究利用档案不能同日而语。在这个历史时期,利用档案只是某些管理者的特权,广大人民群众根本无权利用档案。1980 年 5 月,为适应社会主义现代化建设对档案利用的需要,中共中央决定开放历史档案。将 1949 年 10 月新中国成立以前的包括明清档案、民国档案、日伪档案,以及党的革命历史档案,除某些特定部分限制在一定范围使用外,均向史学界和有关部门开放。③ 在全国性开展大规模编史修志的背景下,档案利用出现了新的高潮。仅据浙江省档案馆对 1980 年—1994 年

---

① 王国维.王国维遗书·观堂集林·库书楼记[M].上海:上海古籍书店,1983:35.
② 阮葵生.茶余客话[M].北京:中华书局,1959:1.
③ 国家档案局办公室.档案工作文件汇集(二)[M].北京:档案出版社,1985:205.

15年统计,编史修志利用分别占利用人次的92.6%,利用卷次的90.4%。从全国的综合档案馆来看,编史修志利用者均达到80%—90%以上。① 对于此时档案利用的特点,曹喜琛教授曾指出有三:一是到档案馆查档的单位(或人次)和调档数量大幅度上升;二是档案利用活动向由服务于阶段斗争向生产建设、科学研究和编史修志为主转变;三是提供档案方式由零散提调向按问题提调为主转变。②

随着国家实行改革开放,科学技术快速发展,社会信息化建设突飞猛进,人民生活水平大幅度提升。在社会发展的大背景下,档案利用领域社会化趋势日益明显,利用者对档案的利用不再局限于机关工作查考和编史修志,而是涉及社会政治、经济、科学、文化、外交和民众生活的各个方面。举凡教学科研、宣传教育、外交活动、军事斗争、经济建设、国家管理等,无一不利用档案,档案利用综合性趋势已经形成。利用者除了利用档案解决公务问题之外,还利用档案来维护个人的切身利益,如协议合同文件、房地产档案、个人学历档案、工龄证明档案、技术专利文件等,都是经常利用的档案。据调查,当下综合档案馆涉及房地产、公证、婚姻、学历、奖励、上山下乡等内容的档案利用率均比较高。这一方面反映利用者社会需求的多样化,另一方面也说明档案利用领域的社会化是现代社会、经济建设加速发展的必然结果。

值得注意的是,档案利用领域社会化的趋势并非是一种盲目的扩张过程,它的产生与发展具有一定的规律性。主要体现在以下两个方面:

首先,档案利用领域社会化是一个渐进的过程。档案利用领域的社会化拓展表现为利用者权利的扩大化,它与社会政治民主化进程、科学技术的发展息息相关。国家政治生活透明度的加强,档案开放范围的延伸,新生产活动领域的出现,尤其是电子信息时代,一大批新兴产业迅速崛起,利用者可以使用以前不能利用的档案信息资源,档案利用领域不断向社会生活的各个方面渗透。当然,档案利用达到完全社会化的程度绝不是一蹴而就之事,它要有一个循序渐进的、不断向前发展的过程。总的来看,社会越发展,档案利用领域的社会化程度就会越高。

其次,档案利用领域的社会化过程中依然存在着一些限制性因素。虽然在电子时代信息的交流与传播方便快捷,各个行业、领域信息交流频繁,人们可以

---

① 韩李敏,吴新宁.新时期档案馆利用回顾与展望——浙江省档案馆15年(1980—1994)档案利用分析报告[J].档案学研究,1996年增刊.
② 曹喜琛.近年来档案馆的史料编纂工作管窥[J].档案学通讯,1983(1).

通过各种各样的手段获得所需要利用的信息,但是作为社会信息资源重要构成的档案,利用者在利用时却会受到一定的限制。究其原因,主要是由于档案的保密属性所致。有些档案在某段时间内带有较强的秘密性质,其传播被严格限制在一定的范围内,不能随意利用。比如涉及国家安全和重大机密的档案,涉及企业商业秘密的档案,涉及公民个人隐私的档案,等等。所以,档案利用领域不断朝着社会化方向发展的同时,我们也要清醒地认识到,有些领域的档案利用还需待以时日。但是,随着时间的推移,一些涉密的档案终将获得解密,为人们所利用。

三、档案利用需求的立体化

档案利用需求是利用者产生利用行为的根本动力,它源于利用者的各种具体事务及生活之中,通过利用能够获得的相关档案信息来解决各自在社会活动中所遇到的种种问题。档案利用需求分为两类:一为个体档案利用需求;二为群体档案利用需求。个体档案利用需求具有一定的针对性和具体性,群体档案利用需求则具有较强的普遍性和代表性。群体档案利用需求包含着个体档案利用需求,个体档案利用需求反映着群体档案利用需求的某个方面,而群体档案利用需求则更具典型性。因此,站在利用者的角度来看档案信息资源利用,研究群体档案利用需求则更加有现实意义。当前,档案利用者的利用需求在电子时代立体化的发展趋势已日益明显。一方面利用者面临问题需要利用多方面的档案,另一方面利用者希望能够利用到切实解决问题的档案。其突出表现在传统的档案利用需求稳步提升的同时,新的利用需求又不断地开始出现。

20世纪以来,档案利用需求一直作为国际档案界普遍关注的热点问题而不断发展创新。50—60年代的国际档案圆桌会议曾多次对档案利用作为国际性问题进行讨论。1976年第八届国际档案大会将档案查阅和利用作为中心议题。1980年第九届国际档案大会的再次将档案的利用作为中心议题,提出档案利用需求有,为进行学术研究服务的学术利用,为实际工作服务的实际利用,为普通公民服务的普遍利用。2000年第十四届国际大会提出档案休闲利用的理论。谢伦伯格是欧美档案利用理论的代表人物,他在《现代档案——原则与技术》一书中指出:"成为公共档案的文件有两种价值:对于原机构的原始价值,对于其他机构或非政府使用的从属价值。"[1]谢伦伯格关于档案双重价值的观点,为档

---

[1] [美]谢伦伯格.现代档案——原则与技术[M].黄坤坊等,译.北京:档案出版社,1983:22.

案利用奠定了理论基础。

档案的学术利用、实际利用、普遍利用和休闲利用,在我国也表现得十分明显。从档案馆的档案利用情况,我们可以看到近年来档案利用需求的新变化和新发展。据对上海市档案馆 2004 年—2005 年档案利用需求的调查,学术利用 3 326 人次,实际利用 2 373 人次,普遍利用 4 555 人次,各占 32%、23%、45%。[①] 档案的利用需求日益增大,其范围已不仅限于学术研究和工作查考,而更多地被用于私人领域,已渗透到社会实际生活之中,这在全国各档案馆是普遍趋势,尤其在县市级档案馆表现得更为充分。如上海市卢湾区档案馆社会公民档案利用占 80%,他们利用需求集中在婚姻档案、知青上山下乡档案、劳动力调配情况档案。再如浙江省慈溪市档案馆,近年来档案用于工作查考、学术研究和编史修志需求仅占总利用人数的 6%,而普遍利用则占总利用人数的 94%,其中知青档案利用占普遍利用总数的 90%。普遍利用主要内容包括:知青档案、婚姻档案、房产档案、招工档案、新兵入伍档案、精简下放档案、各企业转制后的职工档案等。查阅婚姻档案用于补办结婚证、户口迁移、银行按揭、解除婚约、办理准生证、申请经济适用房以及民事诉讼等需要。查阅房产档案用于因老房产确权、申领房产证、拆迁证据保全、房产公证、解决信访、法院判决、征地拆屋赔款等需要。其他因企业单位转制,职工确定工龄,办理退休手续,精简下放职工要求解决自身实际问题等利用档案。大连市中山区档案馆婚姻档案利用需求在普遍利用中也占较大的比重,据统计,婚姻档案利用占每年档案利用量的 50%以上。[②] 主要用于办理出国探亲、经济索赔、国外减免税、继承遗产、进城落户、买卖房产、公证、计划生育、结婚、离婚等事项中。另外,公检法机关通过婚姻档案提供的线索,协助办理案件。

档案休闲利用除利用档案原件外,还体现在参观档案展览方面。全国各级各类档案馆举办主题多样的档案展览,为档案休闲利用提供了广阔的平台。如 2004 年 8 月,中央档案馆与中宣部、文化部、国家博物馆等单位联合举办的"世纪伟人邓小平——纪念邓小平同志诞辰 100 周年展览",仅一个多月就吸引观众达 27 万人次。又据上海浦东新区档案馆统计,仅 2005 年 4 月浦东开发开放展览开展至 2006 年底,已接待海内外参观者 18.5 万余人次。再如,2006 年"五一"节长假期间,上海市档案馆外滩新馆以公益性特色服务吸引众多市民和中外游

---

① 吴铭.网络环境下的档案利用障碍及对策研究[J].上海大学 2006 年档案学硕士学位论文.
② 李云波等.重视婚姻档案管理为构建和谐社会服务[J].大连市档案局馆网站.

客,共有 6 200 多人前来参观、活动和查档。

以上可见,档案利用需求在学术研究、工作查考的基础上,民众在社会生活中需要利用档案的情况也日益增长。当然,随着社会和经济建设的发展,对档案利用需求会发生适时适量的若干变化,但总体上档案利用需求呈现出的立体化趋势不会发生逆转。

四、档案利用主体的全面化

通过前面的论述,我们看到在 20 世纪 80 年代之前,档案利用的主体,主要局限于国家党政机关和社会团体。近年来,随着国家经济建设的发展,政治民主的推进,档案开放政策的实施,档案利用主体也与以往相比发生了明显的变化。目前,档案利用主体除既定的国家党政机关和社会团体外,也扩展到公民及其他单位。其中个人查档利用增加较快,呈上升趋势。据金坛市档案馆统计,2001 年比 2000 年增长 21.3%,2002 年比 2001 年增长 52%。另据北京市西城区档案馆 2007 年第一季度利用统计,公民个人利用者仍是查阅档案的主体,人次占总人次的 86%。[①]

从档案利用者国籍来看,既有国内利用者,也有境外利用者;从利用者职业来看,既有公务员、科研人员、教师、作家、新闻工作者,也有工人、农民、个体户、学生。总之,档案利用主体朝着全面化的方向不断发展。社会各个机关、团体、企事业单位是档案的利用者,每个公民是档案的利用者,港澳台同胞、侨胞也是档案利用者,外国组织和外国人也可以利用我国收藏的档案。

我国档案法律、法规对档案利用主体作了明确规定。1987 年颁布的《中华人民共和国档案法》,其中第十九条第三款规定:中华人民共和国公民和组织,持有合法证明,可以利用已经开放的档案。第二十条规定:机关、团体、企业事业单位和其他组织以及公民根据经济建设、国防建设、教学科研和其他各项工作的需要,可以按照有关规定,利用档案馆未开放的档案以及有关机关、团体、企业事业单位和其他组织保存的档案。1990 年 11 月发布实施的《中华人民共和国档案法实施办法》,第二十二条第三款又对外国人或者外国组织利用中国已开放的档案作了具体规定。从法律层面上对档案利用者予以规定,为利用者行使档案利用权利提供了坚实的保障。

改革开放以来,境外档案利用者日渐增多,这方面上海市档案馆接待的境外

---

① 姚乃彤.北京西城区馆一季度接待利用者增两成[N].中国档案报,2007-4-26(1).

利用者有一定的典型性。据邵勤统计,在1994年—2003年的10年间,共接待境外利用者4 736人次,平均每年473人次。其中历史学者和新闻记者,占境外利用者总数的94%,他们的利用都不同程度与上海改革开放有关。① 另据吴铭调查,2004—2005年共接待境外利用者927人次,提供档案8 406卷,其中最近几年境外在中国的留学生利用档案人次增加的较快。②

五、档案利用客体的多样化

档案利用者和档案是主客体关系,这种主客体关系以利用行为为纽带、以档案管理管理部门为媒介而表现出来。档案作为利用客体,其价值和实际状况决定主体利用需求满足的程度,反映着档案利用的特点。当前,档案利用者不仅利用档案的数量增多,而且利用的档案的种类也越来越多。总的来说,档案利用的客体是越来越多样化。

从档案时限上来划分,包括有历史档案利用、现行文件利用。特别是现行文件的提供利用,是近年来随着政务信息公开而出现的新的档案利用领域。2002年11月6日,广州市政府公布了第一部政府信息公开的规定。之后,地方政府信息公开立法发展迅速,截至2006年底,全国已有21个地区的28个地方人民政府制定了政府信息公开的规章,占全国地区总数的67.7%。③

2007年4月5日,国务院颁布《中华人民共和国政府信息公开条例》。在政府信息公开的背景下,为集中提供现行文件利用服务,全国各级国家档案馆普遍设立"现行文件利用中心"。在"十五"期间,全国已有近2 500个县级以上国家档案馆开展了现行文件利用工作,占国家档案馆总数的80%以上。仅辽宁省各级现行文件中心在"十五"期间,就接待利用者25 827人次,提供现行文件65 430卷(件)次。

从档案性质上来看,利用的档案涉及有文书档案、科技档案、专门档案。以山西日报报业集团的档案室档案利用为例。据该单位1990年—2004年15年的档案利用情况统计:档案利用文书档案652卷,占5.51%;科技档案8 208卷,占69.24%;人事档案374卷,占3.16%;会计档案1 359卷,占11.47%;有实物档案189件,占1.59%;信用档案207卷,占1.75%;资料736册,占6.44%。其

---

① 邵勤.档案法与境外人士的档案利用[J].上海交通大学学报,2004(2).
② 吴铭.网络环境下的档案利用障碍及对策研究[J].上海大学2006年档案学硕士学位论文.
③ 王丽莉.中日现行文件公开制度比较分析[J].上海大学2007年档案学硕士论文.

中科技档案、会计档案的利用率较高。①

从档案载体上来看,电子时代之前,利用者利用的主要是传统的纸质档案和音像档案。在电子信息时代,计算机技术和网络技术的发展,并且应用于经济建设及社会生活的方方面面,产生形成了大量的电子文件。由于电子文件存储空间密集,传播速度快,使用方便快捷,近年来电子文件的利用数量迅速增加。档案网站的相继建成开通,为电子文件利用搭建了物理平台。到2006年底,上海、深圳、青岛等地档案网站的访问量均在200万人次以上。虽然电子档案利用新动向已经显现,但它完全替代纸质档案利用还有一个逐步过渡的渐进过程,在相当长的一个时期内,各种档案载体的利用将会长期并存。

六、档案利用依据的法规化

档案信息资源利用是一个由封闭走向开放的过程,同时也是一个规范化、法制化的过程。用法律法规保障利用者的档案利用权利,明确档案管理部门的职责,这也是电子时代档案利用的一大特点。档案利用问题,始终是我国档案法律法规的重要内容。现已颁布实施的档案法律法规,就档案开放的时限、范围,档案利用的概念、原则、程序,移交档案单位利用档案的权限,档案利用者的权利与义务,档案公布的含义、形式、权限,档案利用与知识产权的衔接,档案复制件的法律效力等,都作了明确的规定,是保障利用者利用档案的法律依据和准绳。

《中华人民共和国档案法》(1987年9月5日通过,1996年7月5日修正)第十九条对档案开放规定:国家档案馆保管的档案,一般应当自形成之日起满30年向社会开放。经济、科学、技术、文化等类档案向社会开放的期限,可以少于30年,涉及国家安全或者重大利益以及其他到期不宜开放的档案向社会开放的期限,可以多于30年。档案馆应当定期公布开放档案的目录,并为档案的利用创造条件,简化手续,提供方便。第二十条对利用档案馆未开放的档案以及有关机关、团体、企业事业单位和其他组织保存的档案作了规定。档案法对档案利用范围的规定包括三个方面:一是档案馆已经开放的档案;二是档案馆未开放的档案;三是机关、团体、企业事业单位和其他组织保存的档案。② 从中可见,档案法关于确定档案利用客体对象的基点,即凡是国家档案信息资源都是可以利用的,不存在不能利用的国家档案信息资源。

---

① 卫秀利.从档案利用记录中得到的一些启示[J].山西档案,2005(6).
② 潘玉民.档案法学基础[M].沈阳:辽宁大学出版社,2002:228.

国务院批准发布的档案行政法规《中华人民共和国档案法实施办法》(1990年11月19日发布,1999年6月7日修订),国家档案局发布的档案行政规章,如《各级国家档案馆开放档案办法》(1991年)《外国组织和个人利用我国档案试行办法》(1991年)《档案馆工作通则》(1983年)《机关档案工作条例》(1983年)《科学技术档案工作条例》(1980年),以及会计、人事等各种专门档案管理办法,都对档案利用作了专门规定。① 随着我国地方档案立法的完善,目前,除西藏自治区地方档案法规草案正在审议之外,全国已有30个省、市、自治区人大常委会制定了地方档案法规,这些地方性档案法规对档案利用也设专门条款明确予以规定。

《中华人民共和国政府信息公开条例》(2007年4月5日)对国家档案馆开展政府信息提供利用的职责作了明确规定,第十六条第一款:各级人民政府应当在国家档案馆、公共图书馆设置政府信息查阅场所,并配备相应的设施、设备,为公民、法人或者其他组织获取政府信息提供便利。第三款:行政机关应当及时向国家档案馆、公共图书馆提供主动公开的政府信息。在各地已颁布实施的政府信息公开规章中也对此予以规定。

随着利用者法律意识的增强,公民用法律赋予的权利维护自己在档案利用方面利益的理念也在不断增长,由此引发了档案利用上的多起行政诉讼案件。如上海市徐汇区审理信息公开第一案,虽然最终原告查阅房产档案的诉讼请求被驳回,但该案社会影响广泛,各大媒体及多家网站均有报道,民众关注度甚高。

七、档案利用方式的科学化

档案利用方式经历了一个从简单到复杂,从粗放到完善,从经验到科学的发展过程。在电子信息时代,档案利用者的利用方式越来越科学化,换言之,也就是档案利用方式越来越合理化。档案利用方式的科学化不仅仅表现在档案利用手段的现代化方面,因为它们仅是档案利用方式科学化的技术表现形式。除此之外,还有更广层面的语义。

首先,档案利用者观念的科学化。电子信息技术的发展,极大地推动了生产力的发展,促进了社会物质财富的积累和精神文明的建设。在社会民主化、法制化进程加快基础上,广大民众的文化素质正逐步提高。与此同时,人们利用档案的意识和素质也逐渐加强,档案信息原始凭证价值更深入人心。一般情况下,利

---

① 中华人民共和国档案法规汇编[M].北京:法律出版社,1992.

用者使用档案都会选择适合的利用方式,其目的性较以往更加明确。人们这种对档案利用的理性考量,是构成档案利用方式科学化的一个十分重要的方面。

其次,档案利用者获得信息的真实化。利用档案原件可以保证其真实可靠性,但它受到时间和空间的局限,而档案文献汇编为利用者获得原文信息提供了新的渠道。档案文献汇编以其原文真实可靠、内容丰富系统、使用方便广泛而越来越受到档案利用者的青睐,被认为是深化档案利用服务的一种新举措。目前,我国具有国家规模的档案编研网络已经形成,从中央级档案馆到地方各级档案馆,从综合性档案馆到各类专业档案馆,几乎都设立档案编研机构,配备有专职编研人员,从事档案信息资源的开发利用工作。据统计,1980 年—1990 年 10 年间,我国各级档案馆共编辑出版档案史料 1 871 种、计 98 685 万字。仅 2000 年一年,中央和地方档案部门编纂出版的档案文献编纂成果,达 1 亿 7 千万字之多。①

最后,档案利用途径的多样化。这方面主要表现为新型利用途径与传统利用途径的有机结合。人们传统的档案利用途径是去档案馆,通过档案阅览、咨询等方式使用档案,或通过信函、电话、参观档案展览等方法实现档案利用的目的。电子信息时代,电子计算机技术的广泛使用为档案利用开辟了广阔的空间,随着档案部门信息化建设的完善发展,档案网站为档案信息网络传输的日趋扩展搭建了平台,电子文件出版物、档案光盘库、多媒体档案数据库方兴未艾。如中央档案馆编纂的革命历史档案文献光盘库,一史馆编纂的清代档案文献光盘库,二史馆编纂的民国档案文献光盘库,都是信息技术在档案利用中取得的成果。利用者网上在线利用档案,已是司空见惯的方式。如山东全省已有 280 余万条档案和现行文件目录、24 万份档案和现行文件在网上提供利用。② 安徽省在线提供档案全文及目录 30 万条。③ 虽然网络档案利用方式比去档案馆查阅方便快捷,但就目前我国现状而言,这种方式并不能完全替代传统的档案利用方式。

随着现代传媒技术的发展,图像文化传播正成为当前文化市场的重要趋势和走向,特别是动态的图像传播越来越占据了主导地位。档案利用也顺应这一大的发展趋势,编辑出版了一系列电视专题片。中央档案馆拍摄的《新四军》《邓小平的故事》文献片,在中央电视台播出后引起较大的反响。中国第一历史档案馆历时 8 年完成的《清宫密档》系列片,播出后受到普遍关注。上海市档案馆完

---
① 潘玉民.创新有中国特色的档案编纂学理论[J].档案学通讯,2005(6).
② 董磊.走向信息化——山东省整体推进档案信息化建设[N].中国档案报,2007-4-19(1).
③ 薛培英.走向信息化——档案部门积极参与数字安徽建设[N].中国档案报,2007-4-30(2).

成的《上海历史档案里的故事》百集系列片,《母亲河——黄浦江的昨天、今天和明天》,播出后在国内外受到普遍好评。

八、档案利用手段的现代化

档案利用手段的现代化是电子时代档案信息资源开发利用的最显著的特点之一。当前,国家对档案信息资源深入开发利用高度重视。2004年12月中共中央办公厅、国务院办公厅颁发《关于加强信息资源开发利用工作的若干意见》(中办发[2004]34号),对我国信息资源开发的重要性和紧迫性、指导思想、主要原则、总体任务、政务信息资源开发利用、公益性开发利用和服务、信息资源市场和信息资源产业、保障环境等方面作了全面部署,为档案信息资源的进一步深度开发与利用指明了目标和方向。2006年5月中共中央办公厅、国务院办公厅印发《2006—2020年国家信息化发展战略》,把加强信息资源的开发利用列为我国信息化发展的战略重点之一,决定优先实施网络媒体信息资源开发利用计划。

最能体现档案利用手段现代化的是通过计算机网络实现远程的档案利用。档案馆数字化、信息化建设,档案网站建设,为广大利用者提供了丰富的数字化档案信息资源。利用者可以坐在计算机前,足不出户,通过浏览档案馆网站,在线利用自己需要利用的档案信息。也可以利用发达的通信网络系统,通过电话、传真、邮件等方式进行档案信息利用咨询。还可以利用档案馆的智能服务系统,比如在电子阅览室利用档案,或利用档案馆提供的数字档案信息资源拷贝。这一变化突出表现是,网上查询量远远超过实际到档案馆查阅档案的人数。如北京市档案馆网站到2003年10月,其开放档案目录检索页点击44 181次,是同期档案馆接待利用者人次的10倍。[①] 据辽宁省统计,2006年上半年网上查阅量为16 560人次,而同期接待来电来访人员则是460人次,两者相差36倍之多。[②]

政府网站的开通为利用者在线查阅政府现行文件提供了又一物理通道。1999年国家启动政府上网工程,2006年1月1日中央政府门户网站正式开通,标志着中国政府网站体系基本形成。据中国互联网络信息中心统计,截至2006年6月,gov.cn下注册的域名总数发展到近1.2万个。目前,96%的国务院部门建成了政府网站,约90%的省级政府、96%的地市级政府、77%的县级政府都拥有政府网站。政府上网工程是我国实行政治体制改革和政府信息公开的一项重

---

① 马素萍.影响档案开放的因素分析[J].档案学通讯,2003(2).
② 潘玉民.档案馆核心职能论[J].档案管理,2007(2).

要措施,它为利用者使用档案信息资源提供了便利条件,保障了公民的知情权的实现。

九、结论

综上所述,电子时代,信息技术、网络技术、通信手段都在迅速地更新和发展,档案信息也以前所未有的方式快速地传播和使用。在此基点上,档案信息资源利用呈现出与以往明显不同的特点,对于这些新特点我们可以从不同层面上去认识。本文从档案利用者的角度出发来进行讨论,将信息时代档案信息资源利用的现象予以抽象归纳,认为其特点具体表现为:在利用领域、利用需求、利用主体、利用客体、利用依据、利用方式、利用手段等方面,呈现出社会化、立体化、全面化、多样化、法规化、科学化、现代化的新特点。当然,上述这些新特点都有一个逐步显现的过程,随着信息时代的发展,社会政治、经济的变革,档案信息资源利用的特点也会更加多样化。

掌握和运用电子时代档案信息资源利用的新特点及其规律,对于做好档案提供服务工作无疑具有十分重要的现实意义。档案提供服务工作的中心任务说到底有两个:第一,收集保护好档案信息资源;第二,积极为社会提供利用。前者是基础,后者是目的。档案信息资源开发利用在国家档案事业中占有重要地位,是档案管理部门核心职能之一,也是衡量档案工作水平的基本标尺。档案信息资源开发服务的对象是档案利用者,对档案利用者利用档案信息资源的新特点进行梳理,有助于档案服务在电子时代的改革和创新。时代在发展,利用者对档案利用服务也会不断地提出新的要求。因此,正确认识档案信息资源利用的新特点,及时根据社会需求提供优质的档案信息资源,满足社会及民众的档案信息利用需求,从而提高档案工作在全社会的影响力,更好地为社会发展做出新贡献,是当代档案工作光荣而又艰巨的任务。

档案内容失实原因探析[①]

档案是文献中的一个重要部类,它以其原始性和权威性的独自特点而备受世人的青睐,著称于人类文明史之中。

从整体上考察,档案记述内容是真实可靠的,是原始的历史记录。而就具体的档案来说,并不是每一份档案所记述的内容都能够反映历史的真实。

档案内容为什么会出现失实情况呢?这就是我们下面所要讨论的问题。

一、档案内容失实涵义的界定

在讨论之前,我们先要澄清几个概念,即什么是档案内容失实?什么是档案赝品?档案内容失实与档案赝品有什么关系?

档案记述的内容不能够准确如实地反映文件形成者或立档单位的真实历史活动,即档案内容反映的历史事实同实际发生的历史事实,或有出入,或完全不符合,有这种问题的档案,我们把它称作"档案内容失实"。

档案是伪造的,不是由当时的文件形成者或立档单位形成,即档案本身就是虚假的,不真实的,我们把它称之为"档案赝品"。

通过上面对档案内容失实和档案赝品的说明,我们知道档案内容失实是表示档案本身是真品,是有立档单位可查的,只是其内容不能够真实地反映档案形成者的思想和历史活动或历史上所发生的事情。而档案赝品则是说档案本身即是虚假的,它或是当时伪造的,或是日后伪造的。有了这样的认识,结论自然是明确的。档案内容失实不等于档案赝品,伪造虚假的档案也不是指内容失实的档案,它们有着各自不同的属性,代表不同的含义,是不同的概念。

划定档案内容失实和档案赝品之间的界限,是具有实际意义的。一方面它有助于我们更好地分清什么是内容失实的档案,什么是本身虚假的档案,能够提

[①] 本文原载于《档案学研究》1991年第3期。

高我们认识辨别档案价值的能力,不至于被表面现象所迷惑;另一方面也有助于我们对档案价值的判定,对于内容失实的档案,只要查清了失实的原因,一般不影响对它的利用,也不改变它原始性的特点。而对于档案赝品,除了能够作为证明伪造者行为的证据以外,是不会有原始凭证用处的。

  档案之中是否存在赝品现象呢？随着近年对档案本质特性认识的全面提高,回答是肯定的。档案赝品现象的出现和存在,原因是极其复杂的。主要是某些人出于政治和经济方面的原因所致,或政治上要达到某种目的,或经济上图谋钱财。前者如蒋介石等人为"四·一二"反革命政变合法化,煞费苦心地制造了国民党中央监察委员会全体紧急会议和有关会议记录。① 后者如1983年轰动世界的《希特勒日记》的伪造者们,为了获得巨额美金是其造假的主要原因之一。当然也有怀着其他目的来制造假档案的。如某市有1 033份汪伪《国民党入党登记表》,经调查研究其中有609份是伪造的。伪造的原因是汪伪党徒为了谋取市党部委员的职务,及冒领党务津贴费。② 再如1927年4月张作霖查抄苏联大使馆后,为寻找根据作为查抄的借口,指使张国枕伪造《莫斯科致华武随员训令》,收入《苏联阴谋文证汇编》之中,广为宣传。③

  太平天国档案赝品具有典型意义,罗尔纲先生在《太平天国文书汇编》的前言中有过甚为精辟的分析。他把伪造太平天国文件分为当时伪造和后人伪造两大类,各有六点原因。

  当时伪造太平天国文件的六个方面原因是：清朝统帅为着掩败免罪起见而伪造的;清朝官员怀着某种政治目的而伪造的;清朝官员为着配合军事的进攻而伪造的;地主阶级分子为诬蔑太平天国而伪造的;地主阶级为诋毁太平天国的领袖而伪造的;封建文人为杜撰事实而伪造的。

  后人伪造太平天国文件的六个方面原因是：清朝末年反清党人为鼓吹革命而伪造的;后人知太平天国曾有某一道文书而伪造的;后人据传说而伪造的;后人误信某一事件而伪造的;后人从他本人对某一事件的体会出发而伪造的;后人因好事或为着其他目的而伪造的。

  此外,太平天国文件也有天地会假托的现象。④

  虽然太平天国文件赝品出现的原因有它的历史特殊性,但罗尔纲先生关于

---

① 雷德华.国民党中监委全体紧急会议记录是赝品[J].档案与历史,1986(4).
② 黄亦群等.开放历史档案面临的新课题[J].档案学参考,1983(1).
③ 张国枕.对所谓《苏联阴谋文证汇编》中一件伪证的回忆[J].北京档案史料,1986(2).
④ 太平天国文书汇编(前言)[M].北京：中华书局,1979.

太平天国文件赝品原因的分析,同样对我们考察档案赝品有着指导借鉴的意义。

二、档案内容失实的原因

档案赝品产生的原因是复杂的,档案内容失实的原因亦是多方面的。

其一,阶级局限所致档案内容失实。

马克思主义的阶级斗争理论告诉我们:"到目前为止的一切社会的历史(恩格斯注:确切地说,这是指有文字记载的历史),都是阶级斗争的历史。"①档案是人类实践活动的历史记录,它产生于人类社会实践活动过程之中。由于档案形成者都属于一定的阶级范畴,所以档案也必然要受到一定阶级集团立场、观点和方法的影响。同时阶级社会中各种事物的复杂关系也必然表现在档案内容之中,使档案的内容不可避免地存在着阶级的局限性,从而导致不同阶级集团形成的档案对于同一事情的记载往往大相径庭,出现了档案反映历史真实方面有着程度的差别。特别是旧政权形成的档案,其内容常有偏颇不实之词,有的甚至为欺骗宣传而有意歪曲捏造事实。

1941年震惊中外的皖南事变发生后,国民党政府军事委员会发言人随即发表谈话:"新编第四军之遭受处分,为其违反军纪,不遵调遣,且袭击前方抗战各部队,实行叛变之结果。"国民党中央宣传部也发出了《关于皖南事变的宣传要点代电》,把事变的起因说成是新四军"不遵命令,攻击友军",国民党军队进攻新四军是为执行纪律而采取的行动,"绝不含政治和党派斗争"的色彩。② 这些档案材料都是蒋介石国民党政府制造皖南事变后进行颠倒黑白的欺骗宣传而产生的。如果我们将一些与此有关的档案材料联系起来考查,就会很清楚地认识到这一点。比如皖南事变前1940年12月3日何应钦亲自拟定《关于解决江南新四军办法》的函件,1940年12月4日国民党政府军令部长徐永昌拟定《关于规定北移路线及解决江南新四军致蒋介石的签呈》,1940年12月10日蒋介石给顾祝同《关于解决新四军的密电》。这些事变前密谋策划挑起事端的档案材料,同事变后国民党政府所产生的档案材料形成了截然鲜明的反差,它充分说明国民党政府为了地主资产阶级的利益,不顾基本事实,颠倒黑白,进行欺骗宣传的实质。

史学家郑天挺曾对此问题有过深刻的论述。他在《明末农民起义史料》前言

---

① 马克思恩格斯选集(第1卷)[M].250.
② 皖南事变资料选辑[M].合肥:安徽人民出版社,1981.

中指出：档案文件不尽是可信的，不尽是毫无问题的。有许多文件，在开始就是统治者及其仆从们掩饰罪行的伪装，歪曲了事件真相，或将真实隐瞒起来，甚至凭空虚造。因此，我们为了正确说明历史事件，必须对于所有史料加以精密的审查和比较，并认清它的阶级性。只有这样，才不致为史料蒙蔽，才不致阻碍人们的正确了解。

其二，历史局限所致档案内容失实。

档案是产生形成在一定历史时期的文件材料，它是人们历史活动的产物。因此，在不同的历史阶段中，档案的产生形成除了要受到阶级制约以外，还要受到历史条件的局限。特定的历史条件，特定的社会存在决定着人类特定的社会实践和认识水平，作为记录这种人类特定实践的档案，不可能不带有它所形成的那个历史时期的痕迹。

因此，在不同历史时期，人们的主观意识对于客观历史的认识总是会存在着这样或那样的差异。这种差异具体表现为，或被事物表面现象所迷惑而不能正确地认识事物的本质，或站在局部地位而不能真正全面准确地把握事物全貌。结果作为真实记录这种认识差异的档案，其内容的记述则不能够真实完整准确地再现客观历史某阶段或某事物的发展过程。

一般说，档案内容的历史局限并非是档案形成者有意所为，它是历史发展和人们认识逐渐进化的客观规律。但是，在一定的历史阶段，由于某些社会原因，也有一些档案形成者有意夸大事实。比如20世纪50年代后期的"大跃进"时代，全国掀起浮夸冒进之风，鼓吹"人有多大胆，地有多高产"，各地竞放亩产超万斤的"卫星"。今天看来这些荒唐可笑的事情，但在当时的档案材料中却屡见不鲜。特别是在"十年动乱"期间，档案内容失实更是达到令人发指的程度。

其三，统治阶级内部斗争所致内容失实。

旧政权中统治阶级内部钩心斗角，互相倾轧，一些人为了巩固自己的统治地位，不惜把另一些人置于死地，往往采用种种手段掩盖事实真相。无中生有，凭空捏造，歪曲事实，欺上瞒下，造谣中伤，混淆视听，是其惯用手法。例如，清雍正帝利用年羹尧获得并巩固清王朝的皇位，后又疑其功高盖主，威胁自己的统治，编造罪名将年羹尧赐死。雍正帝亲自给年羹尧罗列的92条罪状和他给年羹尧奏折溢美之词的朱批，"朕此生若负了你，从开辟以来未有如朕负心之人也"，[①]形成了截然不同的对比，这充分表明封建统治阶级集团内部尔虞我诈、争权夺势

[①] 韦庆远.档房论史文编[M].福州：福建人民出版社，1983：467.

的斗争。再如,五四运动中 1919 年 6 月 9 日直系军阀吴佩孚发表了《要求释放学生公布外交始末电》,电文慷慨陈词,对充满"爱国热忱"的"莘莘学子"深表"同情",猛烈抨击段祺瑞为首的皖系军阀采取"轻重颠倒"措施,逮捕镇压学生的卖国行径。这能说明吴佩孚同情支持学生爱国运动吗?显然不能,原来吴佩孚形成此份通电的真正用心是企图利用学生爱国运动反对段氏政府,从而达到自己"倒段"的目的。这份电报说明封建军阀派系之间借助其他政治力量而相互斗争的事实。

其四,某些人为达到某种目的所致档案内容失实。

一些人为了升官发财,或追名逐利,编造经历,对档案内容夸张粉饰,以致鱼目混珠。一般说来,档案记述内容涉及档案形成者个人的切身利益,往往掺有水分。旧政权档案中的土地册籍,其内容总是以多报少的。其原因很简单,多报就要多缴赋税,少报就可以少缴赋税。关于人口的一些统计报表数字也多是不准确的,地方官吏之所以多报而不愿少报的原因,是多报人口是能够证明所辖地区的平安繁荣。下面我们再举两个具体例子:

近代经济史研究中普遍认为,"源昌机器五金厂"是中国民族资本最巨、规模最大的机器制造厂。这个结论根据的清光绪三十四年(1908 年)清政府农工商部的档案材料,竟是光绪年间祝大椿为了骗取清朝廷奖赏,以他所经营的商业性质的"源昌号",冒名虚构上报给清农工商部的假材料。①

曾国藩于清同治三年(1864 年)六月二十三日向清廷呈递《金陵克复全股悍贼尽数歼灭折》,其奏折说湘军攻陷太平天国首都天京后,在城内"分段搜杀,三日之间,毙贼共十余万人,秦淮长河尸首如麻,凡伪王、伪主将、天将及大小酋目约有三千余名,死于乱军之中者居其半,死于城内沟渠及自焚者居其半。"②其实,这都是欺骗文字,是曾国藩谎报军功而虚构的。据罗尔纲先生考证,当时天京失陷时,守城军队约一万余人,其大部分都突围出去了,没有战死多少。城陷以前,天京城所有的人口也不过三万人,③曾国藩却在奏折中说"毙贼共十余万人",这显然是虚假的。

其五,档案形成者畏于权势暴力等外界方面因素所致档案内容失实。

在某种外界因素作用的条件下,由于某种不便公之于世的原因,档案形成者或为了自己的利益对某事不便实说,或受他人逼迫对某事不敢实说,或受人利诱

---

① 谢商.关于祝大椿创办"源昌机器五金厂"的调查[J].学术月刊,1961(5).
② 曾文正公全集·奏稿[M].卷 20.
③ 罗尔纲.太平天国史记载订谬集[M].上海:三联书店,1955.

对某事不肯实说。因此,档案形成者回避了当时真实情况,有意弄虚作假来掩盖事实真相。这种曲笔现象,也是导致档案内容失实的重要原因之一。

关于清同治帝载淳之死,第一历史档案馆徐艺圃根据清室档案《万岁爷进药用药底簿》,查阅自同治十三年(1874年)十月三十日载淳得病召御医李德立、庄守和入宫请脉时起,直至十二月初五日载淳病死时止,前后共37天的脉案、处方及106帖服药记录,论证同治帝死于天花病。[1]

御医李德立的后人李镇在《史学月刊》上撰文说:其曾祖父李德立奉诏入养心殿请脉之初,已看出是梅毒之症,自忖若奏明慈禧,她通晓医道,喜怒无常,如若一时火起,指责有辱九五之尊,必遭杀身之祸。认为反正是治不好的病,何况这是自古以来少见的帝王之绝症,难告于天下。于是就故作糊涂,宫中都说天子出水痘,就照天花来治。请脉处方都按天花来处治,最后登记入档。[2] 所以就同治帝脉案处方档案来看,当时是御医李德立、庄守和畏惧慈禧加罪而有意回避同治帝梅毒病而形成的。

其六,事物复杂又未深入调查所致档案内容失实。

客观外界事物不断发展变化,极其复杂。人们有时很难通过事物的现象把握事物的规律和本质,加之档案形成者所处的地位不同,视野范围也受到不同程度地限制,难以将客观事物的各个角度和侧面完全了解准确,这样在描述事情经过时不可避免地会出现错误。有时档案反映的内容并不是档案形成者直接参加,而是间接获得的,又没有仔细认真调查核实,得出的结论自然是不正确的,从而造成档案内容失实现象。

中央档案馆根据中央第六次代表大会在莫斯科召开期间组织代表所写的材料,编辑出版了《革命烈士传记资料》。其中当时中共淮阴特委、淮安县委书记陈治平所写的死难烈士事略中有"谷大涛、章哲夫两同志被捕到敌营后,直认党员不讳,并向兵士群众及军官作剀切沉痛之演讲,兵士听闻之下,无不动容,并有流涕者"。后来两人"同时被枪决"。

邵景元根据横沟暴动的领导人何孟雄《淮安北乡暴动报告》及调查走访烈士家乡的知情者,考证出谷大涛同敌作战中弹而死,章哲夫被捕后当场被砍死,并没有像"事略"里所写的被捕后死前激动人心的演讲情节。原来暴动失败当晚,陈治平带领人员进入其他地区隐匿,后来他即离开到别地,对暴动失败后的情况

---

[1] 徐艺圃.同治帝之死[J].故宫博物院院刊,1980(4).
[2] 李镇.同治究竟死于何病[J].史学月刊,1988(6).

不十分了解。① 这是由于事情复杂,当事人由于种种原因不十分了解事情经过而把事情弄错的例子。

其七,公文没有实行所致档案内容失实。

公文形成发出后,由于某种原因,文件所述内容没有得到真正贯彻执行,或在执行中没有完全按照文件的精神去办,所以它记述的内容同历史实际还有一定的距离。我们把此类现象也归入公文内容失实。

另外,公文执行中的不平衡问题,也是应当予以注意的。对于某项规定,可能有的地区执行得好些,有的地区执行得差些,虽然档案内容反映的是全面问题,但实际并非如此,这是一般和特殊的问题。诸如此类,虽然不是档案内容一般意义上的失实现象,但这种文件所述内容和实际执行不平衡的特殊而又普遍的问题,确实是我们研究文件内容时所不能忽视的。

例如抗战时期,国民党政府发布了整套"对敌经济作战"的政策法令,有《查禁敌货条例》《封锁敌区交通办法》《对敌经济封锁实施办法》。这些都是表面的官样文件,它好像国民党政府在积极抗战,实际上从来没有认真执行过,我们从另外一些档案材料来看就会很清楚。如关于马鸿逵、马步青走私资敌的函电,国民党政府财政部盐务局豫东分局长赵诚义勾结汉奸输运桐油木材资敌的文电,国民党政府经济部关于加强管制棉铁封锁解放区经济的文电,和第八战区经济委员会消极防敌,积极封锁陕甘宁边区的经济报告,从这些材料可以有力地说明国民党表面上的文件只是一纸空文,并没有真正实行,实际上则是消极抗日,积极反共。

有时文件发出后,接受文件的机关或个人由于某种原因,或变动或调离而没有收到此文件,加之信息沟通不灵,没有及时信息反馈,那么此文件所述内容实际上尚未办理实行。这也是一种公文没有得到实行的特殊情况。

例如,有人曾根据1928年10月9日《中共中央致东京市委信》中的内容:"杨虎臣(指杨虎城)中央已允其加入,交由你们执行加入手续,加入手续如下:须三个同志的介绍,候补期为半年。"认为杨虎城已加入中国共产党。② 张魁堂根据有关当事人回忆查实,此信的收信人当时都不在东京,信无法送到,中共中央批准成立的中央东京市委也未成立。由于文件接受机关变动的原因,该信函中的内容并未办理实行,所以杨虎城在东京并不知道中共中央已批准他入党一

---

① 邵景元.对"江苏淮安死难烈士事略"的考证[J].党史研究资料,1980(1).
② 冯建辉.中共中央曾批允杨虎城加入共产党[J].党史研究资料,1987(10).

事，更没有履行入党手续。①

其八，文件由别人代写所致档案内容失实。

文件的形成有很多是秘书草拟完成的，清代称为吏胥或幕友。这些文件有的经作者同意认定，代表了作者的思想观点，如众所周知的孙中山遗嘱系经国民党政治委员会拟稿由汪精卫抄录而成，经孙中山签署公布于世。② 有的则不一定准确代表当事人的思想，有的则完全不能代表作者的思想观点。

在清代，胥吏和幕友把持官署一切政务，官员"不亲其事"。"胥吏幕友藉助于处理文案，上下串通，内外勾结，舞文弄墨，肆意作弊。"③致使出现"铨选可疾可滞，处分可轻可重，财赋可侵可蚀，典礼可举可废，人命可出可入，讼狱可上可下，工程可增可减"，④百弊丛生的局面。虽然雍正、光绪等帝几次改革，但并没有彻底结束清政权与吏胥共天下的局面。

特别是清朝诉讼文书由别人代笔致使其内容失实特别严重。史学家郑天挺在谈到对历史档案资料认识时曾引《能改斋漫录》所记，凡诉讼文件多不可靠。许多口供官员往往加以改动，经过当堂笔录、画押，就不能翻供。郑天挺根据亲阅所见，评述诉讼文书为了划一格式，由官删改，出入很大，相差很远。⑤

其九，文件形成后由其他人篡改所致档案内容失实。

篡改档案内容的目的有多种，有的为了政治上制造混乱来达到某种企图。如"十年动乱"中普遍传播的毛泽东同志的指示，"无产阶级全面专政"，经《人民日报》编辑部查对原件笔迹，"全面"二字乃是陈伯达亲笔所为，并不代表毛泽东同志的思想。⑥ 有的则夸耀个人功绩，掩盖事实真相，如曾国藩多处篡改《李秀成自述》即是。

值得提出的是，旧政权时期编纂公布过的档案汇编更多有篡改。如清雍正帝实行朱批奏折回缴制度，在他所编印的《朱批谕旨》中对奏折进行了很多篡改。据杨启樵研究，除了文字上的修饰和因忌讳而删改外，有些不宜公开涉及人物的评价也都作了篡改。⑦ 不仅如此，就是清代编纂的《方略》《实录》所收的诏令奏议也多有篡改。实录不实，这是历代实录的通弊。

---

① 张魁堂.杨虎城加入过共产党吗？[J].党的文献，1990(2).
② 吴相湘.孙逸仙先生传(下册)[M].台北：远东图书公司，1984(1747).
③ 邹家炜等.中国档案事业简史[M].北京：中国人民大学出版社，1985：90.
④ 光绪朝东华录(第4册)[M].北京：中华书局，1958：4662.
⑤ 郑天挺.清史研究与档案[J].历史档案，1981(1).
⑥ 赵践.档案文献编纂学讲义[M].96.
⑦ 杨启樵.雍正帝及其密折制度研究[M].广州：广东人民出版社，1983.

其十，文件形成者笔误所致档案内容失实。

这类失实常见于文件内容中提到的日期、人物、官职、地点、数字等专用名词方面，也有的个别史实记述失误。

例如，《陈云文选》第 224 页中有"最近宾县、北安被蒋匪攻占"的记载。黑龙江省档案馆的同志根据有关档案资料对其进行了考证，结果证明宾县是于 1945 年 12 月 24 日被土匪攻占，但北安却未被土匪攻占，文中的北安系泰安之误。①

三、结论

综上所述，档案内容失实从程度方面来看，有部分失实的，也有完全失实的；从档案形成者的主观意识方面来看，有无意的，也有有意的；从失实原因方面来看，有普遍的，也有特殊的。总之，多种多样，千姿百态。

虽然我们从十个方面对档案内容失实的原因进行了具体分析，力图更加准确地揭示档案失实的原因，但是由于客观事物的复杂性，档案内容失实的原因还远不止上面所谈的这十个方面。关于档案内容失实的问题，还需要我们根据档案特点进行更加深入的研究，从多方面多角度来把档案失实的原因查清，以提高我们对档案价值的全面认识。

对于档案内容失实的问题，我们必须高度重视，并加以认真研究考证。怎样对档案内容失实现象进行考证，这涉及考证的理论与方法，这个问题我将另文专述。

---

① 王新草等.试论研究档案内容的意义和作用[J].档案学参考,1985(10).

存史乎,利用乎
——档案馆核心职能论①

档案馆是档案事业的主体,档案馆理论理应是档案学理论的主体。但长期以来由于档案馆的封闭性没能凸显其主导作用,再加上我国的档案事业是由基层档案室发展而来,由于各种历史原因,人们把研究的主要精力投向了基层档案室工作,在一定程度上淡化了对档案馆理论与实践的研究,因此在我国目前的档案学理论中,档案馆理论显得较为薄弱。为有效推动我国档案馆事业的发展,本文站在社会与历史角度从社会职责定位、核心竞争力等方面就档案馆的核心职能进行对话,以期引起同行的关注。

一、从社会职责看档案馆的核心职能

宗培岭:档案馆的职能是指其在社会分工中的职责。《中华人民共和国档案法实施办法》第十条规定:中央和地方各级国家档案馆,是集中保存、管理档案的文化事业机构,依据《中华人民共和国档案法》第八条规定,承担下列工作和任务:(一) 收集和接收本馆保存范围内对国家和社会有保存价值的档案;(二) 对所保存的档案严格按照规定整理和保存;(三) 采取各种形式开放档案资源,为社会利用档案资源提供服务。据上述内容可将档案馆职能归为档案保存、利用服务与档案研究三大职能,其中档案研究是为更好从事档案保存与利用服务而衍生的职能,而档案保存职能,即保存历史或社会记忆则是档案馆的核心职能。

潘玉民:根据国家的档案法律法规,档案馆作为社会文化事业机构,是永久

---

① 本文是作者和宗培岭教授应《档案管理》期刊之邀而写的学术对话,原载于《档案管理》2007年第2期,中国人民大学书报资料中心《档案学》2007年第4期全文转载。《上海档案》2007年第2期以《存史——档案馆的核心职能》和《利用——档案馆的核心职能》,分两篇文章发表。为保持文章的完整性及全面反映作者的学术观点,此书选用了前者。

保管档案的基地,是科学研究和各方面工作利用档案史料的中心。档案馆在履行保存、利用服务与研究的诸种职能中,如果说核心职能的话,那么应该是利用服务这个职能,而档案保存职能只是档案馆最基本的职能之一。基本职能与核心职能在程度上不同,基本职能即根本职能,是指一个机构应该承担的任务和职责,而核心职能则是指中心职能而言,它能指导和带动其他职能。就档案馆而言,其核心职能只能是利用服务这种职能。

宗培岭:我不同意将档案馆的核心职能定为利用服务。在社会各业中存在着一定的分工,例如企业的主要职责是生产产品,部队的主要职责是保家卫国,警察的主要职责是维持社会治安,档案馆的主要职责则是保存国家历史。档案是一个国家和民族的一种珍贵的历史文化遗产,具有承载文化、传承记忆的功能。正如挪威档案学家列维·米克伦在第十二届国际档案大会上《从职业到专业:档案工作者的职业特征》一文中指出:档案的重要性在于它不仅仅是一种信息,而是人类进行各种活动的记录,反映人类所获得的知识和经验,是反映人类文化和文明的基础。没有档案的世界,是一个没有记忆、没有文化的、没有法律权威、没有历史的世界。档案馆积累和保存档案,就是保存了历史文化遗产,是对历史文明的肯定。档案馆既是国家社会文化的重要组成部分,同时又在保存历史文化遗产,在继承和保存社会文化的统一性和完整性的过程中发挥着极其重要的作用。英国希拉里·詹金逊认为:当文件终止它的现行使用时,对它进行适宜的保管应当被看作是全国关心的一个重要目标,因为它们,只有它们才能给我们的现行管理以可靠的指导。因此,历史证据的保管既不应当看作是一种奢侈,也不应当看作是什么仅仅满足学术的需要,而是要看作是国家的需要。档案馆有为社会利用服务的职能,但这只是核心职能的延伸,我们对档案馆馆藏档案功能的认识,不能以现实利用价值替代它长远的价值,何况有些档案并不一定会被现实所利用。如果把这一问题放到历史的长河中来看就更容易理解,例如现在当研究清朝的历史时,人们关注的不是清朝档案当时的利用情况,而是档案的完整性、真实性;若再过一百年,当人们需利用我们现今形成的档案时,同样不是关注档案的现今利用状况,而是关注档案能否真实、全面反映社会的现实。档案馆的职责有其特殊性,从历史的观点看,国家之所以设立档案馆,其核心职能应是保存国家历史或社会记忆。

潘玉民:这里涉及的主要问题是,在既定的社会分工中档案馆已经定位的基础上,如何确定档案馆的核心职能。其实,在不同的社会发展阶段,由于档案馆的定位不尽相同,会使档案馆的核心职能呈现出一种动态性的特征。它不可能一成不变,而是随着社会的发展而不断发展变化的,当然这种变化主要由档案馆自身所处的外部环境所决定。在档案馆产生的初期,由于档案的神秘色彩,社会管理层主要关心档案的保管情况,他们希望档案馆将档案保存好,不丢失,不损坏,此时档案馆核心职能主要体现在保存档案上,也就是说保存档案是档案馆早期的核心职能。现代意义档案馆出现后,科学民主的普及与深入对档案馆产生了极大影响。在这种背景下,档案馆应突破传统的保存职能,以利用服务为核心职能,全面实现档案馆社会价值与社会地位。新时期档案馆能否达到可持续发展?档案馆如何更好地履行社会责任?如何塑造良好的社会形象?面对诸如此类的问题,档案馆只有积极开展利用服务,开发档案信息资源,拓展服务功能,提高社会服务效益,才能促进档案馆事业健康稳定发展。美国一位档案学家曾说过:也许我们从事的工作非常重要,但是如果档案不用,又有谁知道它的存在,又有谁知道我们在干什么呢?在20世纪,当信息能从各种来源得到时,档案人员再继续扮演看门人是一种时代的错误。我们职业的荣誉和社会地位就依赖于档案的利用。

宗培岭:目前在我国档案界有片面突出档案馆利用服务职能,淡化档案馆存史这一核心职能的倾向。例如在批评档案馆开发不够、服务不力的时候,笼统地批评档案馆"重藏轻用","重藏轻用"的不足是"轻",并不是说"重藏"是错的,过去档案馆在"藏"与"用"的轻重掌握上应该说是正确的,没有"藏"就没有"用","用"必须以"藏"为基础,"藏"的重要性是居第一位的。任何国家设立档案馆的主要目的是保存好国家的历史,在这基础上再开展利用服务工作,不能把两者的顺序倒置。目前开展档案馆核心职能的讨论有很强的现实意义,我国档案界当前存在的一系列问题都与这一问题有关。例如档案行政管理部门过多地组织一些非主业性的会议或泛泛地评比检查,档案馆过分热衷于档案数字化,看起来轰轰烈烈,但始终没能把主要精力集中到馆藏资源建设上,少有机会认真坐下来研究档案进馆范围、进馆鉴定的问题。计划经济时代下制定的《档案馆工作暂行通则》20多年来没有修订,到目前甚至连"对国家和社会有保存价值的档案"的范围都难以明确界定,大量人、财、物花费在无休止的会议、接待与形象建设上,难以聚集到档案馆的基本职能上,任凭档案馆馆藏单一、资源分散情况长期存在。现在档案部门宣传档案馆工作往往是宣传档案馆社会服务如何显著、档案馆数字化成绩如何明显,但少有检讨档案馆履行存史职能的状况,无意中淡化了档案馆的核心职能所在,这对档案馆事业的发展是十分不利的。

潘玉民:档案的"藏"与"用"关系,是档案界讨论多年的问题。它不仅仅是个理论问题,实际上是涉及以什么理念为价值取向来指导档案馆建设的实践问题。看起来这是一个矛盾,其实是一个对立统一体,利用服务是档案馆建设的原动力。历史证明,档案馆在社会上产生知名度,依靠什么?主要是依靠利用服务。这正如企业一样,依靠什么获取市场份额,在激烈的市场竞争中立于不败之地?主要还是靠过硬的知名品牌。企业有了品牌,就可以占有市场,实现利润。如同档案资源建设一样,我国档案馆的利用服务至今仍然还处于初级阶段,尚有许多问题需要深入研究。满足社会需要,提供优质服务,这只是一个原则和方向,但究竟如何满足,则应因时因地而宜。比如,档案馆进行档案信息资源开发无疑是必要的,但有些档案开发成果,出版后即使命结束,放在那里,没有产生应有的作用。尽管如此,以利用服务为档案馆核心职能不能动摇,档案馆只有主动及时地提供档案服务,才能树立档案馆形象,扩大其社会影响力,获得到社会的认可和拥护,营造一个良好的社会环境。当然,馆藏建设与利用服务两者不可偏废。有时会因为有所侧重,可能会出现这样或那样的问题,但不能矫枉过正,不能因为出现某种问题就否定利用服务这个核心职能。档案学家吴宝康早在50年代末就提出:档案的保管与社会的利用是档案工作的基本矛盾,社会利用是档案工作中起主导作用的矛盾主要方面;利用是档案工作诸环节中的主要环节,利用是中心,利用是目的学术观点。今天,我们重温吴老的观点对于深刻认识档案馆的核心职能仍是有现实意义的。

二、从核心竞争力看档案馆的核心职能

潘玉民:研究档案馆的核心职能,不能仅从档案馆自身去考虑,就核心职能而论核心职能,要把档案馆的核心职能研究与其为社会发展的贡献力方面联系起来,把档案馆的核心职能放到社会发展大的背景下来综合考虑,只有这样,对档案馆核心职能的研究才能全面,才会具有现实意义。通常所讲的核心竞争力,应该指档案馆独具的、支撑档案馆持续发展的核心能力。档案作用,古今中外智者哲人多有论述。明朝邱睿曾说,今世赖之以知古,后世赖之以知今。档案之所以能产生这样的作用,它本身不会自发地实现,主要是靠档案馆的利用服务。档案馆核心职能存史说,符合档案馆发展过程中某一历史时期的实际,是档案馆在相应历史时期发挥作用后所总结出的理论。在当时,作为一种理论观点,无疑是正确的,也对档案馆资源建设起了积极意义。但随着现代档案馆建设的不断完善,单纯地将档案馆核心职能归为存史或保管上,结果会造成档案馆职能内向化,显然是不能全面和正确地反映档案馆在当代社会存在的价值,对于现代档案

馆的科学定位也会有一定的片面性。我们再从档案利用服务的历史来考察,从存史到利用服务机制的转型,始终作为档案馆职能发展的一条规律。在我国古代,档案馆主要是为统治阶级政务查考服务,主要表现为行政利用方面,虽然有编史修志利用,但都是在统治阶级允许的范围内进行的。近代档案馆较比古代有所进步,表现也不外乎政务查考和学术研究两个方面。新中国建立后到改革开放前的一段时间里,我国档案馆也没有超出政务查考服务的范围。现在情况发生了根本上的变化,国家实行改革开放,社会信息化突飞猛进,科学技术快速发展,人民生活水平有了大幅度的提升,在这样一个全新时代,档案馆以利用服务为核心职能已越来越显示出强大的生命力。如果将问题放到这样社会大背景下,来高屋建瓴地审视档案馆的核心职能,就会有一个全新的认识。

宗培岭:核心竞争力的概念首先出现在企业竞争上,原国家体改委主任陈锦华认为,从管理角度讲,企业核心竞争力就是指企业独具的,支撑企业保持竞争优势的能力。通俗地讲,就是企业要有自己的看家本领。在讲到搞好主业与核心竞争力关系时指出,国内外成功企业的发展证明,企业要战略目标明确、精心经营主业,不盲目扩张,谦虚谨慎,不追求上媒体制造形象。讲到档案馆的核心竞争力,当然不是指档案馆之间的竞争力,而是指档案馆与图书馆、博物馆等其他文化事业单位相比,在社会上的影响力、竞争力。档案馆凭什么样的"看家本领"使自己能驻立于世,在社会上占有一席之地?答案应该是明确的,唯有馆藏资源。利用服务效果固然很重要,能营造良好的可供档案馆持续发展的外部环境,但可惜不适用于档案馆的实际,因为档案馆馆藏资源大都是历史信息,例如省级档案馆进馆范围是形成单位 20 年前的有关档案,由档案利用特征所决定,保存的档案只能是存史备用,并非一定要用。档案的开发利用也并非一定要由档案馆完成,其他部门也能做,唯有保存有丰富的档案资源才是档案馆独具的。认为利用服务效果是支持档案馆持续发展的动力是档案馆不自信、心虚的表现,是自身没认识到档案价值的体现。当然档案资源并非档案馆所独占,目前图书馆、博物馆也保存有我们认为的档案,这其中既有档案馆观念的滞后、收集不力的问题,也有社会档案意识不强的问题。有的捐赠者向图书馆、博物馆捐赠档案并非是出于利用服务的目的,主要还是为了长久保存,他们之所以不捐给档案馆正说明档案馆的核心职能还没被社会认可,在公众心目中还有浓厚的政治与神秘色彩,这与我们过分注重档案利用效果、忽视宣传档案馆核心职能有关,恰恰说明档案馆尚未树立起保存社会记忆的基本形象。

潘玉民:如果我们从档案馆资源建设的角度孤立地看待存史职能,而不把利用服务作为核心职能的话，似乎是有一定的道理，但从档案馆建设的整体来说，其各种职能应服从于档案馆发展的总目标。档案馆发展需要存史职能，为后世积累并传承人类社会记忆，但更需要利用服务的职能，在实现社会价值的同时吸引社会的广泛关注，为增强自身实力创造条件。由此可见，档案馆核心职能，既来自档案馆自身发展的需要，也受社会外部生态环境的制约。档案利用服务是档案馆事业之本，是档案馆发展强大推动力，是增强档案馆与图书馆、博物馆竞争能力之所在。如果我们单纯将存史职能作为档案馆核心职能的话，会导致利用服务职能的弱化，使档案馆游离于社会化大门之外，不仅不会促进档案资源建设，反而会损害档案馆在社会的形象与社会效果。档案馆收藏档案的根本目的就在于利用，而档案馆提供利用服务则是社会利用的坚强保障，以往档案馆被认为是机要部门，是为政府机关服务的，虽然经过利用服务的实证，加之档案馆社会服务范式的转换，社会开始转变对档案馆的认识，但仍有许多工作要做，人们认识的惯性还有很大的影响。对此，我们应当珍惜现今来之不易的大好局面，切不能重走单纯强调档案馆存史为核心职能的老路。在这个意义上，档案馆以利用服务为核心职能，不能将其看作是弱档心理的表现，恰恰相反则意味着档案馆发展迈上了一个全新台阶。否则，将会使档案馆变成一个简单收藏档案资源的库房，导致档案资源价值得不到充分实现，从而出现档案馆不关心社会需求而一味孤芳自赏的态势。因此，无论从理论上，还是从实践上，档案馆都不能以存史为核心职能，而应以利用服务为核心职能。

宗培岭：我们认为保存历史是档案馆的核心职能，并不是简单地把档案馆看作存放档案的一个场所。档案馆为担负起保存历史的重任有大量工作要做，首先是为保存历史要挑选、收集文件，面对变化万千的社会要能筛选出对国家与社会有保存价值的文件，进馆鉴定中要忠于历史，为历史筛选出必要的文件，并能将其收集进馆；其次为保持文件间的有机联系，要对档案文件进行科学整理；再次为长期保存历史，要开展档案保护工作，尽最大努力延长档案的使用寿命。从这个意义上讲，档案馆既是汇聚历史记忆的场所，又是历史记忆的守护者，这既是档案馆的社会职责，也是档案工作者的职业荣誉所在。2002年3月26日《人民日报》载文《我们的记忆，世界的记忆》，在讲述"中国档案文献遗产工程"与《世界记忆名录》评选结果时写道：从口口相传到文字的产生，从简陋的羊皮片到棕榈叶，人类的记忆因档案文献的丰盈而丰盈。然而每一天都有我们从未发现的文献和大量的现存文献正在悄然无声息的消失，人类在恢复记忆的同时也在不断地丧失记忆。我们只有希望通过世界记忆工程以及中国档案文献遗产工程使这样的缺憾越来越少。档案馆工作正是为了减少这一缺憾的工作,当档案馆真正成为名副其实的社会记忆的守护者,以深厚的文化底蕴、浓郁的历史沉淀展现在公众面前时,它在社会上无疑就具备了社会存在的理由,其地位是社会上任何其他单位都无法取代的。

潘玉民:同理,我们认为利用服务作为档案馆的核心职能,其内涵也是相当丰富,而不是那种简单的、一对一的、你查我调的档案利用方式。随着档案馆由封闭、半封闭向开放的转型,我国档案馆的建设取得了长足的进展。档案馆的服务对象从党政机关扩展到社会各界以至于广大人民群众,服务方式、服务内容也发生了很大变化,服务工作取得了显著成效。当前,档案馆开展利用服务仍有大量工作要做,国家对深入开发档案信息资源高度重视。2004年12月中共中央办公厅、国务院办公厅颁发《关于加强信息资源开发利用工作的若干意见》(中办发[2004]34号),对我国信息资源开发的重要性和紧迫性、指导思想、主要原则、总体任务、政务信息资源开发利用、公益性开发利用和服务、信息资源市场和信息资源产业、保障环境等方面作了全面部署,为档案信息资源的进一步深度开发指明了目标和方向。2005年6月国家档案局、国务院信息化工作办公室在上海联合举办中国档案信息化发展战略论坛,根据34号文件精神,结合档案信息资源开发的实际进行了富有成效的学术研讨。2006年5月中共中央办公厅、国务院办公厅印发《2006—2020年国家信息化发展战略》,把加强信息资源的开发利用列为我国信息化发展的战略重点之一,决定优先实施网络媒体信息资源开发利用计划。信息化时代的档案信息资源开发如何可持续地深入发展?如何开发出满足社会需求的档案信息?如何提升档案信息资源为社会服务的知名度和影响力?全面实施信息化战略是其重要途径,它既能提升我国档案信息资源开发的整体水平,也是档案信息资源开发可持续发展的必由之路。

宗培岭:随着信息技术的发展与应用,目前不少档案馆把实现档案信息化管理作为提升档案馆服务能力,或核心竞争力的重要途径,这本是无可厚非的,也是档案馆发展的必由之路。但从档案馆信息化的现状看有两个问题值得注意,一是在缺乏信息化规划的前提下,有盲目追求结果、淡化过程的倾向,急于求成的心理较明显;二是在信息化过程中对资源建设重视不够。2002年国家信息化领导小组批准颁布的《国民经济和社会发展第十个五年计划信息化重点专项规划》中指出:信息化是以信息技术广泛应用为主导,信息资源为核心,信息网络为基础,信息产业为支撑,信息人才为依据,法规、政策、标准为保障的综合体系。由此可知,信息化是一项变革工程,是一项效益工程,是一项综合工程。就档案馆信息化与竞争力的关系看,只有出效益才有竞争力,而要达到这一目的,必须建立在丰富与优化馆藏资源上。当前人们在分析档案社会化利用程度低的原因是,共识之一是馆藏结构单一,档案内容远离社会生活。该馆藏状态下的纸质档案少有社会化利用,将其数字化放在网上同样会鲜有社会公众的利用,何况有不少档案馆是在没有数字化鉴定、信息组织和缺乏信息标准、规划下进行信息化的。因此不能简单说信息化就一定能提升档案馆的核心竞争力,它可能是一项效益工程,也可能是一个"面子工程",档案馆信息化仍应以"信息资源为核心",我们在任何情况下都必须把馆藏资源建设放在第一位。

三、从实践是检验真理的标准角度看档案馆的核心职能

潘玉民:利用服务实践是衡量档案馆核心职能的唯一标准。档案馆利用服务含义广泛,它包括设置阅览室接待利用者查阅档案原件,或咨询服务;也包括档案信息资源开发的产品为社会提供利用,如举办档案展览、出版档案文献汇编、提供档案信息参考资料、编辑档案文献电视片在电视台播放、建立网站将档案信息资源上网等。在现代社会,档案工作已经渗透到经济社会发展的各个领域,延伸到人民社会生活的各个层面,成为经济社会发展的重要条件和基础,越来越多地影响着社会和公众的生活。究其原因,我以为主要是档案利用服务所发挥的影响所致。正如国家档案局原局长毛福民2006年3月1日在全国档案馆拓展社会服务功能座谈会上讲话中所指出,我国档案馆近年来不断强化贴近群众的服务理念,促使档案馆不仅考虑从服务设施方面满足普通百姓的需要,而且从地域空间上贴近人民群众,提供更加便捷的服务。从区位上一些档案馆迁出了党委、政府大院,更有的档案馆建在了城市繁华地段,为人民群众走进档案馆提供了极大方便。上海市档案馆外滩新馆,地处繁华地段,自2004年4月建成开放以来,以其丰富的资源、多样的服务方式、优良的服务水平,吸引了50多万人次前往查阅文档、参观或参加活动。还有的档案馆从自身实际出发,如浙江湖州市、四川邛崃市等,办起了"流动档案馆",把服务直接送到百姓身边。档案馆爱国主义教育基地建设成效显著。各级国家档案馆以加强和改进未成年人思想道德建设为己任,使档案馆成为与学校教育相互联系、相互补充、促进青少年全面发展的实践课堂,成为加强思想道德建设、推进素质教育、建设社会主义精神文明的重要阵地。2005年国家档案局发布了《国家档案馆爱国主义教育基地工作规范》,促使基地建设进一步走上标准化、规范化的轨道。利用档案资源举办专题展览,是档案馆发挥社会利用服务的有效途径。围绕重要节庆和大型纪

念活动,举办形式呈多样的档案展览,吸引了众多的参观者。2004年8月,中央档案馆与中宣部、文化部、国家博物馆等单位联合举办的"世纪伟人邓小平——纪念邓小平同志诞辰100周年展览",仅一个多月国内外观众达27万人次,新闻媒体200余家,收到观众留言累计15 000余条。国家档案局中央档案馆主办的"中国档案精品展"在国内巡展后也获得广泛好评。

宗培岭:实践的确是检验真理标准,近年来档案利用服务是有一定成效,但从档案馆利用实践看,把利用服务作为档案馆的核心职能是说不通的。以来馆利用情况为例,据笔者对1983年至2004年不完全统计(因数据不全,以其中10个年度资料为例)每馆日均(每年按250工作日计算)利用人次为3人次左右,每人平均利用3卷次左右。以1983年与2004年为例,1983分别为3.21人次、3.59卷次,2004年分别为4.85人次,2.90卷次,20年来利用的绝对数量虽有增加,但相对数量基本上变化不大。档案开发利用工作虽能刺激利用,但在相当多的情况下档案利用效果主要不是开发出来的,也不是档案馆一厢情愿的,档案利用只能是社会需求的结果。当社会没有需求时,再开发利用也不会有实质性的效果,当有社会需求时,不搞开发利用也有利用者来利用。以最近一个时期利用较频繁的知青、婚姻、工龄档案等为例,没有相应社会背景产生的需求,这些档案就不会被利用,否则这些档案为什么会沉寂多年未被利用呢。档案利用的随机性、多元性、长期性等特征是由档案的特点决定的,正如前述所指出的,档案的作用只是保存备查,档案馆的主要职能是保存好历史记忆备用。不同意把利用服务作为档案馆核心职能并非是轻视利用的重要性,其原因一是它不该是档案馆的核心职能,二是利用服务的客观效果不足以说明是其核心职能;不以丰富的馆藏为基础,一味追求开发利用是不会达到预期目的的。

潘玉民:档案利用率低,是一个十分复杂的现象,需要从多方面去进行探究。每一个时期,不同地区,经济发展程度,政策导向等都对档案利用发生影响。另外也需全面看待利用率问题,到档案馆查阅档案原件仅是利用服务的一个方面,其他如参观档案展览、利用档案汇编的人数等,均需要全盘计算。问题的另一方面,这正说明档案馆利用服务开展不足的表现。目前我们档案开放的口子还不太,开放速度较慢,应该开放的没有开放。以对外档案开放为例,我国外交部档案开放与国外相比,还存在较大差距。据黄霄羽等研究,"美国1975年以前的外交档案,约95%已经解密并对外开放;俄罗斯外交档案开放的比例大约为80%—90%。相比之下,外交部档案馆目前开放的只是1945年—1955年间的部分档案,而且只占这一年限档案总量的30%左右。"(《浙江档案》2005年第7

期)档案开放比例不高,范围有限,当然难以满足社会需要。可见,档案馆作为社会利用档案的中心,如何纳入社会主流,在建设和谐社会中如何发挥积极的作用,仍是当前档案馆理论要研究的迫切课题。

宗培岭:目前档案界指出利用服务是档案馆的核心职能,其原因是多方面的,例如一是我国正处于建立市场经济体制的初期,当整个社会重视经济效益时,认为档案馆不应安于寂寞,急切想体现档案馆的社会地位;二是档案利用服务容易出政绩,有利于"上媒体制造形象",符合档案行政管理者的从政心理;三是档案馆客观上具有保存历史、利用服务的两大职能,但片面强调了利用服务的重要性;四是档案馆工作是需要国家投入的一项工作,为争取资金支持使然;等等。其中既有迫于外界的压力,也是档案馆自身定位的不准。档案馆作为一项公益性事业,不可能走市场化或产业化的道路,唯有靠国家财政投入。档案界应大力宣传档案馆的存史功能,档案馆的基本职责是存史备查,应依靠提高社会与领导的档案意识来获取外界的支持。如果一味宣传档案利用的经济效益是检验档案工作效果的标准、档案馆产业化、利用服务是档案馆的核心职能等观点,档案馆将不堪重负,上述观点即使在发达资本主义国家也是不曾提出的。如果要讲档案馆的效益,或档案馆成本——效益的关系,档案馆精心挑选、保存好历史并尽可能长久提供利用就是最大的效益。从整体上讲,利用档案产生的经济效益永远不可能抵偿国家的投入,企业的经济效益观对档案馆是不适用的。

四、从国外档案学理论看档案馆的核心职能

宗培岭:任何理论都产生于实践,只有在一定实践中才能产生相应的理论。档案馆理论与实践的关系也同样如此。现今国外的档案学重大理论无论是档案全宗理论、档案价值鉴定理论,还是档案保护理论实际上都是馆藏理论,甚至文件生命周期理论也可以认为是档案馆理论的一部分。产生这一现象的原因固然是与国外档案工作主要是档案馆工作有关,但从理论的内容看都与社会记忆的保存有关。国内外档案馆工作有一定的共性,如果说利用服务是档案馆的核心职能,这一职能实践为什么至今没有产生相应的档案学重大理论呢?人们都承认,档案全宗理论与鉴定理论是档案学理论的根基,是档案学最富有特色的理论,从档案学重大理论的产生也可以证实档案馆的核心职能是保存社会记忆。

潘玉民:社会发展与档案馆核心职能的变革,不仅为我国档案界所关注,也是国际档案界普遍关注的课题。20世纪以来,档案利用服务一直作为国际档案界的热点问题而不断发展创新。50—60年代的国际档案圆桌会议曾多次对档

案利用作为国际性问题进行讨论,1976年第八届国际档案大会将档案查阅和利用作为中心议题,1980年第九届国际档案大会的再次将档案的利用作为中心议题,会议提出了档案的学术利用、实际利用和普遍利用思想,2000年第十四届国际大会提出档案馆休闲利用的理论。谢伦伯格是欧美档案利用理论的代表人物,他在《现代档案——原则与技术》一书中指出:成为公共档案的文件有两种价值:对于原机构的原始价值,对于其他机构或非政府使用的从属价值。谢伦伯格关于档案双重价值的观点,为档案馆利用服务奠定了理论基础。为了更好地阐述档案利用服务,在其著作中设有出版计划、参考服务工作专章。其实国外档案利用服务理论也十分成熟,它由档案开放原则、档案利用的限制、档案服务、档案价值与作用、利用层次与类型等内容构成。只是我们在引进国外档案学理论时更多地关注了档案管理的理论而已。我们相信随着档案馆工作的发展,国外档案学中的利用理论将不断引进到我国,我国的档案利用理论也会走向世界。

宗培岭:我国档案利用理论能否走向世界还要靠实践的检验,以前在谈到中国档案学理论为什么没能走向世界时,有作者归为"研究方法的简单化"与"语言障碍",对此笔者不全以为然。究其原因一是原始创新能力不足,二是关注学科主流不够。档案馆实践主要应是挑选、整理、保存档案文件,即通过馆藏建设保存好社会记忆,当我们的理论总结与研究远离档案馆的核心实践活动时,就远离了学科的主流,在学科"支流"上即使投入再多的工作也难有作为。目前我国档案学论文存在两种倾向,一种是档案实践工作者宣传档案利用做法、事例与实效的文章,另一种是档案学理论工作者对国外引进的档案学理论如全宗理论、鉴定理论、文件生命周期理论等的争辩、诠释与应用的文章,都不是从档案馆核心实践出发进行原始创新,看起来学术界很"繁荣",但缺少主流理论的创新,这种理论即使没有语言障碍也难以走向世界。我国档案学理论发展的现实也说明,必须把关注点转向档案馆的核心职能实践上来。

潘玉民:中国档案学理论如何走向世界,我以为档案利用服务中的档案文献编纂理论是最具中国特色的理论。因为从历史传统、现实基础、法律保障、学术价值及发展趋势五个方面来考察,在世界范围内,仅俄罗斯等少数国家档案馆开展档案文献编纂工作,其他国家则对档案"原始资料编辑出版","不认为这是档案馆最基本的工作内容"。而在我国,从先秦的孔子开始,就已经陆续不断地编纂档案文献,今天编纂档案文献仍是档案馆利用服务的一种重要方式。外国档案信息资源开发实践与我国有较大的差别,表现出鲜明的社会化和信息化色彩。具体有以下特点:一是普遍将档案视为一种重要的信息资源。强调档案开放,提倡档案为进行学术研究服务的学术利用,为实际工作服务的实际利用,为普通公民服务的普遍利用。二是强调档案的信息服务。美国、英国均强调提供档案信息为社会利用,他们利用互联网在线提供公共文件查阅服务。俄罗斯则重视对档案信息原文的编纂出版,俄罗斯国家档案馆有计划地将历史档案分期编纂公布。三是重视法制。美国、法国、瑞典等制定有信息自由利用法令,保障公民信息利用的权利。四是开发技术手段先进。美国、英国、法国、日本等普遍采取数字化技术,重视档案资源全文数据库建设,网上的档案资源数量、质量较高。相比而言,发达国家档案信息资源开发较我国先进,值得学习借鉴。

五、从社会信息化背景看档案馆的核心职能

宗培岭:当前人类正迈入信息社会,电子文件的出现给档案工作带来了许多新的挑战。站在档案工作角度看,与纸质文件相比电子文件具有虚拟性、不稳定性、易迁移等特点,但档案的宗旨并没有变,改变的只是管理观念、技术手段与管理方法。在社会信息化环境下,强调档案馆存史这一核心职能不但没有过时,反而具有特殊的重要性。如果我们不能及时挑选、鉴别、接收有关电子文件进馆,并加以科学的整理与保护,到时档案馆或者一无所有,或者变成电子垃圾堆积场。无论是在纸质文件时代,还是电子文件时代,关于档案馆的核心职能的问题既是一个理论问题,也是一个实践问题,任何时候都不可忘记或淡化这一主业。

潘玉民:数字时代,计算机技术和网络技术在档案馆工作方面的应用,不但提高了档案馆业务管理水平,也使得档案信息资源共享成为可能。在利用服务上呈现出一个非常明显的变化是,网上查询量远远超过实际到档案馆查阅的人数。据辽宁省统计,2006年上半年网上查阅是16 560人次,而同期接待来电来访人员则是460人,两者相差36倍之多。此外,上海、深圳、青岛等地档案网站访问量均在200万人次以上。面对新时代,档案馆更应大张旗鼓地树立利用服务为核心职能的价值取向,以基础设施建设和丰富馆藏为基点,强化档案存史基本职能,传承人类文明记忆,为全面提高公共服务能力构筑平台,不断加大档案信息资源开发的力度,提高馆藏信息资源社会共享能力。唯有此,档案馆事业才能兴旺发达。

宗培岭:关于档案馆核心职能的问题,我们已经说了许多,相信读者心中也已有了自己的答案。

第五辑
档案教育研究

科学发展观与档案专业人才培养发展战略

科学发展观与档案专业人才培养发展战略[①]

根据科学发展观理论,我国档案专业人才培养,一是保持与社会和经济的协调发展,二是与高等教育的协调发展,三是与档案事业的协调发展,四是档案学专业人才培养内部的协调发展。惟有此,才能实现档案学专业教育改革的跨越式新发展。

一、档案专业人才培养发展目标定位

档案专业人才培养发展目标是:全面建设与我国国民经济、社会和档案事业发展相适应的,符合档案专业人才培养规律的,多层次、多模式的,既有中国特色又具有世界领先水平的档案专业人才培养体系。培养具备系统的档案学基础理论知识和文化知识,掌握现代信息技术和基本技能,适合在国家机关、企事业单位的档案机构、信息部门从事信息服务、信息管理及研究工作的复合型、应用型的创新人才。

档案专业人才培养发展目标定位的指导思想是:以马克思主义的教育思想,特别是邓小平"三个面向"教育思想为指导;坚持档案专业人才培养为促进社会先进生产力发展,促进先进文化建设,维护最广大人民的根本利益服务的方向;坚持科学发展观理论;认真贯彻落实全国教育工作会议提高国民素质,加快实施科教兴国的精神;坚持理论联系实际的原则,把握档案专业人才培养的基本规律,依据档案专业人才培养发展的宏观背景以及宏观背景与档案专业人才培养发展的联系;以档案学本科教育的改革与发展为核心,兼顾研究生教育;面向

[①] 本文原载于《档案学通讯》2004年第5期,为教育部重点项目"档案学专业人才培养发展战略及主干课基本要求"(项目号126101005)的成果之一,中国人民大学报刊复印资料《档案学》2004年第6期全文转载。主要参考文献为历届教育部高等学校档案学科教学指导委员会年会暨档案学专业系主任联席会会议纪要。

世界,体现中国特色,全面推进档案学专业教育的健康发展,为培养适应档案事业现代化建设人才的发展战略目标而努力奋斗。

二、继续完善档案学专业教育体系,保持档案专业人才培养特色与优势

档案专业人才培养发展建设目标决定着我国高校档案学专业的办学方向,体现了档案学的专业特色。围绕提高教学质量和高质量人才培养,档案学专业要充分发挥自身的特色和优势,在保证档案专业人才培养质量和规格的前提下,形成适宜的多种办学模式学术和人文氛围,为档案专业人才培养模式的成长提供良好的环境。不论何种办学模式,都要突出注重强调培养创新人才的质量。档案专业人才素质是档案学专业全面发展进步的根本和动力,也是多种培养模式生存发展的生命线。档案专业人才培养多样化模式要考虑档案学专业办学体系的特色和可持续发展,强调素质的培养,缩短学生与专业,学生与实践的距离。只有这样,档案专业人才培养多样化模式才能真正走向成熟。

加大档案学专业教育体系结构的调整力度,通过优化专业结构,提高档案专业人才培养的层次和规格,努力完善档案学专业办学的层次,使档案专业人才培养层次结构达到科学合理。为使档案学专业本科生、硕士生、博士生之间比例平衡协调,今后要在加强巩固档案学专业本科教育主体地位的基础上,大力发展档案学专业研究生教育,不断扩大研究生教育的规模,在条件成熟的高校增设档案学硕士授权点或博士授权点,开展硕士生或博士生教育,提高档案专业人才培养的层次和规格。

创造良好的档案专业人才培养环境。要确立适应档案专业人才培养目标的新定位,下大力量对档案学专业进行综合设计,实现档案专业人才培养的整体优化。要在对档案学专业的特色、发展规划以及相关专业情况进行透彻分析的基础上,对档案学专业的归属、设置等问题作出明确、合理的判断,通过各种方式与有关部门沟通协商,为档案学科创造有利于生存和发展的空间,形成有利于档案学专业特色的外部环境和内部机制。

三、加强学科之间互相渗透与借鉴,拓展档案学专业的发展空间

现代科学技术条件下,档案学的研究对象已升华到对档案信息资源的采集、存储、传递与开发利用的一般规律的研究。使得档案学专业的综合性、交叉性和应用性特点更加突出。在当前信息化和素质教育宏观的背景下,要正确认识档

案学科与相关学科之间的关系,走多学科交叉、融合的道路,用相关学科的营养滋润和促生档案学专业新的生长点。教育部学科目录调整,将档案学科归并到管理科学类,体现了档案学科的内在规律和未来发展方向。档案学科要紧跟社会的发展,加强与同属一级学科的图书馆学、情报学的联系、交流与合作,以利于三个学科的共同发展,共同进步。

继承历史学的渊源,吸收管理科学和信息科学的先进理论,积极拓展档案学科研究领域,丰富发展档案学。档案学科具有独立的研究领域和良好的发展前景。档案工作在高度发展的信息社会有其自身的存在价值,档案工作的特点是信息、图书、情报等工作无法替代的。学科之间的交叉、融合,目的是使档案学与其相关学科各自向更加科学的方面发展,不存在学科之间的兼容合并问题。档案学必须在学科交叉、融合中保持其独立的品格,本着"独立为体,融合为用"的专业发展思路,不断地拓展内涵空间,在现有档案学专业方向特色的前提下,增设电子政务、电子文件管理、企业知识管理等新的专业方向,以适应社会上对该方面人才的需求,提高我国电子政务和知识管理建设的水平。充分发挥档案学科对其他学科的相互影响与作用,利用档案学的特色与优势为其他专业的学生开设档案学专业方面的课程,提高他们的档案学知识和档案意识,提高学生的文件处理、信息技术、档案利用等方面的实际能力。

四、进一步加大素质教育的力度,努力培养创新型、复合型档案专业人才

党中央和国务院发布了关于深化教育改革,全面推进素质教育的决定,全国教育工作会议核心在于提高国民素质,加快实施科教兴国战略。在这种背景下,要进一步增强档案专业人才培养的素质意识,确立以市场需求为导向培养高素质人才的办学理念,大力加强素质教育,注重学生知识、能力的协调发展和综合素质的培养,重点掌握从事档案专业领域实际工作的基本知识和基本技能,突出培养学生的创新精神、创新意识和创新能力,培养素质高、能力强,适用面广的创新型、复合型的档案专业人才。

坚持档案专业素质教育与整体素质教育相结合的原则,从培养创新型、复合型人才的内容、体系、方式、手段等方面进一步改革和创新。在培养档案专业人才综合素质的过程中,政治思想素质是根本,文化知识素质是基础,专业业务素质是本质,身体素质和心理素质是保障。坚持始终把档案专业素质教育作为核心内容放在专业教育的首位,坚持将开放式人才培养模式贯穿于整个人才培养

过程之中,打通档案学与其他学科的知识基础,拆除各校档案学专业之间、学校与社会之间的墙,合理共享教育资源。坚持档案学专业教学与档案工作实践紧密相连,努力将人才培养形式从单一的学校教育扩展到档案事业建设实践中去,扩展到各高校档案学专业,扩展到国际档案界。实施学校与档案部门联合培养人才,国内校际间联合培养人才,或者与国际档案界联合培养人才的新模式。使学生在更广的层面上受到档案专业理论与技能方面的训练,为学生打下宽厚的知识基础,全面提高学生综合知识与能力,使毕业生在人才市场上具有较强的竞争力。

五、加强师资队伍建设,造就一支适应培养高素质档案专业人才的教师队伍

师资是档案教育之本,教师队伍水平是档案专业教育质量和学术水平的决定性因素。培养和造就一支与先进教学内容体系和现代化教学技术相适应,并能追踪科学技术发展前沿的素质优良、结构合理,具有较强实践能力的档案专业教师队伍,是档案专业教学改革不断推进和深化的关键,也是培养高素质档案专业人才的基本保证。新的时期,对高校档案学专业教师队伍的培养提出了新的要求。要把档案学专业师资队伍建设放在高等教育整体的改革发展之中,树立以人为本、以教学为本的全新理念,面对经济和科技进步的挑战,着重更新和改善档案学专业教师的知识结构,全面提高档案学专业教师队伍的整体素质。

加强师资队伍建设在于大力提升档案学专业教师的学术水平。全体教师要掌握党的教育方针和教育政策,掌握高等教育改革和发展的趋势,掌握国内外档案学研究的前沿,坚定紧密结合档案工作实践进行教学的方向,运用先进的教学方法及现代教育技术,不断开发新的课程,创造性地进行档案专业教学活动。采取学术研讨、培训进修、攻读学位、参加实践等多种途径提升档案专业教师的学术水平。坚持从档案部门聘请专家作兼职教师的成功做法,改善档案专业教师队伍的知识结构。

加强档案专业的名师建设。遵循档案专业教育的规律,注重档案专业教师教学学术水平的提升,造就一批在本科教学岗位上勤勤恳恳教书的教学名师。档案学名师对学生具有广泛而深远的影响,档案学名师良好的人格魅力和学术水平是学生学习的榜样和示范,将对一代甚至几代人才的成长产生直接的影响。一定要树立档案学名师兴则档案专业教育兴,档案专业教育兴则档案事业兴的理念,紧跟时代发展的步伐,把培养和造就一批档案学名师放在档案专业教育改

革发展的首位。

加快推进档案专业教师队伍博士化的进度。要根据档案专业人才培养的需要,认真抓好档案专业教师队伍中的学术梯队建设,加强对青年教师的培养。鼓励和支持青年教师在职攻读档案学博士,接受高层次系统的专业深造,提高教师中档案学博士的比例,为档案专业发展积蓄坚实的后续力量。

通过师资队伍建设,造就一批政治素质高、学术成就突出的新一代档案学家,培养一批教学水平高、科研能力强,并在档案学专业及相关学科也有一定知名度的中青年学科带头人和学术骨干,推动档案专业的建设与发展,提升我国档案专业师资队伍的整体影响和地位。

六、优化课程体系建设,注重档案专业课程的整体设计

档案学课程体系是为档案专业人才培养目标和培养规格服务的重要保证,课程体系的改革与发展是信息时代的要求,也是培养高素质人才必须采取的对策,它体现了档案学本科教学质量和专业人才培养的水平。课程体系建设在宏观上包括档案专业应开设哪些课程,微观上包括每一门课程应该如何建设。进一步加强档案专业课程体系的综合设计,做到规范化与改革创新相结合,实现课程体系整体的优化。积极探索在符合档案学专业主干课程的基础上,保持各高校的特色,保持稳定性和发展性的统一,承接性与创新性的统一。

档案学专业课程建设要适应信息社会对档案专业人才需求的变化。随着社会信息环境发生的巨大变化,社会对档案专业人才的需求也在不断地变化,主要表现在对高层次、综合性的信息管理、咨询和服务人才的需求日益增长,对档案专业人才综合素质的要求日趋提高。档案学课程建设应适时反映这种变化,信息化背景下档案课程建设与改造应保持档案专业特色,在一级学科的口径下,打通学科基础课程,有效地改善学生的知识结构。

积极推进档案学专业精品课程建设。认真贯彻《教育部关于启动高等学校教学质量与教学改革工程精品课程建设工作的通知》文件精神,努力打造档案学专业精品课程。按照国家对精品课程建设的要求,力争推出档案学专业的国家级、省级或校级精品课程。

七、继续整合教学内容,深化档案专业教学改革

教学内容是提高档案专业教学质量的关键因素之一,紧紧围绕培养创新人才是档案教学内容改革的主旋律。改革档案专业教学内容要正确地认识并处理

教与学的关系,确立以学为中心的教学模式,促进教与学的互动。在教学内容改革上,一方面要注意拓宽专业口径,融合相关的学科与专业,实施专门化方向的教学;另一方面要注意加强新技术教学内容的渗透,设置必要的信息科学知识教学内容,使学生能较快适应现代档案工作的需要。

教学内容整体优化是档案专业教学内容改革的关键。必须将教学内容整合作为一个系统进行综合研究,根据信息时代对学生知识结构、素质结构和能力结构的要求,从整体上转变教学内容老化的现象,更新档案专业课程的内容,调试好档案学具体各门课程的分工,注意课程教学内容之间的衔接协调,力求避免课程内容的交叉重复,实现档案专业教学内容整体优化。

档案专业教学内容一般通过教学计划的形式来体现,它集中反映了人才培养目标的具体规格。因此,要根据实际一心一意地修订教学计划,科学合理地设置档案专业课程,精炼课堂教学内容,解决好学生所学课时的有限性与所学知识含量无限性之间的矛盾,探讨档案专业教学内容整合的新模式。

八、以精品教材为牵引,大力加强档案专业教材建设

档案专业教材是教学内容的基本依据,档案专业教材建设要体现档案专业教学内容改革的成果,实现档案专业教材创新。认真总结档案专业教材建设的历史经验,明确今后档案专业教材建设的目标,做好档案专业教材建设的规划。必须克服档案专业教材内容陈旧,教材内容同实际脱节,教材内容重复交叉,不能满足社会、经济和档案工作发展需要的弊端。紧密结合档案学科建设和档案工作的实际,抓好精品教材、重点教材建设,不断提高档案专业教材质量。作者的学术水平是教材质量的基本保证,组织全国档案学专家、学者重新编写档案学主干课、档案学专业课、档案学选修课推荐教材和教学大纲。档案专业教材编写应体现多样化的方针,鼓励各高校编写有特色的教材。各高校应结合各自的实际情况,把档案专业教材建设的重点放在本校有优势的科目教材编写和出版上,以确保教材质量。档案专业教材建设也可以发扬团队精神,加强各高校中的相同学科专业的教师合作,联合编写教材。

要重视现代化教育技术对档案专业教材建设的影响,积极探索与之相配套的各类新型档案专业教材建设的规律,加强与新教育技术相适应的新型档案专业教材的建设,进一步充实与丰富种类多样化的档案专业教材体系。计算机辅助档案专业教学的课件,适用于网络教学的档案专业教材,应成为档案专业教材建设的重点之一。

加大教材建设经费的筹集力度,保证档案专业教材建设持续稳定的发展。有关部门在政策导向上应为档案专业教材建设制定出更加优惠的政策,在国家社会科学研究基金课题指南、教育部社会科学研究规划及其他相关文件中,充分考虑档案学科的地位,给档案专业人才培养提供更多的发展空间,为档案专业教师编写更多高质量的教材创造良好的外部环境。

九、充分利用先进的科学技术,实施档案专业教学手段和教学方法的综合改革

信息技术的发展,为档案专业教学手段和教学方法的综合改革提供了极大的可能性和现实性。在信息时代,实现档案专业教学手段和教学方法的现代化,既是时代的要求,也是档案专业人才培养的实际需要。为了提高档案专业人才培养的质量,必须全面优化档案专业人才培养的教学手段和教学方法。档案专业教学手段和教学方法是实现档案专业教学内容改革的重要保障,在完善档案学课程教学内容改革的同时,应不断探索和丰富教学手段和教学方法的改革。

积极推进档案专业教学手段和教学方法的改革,充分利用现代化教学技术、信息传播手段和网络资源,最大限度地提高课堂教学的深度和浓度,提高课堂教学的效益和质量。现代教学手段和教学方法的模式丰富多彩,要全方位的总结借鉴国内外先进的教学手段和教学方法的精华,根据档案专业教学的特点,使传统与现代相结合,努力创造各种适于提高档案专业教学质量和人才培养质量的教学手段和教学方法。提倡案例教学,采集档案工作实例丰富教学内容,拉近档案专业教学与档案工作实践的距离,促成教与学的良性互动。重视并加快档案专业网络课程的建设,逐步实现专业课程数字化、网络化,实现档案学课程教学资源的共享,避免重复建设和资源浪费。积极探索和加强双语教学改革,提高学生专业外语应用水平。

十、进一步加强实验教学,培养档案专业人才实际动手能力

档案学是一门应用性很强的学科,档案专业人才培养不能离开实验和实习。必须正确地认识并处理档案专业理论教学与实践教学的关系,从重理论教学轻实践教学的观念转变为理论教学与实践教学有机结合的理念,针对教学实际,加强实践教学。档案专业实践教学应符合专业改革的规律,在专业课中占有一定的比例。科学设计安排综合性、创造性实验、实习,给学生更多的实践与创造机

会,培养学生独立分析解决档案工作中实际问题的能力。

继续加强档案专业实验室建设。根据科学技术的发展及档案专业教学的实际需要,建立并完善档案专业实验室。继续加强档案保护技术、档案缩微复制技术、档案管理学、档案文献编纂学等课程的实验室建设,建立电子文件管理实验室、模拟档案馆实验室、电子政务实验室,力争开出高水平的文档一体化管理系统和电子政务系统的模拟实验,为学生提供模拟环境,增强学生对信息化背景下电子文件的适应能力,培养学生较强的动手能力和信息技术应用能力。优化档案专业实验教学资源配置,实现资源效益的最大化。加速引进现代科学管理观念和机制,加强档案专业实验教学管理的创新,实现档案专业实验室建设规范化,保证实验室建设高效率、高质量运作。

继续加强稳定的档案实践教学基地的建设。依托档案部门建设实习基地,扩大档案实践教学基地的种类、数量和规模,满足档案专业课程中各项实践教学的要求和需要,使学生的信息技术应用能力在真实的档案工作环境下得到更好的锻炼和提高。认真总结建立实践教学基地的经验,探索规律,积极完善,形成良好的运行机制。确立管理和保障体系,理顺协调档案专业教学单位与档案部门之间的关系,提高档案实践教学基地的整体利用效益。

十一、加强对外联系,扩大档案教育与国际档案界的交流与合作

在经济全球化、信息全球化、高等教育全球化的时代背景中,加强我国档案教育的国际性,扩大和深化中外档案专业教育的交流与合作不仅是十分必要的,而且是完全可行的。积极进行档案专业教育的国际合作交流,与世界各国档案教育机构和档案教育工作者建立广泛密切的联系,是推动我国档案专业教育发展的重要条件。

1996年国际档案理事会教育培训处在我国召开的第八届档案教育国际学术研讨会,对推动我国档案专业教育的发展发挥了积极作用。充分利用中国人民大学档案学院在国际档案理事会教育培训处指导委员会担任委员的有利条件,积极参与国际档案理事会教育培训处的活动,及时修订补充我国档案专业教育机构目录和文献目录,扩大我国档案专业教育在国际档案界的影响,提高我国档案专业教育的国际地位。

积极采取各种方式和途径与国际档案界进行档案专业教育的交流合作。可以开展档案学者的互访,进行档案学术交流;可以互派档案专业留学生,实施共同培养计划;可以开展档案专业图书、论文和其他资料的交流;也可以开展档案

专业发展方向、课程设置、教学内容、实习实践安排等档案专业教育信息的交流，交换教学计划、教学大纲、教材、培训资料。还可以开展合作研究，对档案专业教育中各国共性的课题进行合作研究。通过国际档案界的交流与合作，吸取和了解各国档案专业教育方面的有益经验，促进我国档案专业理论与实践的研究，推动档案专业教育的发展。